四川大学“985工程”
区域历史与民族研究创新基地
区域文化遗产研究子项目资助出版

山水之间
尼泊尔洛域民族志

陈波 著

四川出版集团 巴蜀书社

2008 年大选前毛派在嘎域举行宣传活动

抱着孩子举行婚礼

布德尔大佛塔

家系继承人

嘎绕寺觉嫫

俯瞰嘎域

嘎细仪式

嘎域城堡

嘎域城堡南门护主 阿妈

嘎域城堡北门护主 阿爸

嘎域的游客与当地人

嘎域在雪山与流水之间

嘎域之晨 田园

嘎域之晨 转经

迥松人家

肯嘎的麦田

喇嘛仓巴达拉家

肯嘎曲果尔仪式之一

肯嘎曲果尔仪式之二

鲁饶次仁曲珠塔羌仪式

鲁绕岭果尔仪式

洛域最后一任国王晋美白巴在布德尔家中念经

诺布头裹白哈达，举行塔羌仪式

诺布在塔羌仪式的末尾，宛如旧日的王

诺布塔羌仪末尾域人的舞蹈

琼果尔喇嘛次仁实达

琼果尔寺的仪式

曲米的黄昏

曲米宁静的田园

斯旺布

斯旺布远眺

梯日喇嘛仓巴尼玛朱塔

梯日寺内

梯日寺远眺

喜马拉雅南麓颇克拉风景

印度教徒在曲米沐浴

宗域黄昏

宗域古堡晨曦

乍域黄昏

乍域旧堡门边的么么和伊妣

乍域琼果尔仪式

宗域古堡废墟

目 录

导言 中国人类学域外民族志

一 反思

2008年夏，我在尼泊尔完成实地考察，并撰成本书初稿。回国前，尼泊尔共和国教育与体育部次长拉瓦先生（Lava Deo Awasthi）曾邀请我在该部作一次报告。由于对听众的知识背景没有把握，且我觉得当时思考不成熟，便婉辞了拉瓦先生的邀请。回国后，我对相关材料进一步思考、整理和翻译，从2008年11月至2010年1月，分别在泰国“亚洲学者”年会、中国四川大学、西南民族大学、厦门“历史人类学”会议、成都市三圣乡“跨社会体系”会议、北京大学“西南人类学十年”会议等场合讲过相关内容。

2009年11月19日，应徐新建教授之邀，我在四川大学文学与新闻学院做过一次报告。在讨论期间，就职于普林斯顿大学的张跃宏兄就我的域外研究的意义，给予了相当高的评价。他从西方人类学产生以来的人类学家谈起。他认为，中国的方志和西方的民族志不同，后者有自己产生的具体历史条件。它最初是和西方殖民紧密联系在一起，第一代人类学家的形象以泰勒和波亚士等为代表。然后是现代人类学，以文化相对主义和从神到人的移动为特征，又可以分为好多种，其中有好奇心和尊重并重的。这个过程产生了我们所谓的主流人类学家，以马林诺斯基、玛格丽特·米德和格尔兹等为代表。随后是我们熟悉的本土人类学家，又有三种类型，首先一种比如费孝通，他先在中国调查，然后在英国读书，并完成论文。另外一种本土人类学以阎云翔为代表（跃宏兄也属于这一类型），从海外学成，回来研究本土又回到海外。还有一种是以项飙为代表，在西方学习，去研究非西方非中国的印度。他认为，我的形象，与他们都不同。我属于翻开了历史新的一页的人类学家：我是在本土育成，但并不研究本土，而是走到喜马拉雅南边，在尼泊尔做调查，并且与其他类似研究不同的是，我的尼泊尔调查与博士论文的研究有连贯性。

他的学识、眼光和心胸使我甚为心仪。对于他给予的甚高赞许，我私下里欣喜之余，又有隐隐的担忧。我去尼泊尔进行调查的时候，确实没有带着翻开历史新的一页的想法。我在田野中实地考察的时候，心中对我的研究的自信以及对国内有些学人浪费金钱从事一些不着调的研究加以批评，则是有的。我在喜马拉雅山中按下快门，摄下一帧帧精妙的照片时，心中确实升起过一股豪气，觉得自己在从事了不起的事业。不过，正如我在回应跃宏兄时所提到的，在我的前面，是我的老师们。没有他们，也没有我的人类学事业。在我去尼泊尔之前，我的室友梁永佳、同学龚浩群、宝山、康敏、杨春宇、吴晓黎等也曾在或者正在印度、泰国、蒙古、马来西亚、澳大利亚和印度等国进行实地研究。要绕过他们来谈，我觉得很困难。或许唯一和他们的研究不同的是，我的尼泊尔调查是我在中国西藏从事的博士论文研究的延续。在这一点上，我承认跃宏兄的观点。

跃宏兄研究的医疗人类学是我十分陌生的领域。从后来与他的交往以及从他有关人类学方法的讲座中，我很欣喜地知道国外在这个领域中的一些重要著作。他长期在美国执教，我们多年前就认识。从他的评论可以看出他对人类学历程的把握和关注，以及对故乡学术的关心。他的研究受福柯的影响，博士论文是对人的身体进行研究。2008年汶川大地震后即奔赴灾区，在抗震救灾的同时，从事实地研究，关注传统的心理治疗比如丧仪等到现代心理治疗的过程。他是重庆人，这里既是他的故乡，也是他研究的对象。这种二重复合性是他那一类型的人类学家共有的，或许，这也是他对我的研究如此嘉许的原因之一。

如果我的研究确实属于另一类型，那么这一类型的另类性，除了跃宏兄所说的以外，还体现在什么地方呢？最近几年来，曾经教过我的人类学老师们谈论海外研究比较多。其中高丙中教授不仅开设相关人类学的课程，撰写有关海外研究的文章，还身体力行，前往美国从事田野考察，因为他认为中国社会科学需要培育扎实的基本功（高丙中，2006c）。在他看来，"中国社会科学始终没有扎实地呈现过国外的社会事实，在援引国外社会状况为论据时，针锋相对的信息可以用来支持辩论双方不同的立场，却从来没有人愿意费力去搞清楚事实到底是怎样，是在什么层次什么背景下才成立的。缺乏事实依据的结果是只好大量依靠文艺作品、新闻等消息来源，没有厚重的民族志资料作为知识生产的后盾，直接影响到了整个社会科学的学术质量。"（杨春宇，2007）他的博士生们也纷纷前往海外进行田野调查，使用当地语言，研究对象国的主流社会的基层社区，"在一整年的周期里通过对于日常生活的深度观察，建立不同社会公民身份的建构方式和发展水平的若干个案……为我们共同思考建设中国公民社会的问题做好资料和知识的准备"。这样，"非西方的人类学家走出国门，到西方国家乃至世界各地进行实地调查，是过去人类学知识生产关系中的对象国也成为知识的主体。这是世界人类学的机会，也是人类文明健康、公平发展的一个知识条件。"中国从民族志的田野"转变为民族志实践的主体，这应该是世界人类学振兴所需要的”（高丙中，2006b：19—20）。此外，高老师还作了充分的民族志基础准备工作，撰写相关的论文（高丙中，2005；2006a），组织翻译海外民族志（如普里查德，2006）等。

早在2002年，我的另一位人类学老师王铭铭教授就在《人类学是什么》一书中，以一章的篇幅，从“祖先”问题开始，探讨法兰西圣安德烈山的朝圣与村社，发现中国的“社”和“会”与欧洲的“社会”（society）构成相互反映的关系，“社”和“会”指的是宇宙观、礼仪和象征，是超越性和地方性的矛盾统一（王铭铭，2002：135—176）。与高老师关注国家内部的公民建构不同，王老师的海外人类学关心的是中国人类学的宇宙观和天下雄心。由于转向历史人类学，他注重从历史的角度思考问题。高老师也注意到历史经验，比如他认为，中国人与外部世界的直接接触有三种形态，分别是中华帝国的轻松自信、近代西方列强入侵以后的推崇与怨恨交织和现代国人在国外的扩展与接触。三者之间似乎仅仅是时间上的先后关系，而没有逻辑上的关联（高丙中，2006b：19）。在王老师看来，中国人类学的宇宙观就是中国人的宇宙观。是什么支撑我们认识这个世界的呢？他提出中国人类学的“三圈说”：核心圈是汉人研究，中间圈大致等同于少数民族研究，外圈就是海外研究（王铭铭，2005a；2005b）。这个理论显然离不开五服制和天下观。对核心圈与外圈之间的辩证关系，既有无处非中（王铭铭，2003）的那种感觉，也有天下中心的视角，还有一个倒置的可能，可以进一步联想到他者观念。他的另一部著作《西方作为他者》就从穆天子西游域外讲起，考察中国历史上如何对待他者。在这个长时段的历史过程里，我们对西方作为他者，有几个转型过程，西方的形象则有西域、西天（印度）、西洋等，这些他者既外在于自我文明，也内在于文明内部的等级体系（王铭铭，2007）。

他的这些研究，在增加国人自信心的同时，也在学理上解决现代性断裂的视角和后现代碎片化的弊端。“中国人类学”的“中国”二字也才得以体现。

北大确实是一个很好的工作环境。在软硬件方面，它是一所比国内任何大学都要好的大学，学术探讨的气氛自由、宽松。从老师们的研讨和工作中，我明白，机遇和危险同时存在，是同一个事业的两种可能。最近我接触到一位韩国学生，她在北大攻读多年，从本科一直到博士，最终放弃某专业的博士学位，前往美国某大学攻读人类学。她的汉语讲得非常棒。她前往美国最主要的原因是获得对方的奖学金。她在美国的指导老师恰好是我的朋友。我没有追问她为什么放弃北大那个非人类学专业的学位，但我私下里却嘀咕：即便是同一个专业，如果中国的教授们在自己国家的大学里都不过是用流利或不流利的英语来讲授西方学者用英语来写成的比如利奥·斯特劳斯的古典政治理论啊、科斯的经济定理啊、法则啊什么的，这对从海外前来求学的学子们又有什么吸引力呢？如果是那样的话，中国的大学就变成为一个西方知识的转口贩卖场，唯一的吸引力不过是价格便宜了点，弊端就是它属于“山寨版”，不正宗，缺乏原创性，且永远都在拾人牙慧。

最近若干年来，西方尤其是美国的大学，纷纷以派学生前往中国学习一年为务。我在接触他们的管理层以后，发现他们推动这个措施有一个很大的理由：便宜。对中国来说，问题则不止是经济收益上的。这些学生前来中国，固然带着美金作为学费上交给短暂就读的大学，但他们会中国话能读中国文字吗？绝大多数人不会。给他们上课的中国老师们通通得用英语讲授。他们不过是把美国的教室搬到中国来。对以经济效益来判定大学政绩的官员和政府看来，这是一个了不起的成绩，但代价却是要在相关场合放弃自己的语言。中国的学生，费尽千辛万苦拿到美元奖学金或者大量富二三代子弟无需费劲就带着人民币兑换来的美元前往美国，是不是也能让就读大学的老师们给他们用汉语授课呢？我一向不太赞成后殖民的分析框架，但在目前中国的教育领域，我得承认，后殖民是一个可用的分析概念。

学界目前流行现代和后现代思想。学者们或者是倡导后现代，或者是批判后现代。在批评者中，有两种分野，一种是用后现代来批判后现代，结果使后现代以变相的形式延伸，另一种是为后现代找到替代性方案从而终结后现代。对现代性也是如此。现代性和后现代性共享的概念是断裂。现代要和传统断裂，而后现代要和现代断裂。中国人类学也不例外。相当多的人类学家认为美国的人类学范式值得效法，然而美国大学的人类学系最大的特点之一就是基本上不会去追踪本系的历史，不以回到几十年前的人类学为荣，反以为耻。断裂的思想在那里根深蒂固；米德的《代沟》典型地说明这一问题（米德，1988），而中国的大学则基本相反。

我这么说，其实也是要回到中国人类学的宇宙观。中国人类学内部存在着“革命”思想的脉络。它认为中国人类学是现代产物，跟历史上的“中国”没有关系。后现代的批判者或许会解构这个“宏大叙事”，但有没有另类路径呢？王铭铭认为，“如果说中国人类学的‘海外视野’简单地等于重复西方人的‘区域研究’，简单地等于在中国以外的地区运用西方理论，那么，这种‘海外视野’便比‘国内视野’的问题还大”（王铭铭，2005b）。在他看来，“天下视野”就是中国人类学域外研究的认识论基础。这就把历史上的“中国”和现代中国人类学联接起来。

在历史转接的系谱上，中国人类学离不开严复。他的跨文化比较方法似乎至今还不为后人注意。比如他曾经比较中国的皇帝与西方的国王，看到国王不过是一个制度性的君的职务，而皇帝则是集天、地、君、亲、师为一身的角色。严复曾引顾炎武之说，有亡国与亡天下之别。(孟德斯鸠，1981：87）按照荀子的观点，天下远比国重要。当今各国之争存，好比荀子时代诸侯国在中原逐鹿，只不过今日的角逐空间更大而已。

严复的文化比较之法，尤为今所蹈。他的比较，有平常心的比较，有强烈的批判性比较。前者产生全面的他者观，后者产生文化学习之意，师夷长技，此之谓也。全面的比较，他者与我，是同呢，还是不同呢？有不谋而合；有截然不同；有名似实异；有名异实同。不同与同在哪里？什么原因导致同或不同呢？他谈到中西源流上就已不同，后来遂异。

严复是一个民族志家。他的民族志著作，来自对西方人著述的翻译中引入自己的观点加以评论，形成一种独特的民族志文本。这个文本融贯了中西学术、中西历史和文明。它们或者互相诠释，并因此得以发扬光大，或者互相批评砥砺。文明的形色灿然跃现。他主动去寻找不同的著作而加以翻译，这种主动性后面是印刻在严复身上的文化或文明的需要。他在评论和译介中引出的是一个文明建设方案。这个方案与其他时人的看法不尽相同，他在翻译中就此加以评论，提出自己的主张。他的方案中，首先从世界观开始，次及政治制度、法律制度、经济和思维方式等。其中，对法的思考，以及变法的主张，可算是最为紧要，其论述也最多，可谓是要在泰东（中国）文明的肌体上，洗去那些渍物，使其更新生机和增强生命力。这个方案中，自我的特点并非一无是处，亦非全是。如何把握这两个极端之间的度，依赖于具体个人的能力、水平、情感和爱好等。

他在审视、评论对方的学说过程中，用儒家的观念改造之。汪晖的分析揭示，他翻译《天演论》，赋予其中国的易学宇宙观（汪晖，2008：833—881)。这种改造的前提是严复的东西方“不谋而合”理论。这一观点散见于他的各处按语中。名异实同与“不谋而合”意义相似，其对立面是东西绝异和名似实异。“不谋而合”与对立面相辅相成，在侯官学说中发挥作用。侯官提出的文明之间的这种关系，是他的一切学术的基础。他的文明归属则是不言而喻的。这种归属，是他一切学术活动的动力。这种文明的归属，是他改造西学的根本。这个根本，是儒学的，又包纳道学、佛学等其他的理念。他通过翻译、评论，改造自我和他者，完成对自我文明的一次设象，也是文明象征体系的实质性扩张。

关于翻译，他显然认为有好的翻译和不好的翻译，并因此在自我文明内部造成批判的动力和动因。双方在竞争最佳地解释或理解对方。如何认识他者呢？在认识他者的时候，显然不能把自我丢弃。自我是认识他者最坚实的基础和依据。他看待具体事物的观点或许前后有变异，但是基于文明/文化比较的观点，和自我文明的归属感则是恒定的。由此有必要厘定出文化逻辑和社会事项合一和两分的看法。前者组织和显现为各种纷杂的、价值歧义甚或颠倒的社会事项。当这些具体的事项发生改变（变化有度的不同，或量变，或质变不一），显示文明/文化转型。它们都带上时间的维度。

他之后的人类学家甚多，包括李济、芮逸夫、凌纯声、吴文藻、李安宅、费孝通、林耀华、许烺光、吴泽霖、田汝康等。最近学界已经对他们进行较多的研究，其中杨清媚的《最后的绅士》成绩最为突出。她以王铭铭老师提出的中国人类学三圈的概念为基础，去重新理解费孝通的学术。其实费孝通对自己的学术有很清晰的认识，他“缺了国学这个底子，因而对中国文化的深层总不容易体会”（杨清媚，2010：2），他看到陈寅恪的归属是在过去，所以能和明清之际的学人声息相通，而他的归属是新学教育，他在教会学校得到教育，后来又留学英国。他是士绅阶级。他在和李亦园的对谈中，提到西学传到中国以后被改造成为有中国特色的东西。可是中国的“文化特点是什么，怎么在起作用，我们却说不清楚”（费孝通，1999：384－386）。王老师的三圈说，或许就是对他这个问题的最好回答。

按照类似的逻辑，如以跃宏兄的分析所显示的先后次序，那么，在不同的学者那里这三圈在历时维度上的组合关系不一样，我们可以由此分出不同类型的学者。如吴泽霖先生，他在美国学习的是社会学，具有强烈的社会优劣意识。他在美国的博士论文涉及美国人对黑人、犹太人和东方人的态度；回国后研究中国汉人社会；抗战爆发后更到贵州，从事少数民族的调查和研究。他的研究之旅是外圈－内圈－中间圈；相比之下，费孝通是中间圈－内圈－外圈，而林耀华则是内圈－中间圈，似乎从来没有涉足外圈研究①。李安宅的研究历程则是内圈－外圈－中间圈②。

李安宅的国学功底，不仅使他写出毕业论文《〈仪礼〉与〈礼记〉之社会学的研究》，而且还替英国文学批评派宗师吕嘉慈翻译《孟子》，为后者的《孟子论心》一书奠定坚实的基础。他们的合作，对吕嘉慈和李安宅，都有极大的影响。李安宅一生的学术成绩就奠定在以其毕业论文为发轫的儒学人类学之上。他的儒学人类学绝对不是在儒学内部完成的。它是中西文化衔接、对话和包容的产物，承载着文化接触的历史。李安宅后来前往美国新墨西哥州的祖尼人那里实地调查，写出震惊美国人类学界的论文，算是他在外圈研究的典型代表。此后他的研究转向中间圈，从事藏族研究。他在这个领域用力最勤，

---

① 其弟子庄孔韶则从中间圈开始，经内圈，到外圈，完成一个三圈的学术历程。见庄孔韶，1981；2000；2001。

② 把一个学者的复杂研究历程用这种超级简略的方法来划分，在清晰的同时，似乎模糊了太多的东西。其弊端是无法呈现阶段与阶段之间或圈与圈之间穿插交错的情况。我的划分是按照学者在有代表性的时段，从事的有代表性的研究。这全是为了叙述的方便，没有任何方法论上的考虑。

耗去的光阴最多，一生的研究最终定调于此，获得后人的肯定也最多。中国藏学人类学的创始人非他莫属①。

上述人类学家的人生及学术似乎都有一个主调，这个主调跟三圈的先后组合关系似乎不太相关，而跟他们早年的教育密不可分。早年的教育为他们后来的人生和学术方向打下一个基调，它在后来与其他调子协奏，或者它本身就是协奏。这似乎是不以个人意志为转移的。每思至此，我就感到胆颤心惊。我的早年教育是什么呢？我茫然，惊愕得说不出话来。

二　域外民族志

中国域外民族志如果以他者为出发点，以当地文化的整体性和流动性为依托，进而以会通的思路进行跨域比较，当会为学科的未来奠定坚实的基础，并为拓宽我们的眼界作出独特的贡献。

（一）他者

他者是民族志基本的工作理念，他者是谁？在某一文化中哪些是他者？如杜蒙所揭示的，这不仅依赖于观察者在本文化中所处的时空，也依赖于实地研究所在地在历史长河中的格局。中国文明的他者越多，自身的特点亦将越多、越丰富。域外民族志的研究越多，我们自身亦将越受益。

本书不是直接研究中国国境内的藏族，但我深深地感到，藏族的亲属观念和继嗣观念对汉族有极为重要的启示。据 2007 年全国农村

① 中国第一代人类学家中，许多都曾渴望研究藏文明，如杨成志和费孝通等。在李安宅先生之后，涉足藏学人类学的学者，还有林耀华（1955）、李有义（1951）、马长寿（1943）等。近来藏族学者在其中的突出贡献已经引起世人的注意，如格勒（1988；1993）、边觉（Jiao，Ben，2001）等。

人口和计划生育工作会披露，我国出生人口男女比例为119.58∶100（每出生100名女孩，就有119.58个男孩出生，合适的比例应是大约105∶100），而农村出生人口性别比例更是高达122.85∶100，已成为世界出生人口性别比最高的国家。全国处于婚期的男性已多于女性1800万人，到2020年，这一数字将达到3000万。尽管国内的其他民族的性别比例也高，如高山族、畲族、仡佬族、侗族、瑶族、毛南族、乌孜别克族、水族等，但汉族的人口尤其是农村人口基数巨大，是全国人口性别比例偏高的主力军。其中，湖北、广东、江苏、河南和安徽等地最为突出。湖北的天门（176.5∶100）、鄂州（167.9∶100）和仙桃（163.6∶100）三地更是高居全国人口性别比例之冠亚季军。

人口性别比例高的一个直接后果是，由于婚龄妇女少于男性，在现行法律只许可一夫一妻的背景下，围绕女性而展开的犯罪行为将增多，包括拐卖妇女、买卖女婴、性侵犯和卖淫嫖娼等。与社会总体上婚龄女性偏少的事实相对的，则是部分男性富人、贪官污吏等身边，围着较多的女人，或者实践变相的一夫多妻。这些现象今日也有，只不过我们没有纳入人类学分析的范畴而已。在计划生育政策之下，这些事实跟我们汉族传宗接代、重男轻女的观念有密切的关系；反证是汉族人在骂人的时候常骂“断子绝孙”，而不是“断女绝孙女”。

在藏族朋友那里，又是什么情形呢？

1939年，李安宅在拉卜楞（夏河县）藏民区看到，“开铺子以临夏的回教徒为多。外来的回教徒与本地的藏女发生关系以后，私生的，不管血统如何，都被认为（是）藏民，因为衣食住行各种文化特点都是藏民的。其正式结婚的，藏民当局在不久以前立了一项条规，女的都算藏民，男的可归外来人（因为外来人重男轻女，藏民则有原来母系的痕迹，女人地位很高）”（李安宅，1943：66）。李先生的这个记录很重要，它揭示藏族双系继嗣亲属观念独特的魅力，并在与外来的父系单系继嗣观念的对比中发生结构性的衔接关系。

据1982年第三次全国人口普查的数据，西藏的人口性别比是97.8∶100，据2005年的统计，2005年11月1日零时，西藏自治区常住人口为276万人，汉族人口为18万人，占常住人口的6.54%；男性为137万人，占常住人口的49.46%；女性为139万人，占常住人口的50.54%，性别比（以女性为100，男性对女性的比例）为0.98（藏调办，2006）。该年全国除西藏（101：100）外，所有省份的出生人口性别比均偏高。以藏族人口为主导的藏族自治州，相对所在的省而言，其人口性别比例适中。比如2000年第五次全国人口普查数据，四川省甘孜藏族自治州总人口897239人，藏族人口占78.4%，全州人口性别比是104∶100（甘藏办，2005）。

原因何在？就在李安宅先生所观察的事实里。它深藏在本书所说的藏文明中心区模式的亲属观念中。他们的双系血亲婚姻禁忌和双系继嗣（男女均可以继承）观念起了决定性的作用。如果我们能学习到哪怕一点藏族有关亲属的思想，比如追溯母系谱系，把女性先祖也列入族谱之中，广大的汉族地区或许不会如此偏执地重男轻女。

（二）跨域比较

前往域外诸国的中国外交人员、留学生、商人和旅行者与前来中国的外国朋友，带来丰富的域外知识，但专业研究能在系统地获得有关他者的知识方面有所建树，提供独特的视角，也会在跨域的比较中，获得对他人与自我较为持中的理解。

下面以社会和国家的关系模式来说明。为了避免艰深的概念定义和讨论，我将粗略地使用社会和国家这两个概念。我曾经在美国和尼泊尔生活过较长时间，从个人感受来说，我认为有三种社会与国家关系的模式：强社会－强国家模式，以美国为代表；强国家－弱社会模式，以中国为代表；弱国家-强社会模式，以尼泊尔代表。强弱是在本体系内就国家和社会的关系而言的，没有一个普适性的标准。比如，像莫斯所分析的爱斯基摩人一样，有些族群的年度周期可以分为社会性比较弱的时期（夏季）和社会性比较强的时期（冬季）。这是无国家-有社会性强弱的模式，鉴于主旨，我们且不探讨这个话题。

2008年奥运会在北京举办，中、美、尼三国都派代表队参加。以体育运动而言，三者在国家-社会关系上有不同。美国的体育运动和基督宗教是影响美国国民性和美国人日常生活的两大要素，它们有着极强的社会基础。换句话说，体育运动和基督宗教很大程度上是美国社会而不是美国国家在起支撑作用。此外，美国许多运动员从事运动的背景大多和家族史或个人兴趣有关，他们自己支付训练费用。尼泊尔运动员的经历与他们相似，来自家庭和亲友的财力资助是他们得到训练的重要经济基础。相比之下，中国运动员的经历基本上离不开"国家队"三个字，"国家"是他们的训练和人生中最重要的元素。推而论之，凡是国家关注的项目就会发展得很好、很迅速。

教育也是如此。在中国内地，最好的大学都是国立，它们占据国家资源、生源和师资，私立大学无法和国立大学一比高下。美国最好的大学都是私立，州立大学则稍逊一筹。在尼泊尔，私立教育之盛，吸纳尼泊尔最好的学生、富裕阶层的学生，他们的英语比尼语好，着眼在国外发展，国家在国民教育体系中处于类似美国州立学校的地位，公办学校培养出来的学生尼语水平比英语水平高；它培养的学生或者进入政府部门，或者服务于社会，其教育质量相对较差。

尼泊尔的非政府组织繁盛，本国的非政府组织就有三万个以上，而发挥重大作用的还有国际非政府组织，它们在塑造着尼泊尔社会。走在加德满都街头，面对游行示威罢工，感觉那里的秩序是社会在控制，而不是国家机器。在中国内地，对非政府组织起决定性作用的是政府；政府决定着要不要开放非政府组织，以及开放哪一类型的非政府组织等。在美国，非政府组织在法律范围之内活动，政府无权指手画脚，但政府会动用军队护送黑人学生进入白人学校就读、镇压平民罢工和“暴动”等；其国家的强大还体现在其有效的组织、运作体系，以及全球性扩张等。

这个跨域比较是格尔茨的传统（Geertz，1968）。他在研究印尼和摩洛哥时，曾把没有联系的事物放在一种逻辑关系之中进行对照。有深刻时代危机感的马戎老师最近几年都运用这种宽广的跨域比较，如比较美国和中国的民族/族群政策，前苏联和前南斯拉夫的民族自治等，为重新理解与建构多民族的、可长期延续的中国找到一个有广泛理据的框架（马戎，2008a、2008b；中根个枝，2007）。我也仿效他们所运用的方法。上述这个粗疏甚至有些粗糙的比较，为的是避免繁琐的论证和提供一个独特的视角，以便在更大的视野中看到自我的地位和特点，而不至于采取一边倒的态度。

若以国家-社会关系作为思考的框架，不应忘记天下与国的关系。我们现今有关国家的思考，不能亦无法脱离孟子和荀子有关天下与国的关系的思考。荀子说：“国，小具也，可以小人有也，可以小道得也，可以小力持也；天下者，大具也，不可以小人有也，不可以小道得也，不可以小力持也；国者，小人可以有之，然而未必不亡也。天下者，至大也，非圣人莫之能有也。”（荀子，1991：216－218；王宪明，2005：89）他们影响了明末清初的顾炎武。顾炎武据此提出“保国者，其君其臣，肉食者谋之；保天下者，匹夫之贱，与有责焉耳矣”（后世衍为“天下兴亡，匹夫有责”，见《日知录·正始》）。他们的思想也影响了严复（王宪明，2005）。今日有关“国家”的思考，也是基于荀子所说的与天下有所区别的诸侯国的意义上所做的思考。在学术研究的意义上，在“国家”框架之外，看到“天下”，似乎是另一个思考境界。

我将在此基础上，引入列维—斯特劳斯的跨域比较方法，把有历史和现实联系的若干域放在一起比较，揭示它们之间的逻辑和历史关联。这即是南亚文明—洛域—藏文明—嘉绒—汉文明比较，其中藏文明是比较中的核心参照元素。

三　相关研究综述

（一）洛域人及洛域研究

本书是对尼泊尔洛域人进行实地研究的成果。洛域人自称“洛巴”（gLo-pa），算是他们最核心的族性认同，内部有严格的等级分层，从王室贵族到普通百姓乃至“贱民”；其中人数占优的普通人按尼泊尔的种姓制度，自称“古荣”（Gurung），而高于他们的等级自称“比斯塔”（Bista，即地方首脑），或者“塔库里”（Thakuri，即刹帝利种姓的一个分支）。所以“古荣”是不准确的指代。严格说来，我们应该把他们称为洛域人或洛巴。

洛巴人口万余，信仰苯教以及藏传佛教萨迦派、宁玛派和噶举派，唯独没有格鲁派。他们把自己居住的地方称为“洛措顿”（上洛域七域）和“洛曲米”（泉水洛域，即下洛域，因有印度教信民所崇拜的圣泉而出名）。外人则将这个区域称为“木斯塘”（Mustang）①，也分为上下两部。“洛曲米”在20世纪70年代末、“洛措顿”在20

① 国内对“木斯塘”这个名字常常有谈虎色变之感，原因是1974年前这里曾是美国支持所谓的“四水六岗卫教军”进行分裂中国活动的大本营。实际上，当地群众绝大多数对这些外来的入侵者恨之入骨。那些和我接谈的人，包括洛域王室成员、各地贵族、寺院僧侣和普通百姓，一提到“康巴兵”就气不打一处来，因为后者多达1500人以上，一度占据他们的牧场、柴禾，强买，甚至掠夺货物和牲口，禁止他们上山放牧，造成当地资源紧张和生活上的困难。在“康巴兵”盘踞洛域的岁月里，当地人常常胆颤心惊地生活。他们对“康巴兵”的憎恶提醒我去关注他们自身的生活体系及其意义。

世纪 90 年代初对外国游客开放，但是征收的费用有天壤之别：进入下洛域无需复杂的手续，只要一次性缴纳两千卢比进山费就行，如今已经成为尼泊尔著名的徒步旅游区，主要旅游线上的各聚落普遍开设旅馆等旅游设施；去上洛域不仅要从尼泊尔内政部获得特殊许可，而且需要缴纳高昂的进山费（目前每日五十美元）。

到 1979 年为止，有关洛域的研究寥寥无几。从当年贾克逊（David Jackson）所作的学术史回顾中，我们可以发现有这么几个西方学者：图齐（G. Tucci）、斯奈尔格洛夫（D. Snellgrove）、佩塞尔（M. Peissel）、海门多夫（Christoph von Furer－Haimendorf）、吉恩·斯密斯（E. G. Smith）。但正如他所言："过去提到洛域历史的，在数量上很少且简略；到最近为止，它们都是建立在非常少的资料上面。"就图齐来说，"他主要关心洛部地区文化发展兴盛时期的人民和事件"，在斯奈尔格洛夫那里，洛域的历史仅仅是略略提及；佩塞尔不过是前往该地旅行，回来写成一部游记性的著作，提到当代的统治家族来自古代的王系；英国人类学家海门多夫则不过是在 1975 年引用斯奈尔格洛夫而已。斯密斯则提及当时人们尚不知道的文献，但也极为简略宽泛（Jackson，1979：45－54）。这些评论由于过分传统史学化，忽略譬如佩塞尔的游记，为我们留下大量活生生的"康巴兵"活动期间与当地人互动的宝贵资料。

1980 年到 1981 年，东京的亚非语言文化研究所和加德满都的尼泊尔与亚洲研究所（Institute for Nepal and Asian Studies，1972 年成立，后改为尼泊尔与亚洲研究中心）合作研究加德满都河谷与嘎立甘大克河流域，题为"尼泊尔民族整合的人类学和语言学研究"，其中长野泰彦（Yasuhiko Nagano）对嘎奔尼、乍域和达嘎宗三地方言的研究，表明当时人们语调中的尼泊尔化程度很小，仅仅是借用少数词汇，并没有出现语法交杂的现象（Nagano，1982：81－157）。20

世纪 80 年代初，牛津大学人类学系博士生查尔斯（Charles Ramble）前往鲁饶开展田野调查，撰成其博士论文，以英国人类学风格，详细记录此前苯波在洛曲米区域的地位，并试图将历史整合到功能主义中去，其中对大小传统的考察是其关注点之一。在过去近三十年中旅游和尼政府介入当地引起一系列变动的情况下，此著颇具资料价值（Ramble，1984）。

在洛域历史研究方面，最见成绩的，则是精通藏文、尼文、梵文和英文等语言的尼泊尔学者。1983 年，尼泊尔的特里布文大学尼泊尔与亚洲研究中心发起了一项研究计划，从四个学科的角度对洛域进行研究，包括文化遗产、经济学、人类学和历史学等。文化遗产部分主持人是藏学研究者夏玛（Prayag Raj Sharma），他也是中心的主任。该成果最后以尼文的形式出版，主要介绍上部木斯塘的各贡巴（寺院），譬如察让贡巴，包括其简史、区域与寺院组织、寺院神灵与祭祀、贡巴中僧侣戒律、寺院群体、寺院经济、建筑艺术和雕塑、经书等（Sharma，2000：88—100）。经济学和人类学部分则至今不见出版，在该中心，甚至连他们的手稿也已无法找到。最近饶密西（Ramesh K. Dhungel）著有木斯塘史《洛王国》（Dhungel，2002），其前身即是该研究计划中历史学部分的成果。这是一部精要总结洛王国历史的坚实著作。作者为这部著作耗去近二十年的人生。1982 年 4—9月、1983 年 4—9 月，作者在加德满都和洛域开展“实地考察”（field work）；1995 年，复又在上洛域和巴拉岗（Baragaun，尼语对下洛域的称呼）地区进行补充调查。他的实地考察的内容主要是搜集重要的历史文稿包括宗教人物的传记、有关寺庙、祭祀点、城堡、宫室、聚落、主要的文化和宗教物品以及其他政府的、社会的和宗教的文献。实地研究运用的方法主要是对历史文献进行确认、抄录和内容分析。而对博学僧侣、宗教人物与其他关键人物（比如国王和王妃）、社会工作者（比如传统意义上的医生）、孜巴（天文历算者）、拉日巴（画师和艺术家）以及传统的管理权威的家户首脑（比如过巴、第巴、更巴、基巧巴和赤妥巴）的采访，则作为补充（Dhungel，2002：6—8）。

这部著作的贡献在于：第一，对洛域研究进行系统的回顾和批判。这是一种类似于萨义德《东方学》的贡献。比如作者说："这些殖民早期的著作，绝大部分是根据英国政府在印度的利益和资助而写的。"日本的作者也做了类似的东方学努力。"他们关于西藏和其他藏文化世界的著作也是直接或间接地设计来为欧洲学院工业的刻板化东方学家提供原材料。"（Dhungel，2002：22－23）他对图齐的批评，正是指出他的东方学意向："图齐很明显更愿意把自己称为荣耀的探索者，或者是关于'他者'或'他者性'的权威和保存者。图齐的全部著作尽管很有启发，不过是他为加强自己国家荣耀而作的狂妄承诺。"（Dhungel，2002：27）在他看来，佩塞尔（Michel Peissel）在批评殖民和东方学学者的同时，也将藏人和喜玛拉雅地区浪漫化了（Dhungel，2002：29）。不过，饶密西的批判并不系统；在一定的意义上，可以说带着"尼泊尔学"或者反向的东方学视角，因为作者在批判中始终有一个"尼泊尔"的影子在。比如当斯内尔格洛夫说廓尔喀人毁坏尼泊尔喜马拉雅山区的佛教寺庙、村落贫困时，饶密西辩论道："即便廓尔喀统治者在早期时是侵犯性的征服者，他们从来没有干涉和破坏佛教秩序。相反，他们和尼泊尔北部的诸喇嘛与贡巴建立起了特殊的关系：大量布施土地，邀请不同的活佛和密教喇嘛到他们的王宫去。"（Dhungel，2002：28）第二，对洛域从公元7世纪到20世纪的历史进行比较系统的和客观史学的清理，拟出一个清晰的历史脉络。这是一幅长时段的历史画卷，也是一幅跨区域的历史画卷。作者将重点放在洛王国的谱系上，主要从洛王国与周边权力机构之间的军事斗争、征服、臣服和抗拒的角度，来叙述洛的兴衰史，以及在廓尔喀王朝时并入尼泊尔王国的过程。这是一部洛域王系政治史。作者的基本分析理念是权力，有的时候还带着一种不由自主的现代民族—国家观念（Dhungel，2002：81）。除了一种地域特殊性附加在字里行间以外，阅读完此书我们看不到洛域自身的特色，看不到有洛域的神话、传说或故事，当地人的文化和能动性更不用说。它展现给读者的图景与伯罗奔尼撒战争的图景或者19世纪以来欧洲诸国间的战争和侵略图景，究竟有什么不同呢？没有本质的不同，因为所有的都在演绎着同样的权力逻辑。

中国传统史学书写能为洛王国史的撰写带来什么样的启迪呢？春秋五霸和战国七雄之间不也进行过类似的战争和争夺吗？他们寻求的难道不是权力吗？是，但也不是。比如说楚庄王问周使王孙满周天子的鼎的大小，被告知不是问鼎的时候；当孔子面临一个礼崩乐坏的时代，看到那些超越本分、觊觎上位的人，说："八佾舞于庭，是可忍，孰不可忍？"宫廷舞的规模超越了主人的身份，破坏了礼。他们为的是在一种等级的体系中获得地位的提升而动干戈。司马迁写《史记》，总是以皇帝本纪为首，以此厘定下位，包括世家、列传等。皇帝是天子，守鼎者；问鼎便有觊觎之意。总的说来，这些战争和争夺，只有在一种关怀天下意象的解释中才能获得最终的合法性和文化的意义。《洛王国》缺的是对洛域人理解历史和现实的宇宙观的关怀。我们不知道他们怎么想，怎么看待这个世界；我们不知道他们怎么解释发生的一切，包括外来入侵和与外部联姻。如饶密西所多次写到的，历史上洛域国王们不少是共妻的。弟兄间有着明确的社会分工，这些有序的分工，比如一人做国王，一人出家为僧（有的情况下还能还俗），另一人辅政或是出为地方官。他们之间的分工与互助（Dhungel，2002：100，113，133，135，137）是引人注意的，尽管也出现兄弟阋墙的情况。

如果没有一种对具体亲属伦理的理解，外部联姻恐怕难以为继。这就是为什么19世纪洛域国王派遣使者前往西藏寻求联姻的原因（Dhungel，2002：134）。这迫使我们把洛域放置在藏文化的世界中去理解：毕竟他们的祖先是从贡唐王国派遣来的。

下面的问题就更为紧要：既然来自藏文化世界，那他们分享的是雅隆人的创世神话，还是萨迦派的祖先传说？我们看到，在首府洛满堂，城池模型是萨迦南寺的风格：在平原上筑城墙。但第二大城市察让没有城墙，察让寺协堆达杰林（Shedup Dargyeling）筑在小丘顶上，世俗的权力机构桑珠更佩（Samdup Gephel）建筑在另一个小丘顶上，它们下面是俗民的居住区。这种模式更类似于嘎厦政府权力机构布达拉宫的建筑模式。这两种模式在洛域并存让我们看到藏文化边缘世界一些有趣的文化配置的结构性成分。

我们要追问他们的权力观念建构在什么样的宇宙观上。要回答这个问题，我们不得不抛开饶密西，到民间或者神话传说中去。

最近二十多年来，包括英国、美国①、澳大利亚（Schuler，1987）和德国（Gutschow，1998）等在内的各国人类学家已经在下洛域开展过卓有成效的研究，积累了相当数量的资料，有的提出比较

① 如赛安娜关于马的研究（Craig，2008），以及美国学生年复一年前往这里进行的调查。美国人对尼泊尔区域的研究，中国学者可能在很长一段时间内都无法企及，简单就资料的掌握和对尼泊尔的熟悉和后备队伍来说。这使我们对自己邻居的理解，远远逊于万里之遥的美国人。他们直接住到尼泊尔居民家中学习他们的语言与文化，颇有我们早期“三同”风格，然而我们已经抛弃了相当多的传统。我在洛域的时候，闻见不少美国大学的本科学生在那里访谈、研究，尽管大多数尼泊尔语不是很流利，以至用不上尼语而不得不采用英语进行。后来我读到一位女生四年前研究洛曲米尼姑寺阿尼入寺为尼的小文，谈到他们入寺为尼的原因，可能带有物质关怀、没有其他的人生机会和父母的压力等，不少并有遁世的想法，但一旦入寺为尼后，这些就再不重要，他们用“宗教正确”的词汇来讨论。“这些共同的主题揭示女性佛教持戒者和（男权）家长制社会中女性的意义”。See Benedict，2004：32—33. 他们的研究和关怀带着强烈的欧美风格：女权主义、后现代、民权运动和发展等等。

富有挑战性的议题。值得一提的是查尔斯的博士论文《鲁绕的喇嘛：尼西地区藏人苯波世家》（Ramble，1984）。该论文完成于1984年，是对鲁绕域的苯波世家、苯波传统和历史的深度研究，涉及当地的经济、社会分层、仪式和信仰等。我在特里布文大学尼泊尔与亚洲研究中心的图书馆里读到此文，它对我后来的研究深有帮助。此外，1987年，英国的查尔斯和丹麦的米歇尔根据当地的口述文献合撰成洛域早期史（Ramble，1987）；次年米歇尔撰成"尼泊尔塔廓拉流域史"（Vinding，1988），以极其宏大和简略的风格，勾画塔廓拉流域史，从西历公元5世纪开始到20世纪80年代。其中有许多有趣的题目譬如"尼泊尔国家的一部分"、"盐垄断时期"、"20世纪60年代的衰落"和"走向发展"等，这种没有文化而宏观的历史，为我们提供一个基本的历史线索和材料。最近，查尔斯出版自己的新著《女鬼的心脏》，也用一章的篇幅简单地探讨洛域尤其该书的实地研究地德域（Te）的历史（Ramble，2008：23－42）。另一篇关于洛域共时情况调查的文章，是设计顾问沃尔夫1968年对洛域的人口、迁徙、运输、贸易、农业（包括土壤、庄稼、肥料、灌溉和食物等）、园艺业、畜牧业和林业等做的粗泛调查和政策建议，尽管已经构成一篇历史文献，但对本研究用处不大（Donner，1968）。

洛域当地佛教学者对自己历史和文化的看法，集中体现在洛满堂堪布扎西旦增的两本著作《洛域佛法发展清镜史》（KSTD，2004a）和《洛域寺宇目录》（KSTD，2004b）中。这两部著作包含着丰富的地方传说和史实，洛域知识分子对自身文明的解说蕴藏其间，提出一个当地的理论体系——域论。

和本书的研究有直接关系的，是舒西妮（Sidney Ruth Schuler）的《一妻多夫制的另一面》。她的研究区域也是本书实地考察区域，值得详加评述。她的研究表明，一妻多夫制的另一面是女人付出代价。这种制度通过剥夺相当多的女性结婚的权利，使他们处于储备劳动力的状态；通过使他们保持非婚状态，剥夺他们和财产的关系，从而使他们处于屈从的社会地位，对他们的劳动力进行剥削。

按照舒西妮的看法，尽管评价曲米娃社会的妇女不婚或晚婚必须从一个复杂的社会文化体出发，但有一点是肯定的，那就是藏人社会与别的社会一样，并不是女性的天堂。在该书的结论部分她尝试着在两个社会（藏人社会和尼泊尔社会）背景中安置洛域的女性及其一妻多夫制，以说明它们对待女性没有什么差别。她试图通过文化现象把经济系统和婚姻类型结合起来：建立在家户财产基础之上的传统村落政治组织、父系财产继承、长子继嗣和兄弟一妻多夫；建立在不同标准之上的社会分层、抢婚、上嫁、短暂而季节性的农业劳动力需求以及迁徙性贸易。这些都和较高程度的不婚和晚婚连接着。“结论是，西藏婚姻风俗并不表明妇女的地位较高。相反，它所反映的乃是一种社会和经济的不平等。”（Schuler，1987：151－154）

从经济上说，晚婚或经常性的非婚，乃是经济和人口压力的回应。舒西妮认为，西藏社会的兄弟一妻多夫制起着类似西欧储存剩余劳动力的机制，正如戈尔斯坦所说：当年幼的弟兄们感到分家独立谋生会无法获得满意的生存标准时，一妻多夫制就特别兴盛。不过，一旦资源和经济机遇充足，年轻的弟兄就分家并建立新的一妻一夫家庭，并完全把未婚的女性带入到再生产圈中。当事人并没有意识到一夫多妻充当着一种敏感的文化机制，可以调整人口水平来适应可得资源和经济生产中的变化。

舒西妮认为下洛域存在的季节性农业佣工和迁徙性贸易，充当了西北欧历史上的服务制度。前者通过在社会中保存一个非婚的女性群体，在农忙季节就可以提供充足的劳动力。一旦不需要他们时，他们就得到别处谋生。但雇主与受雇者之间关系融洽，遮掩了他们之间的等级关系。在洛曲米，对婚姻加以限制的文化机制和范式主要包括宗教性独身（出家）、兄弟型一妻多夫制、父系和长子继承制、不同形式的内婚、合法和非法生育等。一妻多夫是一种有意识的策略，以保持人口和资源的平衡。一妻多夫造成大量“非婚的‘剩余’女性人口，就给社会中总体的生育水平带来负面的影响”（Schuler，1987：54－57）。文化系统从经济上和社会上界定这些人为边缘者，限制他们结婚生育，与财产和社会地位发生关系。这种心态表现为：人们希望头胎为女孩，因为她可以留在家里当劳动力；外嫁者，要求前三年服务于父母家相当时间；另外就是不让他们结婚，策略是：迫使其发誓独身；对离婚、寡者再婚没有歧视，但是加以限制；避免分家；推迟贫穷者结婚（经济状况限制了婚姻）。对婚前性关系有更多的自由，但对非婚生子女加以惩罚：限制他们与财产的关系；非婚妇女对人生范式的选择比较广，但情非得已。不分家的文化理念后面是长子继承制与女子的替代性与不析产（Schuler，1987：59；60－76）。

贵族家的财产继承方式，类似拉达克地区的“小户分家”模式，长子总是获得最大份的财产，次子无份，父母一般会给年幼的儿子一份财产，幼子总是和父母在一起，他们所有的财产小于总财产的一半。女子出嫁时财产以嫁妆形式相随。人际关系与物际关系可以互换。财产继承有不同的形式，但总的原则是反对析产。兄弟型一妻多夫制与家户体系都反对析产。转向一妻一夫并不影响这些原则（Schuler，1987：85－94）。

女性和财产的关系是通过男性来实现的，所以独身、不婚的独居女性绝大多数是贫穷的。女性主导的家庭（包括寡居者），其总共所占有的农地少于平均农地数的一半。男女在财产上的继承不同：男方继承的是不动产，而女性得到的是动产。如果没有子女，女性寡居者的财产在死后转到丈夫的兄弟、兄弟的子嗣或者丈夫的其他父系亲属中；离婚时子从父，女从母；结婚时签订协议，说好相关问题的处理办法（Schuler，1987：95－108）。

关于男女性别的关系必须放置在藏人社会的等级体系中去理解。等级之间的界限通过婚姻限制、仪式宴饮来体现：人们可以从座位的高低与里外来识别等级体系，比如长官（ponpo）＞沛瓦（phalwa）＞蒙迪（mendik）；长者＞幼者；男＞女。骨系理论决定等级中的继嗣。父系的归属关系比较弱；与低等级通婚和“非法”的婚姻等，其骨系归属关系被否定；不纯的因素越多，骨系归属受到否定的可能越大；最低的三种等级的子女更容易被降低地位。等级之间通婚，女子加入到丈夫的等级。等级通过仪式中的座位、社会语言上的称呼等来体现[①]。界定社会地位和通婚可能性的标准包括世袭地位、财富、村落地位、合法与非法婚姻等。等级概念在当地人的婚配观念上起着核心作用。尽管在理念上他们的理想是等级内婚，但实际上并不严格遵从。财富在择偶中经常起着主要的作用，而对配偶的个人品质较少关注。婚姻形式包括安排婚姻、私奔（elope）和抢婚。抢婚一方面是男子的强力，但同时也给予女子选择的机会（Schuler，1987：115－150）。

舒西妮的研究是西方和尼方合作，试图改变尼泊尔妇女地位的项目的一部分，他们希望把乡村妇女整合到“发展”中来，一方面强调妇女的脆弱和需助，另一方面又要强调尼泊尔妇女的强项，以便更进一步“发展”他们（TSWPT，1979：1－8）。不过作为女权主义作品，舒西妮的著作着重强调由男女两性构成的社会中，女性是如何被体制性地压制于社会底层的。她深受经济决定论的影响，强调女性地

① 譬如舍沃/舍嫫，发音有转写作 hrewo / hremo 的，藏文当为 sras-po/sras-mo. 意即公子、小姐，查尔斯英译作 royal sons 和 royal daughters. See Ramble，1984：122.

位的社会经济的决定论（Schuler，1987：45、59、70）。正是基于这一点，她说："印度家庭中不能生育儿子是一个严重的不幸，原因在于没有儿子就不会有媳妇为家庭提供劳动力"（Schuler，1987：152）。这是偏激的说法。如果没有儿子，就没有劳动力；如果没有女儿，也没有劳动力。这个说法的合法性显然先于她的说法。

舒西妮是女权主义者，她必须搬倒一切"男权"，从个体主义的角度重新考察藏文化中的两性关系，尽管她较早些时候发表的文章还比较韬晦（Schuler，1978：141－152）。我们时时可以体会到藏族女性在"孤独的男权汪洋大海"中为他们的权力而斗争。在此之下，西方的法权观念毫无疑问也支配着作者的调查与书写。比如考察家中的财产不是个体拥有财产的集合时，我们发现舒西妮之所以关心这个问题，乃是因为西方对财产权的界定根本从家庭开始，正如利奇那样，因而这是从一个非常西方的观念出发的问题。舒西妮问题的出发点根本就转向自己的文化，而不是当地人的文化。在呼吁改造藏族社会的各种声音中，从西方法权和个体主义及其表现形式之一的女权主义来考察并以之作为参照，作为扭转或"改进"藏人社会的坐标，是舒西妮大作没有明言的潜音。在这个潜音下，我们很难看到由男女两性构成的藏人社会的总体性，更看不到女性的强项

有一点本来可以使她做到这一点，这就是对等级体系的描述和曲米娃们有意识的策略和文化的理想。但是这些要怎么样才能化去作者的非他者倾向，并进而烘托出一种一流的作品呢？当作者提到文化理想的时候，"文化"却在最大程度上从她的书中消失了。最明显的例子是作者在书的结束部分才谈到曲米娃社会的婚姻禁忌和伦理，而不把这种具有根本重要性的内容放到开头部分，作为探讨的起点。她不远万里，只身来到洛曲米，本应该找到他者；但在那里，她直接回了自己在西方的"家"。如果用格尔茨的话来批判，那就是：舒西妮若

要在别人那里寻找自己家中的真理，她应该呆在家里（Geertz，2000：65）。

相比舒西妮，一名尼泊尔社会活动家的研究荒谬程度更甚。特里布文大学人文与社会科学学院讲师萨普科塔在 1998 年对上洛域的六个区进行问卷调查。为了不陷入具体数据的繁琐分析，我们且看他提出的一个概念："借妻"（wife- lending）。这个概念来自作者对一妻多夫家庭进行的两个区分：兄弟型一妻多夫（Fraternal Polyandry）和非兄弟型一妻多夫。印度的奈尔人（Nair）属于后一种类型，即"借妻"（Sapkota，1998：5）。他认为，"社会并不总是会从一妻多夫转型为一夫一妻。在洛域，社会似乎是从一妻多夫转向多偶制（multigamy）。我在洛域发现社会以一夫一妻的名义从一妻多夫转向多偶制。现代化的后果，包括旅游者的大量涌入，旅馆业的经营管理乃是多偶制社会的催化剂。在过去比如一妻多夫时期，是弟兄间共妻，今天人们发现妻子是出借给社会。她是性满足的对象。"他在这里要指的是非父系的一妻多夫。尽管有这个转变，但仍然在一妻多夫的概念之内。无论怎样转向，当地社会总让人不满意，总是有缺陷。他引用当地精英索朗杜嘎旺迪的话说："最近几年一妻多夫婚转换成一夫一妻婚。今天相当普遍的倾向是一个丈夫和一个妻子，但是哥哥和弟弟的妻子有性关系，而弟弟也和哥哥的妻子有性关系。""就性关系来说，在一妻多夫婚和一夫一妻婚之间没有差别。"（Sapkota，1998：58、60）我以为作者根本没有明白当地人为什么会这么对一个外来者说，更不明白当地有一套极为严格的性关系伦理①。

他的结论说："洛域王国的一妻多夫正在衰亡。这个社会里，婚前性关系和婚外性关系常见。"正在衰亡的论断，和从兄弟一妻多夫转向非兄弟一妻多夫的论断是对立的。"过去，一妻多夫的原因不止一个。各种原因重合在一起，并行成了传统和文化。封建制是一妻多夫的主要原因。"作者在论文的最后 6 页，四次口号式地重复"封建制是一妻多夫的主要原因"，相关的论证却一句也没有（Sapkota，1998：57－62）。在我读到的所有探讨一妻多夫制原因的文献中，武断地归罪于"封建制"而不加丝毫的论证，这是唯一的一个②：政治口号取代学术。相比之下，舒西妮改造他人的面目毕竟隐藏在研究旗号之下。

（二）一妻多夫制研究批判

从学术史的角度来说，一妻多夫制研究存在着三个传统：西方脉络、南亚脉络和中国脉络。每个脉络内部都存在着坚持他者视角的研究和自我中心主义的研究，他者视角不把一妻多夫制看做是一种落后的婚俗，而从他者的视角来解释；自我中心主义者持强烈的批判色彩，把它说成是原始婚姻的遗存，探讨和采取各种措施将它取消。这

① 北京大学的马戎教授认为，"单从优生学角度来讲，藏族的婚姻规范要比汉族先进"；而"有的国外学者认为'一妻多夫'和'一夫多妻'都仅仅属于临时性的安排，'因为核心家庭才是生存的理想单元'。这可以说是从西方社会文化传统的标准出发，来对其他社会进行评价"。他明确地提出："在人类社会中，究竟哪一种性关系和婚姻关系更'道德'、更'先进'？这是不能简单地根据某一个社会的传统标准来衡量的。"（马戎，2000：41－42）

② 我们知道，坦比亚在研究斯里兰卡一妻多夫制时，把一妻多夫制归结为一种应对封建责任（Feudal obligations）的安排：封建领主要求比如封建的克劳恩村落和寺庙村落的佃农们长时间离村，服兵役等。这些人离开后就把田地留给共妻的其他丈夫，以便能延续和维持家庭和土地耕种等。但他也说，很难在封建制的衰亡和一妻多夫制的减少之间建立起联系。相反，他非常小心地提出封建社会可能助长作为某种经济和家政问题解决方式的一妻多夫制的发展。他甚至强调这种婚制是兼并土地的经济逻辑的一种扩展。坦比亚最后还是回到财产观念，以说明威斯特玛克早就提出的一妻多夫制的经济动因：当地人实践这个婚制，是因为他们无力承担一夫一妻（See Tambiah 1978：301－5，316）。

两种研究在各个研究传统内部形成一种辩证互动的趋势，推动着一妻多夫制研究。

一妻多夫制的研究大致有两个具体的切入路径，一个是外证，一个是内证。外证就是从文化和社会的外部去回答一妻多夫制是怎么产生的，其产生和长期存在的原因是什么，以及诸如此类的问题和路径。这个脉络以威斯特马克、普林斯·皮特（Prince Peter）等为代表，后来者不过是为他们补充一些材料，完善一些论证和提出更多的原因等。在他们眼中，有一个跨越时间、地域与文化的一妻多夫“王国”，这个领域有自身的特点和规律，我们可以通过更多的个案调查去探查这个“王国”。到目前为止，绝大部分一妻多夫的研究者都属于这个脉络。不足之处在于它忽视具体的一妻多夫是和某个文化/文明有机地联系在一起的，这阻碍人们对它和它所嵌刻在其上的文化/文明进行更好的理解。

从西方脉络来说，[①] 西方的一妻一夫观念要追溯到古罗马帝国时期。按照埃利亚斯的看法，古代近东和希腊罗马，经历男女两性间的权力平衡，尤其罗马时期从妇女对男子的极端臣服到男女在婚姻生活中事实上的平等。这种观念对基督教的婚姻观造成影响，使之更倾向于性别的平等（艾利亚斯，2005：177）。西欧学者根据自身文化传统中的婚姻和亲属观念，在西历纪元后的第一个千年里，结合基督新教的“上帝面前人人平等”教条推导，把一夫一妻制作为他们的理想的性别关系的社会表现，而英国在距今一千多年前就开始强调一妻一夫

① 笔者曾对三个脉络作了较详细的长时段历史结构的考察。此次限于篇幅，我作了大幅修改，并期待原文能另行发表。但我要申明，在中国脉络的现代部分，根旺（1995）、马戎、江果次平、坚赞才旦（何国强）、张建世、边觉等的研究对我有很大的影响。拙著部分地是对他们的研究给予我学识上的恩惠的回报。

制[①]。这个观念在十六七世纪被赋予个体主义的平等的法权观念，而和进化论的结合则始自19世纪中叶美国人类学家摩尔根。围绕这个视角来考察其他婚姻和婚姻史的集大成者，则是19世纪末20世纪初的芬兰学者威斯特马克。他认为一妻多夫制的原因在于人口和经济要素，其中性别比失调和经济“动因”，包括资源匮乏、嫁妆昂贵和生活方面男性缺乏时期较长。威斯特马克也提出只有极端的需要才能打破“绝大多数男人对他们的妻子加以独占的那种自然欲望”（Westermarck，1925：158－210，esp. 206）。此后的研究，大多是对他的那些论证不严密的观点的一种重复。比如研究一妻多夫制较有成绩的普林斯·皮特。他基于对佛洛伊德心理分析的俄狄浦斯情结假设的思考，具有寻找他者的本意。他在20岁的时候曾接受过精神分析，随后并学习过一些。他曾认为，精神分析的成就无论怎样都是囚禁在欧洲文明的框框中，而俄狄浦斯情结如果是一妻一夫制的、父系甚至是家族组织的产物，那就只能局限在类似的社会。有的文化可能具有完全不同的心理结构，可能没有这种情结。要说明这一点就必须前往他域寻找他者（Peter，1963：13），然而在他寻找他者的途中，皮特首先定义一妻多夫必定和“婚姻”关联在一起。如果没有“婚姻”，那就是“私通”（cicisbeism），譬如喜马拉雅区域的“颇加”（Po-rjag），即不能生育的家庭为生育而引入一个男子，就被他认定为情夫，或者是纳妾（concubinage）。他根据这个标准，把一个女人多个男人的不同形式的关系定为一妻多夫、“私通”、随便的关系、联合婚、可疑的情形、既非一妻多夫亦非类似的可比拟的风俗等（Peter，1963：506－508）。这就使得他基于西方法权观念的定义无法解释“一妻多夫”，

① 剑桥大学人类学家艾伦（Alan Macfarlane）与笔者交流时告知。2008年4月中旬，于尼泊尔颇克拉城北山古荣人的塔村（Thak）。

更不可能理解他者文化。更有问题的是他把各地的类似实践都归入同一种“一妻多夫”中，不分地域、群体，从这里他建构了一个普世的“一妻多夫帝国”，他说：“我认为一妻多夫的特点是一个自我维持的实践，其不同的侧面和谐整合，令人满意地相互协作运转。它若与其他文化悬隔，则相当坚实、坚韧，在很大程度上是因为实践者认为一妻多夫比任何其他类型的婚姻形式具有更高的道德性”（Peter，1963：550）。为了探寻这个跨文化的“帝国”，人们就必须把一妻多夫者与其所属的但并不实行一妻多夫的那些群体切割开，瓦解他们在历史、神话和心智上的一致性。总体性消失了。这才是真正的“悲剧”，研究者制造的学术“悲剧”。皮特与无数的研究者一样，花费巨大的精力回答一妻多夫制的原因，譬如历史的原因、社会学的原因（如男人由于经商和从军等必须离开家）、经济的原因、个人原因（保持家庭和谐，避免吵架；使自己群体与众不同），但他认为人口原因站不住脚（Peter，1963：552－568）。他认为一妻多夫是一种倒退的（recessive）文化特质（Peter，1963：570），并把它归结为特殊经济和生活处境的产物。我们想象一下，当他在1937年，带着娇妻，开着吉普车从欧洲跨越地中海区域、中东、欧亚大陆走廊地带（叙利亚、伊拉克、伊朗）进入南亚各地，沿途聘用当地翻译和挑夫，漫漫长路，旅游多年，花费巨资（Peter，1963：575－583），然而他的结论竟是如此不与其他经费拮据的研究者的观点相异，我便很怀疑一妻多夫的经济决定论。

后来者附从前人，不过添加一些材料或附从的视角，譬如柯鲁克等人从拉达克的经验出发，进一步阐发戈尔斯坦和海亚特等人的理论，特别是一妻多夫乃是人们对所居住地域的经济和生态条件的社会文化适应（Hiatt，1980：583－602）。但他们使用外在于当地文化的社会生物学和社会生态学的观点，讨论丈夫们内部的张力、长兄的再生产主导和分家的压力等，彻底让我们熟悉的文化走开（Crook，1994：735－786. esp. 737、739、773－779）。实际上，他们提供的资料，譬如关于夏德域（Sha-de）的谱系报告，倒是相当重要（Crook，1994：249－284）。另外一种变体是白利曼提出的。他在总结与一妻多夫有关系的经济因素（财产、嫁妆、经济艰难等）、社会因素（丈夫不在期间妻子和家庭的安全、保持家庭内部的友好关系）、社会－经济因素（家庭内部兄弟间的团结基于包括妻子在内的财产共享等）、心理学因素（满足受压抑的乱伦禁忌）、传统因素（遵循传统就有的一妻多夫实践）、人口因素（缺乏女人）等以后，认为它们都无法解释同一个族群的两个方言变体群体即实践一妻多夫的江萨巴瓦（Jaunsar Bawar）和实践一夫制（Monandry）的嘎瓦（Garhwal）的差别。似乎只有性比例可以解释，然而这就要求把性比例作为两者差异的一个先决条件，如此就必须回到早先时代的文化史和人口统计数据。这怎么可能呢？白利曼最后的答案是总体地区差异（包括婚姻模式、语言、服饰和信仰等），而这种总体的地区差异又是和地区的孤离（regional isolation）联在一起的（Berreman，1962：60－75）。尼泊尔人类学家甘尼西将一妻多夫制和一夫一妻制比较，研究洪拉地区的唐京（Tangin）村以后，认为人们多倾向于一妻多夫；这种婚姻是对生态要求的回应，而一妻一夫制则无法实现集体性的劳作和清晰的劳动分工（Gurung，2000）。

人们这么做的唯一理由，就是希望化解一妻多夫制如此另类给“现代人”或自我带来的“压力”。它使得不少非“一妻多夫”的人们在这种实践面前感到紧张、不舒服和反感等。这种心理的情感，变成学者们的研究实践，这一过程导致的负面后果，就是“他者”作为人被降低为“物”，即他们成了没有情感、服从于经济需要的“物”。在西方人的“爱情婚姻”（love marriage）面前，这是何等的另类！从心理情感到学术表述，到目前为止的主流的一妻多夫制研究，不过是另一种意义上的“东方学”。实际上，当地人的婚姻不仅包容西方人的“爱情婚姻”，也包容其他的婚姻形式，他们没有采取排他性。

巴特批评说，由于以前印度的学者将精力都集中在共妻范式上，这就导致该研究依旧是生物性的、描述性的和缺乏深度的，根本不能解释一妻多夫制的原因；对一妻多夫制的社会结构性因素比如人口、亲属制度、经济、分层、宗教、政治和意识形态的分析都非常缺乏：“我们只是拼命关注一妻多夫制风俗，而不是其国民社会体系的构成和观念”（Bhatt，1981：56－57）。

楠茜的批判更尖锐：“一妻多夫制依旧是教科书中的奇风异俗。书里依然故我地用经济原因来解释它，把它看成是对不同寻常的困难环境条件的适应，奇异而少见。与此假设相伴同行的，是人们持续地关注它的起源和延续的原因。这是一种外部议题。人们从来没有越过这些议题，去分析社会文化系统，分析这些系统如何影响一妻多夫制，以及一妻多夫制如何影响这些系统。正因如此，学者们才依旧引用韦斯特马克早期的论述”（Levine，1988：265）。

楠茜的批判击中一妻多夫制研究的要害，学者们在引用她的研究时，忽略了这段批评。在她看来，一妻多夫制的研究中的唯物质主义倾向发端于威斯特马克，而文化唯物主义的观点则将此推到极致。它们的问题在于把婚姻与亲属制度看成是经济或者人口紧缺的产物，把个体的婚姻关系看成是受到物质计算所约束，贫化了我们把这些现象看做是社会和文化现象的理解。而英国人类学派长期以来就把亲属制度实践化约为假想的社会生活范畴。继嗣和姻亲也被定义为“穿越时间的财产关系的表达”。利奇带着浓厚的古典功能主义的特征，强调亲属制的政治和经济后果。这是倒果为因。类似的看法还有比如把亲属群的规模和构成看做是社会再生产系统的需要，而这个需要又归结为资源的多寡。比如人们用居住原则来解释继嗣群，用生计类型来解释居住原则，用资源类型和资源的多寡来解释生计类型。文化化约主义的问题则和功能主义类似，过于强调系统整合和稳定，忽视模棱两可性、不协调和紧张（Levine，1988：266－268）[①]。

内证就是把一妻多夫制看成是某个更大的社会文化象征体系的一部分和产物，对具体的一妻多夫制的研究，就是对其所在的文化/文明进行研究。反过来说，把文化或文明赋予一妻多夫制，是内证路径的贡献。包括利奇、坦比亚（S. J. Tambia）、楠茜（Nancy Levine）和舒西妮（Sidney Schuler）等走的就是这一条道路。内证研究中又分为结构路径（利奇和坦比亚）和象征路径（舒西妮），以及合而为一的象征-结构路径（比如楠茜的研究）。

楠茜的研究路径是从当地人对自身环境的评判与价值化过程和社会行为之间的互动出发，探讨亲属观念、文化身分和族群边界之间的互动；探讨村落传统的治理体制和外部政治体系之间的互动；探讨一妻多夫家户体系，山地农业的限制和区域经济与劳动力体系之间的互动；最终探讨亲属制、家政经济和人口动力之间的互动（Levine，1988：268）。在她看来，一妻多夫制之所以能主导宁巴人社会，有着三个基础：一是有关亲属制度的文化观念和概念；二是继嗣和延续家户的原则，这些原则都围绕着如何保持和提升家户在村落中的政治地位；第三才涉及经济生存能力。不仅宁巴人的社会文化如此要求，社会中的个人也有着同样的驱动力（Levine，1988：158－170）。

从上述三个研究传统和两种具体切入路径中，我们确定出一个既

---

① 按照大卫·施奈德的看法，"亲属制度"是美国文化的产物。的确如此，从摩尔根开始，美国人类学家们就不断地营造"亲属制度"，首先是从北美印第安人那里开始。涂尔干曾批评摩尔根，说"亲属制要么是社会性的，要么什么都不是"，而施奈德则模仿哲学家散塔亚纳（George Santayana）的说法，"上帝不存在，玛莉是他的母亲"，说亲属制不存在，摩尔根是他的发明者（Trautman，1987：xi）。

延续中国文化传统又引入外来观点的研究视角，即将一妻多夫制视为具体的文化象征体系的一部分，从他者、结构-象征主义和跨域的视角来探讨它在其中所处的位置和扮演的角色，解释其意义。

实际上白利曼已经看到，一妻多夫制在各地是不一样的，各文化中的一妻多夫制是不能当成同一个对象来研究的（Berreman，1962：60—75）。而梅农则在七十多年前就看到一妻多夫制是文化象征体系的一部分，对它的解释，即便是细节的解释，都应该从文化整体的立场出发（Menon，1932：240）。一妻多夫制处在文化的下面，它不可能比文化还要高，不可能获得同文化一样的待遇。如果我们研究一妻多夫制，就是具体地研究某一文明或文化，而不是一妻多夫制本身。

这让我想起萨林斯，他关于太平洋岛屿王国的研究，提醒我再不将“亲属制度”（更不用说一妻多夫制）作为一个独立的研究单位。在田野期间，我意识到，一妻多夫制是不能被严格意义上的学术所研究的，这是一个学术误区。这个认识使我彻底将注意力转到文化象征体系上。

针对舒西妮的研究，我宁愿说，村落是一个文化象征体系的呈现，其中家户人数和规模随着季节的变化而变化（Schuler，1987：40，71）。比如诸子中次子出家的安排，绝不是因为经济的原因而实行的临时应对。这个体系呈现着村民们的一种文化理想；他们根据这个体系有意识地安排自己的生活，他们有自己的策略；离开这个象征的等级体系，村民们的土地制度将无法理解；这个体系是等级性建构的，劳动根据性别来分工，人们的身体被等级化，财产不过是附着在这个体系之上，而人们又根据财产的多寡来衡量个人在等级体系中的位置。我们不能忽视在曲米娃社会中，有一部分财产是从女人传给女人的；一妻多夫制与村落的崇巴（Trongba，家户）体系结合，防止财产分割；文化象征体系在逻辑上的所有可能性有一个展现的幅度与归一。

楠茜研究的是尼西地区的宁巴人；同是西方女性人类学家，她的《一妻多夫制的动力》的出发点、归宿及境界比舒西妮要高出很多。楠茜的著作是目前最好的一部关于一妻多夫制的民族志。她认为，有关亲属制度的理念提供了社区自足（community closure）的主要原则，以及“社区自足”得以表达的术语。宁巴人的亲属制度概念和“骨”（藏文转写 ru；英文 bone）和“肉（血）”（藏文转写 khrag；英文 flesh，blood）有关。非继嗣亲属和基于女人的亲属被纳入到“血”的观念下。“血”来自父系的“骨”，而不是来自母系，妇女拥有和她的父亲及弟兄同样的“骨”，但却在她这里转换成为“血”，传递给她的子女，变成次级的和消散中的基质，从而成为一条混合的传递线路。“血”由此带有女方氏族的名字，表明传递的实际上是氏族的基质。“血”的含义包括互补性继嗣关系，其范围比“骨系”亲属类型要广，在婚姻中的作用和“骨系”一样有影响力。“血”还指血缘胞亲关系（matrilateral siblingship），亦即同一代的母系平行亲属（mapun 或 T'ak pun），在一定的代际范围内是属于比较近和重要的亲属。在宁巴人那里，交表和分类（classificatory）表亲之间可以通婚。

宁巴人社会是父系继嗣，这个继嗣围绕着“骨”的传递理论展开。“ru 字面意思是‘骨’；它是以纯粹的形式通过精子的作用传递给孩子。它把人们和他们的男性祖先连接起来，连接到第一个定居在宁巴的祖先，再连接到他们在西藏的祖先。”宁巴人在这个问题上对继嗣的强调是欧洲人所没有的，他们把继嗣看成是穿越时间过程的男性系列，诸如“嗣标”（brgyud-rtags）、“骨传”或“骨嗣”（rus-brgyud）。“骨”成为氏族（clanship）共性的核心。实际上，“骨嗣”概念的意义超越了单纯的氏族，成为建构社会的基础，根据“骨嗣”

把人们组织在不同社会等级范畴中。在阶层的界定中，骨头质量的好坏至关重要。实际上，主（bdag-po，full citizens and landholders，土地所有者）仆（g. yog-po，贱民，包括后来的自由民）的观念就来自“骨嗣”理论（Levine，1988：38－39）。

通过亲属关系的比照，人们决定如何调控婚姻和性关系。共同祖先的人之间绝对不能通婚或发生性关系，这就是“乱伦禁忌”。一句话，氏族身份乃是宁巴人的表征，是内部权利尤其是社会成员资格的先决条件，成为超亲属制度的机制，其支柱、理论资源和原理全来自宁巴人的“骨系”亲属制度。推而广之，世系包括团体，通过他们的经济、宗教或政治功能而发挥作用。在非洲，人们看到的是亲属制度充当了政治体系，但在宁巴人这里，是他们的继嗣理论、继嗣范畴充当了类似的作用。由于宁巴人实行父系继承，家户的延续的线路与氏族线路平行，所以氏族和家户相当地重合，这种重合也为人们在社会结构上的弹性操作带来可能（Levine，1988：40－61）。

楠茜敏锐地发现宁巴人的亲属制度实际上是一个圆圈，我们暂且命名为“圆圈式亲属制”，即亲戚之间在线性时间上经过独特的亲属类型后，又会重复这个过程，她绘制的图表最清晰地表达了这个概念：一对胞亲兄弟（pun）各自的后嗣经过若干代以后，后嗣分别是女性A和B，都继承了父辈的骨系，A传给自己的儿、B传给自己的女的都是“血”，也就是说他们的子和女的“骨系”都不同了；再下一代仍然是子、女平行，这两人便可结婚，成为“亲”（nyen），生下一子一女，成为胞亲（pun）（Levine，1988：57－58）。女人是这个圆圈，也是宁巴社会得以成立的转换机制。

从宁巴人的观念来说，婚姻一般限制在等级范围内，等级实际上是一个内婚集团，继嗣和姻亲是和这个集团发生关系的两种途径。对于外来者，首先要做的是把他们安置在等级内，位置一般要比奴隶一自由民地位高，但依然会受到粗野的对待，只有和氏族地位高的女子通婚才能在村落内建立好的姻亲关系；他们的女儿则比较难于和当地人通婚，但人们也最易忘记他们的遗传性，他们的子女较不易为人所歧视：血穿越继嗣范畴，整合社会（Levine，1988：59—61）。

宁巴人社会从来不是自治的，缺乏有效的政治体制来构筑内部团结。在这种情况下，把宁巴人凝聚起来，加强他们自足性的，是一种共同族性之感、共同的行为标准和共同的宗教制度。这既来自文化范型，阻碍外来者也限制向外移民，又来自对共同基质、共同亲属制、等级内长期内婚范式的理解（Levine，1988：61）。宁巴人的亲属观念不仅体现在亲属制度上，而且深深地卷入了他们的社会生活、经济活动。宁巴人的村落结构模型来自祖先单一起源的概念。在一定意义上，宁巴人的发展序列是从个人到家庭再到家户。在家户内诸弟兄间长幼有序，权利和责任也不同，有共同的继承权，诸弟兄间共妻。

在宁巴人中，历史和社会的实际曾有过并依然有多样的婚姻形态：从一妻一夫到一夫多妻到一妻多夫。一妻多夫又分为"简单的一妻多夫"（一个女人和若干男子的情形）、"一夫多妻型一妻多夫"（polygynous polyandry，第二个妻子加入到没有孩子的一妻多夫家庭）和"联合婚"（joint marriage，有两个以上能生育的妻子的家庭）（Levine，1988：156—158）。弟兄间不仅在劳动上有分工，在性生活上也有不同安排和喜好，各自对子嗣也有期待。这些因素加上联合婚的出现，实际上不可避免发生分家的情况。社区对分家发挥着调控的作用。分家以后又会出现家户的并合，造成村落的格局重塑。

楠茜声称进行的是结构研究，但是在对社会的结构进行分析时所采取的路径却是相当象征主义的，强调文化观念对宁巴人婚姻制度、社会制度的作用。实际上，读者可能感到在材料安排上，楠茜的象征式叙述和结构主义叙述之间存在着一定的冲突。她所探讨的若干互动，实际上是不同层次上的互动。其中村落与外界之间的互动可以单立，与其他的互动根本不同。但是楠茜都将它们归类于“互动”之下，这时我们就发现“互动”这个词本身承载的研究路径含义可能过于丰富，无法统束这些内涵，内部必然是分裂的。此外，楠茜谈及宗教信仰的地方不多，也没有谈到丧葬和转生。这个缺失正是我们要追问的：骨血理论和他们的宗教信仰是什么关系？骨血理论是不是涉及丧葬与转生观念？既然骨血理论和家政密切相关，我们能否从家政上升到对政权组织形式的理解？楠茜检讨利奇的功能主义观点，实际上后者关于男系继嗣与双系继嗣之间冲突的看法具有相当的结构视角，如果抛弃利奇，我们得仔细衡量这么做可能造成和列维－斯特劳斯乃至萨林斯之间产生鸿沟的代价。

这让我们看到，楠茜的民族志尽管如此出色，她指出的研究路径还是有进一步推进的空间。本书将侧重把她提出来的结构性理解推进到彻底的维度，即象征体系的结构，承认当地文化有一个主导性的特质或者组织性的逻辑体系，并注重女性在这个特质或逻辑体系中的转换性角色。

我想进一步追问，既然人们不能把一妻多夫制当做现代婚制的他者来考察和得到启迪，既然对它严密注视的人大多是自我中心主义者和以改造他人为己任的人，既然他们的注视已经对当地人造成极大的压力，同时我们又不能确定一妻多夫制是某一文化特有的，也不能确定一妻多夫制和某种文化的必然而内在的联系，更不能确定一妻多夫与正式的和变相的一夫多妻（比如阿拉伯世界法律允许的婚制和中国内地腐败官员与成功商人包二奶、养小蜜）以及多次离异和结婚（比如 Glynn Wolfe 和 Linda Essex）的制度相比较哪个更可取，那么，如果我们放弃“一妻多夫制”（polyandry），根本不把它作为一个分析概念，我们将获得什么？

一个新的世界。这就是本书采取的研究路径。

四 本书的研究路径

在上面简短的文献综述中，我已经表明，中国学术传统中有一个经验，即将文化和历史作为基本的概念；如以二者交融的理念去分析，可能有助于重新理解洛域。

在亲属制度研究中，中国人类学者有一个传统，就是将继嗣和联姻放在一起讨论。这个传统源自《礼记》和《仪礼》等古典著作。1931年，李安宅在谈到中国的婚制时，说它“是父系的、父方的、父权的；单婚制与多妻的复婚制同时并用，且是外婚制”（李安宅，2005：53）。西方人类学的交换理论（婚姻）和继嗣理论多是分开讨论，很少将它们合在一起考虑，西方人类学家们的研究也因此一直处在困惑之中。李安宅巧妙地将二者放在一起考虑，以继嗣理论统摄交换理论。吴泽霖在1940年考察贵州时说，婚姻的目的包括性欲的满足、传宗接代、经济、“合二姓之好”和防乱等（吴泽霖等，2004：223－224）。此后其他学者虽然没有明确把二者结合，但是在叙述策略上并置二者，包括费孝通（1947）和林耀华（1948：408－432）等。本书继承这个传统，把洛域人的继嗣和婚姻制度结合在一起讨论。

本书以现今多民族－国家的政治版图为隐伏线，以南亚－青藏高原－东亚为空间背景，尝试将结构主义人类学与解释人类学的理念整合，融入在民族志中。格尔茨的解释人类学，秉持韦伯、布尔克（Burke Kenneth）和维特根斯坦的理念，通过深度的解释而寻求意义，以及对原生情感和历史的强调，使得他的民族志作品仍然具有相当的吸引力。列维－斯特劳斯开创的结构主义人类学从结构关系上去阐释文化的意义，其对广阔空间的结构分析，路易·杜蒙对等级结构的关注，以及萨林斯对历时结构的阐述，使我看到原生性内部的结构性关系、它在更大的跨域空间中的结构性位置以及和外界衔接中的并接结构。

宁巴人在亲属制度上带着相当的地方特色，尤其是交表可婚，在中国藏区大多不可能。根据目前学界的调查与研究，以及笔者初步的了解，藏文明中主导的模式是双系婚姻禁忌和双系继嗣为主的区域，包括阿里地区主要部分、卫藏、康区和安多，暂且称为藏文明的中心区或中心模式；而双系平表婚姻禁忌（即姐妹子女和弟兄子女不可婚）和父系单系继嗣为主的区域，包括拉达克、洪拉、多波和洛域，以及这些地区与阿里地区接壤的地区等，暂且称为藏文明的西南区或西南模式。实际上，这两个区在藏文明中的地位可以完全颠倒过来，即西南区可以转换为并可能曾经是藏文明的核心区。

和这两个区域的亲属制度相关的是宗教制度。西南区转世活佛制较少，而中心区独盛。西南区错杂转世活佛，但盛行脉系（rigs-rgyud）喇嘛制，而中心区脉系喇嘛制与转世活佛制错杂，但以转世活佛制为主。

这些现象不能离开由男女二元要素构成的藏文化乃至文明的概念来理解。用域人的婚姻和脉系伦理来理解，转世活佛就是“别人家的男孩子”：他必须不是自己脉系子嗣。要实践转世活佛制，首先要解决两个问题：某个贡巴（寺院）愿意将寺院献给某个外来的男子；该男子所在的家庭愿意将孩子给出。换句话说，洛域人的活佛制实践与联姻理论是联系在一起的。我们在洛域的婚姻伦理中看到，当某家户某代人中没有儿子，就需要招一名玛巴上门承继家户；与此同时，当地某一个家户就需要有多个儿子，能够在给出一个玛巴的时候，不影响自身家户的承继。转世活佛制依赖于域人实践的“玛巴”（上门女婿）制度。“玛巴”制在当地人总体亲属关系格局中的地位，就是转世活佛制在当地总体宗教制度格局中的地位，它们都是当地人象征体系的一个呈现。

如果我们可以在婚姻形式和经济之间建立对应关系，那么人及其思考的婚姻、家庭和经济就完全消失。如果这些因素不存在，那么，这就是一门关于社会的物质的学问，而不是关于人的文化象征体系的学问。人赖以思考的是一个象征体系。

这里的问题是等级与双系开放逻辑之间的关系，曲米地方的文化象征体系和更大藏区象征体系之间的关系，以及这个象征体系与尼泊尔国家体系之间的关系（Schuler，1987：120，123）。舒西妮提到王后怀孕的传说，其在洛域的根本重要性则无法在舒氏的框架中展开。这里涉及外来父亲、王权与合法性，正是有着这样的传说，我们得以把洛域和更大的藏文明的一致性连接起来。

就我所研究的区域而言，当地人有一套关于自身文化象征体系的理论，我把它称为“域论”。但是写成书面文字的“域论”却存在空缺，还需要我们研究域人没有被写成文字的或者他们意识中隐藏的那些部分，然后总体地看这些部分在象征体系中的结构性位置以及他们如何实践这些不同的部分。

一妻多夫、一夫多妻和一夫一妻等实践正具有这种结构性位置，服从于统一象征体系的主导性本质。这个本质就是父系（或骨的脉系，简称脉系）继嗣，相伴的婚姻制是“纳玛”（媳妇）制。在它们之下，有着一个能动的转换机制，即母系继嗣及其“玛巴”制。

我将对域中知识分子的域论加以分析，探讨他们的意识和无意识二元关系；通过房屋、时间、域史、脉系、游戏、情感、命运、脏话、域再生仪、脉系喇嘛、转世朱古和灵魂往生等来考察这个象征体系及其二元的构成。这么做，就是希望给一妻多夫实践一个总体的结构性象征体系（a total structured symbolic system）背景；这个总体的象征体系就是域人意识和无意识中的“域论”。对其意义和结构性位置，我将在第一章作详细的解释。

第一章　域、域人及其他

一　域论

洛满堂的堪布扎西丹增在《洛域佛法发展清镜史》（本章所引该书直接标注页码）书中暗含了一个关于“域”（Yul）的理论。他不是第一个，也不是最后一个涉及“域”论的洛域人，甚至可能不是最杰出的一个。实际上，任何其他的洛域人，甚至那些不识文字、“粗鄙”的洛妇都可能比他在“域”的理论上要高明而系统得多。但由于他将这些“域”论写入书中，使后人有迹可寻，并能加以提炼和补充，我们姑且把他的理论作为一个研究对象，看看他所代表的洛“域”论能为我们“现代”世界带来什么样的启示。本书暂且把他的理论称为“扎丹域论”。

且让我们先看看“域”一词。

沛域（Bal-yul[1]，如 9 页，下同）

汉域（rGya-nag-gi-yul，33 页）

① 指今天尼泊尔的加德满都一带。

芒域（Mang-yul[①]，33 页）

藏域（Bod-yul，35 页）

圣域（vphags-yul[②]，49 页）

折域（vbras-yul[③]，106 页）

神域（lha-yul，109 页）

古域（mnav-mavi-yul，176 页）

上域（yul-stod，134 页）

下域（yul-smad，48 页）

中心域（yul-dbus，60 页）

与“域”相关的概念如下：

境（khams，8 页）

田（zhing，39 页）

隆（lung，39 页）

区（ljongs，41 页）

地方（sa-cha 或 cha，41 页）

地（sa，41 页）

德（sde，3 页）

所（gnas，41 页）

岭（gling，41 页）

这些概念有时可与“域”互换，意义等同，尤其是在排比句中，比如：“法王次第发展佛法之地（sa），乌坚白玛镇伏魔怪之所（gnas），萨迦派开启佛法之域，雪域区改变祭祀之方（cha）”（41 页），这些概念都指洛满堂。

它们与“域”可有不同的组合，比如：

① 指后来的贡塘王国，在西部藏区，阿里以东。

② 指印度。

③ 指不丹。

域隆（yul-lung，1 页） 域区（yul-ljongs，1 页）
域德（yul-sde，10 页） 域地（yul-sa，图片 33 说明）
乡域（grong-yul，129、135 页）
域镇（yul-grong，39 页）

或者它们可以互相组合，如：

德隆（sde-lung，住地，20 页） 地隆（sa-lung，45 页）
地田（sa-zhing，16 页）

或者与其他概念组合，如：

大雪山之区（gangs-chen-spang-ri-ljongs，41 页）
地方（sa-phyogs，28 页） 诸地（gnas-khag，39 页）
曲德（chos-sde，44 页） 宝刹（gdan-sa，1 页）
地房（sa-khang，16 页） 神地（lha-sa，17 页）①
羊地（ra-sa，32 页）
天下（nam-mkhavi-khams，36 页）

而“域”也可以与其他概念组合，如：

域群（yul-tsho，12 页） 神域（lha-yul，30 页）
域寺（yul-dgon，25 页） 事域（bya-yul②，73 页）

① 即拉萨。
② 意译工作岗位，或工作对象。

驻域（bshugs-yul，160 页）
白岩域（brag-dkar-yul，28 页）
出生域（vkhrung-yul，16 页）

有时“域”一词可以省略，如：

卫藏二域之……（dbus-gtsang-gnyis-kyi……）（37 页）

扎丹域论进一步提出，世界是由诸域构成的。如扎西衮之时，“好的声誉充满阿里三围、卫藏四如、多康六岗、汉地印地、回人圣域等大地；来自各方的事业的信函、使者、商人……”（118 页）

他进一步把洛域的范围描述为：“构成洛窝之域区的边界是：所说之洛窝阿里为北方牧区边界，东西雪山草地诸牲所，南方门域米类二取地”（50 页）。域论很快就衍生出洛域中心论：“世界中心域，此法隆胜境，佛法大精奇……”（214 页），有时“中心域”指的是亚隆（60 页），与此不能混淆。

洛域在这个由域组成的世界中的位置如下：阿里之洛区（195 页），或属于阿里一方（107、109 页），或直呼“阿里洛窝”（mngav-ris-glo-bo，127 页）。洛域又分为上中下三部或上下两部分（105 页）或内区（nang-khul，114 页）。

扎丹把域进行方位的区分，比如内外、左中右和四方。他说：右方是雪山，乃木波白雪黑脸；中间是雪山，乃姑神（mgul-lha）阿瓦舍红脸；右边是雪山，乃嘎立三雪山，在这些中间是域寺，是洛窝七措（mtsho）；又有：“外山……内山”（45 页）等。

东西南北四方，是从更大的地域比如象雄开始，一步步落实到洛域，又到其下各域，尤其洛满堂一域的。彼域有四城门（52－53

页），三外墙（55页），四内门（55页）等；人们根据四方观念来安排各自的配置，如卡宗（mkhar-rdzong），中间是宗卡觉（rdzong-mkhav-spyod），东边山田建东登林，南边建白岩泰清林，西边建强巴谢珠林，北边建普帕桑登林等，尽皆萨迦之寺（51页）。又有四如四角四林寺（52页），在四方建四个大的塔觉和四个大佛塔（119页）等。

从四方衍生出八方观念。比如鲁日一地的山洞中，右边（不是左边）山洞内有白色百万佛轮殊胜佛塔洞，其上有八瓣莲花，东边为古古热巴，南边为鲁珠，西边为比绕瓦巴，北为阿瓦胡迪，东南为比巴巴，西南为纳波巴，西北为达玛如瓦，东北为直布巴（192页）。

在这之上，再加上上中下尤其天上、空中、地下的概念，就产生王权观念。比如：从天而逐次降临人间的神光贡杰，他“向天空望去，见到八角天轮；向大地望去，见到八角地莲；向中间（logs）望去，见到八角罗宝（logs-rin-chen）。他说：‘从此我乃天地二者之主’。从此便于地建城堡，为域命名”等（63页）。

无论怎样，在所有相关的概念中，“域”的概念都是最核心、最重要的，其用法也是最灵活、最活跃的。它与其他类似概念的广泛关联，说明它有着深厚的自然界基础。它来自大自然及其各种处境，又是对它们的升华。这升华与另一个概念紧密相关。

与“域”紧密相关的，是“域人”（yul-mi）概念（5页）。居住于一域之人，即“域人”。它与“乡人”（grong-mi，6、34页）几乎可以等同。有时用“域娃”（yul-wa，81页），有时用“德巴”（sDe-pa，118页），或某特定地点的人如“满堂巴”（sMon-thang-pa，118页），以及泛指性的概念如“藏人们”（Bod-mivi-rnams，32页）。

与“域人”概念不可分的是“崇巴”（grong-pa，194页）概念，指家户，人户。对扎丹来说，二者有重合之处，有时可互换，但显然又有差异："域人"更多是一种泛指，但"崇巴"出现之时就非常具体了，一般带有多少户人的意义（如 177 页）。

在经常的意义上，"域人"是与"圣人"（dge-bdun，26 页）相对的。它又可以延伸为"域人们"（yul-mi-rnams）或"一域德所有的人"（yul-sde-mi-thams-cad，26 页）。另外又有"一地方的人众"（sa-phyogs-kyi-mi-rnams，28 页）。一般来说，扎丹用这一不带"域"概念的表示法指的是信仰苯教者，而不是内教之人。类似的有"人众"（mi-rnams），一般与不好或非正法相连（29 页）。

"民众"（vbangs-mi，124）则是"域人"概念内部分层的结果，一般与国王相对（157）。在这个意义上更进一步，则有"贵族"。我们把它和"崇巴"统一起来理解。

"崇巴"不但是分层的，还是分职业的。这里有国王、王后，有他们的伦（相）、各职业的长官等；扎丹详细罗列的各种崇巴，它们都对应到政治体系中的各种分工和各等级（80－81 页）。这些等级或职业，显示在域人的语言中，如"王、后、伦三"（rgyal-btsun-blon-gsum，36 页）。

一旦有"域人"的概念，几乎可以立即说它是由"男"、"女"概念支撑的，而且"域人"几乎是严格地由这二元构成的。他们是性别分工的，如"在家的阿妈，外行的父辈"（nang-sdod-kyi-a-ma，phyi-vgro-yi-pha-rgan，30 页）；男女在衣着上是分开的，或者说衣着打扮分性别，如"男子们穿曲巴……妇女们头戴尼玛达瓦"（91 页）。节庆和礼仪中也是分男女二元的，如亚顿节上，第一天是甲伦（rgyal-blon，王相）等人为主，第二天才是王后（rgyal-mo-mchog）等出场（82-3 页）。

这种二分的概念在年历中也体现出来，比如有火女兔年（100 页）、水男猴年（100 页）、地男龙年（92 页）和火女蛇年（99 页）

等。在房屋建筑中，“宫殿”则用“颇章”（pho-brang，直译即男子住所）（93页）；寺院分男寺和女寺。域人组成“崇巴”，进而成为“域德”，同样由男女构成：“男男女女组成的这些域德称为‘下面之域’”。（pho-rang-mo-rang-bcas-kyi-yul-sde-de-rnams-la-yul-vog-ma-zer-ba-yin，137页）。

“域”的内涵包括“曲德”（chos-sde，佛法之所）和“米德”（mi-sde，人居之所），但毫无疑问，前者重于后者（76页）。非但如此，“域”几乎是和神灵鬼怪不可分割的。比如有“域神”（yul-lha，134页），显然各地的“域神”是不同的。和它并列的概念，有“男神”（pho-lha）、“女神”（mo-lha，较少见，186页）、“家神”（khy-im-lha）（157页）、“西达”（gzhi-bdag）、“地方神”（gnas-bdag，228页）和“域达”（yul-bdag，228页）等。这些神灵是可正可邪的，全赖于人们的祭祀；此外又有邪恶的鬼怪（见176、219页等）。

可以说没有无神灵鬼怪的域。在一定意义上，域是人们降伏鬼怪、供奉神灵的场域，体验礼敬神灵之善果和不敬神灵之恶果的地方（10、27—28、195、208—209页等）。但“域”与“神灵”之间还无法完成直接关联，因为到此时为止，扎丹域论还缺乏更关键的连接概念。

扎丹域论的核心之一，是域人的脉系。他把此书的重点和中心放在洛满堂，而该域王系之“骨脉乃天神贡杰”（gdung-rus-pa-gnam-lha-dGung-rgyal-yin，50页）。“护主阿妈贝者，其体内值日神位有五相，日打托（ri-sta-mtho）、恰嘎（bya-dkar）、绕然巴（ra-rag-pa）、绕嘎嫫（ra-dkar-mo）和录嫫（klu-mo），洛王之脉系体内值日神位，成为此地之长官乃贡塘法王之恩赐”（50—51页）。在另一处他说得更清楚：“洛窝法王的脉系无垢，最先是从光明神降临而成，此神之光名贡杰，自神降而为赞，名赞贵卡切（BTsan-rgod kha-che）；自赞降而为穆如，穆名克乌琼（Khyevu-chung）；自穆降而为人，人杰名贡杰”（63页）。而象雄之脉系更是“世界天命之王”迟尉尔（sid-pa-gnam-bskos-rgyal-po-Khri-wer）之脉系（28页）。

此外是各地之脉系，但他们都明显缺乏与天神的联系（238页），比如扎玛尔上域之脉系绰其嘎（khro-chibs-sga，233页），象雄时代的琼如（khyung-rus）脉系后来成为直地（vBris）的脉系；（179页）亚热一地的脉系乃帕千琼（pha-chen-khyung）的脉系（187页），而下宗（rdzong-smad）四户人乃朱古扎西琼佩和苯达瓦及苯朗画师（lha-bris）的脉系（187页，其他可参见279、281、282页）。

脉系最初指的是人户之脉系，延伸以后又用到教派脉系，如说“苯波脉系未断”（23页）；苯之脉系未衰，需要拉本（lha-dpon，52页）、内教的脉系（117页）、学系（slob-rgyud，120页）、乡脉（grong-rgyud，143页）和山脉（ri-brgyud，45页）等。

在扎丹看来，把“域”与“神灵”直接联系起来的，是域人及其脉系。关于察让的索康巴和格尔康两处人居之所，扎丹说：“以前阿妈贝的时代格尔康大镇父母生有七子，长子名楚臣平措，父母让孩子们受到文化和往生的教育，他们都颇有知识，将察让甘珠尔等许多经文手写，并在纸角书其名；此镇之脉系迁往他所，形成十多户人的域，其域神名岗巴次丹（Gang-pa thse-rten）”（181页）。

而在“促”（Tshug）地则“有每一域群都有的‘玛尼廓千’（ma-ni-vkhor-chen）”（278页）。

在洛满堂上部，有阿巴雪地方，那里有苯教喇嘛阿巴克玛尔（A-ba-khyi-dmar，即阿巴红狗）的脉系主持的神殿和三四户人的土房土田（16页）。有的域更是以脉系名作为地名（233页）。而知识更是有从脉系传承的情况，比如仁钦桑布的脉系就是如此（117页）。

作为内教萨迦派分堂俄尔派的堪布，扎丹更是直接祈祷洛满堂王系的发展（rigs-rgyud-dar-bar-shog，215页）。

毋庸赘言，这个“脉系”，扎丹虽未言明，显然是男系，或父系；他之未明言，正好表明他所传承的脉系思想是洛域的父系或男系一元正统观念。如果我们对域论有什么需要补充的，那就是在这里。洛域人还实践着一个补充性但却必不可少的另一元的传承思想。这个思想在扎丹域论中没有得到体现，或者说它受到无声的压抑。然而这一元是如此重要，它和另一元的共存共在，肩负着为完成西南藏区文明模式和中心藏区文明模式的转换重任。

就在谈论域人、域的时候，扎丹提出一种关于域的历史的概念，比如他说“古域名”（139页）。他在书中的不同地方不断重复他的域史阶段论（比如139、140、142、143、158、176、196、201、222、280页等），并只要可能就随时充实它们。实际上，他对域史提出了三个阶段的看法，而最后一个阶段内部又分出两段。毋庸置疑，他的这些区分是建立在同一组对立但又逐渐推进的意义上的。

扎丹域史阶段论的第一阶段是山人（ri-mi）时期。山人们造山洞而居（142页），用石器（rdo-yi-lag-cha）凿岩，或把牦牛、野牛（vbrong）等的腿骨磨尖后凿岩而建成居所；后来则是用铁器（lcags-zong）、斧头（sta-re）和镢头（tog-rtse）等来凿岩洞（176页）。这时期的关系是山人和山洞的对立。从那时开始有一个逐渐搬出山洞迁到河谷地带的过程（142页）。

第二个阶段是象雄时期。似乎在前一阶段，象雄苯教就已经侵入山人们的山洞里，他们开始采取血祭之法（176页）。这时期出现了乡、乡域、域神、域人、田等一系列的概念，又有上、中、下三岭及三个时期的概念（140页）、乡房与聚会厅（tshogs-khang，140页）等。这时期他们的域、乡、城堡等是建立在山上的（143页）。域人内部又表现为苯波对山人的对立。扎丹在这一点上不是很明确，似乎是苯波促使山人们发生改变，走向域人。无论这时期的域及域人有着多么复杂的内涵，有一点是很简明的，那就是山人们完成长时段的搬迁后，成为域人。第一阶段的那组对立丰富、发展为域人与域的对立。如下：

$$\frac{\text{山人：山洞} \neq \text{石器、腿骨和铁器等物质工具}}{\text{域人（}\frac{\text{山人}}{\text{苯波}}\text{）：域} \neq \text{血祭}}$$

第三阶段是内教时期，就洛域而言，事象更为复杂，并且更进一步分为尼玛衮时期和阿妈贝及以后时期两段。

这一阶段不是山人利用工具“战胜”山岩而凿成山洞的关系，而是作为“正教”的内教“战胜”苯教，重新塑造了域人与域的关系。尼玛衮时期人们有文字，并对域命名，有佛法，以宁玛派为主（223页）。阿妈贝时期人们建成城堡并进一步引入佛法，而佛法则进一步明确为占少数的噶举派和逐渐占据主导的萨迦派及其内部分堂俄尔派和鲁定派。苯教成为被打击、压抑的对象。实际上，被打击的不是苯教本身，而是它所代表的那种域人与域的对立关系，并以他者取而代之。这个取代，简单来说就是血祭被白祭所取代。

上述那组对立便可进一步表示为：

$$\text{域人（}\frac{\text{苯教}}{\text{内教}}\text{）：域} = \text{白祭}$$

扎丹的域史就是从物质到精神、从工具到祭祀的进程。这个进程在1900到2000年间一直在延续（224页）。

二　朝觐山洞的体验

洛满堂堪布扎西丹增在著作中每每提到他关于域及域史的传说是从域中耆旧那里听闻的（比如130、224、228、234－235页）。他的这些话让我深感其域论具有深厚的基础，同时也觉得有必要进一步考虑域人认知自然的实践。

三月初的一天，因为和嘎寺的年轻僧人达旦友善，我来到达嘎宗他的家乡。第二天早上八时许，我在他和他妹妹桑嫫的带领下，前往谷中隆普（lung-phuk，山洞）朝圣。我们走到一处山崖下，有一男子从河床中取石放到山崖脚，以备运到域中建房。达旦与那人耳语几句后，继续向前走了几步，回头指着那崖说："那是赞神所居之地，如果取石就会得病，所以人们禁止在崖上取石。"

不久我们来到一片开阔地，有一个煨桑处，达旦开始折柏枝煨桑。他指着地上平铺的一种柏枝，说用这个柏枝煨桑很臭，是柏枝中的男子（pho）；而长高成型的才是上好的柏枝，是柏枝中的女子（mo），整个洛域地区，"数我们达嘎宗的柏枝最好。仁布且这么说过"。

复又前行半里许，他仔细观察路边的一块岩石，然后对我们讲解："这是以前古如仁布且来这里留下的脚印（zhabs-rje）；你看，他的脚印这么长，我们的只有这么一点。上面是他的手印（phyag）"。我们便跟着他想象。

到第二煨桑处，达旦继续煨桑，然后指着高处山岩，说那是两只鸟的形状；不久桑烟大起，竟然从岩缝里熏出两只燕子，在谷中翩翩飞翔。岩脚有一块大石，与岩一体，但二者连接处小于大石。达旦说：以前这里有"毒"（gdug）出没，古如仁布且便用这块巨石将其封在岩石内。我们便又多看了那块大石几眼。

将近两小时后我们经过第三煨桑处（在隆普下），来到隆普。兄妹二人熟练地打开唯一的一间房的门，从中取出各种器具、物件，取柏枝、柴禾、煨桑，然后生火化酥油，点佛灯，最后吹火烧水煮方便面。就在烧水之际，达旦取出早已准备好的照明灯，招呼我们去隆普。此处乃是一低矮的岩洞，入洞时要爬行约两米，入内后可以蹲起来，然后可左右探寻。前方、左、右都有前人在石上挂了哈达。

达旦把我们的注意力引向右方的小洞内，他说："这是一只鹰。这是他的嘴，这是它的眼，这是它的爪子，这是它的翅膀，特别大。很像吧？"鹰身背后，"这是一条龙，那是龙头，这是它的爪子；他的身子从那边伸过来，在这里绕个圈，尾巴延伸到那边去。"接着是鹰后，龙下，"这里是太阳（东边），那是月亮。"桑嫫追问了一下，辨认出来，岩石的一部分是褐色的，圆形，四周是水浸形成的白色，宛如日月照耀的样子。再往里一点，他说："那是古如仁布且出生之处，是自然形成的。"

我们退出来，转向左边的小洞内，仍旧只能蹲着。他说："这是大象的肚子，非常大。"不久他就指着上方一块岩石，说："这是一个人的脸，那是他的鼻子，下面是嘴巴，上边是两只眼睛，那边是耳朵。身子在后边。"桑嫫仔细追问一下，似乎也辨认出来。我已觉有趣极了。我们看了一会，转身回到原洞内，看着右前方从顶上滴水下来，地上有一半圆形的石块，他说："这是一条鱼，那边也是。"

前方实在探查不出什么来，我们便转过身子，准备爬出洞去，桑嫫先爬了出去，达旦突然指着右前边，说："这是女人的下面。这上面原来有一根长的，是男人的那个，后来被人折断了。没断之前，它是插在女人那里面的"。他又指着女性生殖器上方一块凸出的圆形石头，说："这是公朵"（sgong-rdog，睾丸）。

出洞来，我们又仔细查看象鼻。一块石头触地与岩联成一体，但中间多出一个大孔，石头便成象鼻形状。

我们吃了方便面，收拾好，仍旧在灶中烧一点火，任由其燃着，随后离开。回到域中，已经累得不行。

下午四点三刻左右，我与达旦以及他哥嘎次前去他家的林地采野菜和蘑菇。路上二人有时争相接话，让我有点应接不暇的感觉。

嘎次说，整个达嘎宗，土地面积最大的一块地是他家的，尽管他不知道有多大。不久我们就来到那块地。果然很大。一共有 12 垄，即有十二个灌口。他说种这块地需要两到三天。

不一会他说："嘎的禾没有我们这么高"。他比量了田中的麦秆，指着大约三分之二高的地方，说："他们的只有这么高一点。"

到他家的木材林地，地上有一种野菜，达旦说："嘎没有这种绿菜。"我们采了近一个小时的蘑菇和野菜，回去了。

回来的路上，经过一处田埂，刺棘丛下有许多鼠洞，嘎次看了看，给达旦讲了，我便问他们是不是吃鼠肉。达旦边走边回头说："哪里哪里会?"随即又有点神秘地说："前不久一名绒巴（域人对来自尼泊尔农区的人的统称）杀了 25 只老鼠，一天当中杀的。"原来域中一户人家的地基下有鼠洞，便让绒巴人灭了老鼠，然后将之扔掉。他说："如果不杀，那房屋就要垮了。"

第二天早上我们吃着蘑菇，听到他说："嘎没有蘑菇。"我点头同意，继续吃这野菜，有点苦味。

三 一名医生的经历

安姆基尼玛，四十岁，出生苯波医生世家。他出生在乍域半山上的楚臣贡巴，大约两三岁的时候，所居住的寺庙毁坏，全家人不得已搬到乍域，住在他母亲的宾家给的一处房屋中。

他十二岁之前在域中随长父亲学习，此后至二十岁，在印度朵兰吉苯波学校学习，不用缴学费。回域后，便开始经商，以及做各种各样的事。二十五岁时，到尼西多帕提（Dolpati）的赤丹诺布孜苯波藏医学校学习，有八年半的样子。那个地方不通公路，在绒巴地区坐车一天以后，就需要步行四天的样子才能到达。从那毕业后回到域中，不久在外资的赞助下，建立藏医学校，让孩子们免费入学。

他们所使用的藏医材料，相当部分来自中国出版的藏医著作，其中有《藏药晶镜本草》；苯波藏医也出版自己的著作，比如《医方明甘美珍宝四集》（Sangpo，1999）。

按《藏药晶镜本草》（嘎乌，1995）的分类，藏药分类如下：

1. 宝贝类，包括两类，（1）不坏的，如金银铜铁等 21 小类；（2）宝石类（khams），如玉、珊瑚、玛瑙和金刚石等 31 类。

2. 土石类，包括磁石等。

3. 盐类，包括光明盐、紫硇砂、碱花等。

4. 木草（rtsi-shing）类，又分为草类和木类。

5. 小树类（sngo-ldum），包括丽江凤毛菊、麻花秦艽等。

6. 动物类，下面分（1）喝奶的；（2）鸟类，又包括吃草类和吃肉类；（3）动物所产的。

尼玛医生经过多年的找药经验，对域的药情有相当的了解。他所使用的藏药基本上不包括第一类和第六类；第一类太贵，无法承担；第六类域中用得较少。有的本域不能出产，必须从西藏或印度等地购买，尤其是盐类，其下 25 小类大多数是从外面买来，本域不产。

如果是土石类的药材，采药的时间没有限定，什么时候采都可以，而且大多可以在本域找到；如果是木草小树类，根据药物的药效（nus-pa）随季节不同而变化的情况，采药的时间分春夏秋冬：

春：适宜于采树皮，比如白杨等；若到冬天再采的话，树皮的药效都干到地中去。

夏：采花，有的要延续到八九月份；比如蔷薇，而杜鹃多是白色的入药，黑色的较少用。

秋：采果类；比如核桃，域中又分两类，一是可口的，一是不可口的。此外还包括忍冬、沙棘等。

冬：采草类。

根据尼玛医生的经验，他采药主要在本域，乍域大约生有50—60种药材。他也去尼相找药，那里药材多，他去过11次，去朝圣过一次。去上洛域萨玛尔和吉隆以上域的时候不多，但有时也去，比如去达摩大工章湖朝圣和采药，肾瓣棘豆只有在那里才能找到。

乍域的药材包括：细枝枸子，水柏枝，油松，圆柏，高山柏，细叶亚菊，黄花蒿，葛篓子，马蔺，短叶锦鸡儿，锦鸡儿，白杨，甘青乌头，桃，隐脉小蘖（又分黑白两种），蔷薇，核桃，杜鹃，忍冬，十子蒿等。

附近各域：

宗松巴：莨菪（thang-phrom），莨菪子（lang-thang-rtse），达杜日（rda-dug-ra），水柏枝等。

肯嘎：紫草（vbri-mog），鼠尾草（vjib-rtsi），槐豆（skyi-vb-ru），白打夏（stag-sha-dkar-po）等。

鲁绕后山：邦拉莫（spang-la-mo），白崩（pong-dkar），维摩色（vo-mo-se），黄连（hong-lan），大黄（chu-rtsa）、白刺花，隐脉小蘖，忍冬，水柏枝，高山柏等。

宗后山：高山柏等。

有的药材是各域都有的，比如白杨、苏木（mdzo-mo-zhing）；有的则是本域见不到的，比如卷鞘鸢尾。

藏医理论讲世间万物无一不是药，同时也讲对治。毒分赞毒和怎巴等，其中赞毒因其毒性强而得名，包括哈拉（ha-la，此毒物可在南去印度 2500 公里左右一不高不矮之山上采到）、细叶草乌（黑色、黄色两种有毒；白色和红色无毒）和绕毒巴（ra-dug-pa，毛萼多花乌头）等；怎巴包括黑色打夏（stag-sha）。对治可用阿如（A-ru）、甘青乌头等。

尼玛医生为采药几乎走遍各域，包括琼果尔（chos-vkhor）后山达洼山、宗后尼日山（nas-ri）、曲米的托荣拉山口、尼相、玛朗、帕玛山口；但他很少去嘎立甘达克（Kali Gandaki）河西，包括达嘎宗、梯日甚至河东的嘎域等地采药。

四 地理

按保布喇嘛的说法，先有卡城堡然后再有寺。卡城堡建成以后，形成了地方，这才建寺。没有地方，就没有寺庙。两者之间先后的差别有一两年。

嘎域河对面的山名叫黄岩（Ser-brag）；村东，可以望见曲米的山名叫朱索（Bru-so）。这些山并没有山主或山神。

每年六月四日，域民要上山树塔觉（嘎话 dar-rta）。嘎域附近有三处树塔觉的地方，一是对面黄岩山间，二是域东南去曲米方向的路上，三是域东北的曲登嘎勒地方。每家人自己去树塔觉也可以，对自家有好处。嘎域另外有一种组织名叫巴支（pa-gri），是香巴仁布且五十年前所建。嘎域有三十六家人，每家一人，分成三组，每组十二人，每组去一个地方树塔觉。树塔觉之前，要由喇嘛举行饶尼仪式，然后再树，否则即便树起来也没有用。如果十二家人中没有僧人去，则由寺院派人去举行饶尼仪式。树的时候，要大声喊：“隆达达若

(lung-rdar-dar-ro)。”此外还要拉上龙达（经幡旗）。有的很长，几乎是从对面半山间横拉而过。

黄岩山间树塔觉之风，是 2001 年萨迦孔玛仁布切前来嘎域时，说：“在对面山间树塔觉有好处”，此后才开始的。

塔觉树立完毕，人们就开始吃喝，喝的有青稞酒和藏白酒。

卡里甘达克河对面半山上的山洞不是僧侣静修的地方。域人把火葬以后还剩下的骨头，砸碎，和泥做成察察，放到这些洞里。

大约三十一年前，域中十三户人家从域中购买前往曲米路下边沿曲米河的滩地，当时还是一片荒地；后来七户退出，剩下的六户将地分成平均的六份，每份为 5 若巴里①，抓阄决定谁得哪一份。白玛先生的地与他姐姐的地相邻，处在六份地的中部位置。他们将这块地种上苹果。苹果分为两种，一种是肖乌，一种是孤秀。前者是通过插枝培植出来的品种，在嘎域又分为白色和黑色两种；后者是原生的，果小，味酸。域人种的是肖乌。域中现在还可以见到孤秀，但是数量极少。

域人将苹果树根部做成可囤水的大圈，稍小于树冠。这圈的周围便生长一种嘎语名叫“莴”，尼语叫“萨”的野菜，只有当它初生时才可吃，一旦长大，则不可。白玛先生带着我在他们的苹果园采摘这种野菜。

域中的地分为私人地（gser）和公共地，除私人的田地以外，四周的山地都属于公共所有，供域人放牧。

附近有“勒日”（圣地，gnas-ri），在珠几下面，是朝圣觉沃的，圣迹是白色的觉沃。没有特定的时间，随时都可以礼敬。在喇嘛保布看来，有三大觉沃圣地，一是拉萨，二是吉隆，三是普让（在西藏，

① 尼制，每若巴里为 74×74 尺（feet），即 5476 平方尺，合 508.7204 平方米。

即普兰）。“勒日”不过是本域（yul-vdi）的朝圣地。

此外的圣迹还有局西让辛（撒马尔以上不远的地方），促桑的察绒，曲米，迥松的古察登阿寺（sku-tshab-rten-lnga）。关于古如仁布且的圣迹，则遍布洛域[①]。

五 人体、方位与域

方位是定向人体与自然的关系。日常生活中人们多使用五方方位，即东西南北中。五方的关系，是中的方位统一四方的方位。

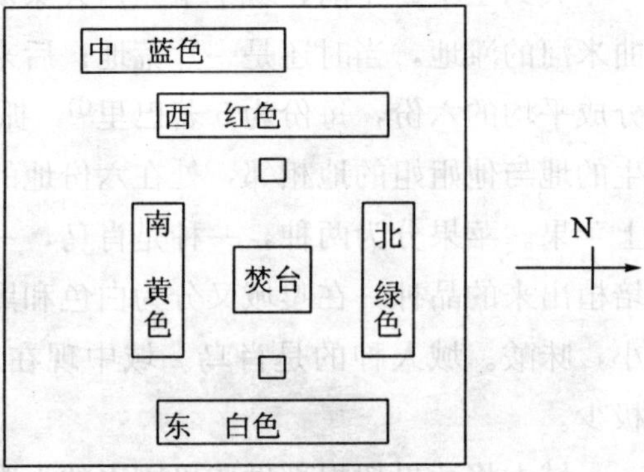

2008 年达嘎宗 5－6 月间举行的一次周年祭祀仪式“晋斯”（拉萨话即晋斯扎）。其五方方位的设置如图示：

中间的方位让给焚台以后，另设中央的祭台，但是位置明显高于四方的方位。注意方位与色彩的搭配。

在当地人的歌中，也有关于方位的，譬如“我们在此聚会”歌，先从东方开始，歌唱金色的太阳；然后是南方，歌唱各类树木；继之是西方，歌唱各类大米；接着是北方，歌唱如玻璃般的白盐；最后是中心，歌唱各类粮食。每个方位所唱之物，最后都进献给喇嘛，为的是后世的提升（yar-vdren）（Yoors. 1986：26－28）。

---

① Jest 将此名写作 sku-tshab-gter-nga. See Corneille Jest. 1981：71 页. Snellgrove 曾撰有“塔域圣迹”，对此有更详细的记录。See Snellgrove，1979：75－111.

让我们进一步研究域人的方位观念与他们的自然的关系。

（一）丧仪方位

2008 年 4 月 8 日夜间，喇嘛饶迥啦的父亲因为长期酗酒，医治无效去世。次日十一点过我前去，见到白玛先生正拿着一个本子（尼文）在和一些老年妇女说话，双方似乎在谈论哪方是北方。本子上写的是喇嘛的黑算，内容如下：

> 2064 年 12 月 12 日，星期六（gzav－span－pa，原文为尼语译藏音）早上 7：20 尼泊尔嘎奔尼藏拉（尼文转写 Jamla Gurung）去世，黑算如下：
>
> ……
>
> 20 尸体的方向应朝西或南。
>
> ……

当日由域中僧侣举行仪式。次日晨约四时半，域僧八人齐集，于死者屋中行古日仪（sku-ri）。此礼仪要求不吃肉，不吃蒜，不喝青稞酒、白酒。供奉白食子，盖此仪有益于死者。

晨六时半左右，域人为死者做好灵架，状若瞻部洲。

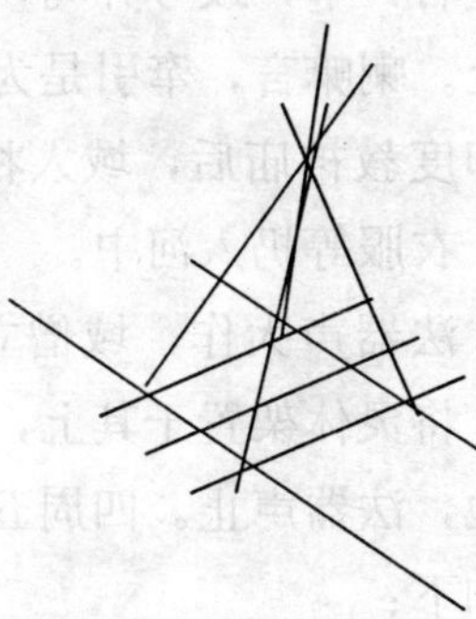

六时三刻，准备好三幅唐卡，支在木棍上。旧屋楼上灵屋中仪式继续进行。七时二十左右，域中男子开始揉糌粑，于院中制作“措”。灵屋中，仪式继续进行，不时法鼓、羚号、钵大作；一僧（涅尔巴阿旺平措）到死者灵体前，随众人声音诵经，边诵边洒郁金水于其上。灵体周身以布包裹严实，覆以泥土。喇嘛言，此为避除灵体之味。如无泥土，灵体当日即有味道。仪式中无女子。女子或在楼下，或在门边静候，端茶倒水而已。八点，死者亲属三人入灵屋内，哭，跪地磕头。十多分钟后下楼，继续有节律高声哀号，死者妻尤为突出。八时一刻，僧众各持法器下楼，站立路边，随即死者儿子背灵体下楼，保布喇嘛右手持哈达，牵着背者，从楼下往白塔方向去，弓身入塔下走道，域人随即以塑料布将入口封住；背者从出口出，放于灵体架上，域人再以塑料布围住；喇嘛言，背的人必须是死者的儿子，不能是妻子、女儿，传统如此；如没有儿子，则男性涅怎（亲戚）也可以；如果死的是妻子，则丈夫可以背妻子，反之不成立。喇嘛言，以布围住，为的是不让域人看见，以免心中产生“我要死了”此类的僭妄之想。我猜测，则是为挡住死者灵魂不外逸而已。其余域人将灵体固定于架上，并为死者头裹哈达，将喇嘛所着法衣，法冠（五支突出的冠那种）等为死者穿戴上，再戴上眼镜，复缠哈达，白玛先生持笔，于哈达上画五官，约八点半左右，毕，鼓号齐鸣，起灵，仍然由保布喇嘛牵引，前往河滩的火葬处。喇嘛言，牵引是为死者引路。众域人如抬佛样，穿域而过，行至印度教神庙后，域人将覆盖过灵体的泥土、死者生前所坐过的羊皮垫、衣服等扔入河中。

八点四十，到河滩处。法器声大作，域僧立四周，抬灵者站立，域人在一边地下挖坑，毕，将灵体架置于其上，死者方位按卜算喇嘛的卜文，面西。灵体架落地，法器声止。四周五个方位供奉食子各一盘。喇嘛言，这五个方位如下：

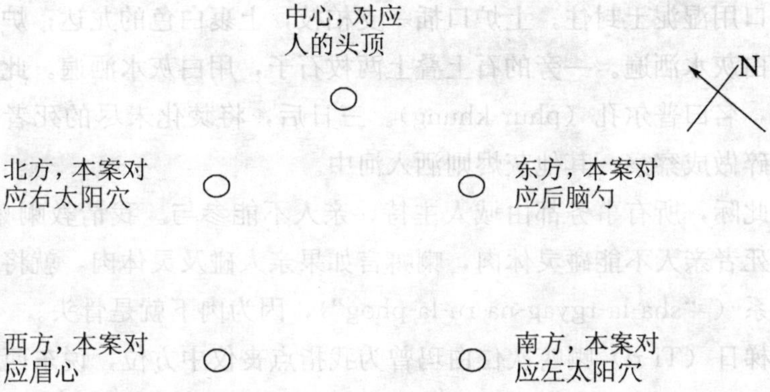

根据卜算喇嘛的说法，这五处朵玛/食子，对应五德康卓（mkhav-vgro bde-lnga，五部空行母）：中心，桑杰康卓；东方，多吉康卓；南方，仁青康卓；西方，白玛康卓，北方，业（las）康卓。

值得注意的是，地上平面的五个方位是不变的，所变化的仅仅是灵体的朝向。换句话说，立体的方位根据平面的方位来定位。

此时，域人将灵体上的各种法衣、法冠等一一除下，然后除去死者身上所着的一切，直到灵体完全裸露。灵体项颈中、腰上和左大腿上缚有绳索。喇嘛言，颈中的绳索为防止死者灵体中吐出血，腰上的绳索则为防止灵体遗尿。域人以水瓶中的净水洗净灵体，随即用黄布将灵体重新包裹起来。灵体头与双膝并拢，手曲于胸前。一旁的临时帐篷中，仓巴喇嘛及其弟子举行法事。人们静候法事。从到火葬处以后，到此时为止，人们便有陆续离去的，包括域僧等。

火葬炉底置一张白纸，上面印有梵文符号及莲花瓣等。炉中三根铁棍上、炉壁四周放入大根柴禾，法事毕，即将灵体抬入，放于中间，复于四周加入柴禾，最后于灵体上方放上柏枝覆盖。此时域人离去殆尽；喇嘛发令后，举火。

火葬完毕，复行礼仪，将火葬炉以白灰水封住，上炉口用石头，下炉口用湿泥土封住；上炉口插一支柏枝，上裹白色的龙达；炉四周再用白灰水洒遍。一旁的石上叠上两枚石子，用白灰水洒遍。此炉封三日，名曰普尔孔（phur-khung）。三日后，将焚化未尽的死者的骨头砸碎做成察察，其他灰烬则洒入河中。

此际，所有事务都由域人主持，亲人不能参与。我请教喇嘛时，得知死者亲人不能碰灵体肉，喇嘛言如果亲人碰及灵体肉，就将影响到脉系（“sha-la-rgyag-na-ru-la-phog”），因为肉下就是骨头。

梯日（Ti-ri）喇嘛次仁白玛曾为我指点丧仪中方位，说东西南北各有一瓶，每月一瓶中水干，因此人、马、驴和骡等死后，处理尸体时，其面的朝向不能朝向水干的那瓶，否则瓶中水不满，域中就要死很多人来填满，因此不吉利，一定要避开。他以我的左手掌上四点为例，点出方位：

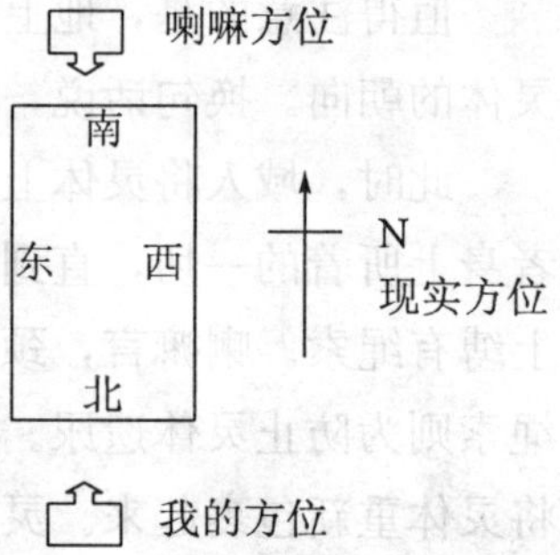

从西开始为一月，北为二月，东为三月，南为四月，如此凡三周，即为一年。每方位各对应一瓶。第一个月西方的瓶中水干，第二个月北方的瓶中水干，第三个月东方的瓶中水干，第四个月南方的瓶中水干，以此类推。上述月份皆为藏历。饶居父去世是三月，此时东方的瓶中水干，因此不能面朝东。丧仪、人体和时空便联系起来。

但是我注意到，他在我左手掌上所指点的方位，完全与现实中的方位相反，由此可见域人脑海中的方位与现实方位，有颠倒的可能。我观察到，这种颠倒在别的仪式中出现过。

（二）格细仪式的方位

藏历二月二十三，保布喇嘛家举行格细仪式。保布喇嘛的一位亲戚在印度病了，这里为他（她）举行仪式，希望他（她）早日康复。

下面是仪式过程中重要的几个细节：

14：30 家中女主人进来点酥油灯，从格细台的东方（台上的方位与现实中的方位正好相反）开始，顺时针方向。磕头。

15：15—15：45 击鼓、打钹、吹号、吹海螺依次进行，念经；格细台上的酥油灯依次点上，最后是北方一排。

15：45—15：50 将“毒”（gdug）按色彩（方位）分移到相应的各方。

15：55—16：10 将早已准备好的“身”（lus）分发给在场的人（包括厨房中服务的人）；喇嘛“古如”将一盘“身”端到厨房，吩咐如何做，然后自己拿了一些到底楼的牲畜圈中，将牲畜的绳子、用具等尽皆挨过；回到举行仪式的房屋中，继续将相片、衣物等逐一挨过。其他僧人，或将所吹的号、眼睛、身上等一一用 lus 挨过；或者再用它自右至左从腰部绕全身若干圈，比如保布喇嘛。这样人身上附着的那些妖魔鬼怪都进入“身”上。

16：13 点“毒”的酥油灯。继续仪式。这时各方位的酥油灯依次燃尽。

此后早已约好的三人前来服务，先在一边候着，用茶水、点心。三人也用“身”如上述做法一一行过，最后人们将所有的“身”都放到一起。仪式进行到五点半，三名俗人加上一名僧人（古如），各自抬上一个方位的朵玛（食子），四人从东方开始，定出先后次序（其中古如端的是西方那排，居第三）。击鼓念经，古如听念经声，督促前面两人按念经声音依次出发。四人按照保布喇嘛事先吩咐的方位，各自将多玛端到域中相应的位置后回来。大约十分钟。这时吹号的两名僧人中年轻的饶居（曾在大吉岭学习 7 年）开始将准备好的纸盒，在另一名僧人的指导和亲自动手下，将纸盒撕开一边，为人型朵玛上吸收的鬼留一个出路。然后将纸箱放到地上，缺口处朝向门，装入人型朵玛，以及其他供奉如五谷杂粮、糖果、饼干等。多玛前放置一糌粑做成的酥油灯；接着，保布喇嘛陶出 15 卢比，不久女主人（保布喇嘛的嫂子）也掏出一些钱，都放到朵玛身上。

到 17：40，众人回来候着。这时开始将“身”放到朵玛四周的五谷杂粮上。准备就绪，在朵玛箱朝向门口的方向，用青稞面划出一条线，指向门口。

这次是三名俗人负责。准备就绪，鼓声起，念经声起，三人依次绕柱，第一人端起纸箱，三人鱼贯而出，边走边大声呼叫，一路招摇而去。待众人出了屋子，主妇随即拿起扫帚和撮箕扫地，将地扫干净。三人出门，穿过村，从城堡（背后）东边的路穿过，越过曲米河后，将纸箱放在河边的路上，其中一人举起手中的木刀，猛击纸箱若干下，直到纸箱被打坏，在路边累起几块石头后，越过河，各自散去。这次所有离开仪式屋子的人不许再回去，否则那些附着在朵玛上的鬼会随着这些人回去，辛苦一天的仪式就将无用。

仪式是一个象征的场（a symbolic field），文化在这里获得域的再生：身体的病痛是文化的域的再生。格细仪式驱逐了内部的敌害，却是通过倒置的方式来实现的：其方位恰好和现实的方位颠倒。

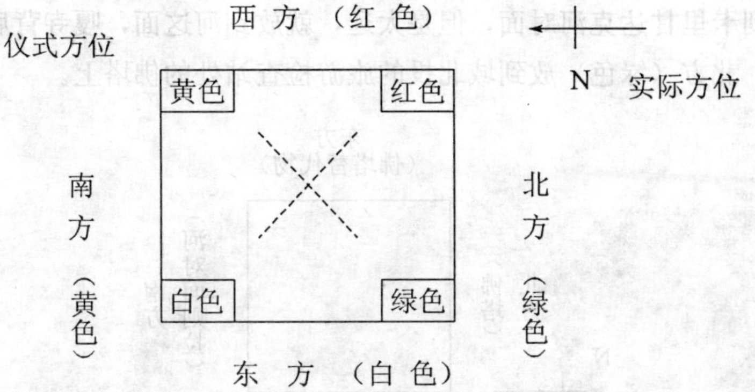

这是格细仪式在房屋内举行时的方位配置。这里没有中央这个方位，但是在桌的正中间放置释迦吐巴佛像一尊，其前则放置用糌粑做成的人型（上半身）食子，这是虚拟的病人，面朝释迦吐巴，左肩跨弓，箭上弦；经过仪式后，所有的鬼怪都将吸到它身上，最后扔弃的也是这一食子。这象征遥在印度的病人身上的病魔将随之去除掉。

桌上四个角落分别配置四个透明玻璃杯，内置青稞，各插着该方位颜色的旗杆。四个角落形成的方位和四面所形成的方位略有不同。四面所形成的方位恰好是东西南北四方，四个角落所形成的方位则是它们的补充：西北、东北、东南和西南。这样，在一张普通的祭祀桌上，我们就看到八方的观念的表达，只不过比较隐蔽。很明显它与现实的方位是颠倒的。

仪式中的一个重要环节，是将各方位的食子分别端到域中相应的方位放置。当我请教保布喇嘛的时候，发现实际的放置方位是与仪式中的放置方位相反的。其中依次序是：

东方（白色）应放到白塔，但是这个地方太远，所以就放在村背后的田地里，当没有塔的时候，放在石头上也可以；南方（黄色）是放到宗曲河对面一个名叫则拉的地方的石头上；西方（红色）本来应该放到卡里甘达克河对面，但是太远，就放到河这面，嘎寺背后的石头上；北方（绿色）放到域北投的旅游检查站处的佛塔上。

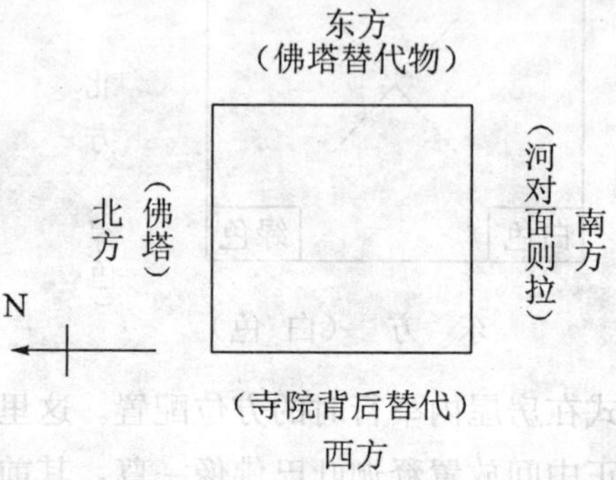

这四个方位，和现实中的方位完全一致。从这里我们看到从仪式到现实的倒置的实践过程。

仪式过后，还在供奉朵玛的那一面留有四碗日增，即白酒，为的是告知神灵，家里有四个人，尽管在印度经商，但他们是这屋子的主人，不要加害。他们最小的女儿，因为是去年六月刚出生，还在吃妈妈的奶，不能吃饭，所以不需要供奉日增。日增供养三天后倒入壶中。

六　关于域人类学的评论

达旦、嘎次、桑嫫和尼玛医生，他们生活在这里，知道冬天太阳从曲米的哪个山头升起；水何时结冰；哪种野生植物可吃，何时可吃；哪种嫩树叶是甜是酸，哪种花可吃，是什么味道；哪块地种庄稼好，哪块地草多只宜抛荒；不好的地，可无偿给人种；草地则是孩子们夏天的乐趣之所在；他们清楚哪里的果子是大家的（zhung），可以谁先摘便先吃，何处越界便要去域“惩”（vkhrims，法庭）。这是他们的"世界"，他们的大自然。

从大自然到域，显然是域"掌控"大自然：何处是哪一域的地界。没有域，自然也就失去意义。就在我们去隆普的路上，达旦见到一块石头上写着前往"帕拉隆普"字样的尼文，他有点生气地说："这是达嘎宗的地方（sa-cha），竟然写成是帕拉的！"返程时，我便协助兄妹二人将那字样擦掉。他们是这域的主人。

从大自然到域的过渡，在知识上有两个不同的层次，一是"是"和"像"的层次，"某物A像某物B"，和"某物A是某物B"。他们显然知道"某物A"与"某物B"之间的关系，但"是"和"像"这个层次给予他们一种组织大自然的能力。"像"是"是"的基础，因为有"像"，便有"是"，尽管这里有一个过渡，在他们那里是在同一层次上完成的：大自然的"像"给予域的"是"以可能，无限的想象和"是"的可能。毫无疑问，他们组织大自然的基本原则是二元化的，从男女、酸甜、山水之别，到域人间的相互安置。他们从来不拜水，纵然对水有禁忌，也是因为水过之处有"鲁"神灵；他们分水，但完全是在域的意义上分水和处理用水纠纷的。

在此基础上，我们可以说域与大自然是没有截然分开的，从大自然到域是一个域人实践自身文化体系的过程。

知识的第二个层次，是"信"。它建立在第一个层次之上，但在第二层次上域直接给大自然一个冲击，将那些"是"和"像"认定为域的成分。这就是那些古如仁布且的圣迹，鬼怪的居所和圣贤修行之处，这些地方可能确有其事其人和其神怪之处，也可能完全是"像"和"是"，无论如何，它们是乡域知识体系的一部分，所有人都知道这些圣迹，知道这些圣迹所具有的正负力量。经过历辈先人的印证，他们相信它们，要给它们点佛灯，煨桑，挂哈达，或者禁止采石等。

知识的乡域后果，便是谁知道得多，掌握得多，谁便更具有一种优势的力量，在域人中便具有一种更高的地位。因此，谁对大自然冲击得最厉害，谁能将之最大可能地组织入乡域，谁便是乡域的最高权威。域人对知识的掌握有一个等级过程；在这个意义上说，知识的乡域后果，是域与大自然合一的可能。

如果大自然本身不是二元的，知识的乡域后果也必然使之成为二元，并以乡域文化体系的实践来统束这种两分。

各域的知识体系是服从于自我“世界中心论”的，这种“中心论”来自知识的两个层次，也来自域的相互比较，但正是因为有这种相互比较，各域的知识关联更为紧密。乡域最早的域人类学跨域比较，就这样产生，并一直延续下来。因为有这种域人类学，各域的自我中心论能在一方面限制其走向绝对中心主义的同时，又将各域整合到一个更大的乡域知识体系中，给予各域的自我中心论上升到更高一个层次的可能，并为更高层次的、大范围的乡域认同奠定基础。

域人类学进行跨域比较所需要的异域知识，来自朝圣、经商和通婚等域际的知识、物和男女之间的流动等渠道。

扎丹域论就是在这种背景之中构建起来的。总结来说，扎丹域论有七个特点。第一，“域”一词有着极强的组词能力和扩展能力；第二，“域论”有着深厚的历史渊源，有一个历史的维度，它要追溯到洛域有人之初，从文字上说则要追溯到一千三百多年前；第三，“域论”紧密地和自然关联；第四，它和人们的信仰不可分；第五，它有着一个支撑性的核心线索；第六，它是一个世界观；最后，它对西方时间计算体系是免疫的。作者并没有试图将西历的公元纪年法强加给洛域历史。相反，他大量使用本土的绕迥纪年法。这种纪年法每120年轮回一次，但同时又放置在一个以绕迥为基础不断向前推进的线性纪年法中，如今已是第十七绕迥。

这些关于域的理论，尽管是在扎丹的著作中呈现出来的，但我宁愿说它们是人们长期思考和历史实践的结果；他们思考中的事象，和我们的，或“现代”的，或“西式”的，或捡拾了“西方”的“东方”的事象相当不同；他们关于域的理论是一种哲学，这哲学一头深深地插在山野、田地和自然中，一头又深入文明的脊髓。就在这种宽广而深邃的理论中，作为异域人类学家，我深深感到需要挖掘的东西实在太多，同时作为外来者，我深感扎丹域论有不足之处：（1）他忽略了域人的许多重要实践；（2）他的选择性立场。扎丹在书中，以内教堪布之身份，每每对苯教表示出鄙视和轻侮，这让鲁绕的朱古等苯波人士颇感不公，也提醒我，域中那些建立在等级之上的矛盾仍然在延续。他在传承域论的同时，也继承它内涵中矛盾的某些方面，这使他看不到矛盾另一方面的贡献和现实力量以及它的存在的不可替代性。

我要做的补充之处，就在于首先要把它从本域中抽离出来，作为一种区域模式，放置在藏文明的另一种模式面前，使它们互相映照，以便看出各自的特点，让它们互相诠释。

第二章　房屋与时间

一　房屋

（一）有房必有塔觉

房屋楼顶树有塔觉。树塔觉有什么好处呢？它对在外做生意的人有好处，希望它保佑做生意顺利，做得通，多赚钱；对房屋本身没有作用，但是对人在世有好处，希望它保佑人脉不中断。如果有人家不树塔觉，人们就会说这家人可能没后人了。一般的规矩是有一人就树一个塔觉；三四五岁的小孩树小塔觉；到十三岁以上就树大塔觉。嘎巴人说，家中点佛灯，楼顶树塔觉，保佑人们不得病。

域人认为楼顶上的塔觉与房屋中的柱子没有关系：塔觉是塔觉，柱子是柱子。塔觉杆叫索辛，与柱子也没有关系。柱子用的是松树（thang-shing），而索辛用的一定是柏枝（shug-shing），因为这是神树（lha-shing），是神加持的，神所住的，即便在冬天它也是绿色的；用其他的树不行。

女儿在家的时候，屋顶上要树塔觉，如果她嫁去别家以后，按域人的说法：如果父母森巴（bsam-pa，心肠）好的话，屋顶的塔觉不会扔掉，继续树着，在丈夫家也树塔觉；如果父母森巴不好的话，就会把它扔掉。

人死以后，按舍沃欧珠的说法，如果人们有云登（yon-tan，功德）的话，就为死者树塔觉。如果没有，那就把屋顶的塔觉扔掉。

他的这个说法很有趣。

树不树塔觉，都和人死后的帕多（中阴）期有关。扔掉是为了让死者的灵魂不知道自己曾经所在而留恋旧家；树塔觉，则是为死者灵魂指路，让他知道什么路不通，什么是正确的路。这两种说法暗藏了佛教的弃世解脱观和苯教的入世宇宙观之间的对立。

舍沃欧珠说房屋内的柱子是女子，而柱子所托住的横梁则是男子。我说：在我看来，柱子是男的，横梁是女的。他说：你见过是男的在上面，还是女的在上面？我说：如果横梁是男的，很重要的话（rtsa-chen-po-red），为什么不给横梁挂哈达，而偏偏给不重要的柱子挂哈达呢？他说：给柱子挂哈达为的是喜庆（rten-vbras）。然而大多数域人都不清楚柱子和横梁的性别，有的域人的看法和舍沃欧珠的看法刚好相反。

不过有房必定有塔觉，所有僧俗人众都肯定这个说法。但是小学校没有塔觉，嘎寺没有，寺中有喇嘛解释这是老房子，如果树塔觉，房子承受不了。嘎域中打司诺克的娱乐屋没有。此外，苯波的房居没有。我们可以把这个说法更正为：凡有非苯波俗人居住的房屋，必定有塔觉；没有人常住的房屋就没有塔觉。

按萨迦喇嘛的说法，五色旗帜是苯教的做法。其中蓝色的是蓝天，白色的是雪山，红色的是岩石，橙色的是草，黄色的是土地。内教用的是另一种旗帜，比如插在嘎寺大门上方的内教旗。按苯波朱古的说法，塔觉旗帜的五色是和人体内部的五脏相应。塔觉是为了域人的“索德”（福气）。域人认为，房屋没有塔觉，那就意味着家系不存，绝嗣。

洛域房屋楼顶除塔觉外，有的还有苯教的赞康。对它的祭祀是由鲁饶、乍域和琼果尔的喇嘛负责的。民居的楼顶不一定有曲登或赞康，只有域中承继古老脉系的人家，屋顶才有赞康，脉系中其他子嗣的房屋则没有：其主人可以建小曲登，也可以不建。赞康每年祭祀一次，或者是在三月，或者是在四月，祭祀时间轮流替换。比如今年嘎域是三月祭祀，明年就是四月。祭祀一般是八家人和十二家人合请鲁饶（八家）或乍域（十二家）的喇嘛一名前来举行，每天两家人祭祀，一家在上午，一家在下午，因此需要四天或者六天祭祀完毕。祭祀主要是供奉多玛和念经。

保布喇嘛的房屋楼顶有苯教的赞康。我问他："你是内教的，怎么现在还供奉苯教的赞康?"他说："这房屋本来是舍沃次丹的，我买下来居住。楼顶上苯教的赞康是很久以前就有的。我搬来住以后还是依从原来的风俗。"

看来苯教的信仰，在屋顶的赞康，是随着房屋而根深蒂固的。

关于赞康的进一步说法：赞康内一定要用柏枝做成的"命树"(srog-shing)，这"命树"类似人之骨头（rus-pa)；所插柏枝为其头发，内插带铁枪头的杆，或为其武器，或为其头顶（thog)；赞康内有经书，类似人之有五脏六腑；如无经书，则只是土、石一堆而已。赞康多呈三角形，约半人高，其一面下部的椭圆形孔正为其存在之处(vgro-stang)，或为其饰；然而我从人们颇不好意思和隐晦的神态上，敏感到这就是女性生殖器。它是和上面插柏枝的孔连通的。

赞康是人体的隐喻，它又是房屋的浓缩。

每域德必定有曲登（佛塔)。每域德最初形成的时候，曲登都是建在域德之边缘和"自然"接壤的地带，有的是地域的边缘，譬如从嘎域白玛家往曲米方向上去，域中田地的边缘，可见两处白塔，上面那处是大约五六年前，村中绒巴人名叫苏吉的，妻子是嘎巴，他在妻子死后为她建的塔；另一处大约有十三四年的历史，是白玛先生的亲戚死后人们所建。人死后，建塔与否要由梯日寺的昌珠喇嘛卜算，根据卜算结果而行。

域德随着人居的扩展，域德边缘的曲登有的被包容到域德中来。根据喇嘛保布的看法，嘎域大曲登的历史是和域中城堡的历史同时的。以前佛塔很高大，其下的通道可以骑马通过，后来泥沙逐渐淤积，使通道逐渐变矮，现在人只有弓身才能通过。

按我的理解，曲登可以大致分为两种，一种是在特定的地上修建的，其形状比较高大，这些曲登遍布域中各处；一种是人家屋顶的佛塔，其形状比较小巧，但是依托的却是高大的民房。在象征的意义上，民房通过将地面佛塔小巧化（缩小），并承载它，就成为一种扩大的佛塔。

赞康和曲登一定要有索辛。

家系是通过赞康、塔觉和索辛来象征的，表达一种存在的意义。赞康对应脉系的长子/幼子继嗣（一种等级理论），而塔觉则对应所有的域人（一种平权理论）。家系的含义又通过亲属制度来表达，即父系长子/幼子继嗣。家系与个人生死密切关联，这生死则主要是由灵魂转世来解说的；继嗣有关个人生死，个人生死不仅为个人，还关系家系、本域乃至整个洛域；灵魂转世与家系皆有关财富，但财富实则为个人生死与家系服务，呈现为佛塔与佛堂（拉康）的大小与装藏、仪式的延续与多少等。

（二）房屋的布局

保布喇嘛家：底楼是牲畜圈，厕所似乎就是牲畜圈。厨房在牲畜圈的侧边，厨房的西侧是堆放粮食的地方；二楼是住的地方，内室是堆放衣服等杂物的地方；三楼只有一间神殿；楼顶是赞康。

舍沃盎嘎家：底楼是牲畜圈；二楼是看电视、客厅和睡觉的地方；三楼上是却康，却康一侧是厨房。

涅尔巴家：底楼是牲畜圈；二楼是堆放杂物的地方；三楼西侧是神殿，中间是厨房和人们的坐处，东侧是起居室等。

开设有旅馆的人家，则牲畜圈与房屋分开，如白玛家就将旧房作为牲畜圈和存放草料的地方，而旅馆的底楼则是餐厅、商店、存货屋和厨房；二楼是客房、自家住房、神殿以及分开的厕所等；三楼设餐厅、带卫生间的客房等。

嘎寺的布局如下：

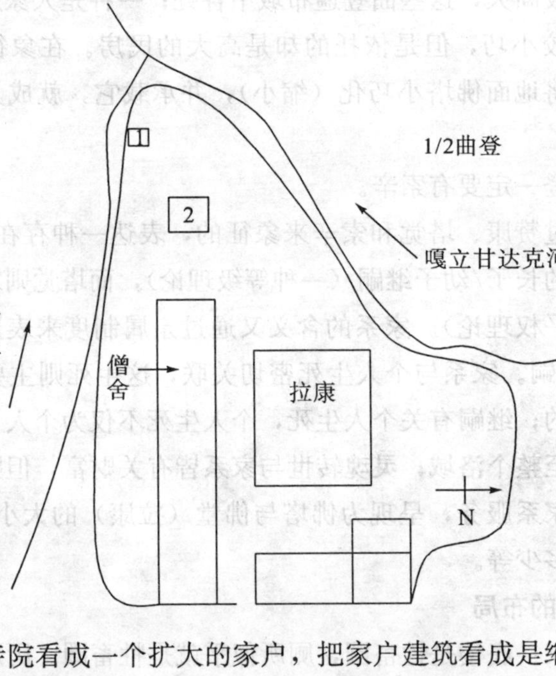

把寺院看成一个扩大的家户，把家户建筑看成是缩小的寺院。寺院和家户正处在相对的两个端点：家室中有神殿，但是小，只占据整个家室的一间屋；敬神仪式只是早晚的事，人们的绝大多数时间用来从事世俗的事务。寺院相反，神殿是这里最主要和核心的组成部分，是寺院得以成立的根本。僧侣们最重要的事务，是从事和佛法有关的一切，比如学经，做法事，修持。但是这里也有世俗的事务，比如寺院的经济等。寺院与家户的沟通，是通过僧侣的往来（请僧人作法事）、子女进入寺院、家室中设有僧侣的位置。寺院则供俗人们朝圣。

两者形成一个体系。其中家庭寺院（结婚的宁玛派僧侣和苯波贡巴）算是两者的结合点。这个体系是域的，也是文化逻辑上的。

家户建筑和寺院建筑被纳入到域德建筑群中，构成一个整体。

二　时间

（一）一年中的节庆和礼仪

我以嘎域为例来看一年中的节庆和礼仪：

藏历新年正月初一，喇嘛却巴。

藏历新年正月十四、十五、十六三日，晾勒（smyung-gnas，斋戒）。此乃嘎寺僧人所操持，第一天可以吃喝，第二、三天则不能吃喝、说话；是时，域人尽聚，朝礼嘎寺，不行晾勒，盖另有礼仪故。

域人齐集域聚会厅“彰玛尼”，即念诵“唵嘛呢叭咪吽”；域长老（更布）出所保有之本域资金，供域人“彰玛尼”并开怀吃喝。念诵不计多寡，凡三日，礼尽而散。

公历二月十二、四月十二和八月十二，为域人供奉本域之域神（域拉，yul-lha）及男神（颇拉，pho-lha）之期。域神居所塔身红色，据村后东南方之半山腰，俯瞰乡域，历历在目；曲米官道修通以后，竟据路之要津。颇拉位于村中，今本域小学后，白色塔身。域人有言，若不供奉域神男神，是年将歉收，是以域人供奉，礼敬有加。

紧邻坡拉者，为本域之古如匝松，其名为德布厅（bdeb-thing）；古如匝松者，只每日村中长老前往点佛灯（却没，mchod-me）而已，无需盛大之乡域供奉。

藏历二月初八日，域僧行喇嘛兑钦[1]。喇嘛者，为邻村之梯日寺喇嘛阿旺塘没也。其生时事迹，域人皆渺然无闻，唯域中富贵之户白玛卓嘎家中却康内供奉有喇嘛像，是以知确有其人，史不我欺也。是日，僧众域人齐集域聚会厅，行礼仪如故往者。

十日，古如节庆（古如兑钦）。是日，域中有行此节庆之传统者，凡三十六家名“巴支”者，为三组，每组十二家，前往山中更新塔觉。

十五，观世音圣者（帕巴坚热色）节庆。

二十三，仙女节庆（拉莫兑钦）。

二十五，康卓玛（mkhav-grol-ma）节庆。

凡此四节庆，域僧皆行酬补（岗索）礼仪。域人有言，若不行酬补，则域人病。

藏历四月十五，萨嘎达瓦节庆。是日，域僧则齐集域聚会厅，行晾勒，并酬补礼仪，凡三日，礼毕。域中长老、域僧保布喇嘛者，曾为吾言此节庆之起源。是域本无此节庆，喇嘛幼时，域人始行。其创始者为噶举派之宁巴香巴仁布切。仁布切来域，倡言建此节庆，域人景从，于今约四十年而已。保布喇嘛为我言时，年六十有九。

藏历六月初四，（卫藏语刍巴册西者）域人“彰玛尼”。喇嘛言，此时绒地生灵繁盛，外道绒巴人多杀之，其恶（藏语第巴）积聚，内道之僧众域人“彰玛尼”，为之消孽而已。吾记录为“绒巴第巴”，喇嘛闻之，脸有欣慰之色。

本域“彰玛尼”之期，凡四；正月、萨嘎达瓦日以外，则有本日，及藏历八月初八。

藏历九月二十二，有神降节庆（卫藏语拉配兑钦）。喇嘛言，寺

① 嘎语德钦，疑为卫藏语 dus-chen，节庆之意。

僧而外，域人不知此节庆；故是月，仅寺僧行酬补仪而已。

喇嘛言，是月若不于十二、十三、十四、十五四日，则于二五、二六、二七、二八、二九五日，奉酬补仪，更换寺中旧年之朵玛一新。

嘎域每月常规之礼仪，则有初八、十四、二十三、二十八及二十九之酬补仪（岗索），二十八之酬补仪在城堡举行以外，余尽在寺中护法神殿（衮康），操持者唯寺中翁则（dbu-mdzad，领经人）一僧而已。

每月藏历初十即古如节，轮流在某户念玛尼，约需两日。第一日整及次日上午。除主持之户外，每户去家中最长者一人，多为丈夫，如夫不在域中，或去世，则妻补之，如妻亦不在，则由其子或女补之；或妻在，亦可由子/女补之。是时，若有梯日喇嘛，则做“措”；如无，则先念玛尼，“嗡阿吽叭查古如白玛萨达吽”。毕后，则吃、喝羟及阿饶（青稞酒和白酒）。所吃皆上好食品。所有开销由主持人户担负；因此之故，巴支中人皆大户人家；贫户则不组入巴支。

（二）逐日记录

在得到初步的结论之前，我将通过两周左右的逐日不完全记录来进一步描述域人的时间，看看它们都是由什么来填充的。

公　历	藏　历	星期	礼仪内容
5月2日	三月二十七	五	罗布次仁去世，半日丧仪，嘎寺十二名僧人参与；下午白玛家念“蛹”（vbum）仪式（下作白蛹）开始，七名僧人
5月3日	三月二十八	六	白蛹，12僧
5月4日	三月二十九	日	白蛹，12僧；二僧住宿却康
5月5日	三月三十	一	罗布次仁丧后三日仪式；白蛹，3僧
5月6日	闰三月初一	二	饶居父丧后四七仪式；白蛹，5僧，一僧住宿

续表

公 历	藏 历	星期	礼仪内容
5月7日	三月初二	三	白蛹，上午11僧，下午9僧；岗索仪式；二僧住宿（梯日喇嘛次仁白玛及洛卓）；亚细亚客店察察入塔，梯日寺仓巴喇嘛主持
5月8日	三月初三	四	罗布次仁丧后头七；白蛹念最后一部经“朵芒”，钢索；早饭六僧，晚饭九僧；“蛹”结束。本日白玛与白玛卓嘎两家年祭家户男神
5月9日	三月初四	五	上午：桑嫫家年祭男神；嘎寺12僧于寺中为塔羌（mthar-chang）者诺布举行仪式，做“措”分发；塔羌仪开始，傍晚结束
5月10日	三月初五	六	两家年祭男神，上下午各一家；嘎寺僧休息
5月11日	三月初六	日	上午一家年祭男神
5月12日	三月初七	一	饶居家德瓦（bde-ba）仪式，3僧
5月13日	三月初八	二	饶居家“五七”仪式，7僧
5月14日	三月初九	三	亚细亚客店念“蛹”仪式开始（下作亚蛹）
5月15日	三月初十	四	亚蛹；罗布次仁丧后“二七”仪，7僧
5月16日	三月十一	五	亚蛹

如此密集的佛苯仪式，让人叹为观止。不过这并不是全年的情况，在农忙尤其是收割季节仪式绝少，此时扎巴们和觉嫫（jo－mo，尼姑）们大多前去帮助收割。

（三）不同年份的组织

每年中的绝大部分礼仪是年复一年举行的。对某一家户来说，在相当长的一个时段里把这些循环的年份赋予有意义的不循环的过程的，是家人的生肖。比如说达嘎宗某户人家两代内有九口人，他们的生肖如下：

父/猴——母/鸡——长女/鸡——次女/猪——长子/兔——三女/马——次子/猴——四女/狗——幼子/兔

在这个系统中，若知道其中之一的年龄，则可推知其余。比如，按照父亲的年龄53岁，母亲的年龄52岁来推算，我们便知道长女28岁，次女26岁，长子22岁，三女19岁，次子17岁，四女15岁，幼子13岁。其实，即便我们不知他们的年龄，从藏历的计算方式中也可以推算出来。

九人中有三组六人生肖相同，为把他/她们区分开来，人们又将五行加入到生肖上。但人们极少再使用男女两分的观念加入到五行和生肖的组合上。五行和十二生肖的组合将时间段拓展到60年，对两代人已经足够使用。如果再加上男女的观念，则又可以分为男60年和女60年，总共是120年的时间。

到这一步家户以“年”为单位的时间就进入藏历绕迥的计算范式，譬如公元2008年是藏历第十七绕迥土鼠年。绕迥是一个线性向前推进的计算方式，但是内部却保留着循环的推算方法。十二生肖和五行相配，再加上阴阳配，使一个计算轮为120年，也就是相同的计算标示会每120年重复一次。它们被系在永恒向前推进的绕迥上。个人的生命史就被系在这些时间的标尺上。

这个时间标尺，是根据男性来拟定的。

第三章　嘎域文化史

一　洛曲米

对肯嘎一域，肯嘎的老人色尔给说：

> 这个域，在嘎、普让、乍等域没有形成之前就有了。以前这里有卡尔（城堡），内住 18 户人家；卡尔有一城门，冬天如果下雪，城门会结冰冻住，需要用水化开才能开门。有一人专门做城堡的开门人，这个职责，嘎域呼为果荣（或即藏文 sgo-rogs）。

在他的记忆中，城堡的城门处没有阿爸阿妈或么么伊妣等塑像，只有一佛塔，进出城堡皆绕佛塔而行。根据乍域舍沃保布的说法，肯嘎地方人称甲祟，即百户之意，后来房舍倒塌，人都被压死。前曾有外国人来发掘，找到许多遗物，都带走了①。

这个说法到本域人群培那里，进一步扩大。他说：“宗和嘎最多

① 他所说的，应该是 1996 年 3 月和 7 月 Niels Gutschow 等人所作的考古发掘。See Gutschow，1998：1.

有 600 年的时间，肯嘎的历史要比它们早，有五千年的历史。山岩上那些岩洞，就是很早以前人们居住的地方。很早很早以前这里全部是平坦的大地，后来才出现山的。古如仁布且曾经在这里住过”。他说以前这里有三百户人家，后来在域中一青年的补充下，他改口说有 360 家。

上下洛域内部又有许多区分，比如洛曲米，又分为嘎域、宗域、乍域、达嘎宗等；其中嘎域曾经一度是附近六域（或五域）的中心，现在仍然是政府任命的村落发展委员会秘书所在地①。这个委员会包括六个“村落”，即嘎奔尼、梯日、柏林、帕拉、达嘎宗和更远的桑达。传统上桑达不属于嘎域的范围，它归属这委员会是现代行政的产物。“村落”（village）在这里的出现也是晚近的事。

以前洛曲米地区又有“巴拉贡”（尼语，十二村）这个称呼，指的是嘎域五村，曲米甲匝的四村，包括乍科、肯噶尔、鲁饶和曲米；宗下面的三村，包括宗、普让和普扎；以及唐围那边的五村。这个地区至少在过去一百年中不属于洛部的国王管辖，洛部指的是“洛措顿”的许多村落；本区域当地人另外有一个名字，名叫恰厦。从宗教关系上来说，鲁饶的人出家，不在曲米的寺院，因为他们全是苯波。

“嘎奔尼”是尼泊尔政府给定的名字，“奔尼”一语在尼泊尔语中指的是二水相汇之处。实际上二水相汇之处甚多，嘎立甘达克河下游，去嘎奔尼有大半日车程的地方，就有一处大集镇名叫“奔尼”，这么多“奔尼”，区分它们的办法就是加上本土名字，“嘎奔尼”就这样出现了。根据西方学者的意见，“嘎”是阻断（bkag）之意，意即这里是控制前往西藏的南北通道、征收税收的地方②。我仍然按域人

---

① 英文即 Village Development Committee，缩写 VDC，尼文 Gāon Vikās Samiti，缩写 GVS。

② 比如英国学者查尔斯、德国学者 Niels Gutschow 等，See Gutschow，1998：52.

的习惯，把这里称为嘎域；对当地人则完全用他们自己的话，称“嘎巴”。嘎域作为重要的一域，又有两个小域支撑，一是嘎立甘达克上游对岸约半个小时脚程的梯日，一是下游对岸约一个小时脚程的柏林。同样，宗域的人自称宗巴，左右各有一小域附翼，曲米河下游的是普扎，上游的是琼果尔。这三域有一扎巴（即和尚）寺即宗曲德，一尼姑寺即嘎绕寺；域中规矩，凡人家户有三个男孩，则中子域语称帕玛的，入宗曲德寺为僧[①]；凡人家户有三个女孩，则中女域语称帕玛的，入嘎绕寺为尼。乍域的人称乍巴，左右附翼的小域，曲米河下游的是肯噶尔，上游的是普让，各半小时脚程。这三域有一扎巴寺即乍曲德寺，一尼姑寺即曲米寺。域中规矩，人家户的男帕玛入乍曲德寺为僧；女帕玛入曲米寺为尼。这种男寺和女寺的配置在嘎域也同样存在，但这里的情况比较复杂。嘎域有一男寺即嘎寺，有一女寺即梯日寺。这里的规定，是附近各域人家户的男帕玛入嘎寺为扎巴，女帕玛入梯日寺为觉嫫（即尼姑）。按照嘎寺洛本（学官）、喇嘛保布的说法，嘎寺是这附近九个地方的总寺，这九个地方包括嘎、梯日、柏林、帕拉和达嘎宗五域，以及当北、促桑（包括其下的孜勒）、德和甲等四域，总被称为“九域”[②]。这九域的子弟，凡是帕尔玛的，都要送到寺里来。这是做父母的朗库协（内心的情感）。大约从十年前开始，就有僧人开始不尽职，离寺前往国外，寺中对此有处罚的规定。完成四年在寺服务以后再出国，则不受处罚。这显示嘎域的主人曾经有更大的权威范围，但现在其权威已经完全让渡给寺庙。

域中教派纷呈，独缺格鲁派。洛曲米地区不时有宁玛巴的喇嘛来，做宁玛巴的霞登（仪式）；或有萨迦巴的喇嘛来，做萨迦巴的霞

① 中子入寺为僧这种情况在夏尔巴地区也存在。See Furer-Haimendorf，1964：73.
② 藏文为 yul-skor-dgu，即九个域圈。

登；或请苯波的喇嘛来，做苯波的霞登，就是噶举巴比较少；噶举巴的觉嫫也前往各域举行仪式。这表明域中有一套通行于各教派的共识，使得各教派超越教派之别，共同为域人举行仪式，也使得域人比较容易接受教派表面差异下的实质雷同。各域之间关系也不完全一样，比如嘎、梯日和柏林（包括玉丽与厄克罗巴提两个小域，共有九户人家）三域，如果举行仪式，有“措”的话，就在相互之间分送。在乍、普让和肯嘎三域，凡有婚丧塔羌告老等事，都要互相帮忙。

上洛域建有城堡的包括洛满堂、杂让和萨马。此外宗松巴也有城堡。洛曲米地域有三个域是有城堡的：嘎域，乍域和宗域。今天的宗域完全没有贵族；嘎域和乍域有两个贵族脉系，贵族家户数最多。此外，柏林和达嘎宗也有贵族。今天，域中相当多贵族南迁。

三个城堡中宗的城堡应该是最老的，然后是乍城堡，最后是嘎域，所以嘎域的城堡还可以见到比较完整的外形，高耸域中。宗城堡绝大部分已经毁坏，人们只知道其城门（rgyal-sgo）很大，大约两臂伸开那么大，但是更进一步的情况就没有人能说得上来，也没有人见过其城门处是不是有塑像，琼果尔域中 87 岁的喇嘛次仁实达都没有见过。乍域人解释说：“若干代人之前，宗的长官从宗搬到乍以后，连塑像一起搬走了。”这是完全可能的。

乍域人从去年开始在城堡旧址之上，新建涅仓（域聚会厅），旧堡如今只剩东面的一面颓圮泥墙，看不出当初的模样。但是城门处塑有的么么（爷爷）伊妣（奶奶）像仍然存在。最近有外国人见到塑像毁坏的情况，认为不应该任由其毁坏，便捐资让域人重新塑造。我来时见到两尊塑像各自后背部分已经被挖开，人们在其后面用钢筋混泥土各打了两根水泥柱，但工程就此搁下已多时。以前域中城堡只有一个城门出入，所以男女像都塑在这里。

么么的男性生殖器是用木棍雕刻成；伊妣的乳房清晰可见，下体已经毁坏。么么头戴冠，双手合十；伊妣似双手怀抱幼儿，于左乳喂奶。通体涂成红褐色。

嘎域的情况则不同。嘎域人称为卡尔（mkhar，城堡）。有两个城门，一个朝北，一个朝南。人们还记得以前的门很大，从里面关。现在已经废弃不用，看不到门的形状。北门塑阿爸（父亲）像朝北，南门塑阿妈（母亲）像面南。阿妈塑像约大半人高，黑发，有一发辫自右眉绕头搭于左肩；脸呈红褐色；双耳穿耳环；嘴张开，有白齿；颈项挂一绿玉项链；双乳凸出，几乎靠近下颌；双手合十于双乳之间；围腰清晰可见；围腰以上头以下部分为白色，围腰及以下涂成萨迦派的红、黑、白三色相间的色彩；象征性的双腿于地面略向前伸；阴部女性生殖器明显，有阴毛。据域人言，阿妈塑像原来的位置，正好在南门的右手边（面对城门），这个位置正好面对寺门，后来寺里的喇嘛有意见，便移动到稍微靠南今天的位置。

阿爸像位于北门左边（面对城门）角落，高及门楣。头颈为白色，头顶似乎缠发辫，或者戴帽；黑眉黑胡子，嘴张开，可见白齿；项中挂一猫眼石项链；颈以下腰以上为红褐色，唯有右手白色，象征性持红褐色刀一把（刀为木制，钉于墙上木桩上，与手分离[①]），指向北方。喇嘛保布说一定要刀，这是打仗用的，以阻止“毒”。左手伸向右腋下。腰以下为萨迦派的色彩。木制男性生殖器平伸出，指向北方，根部阴毛丛集。象征性的双腿如阿妈塑像，于地面略向前伸。

二　域人为何塑阿妈阿爸像

这塑像是建城堡之初，喇嘛桑布为阻止外部来的“毒”（gdug）

① 从20世纪90年代初期所拍摄的照片来看，当时并没有刀。See Laird，1995：18.

而塑，据说塑的时候塑像内部装佛像和经书。喇嘛桑布是本域人，嘎寺僧，去西藏成为喇嘛的；域中以前规矩，成喇嘛要去西藏才行，不去则成不了，现在则是转向印度。喇嘛保布说，塑像内部“一定要有佛像（sku）才有益处，否则全是土，那有什么用?”但是谁也不知道里面是什么佛像和经书，因为年深久远。

关于阿爸阿妈塑像的来历，域中保布喇嘛与我有一段谈话：

喇嘛：以前这个地方“毒”很多。城堡以外没有人家，全部在城堡内。阿爸和阿妈所在地之外没有房子。如果把城门关上以后，“毒”就进不来了。阿妈和阿爸放置在门边，把“毒”挡在外面。

问：南面放的是阿妈，北面放的是阿爸。那么，南面放阿爸不行吗?

答：不行。这是以前就有的放法。

问：城外面有路?

答：城外面有路。从洛满堂来的，绕城而过。还要到外面种地，维修寺庙。傍晚的时候关门，如果外面有鬼的话，它进不来。后来人多起来，才在外面建房。

问：以前的时候人户都在城堡内?

答：以前建卡的时候，人户都在城堡内。这是人住的地方。人们把房子都建在城堡内。这个叫城内建房。

问：（自言自语）内部。外部。

答：以前是晚上关门。

问：门？不是这样的门吧？

答：不是。是很大的门。现在那里不是有柱吗？是两扇门对关起来的。洛满堂的城门，就是这样的。门关上以后就进不去。以前是这样的。现在人们在外面建房了。

问：几时开门呢？

答：早上开门，中午不关。以前这里有很多鬼。

问：都有什么？

答：有一种鬼很大，长角（用双手在头上比划）。有名字，有很多种。如果被它看见了，人们就要得病。人们不知道，不久就死了。

问："毒"杀不死吧？

答：人们看不见，不知道是什么。怎么杀？

问：这"毒"主要是晚上来？

答：是晚上来。早上不来。如果不是晚上就进不来。

问：有多少鬼？

答：有很多。有西达。西达有两种。一种是黑色的，一种是白色的。如果是黑色的看见了人，那人就要死。白色的则不会死。它会把人带走，五六天以后，如果人没有死的话，又送回来。

问：在这四五天之内它做什么呢？

答：谁也不知道。无论怎么样做都是坏的，不是好的。人会得病。五六天之内人没有死的话就送回来。送回来的，呆上两三年，就死了。如果是给黑色的看见了，人马上就死。

问：这两种西达是看得见人的？

答：他们看得见一切人。运气好的话可以看得见；运气不好，门已经关了，就看不见。此外就没有机会。如果一个人好，森巴好，洛（blo，心）好的话，没有罪恶，没有做坏事，就不怕它，它就吃不了。它还会逃跑。如果此人不好，有第巴（sdig-pa，罪恶）的话，就会死。

问：这些是"毒"吧？

答：黑色的是"毒"。鬼有很多种，白色的西达是神鬼（lha-vdre）。如果有其他鬼在的话，它就跑了，要不然其他（鬼）会把它吃掉。

问：萨达呢？

答：（我们）看不见萨达，也不知道住在哪里。各人得了病，这才知道，但我们看不见。此外又有“鲁”。得了萨达和鲁的病，能治好，不会死。“怎（即 btsan，拉萨话叫做赞）”和“甲鲁”是一样的。“怎”是红色的，甲鲁是白色的，算是神鬼范围。这个和西达是一样的道理。可以做仪式祛除，使不得病。萨达和鲁不同，鲁不管的范围，萨达负责管理。鲁不好好管的地方，萨达负责管理。比如说这个地方如果鲁管理的话，萨达就不管；如果鲁不管的话，萨达就管。

如果人们得很多病，甲鲁就来治病。如果供奉好萨达和鲁，比如多玛仪式，举行“定夏”仪式，萨达和鲁就不来侵害，就会保护人不得病。如果不供奉，就会得病。如果做好了，怎和甲鲁就不会来。

三 域的形成传说

各域都有自己的形成传说，我听到的关于洛曲米的传说比较完善的一则如下：

> 什么是曲米甲杂？最重要的是绛白央（文殊菩萨），然后是坚热色（观音菩萨），最后是恰纳多吉（黑手金刚）。绛白央所造重要圣地，乃是从地中点佛灯；坚热色所造重要圣地，乃是从水中点佛灯。一般的看法，是水中点火，火即灭，此处乃是从水中生火，这是坚热色所造重要圣地。此后是恰纳多吉所造重要圣地，是从石中点火。这些都是从西藏的亢仁布且来的，那里还有玛旁雍错湖。
>
> 据说印度曾经有100名有大成就的喇嘛，他们从印度听说西藏有亢仁布且和玛旁雍错湖，便启程前往朝圣。现在是七日的路

程，据说他们一天就到。百名成就者（甲珠托巴）从印度来，到曲米甲杂，在这里住了一晚，随后从这里前往亢仁布且，到了以后，这100名喇嘛朝礼亢仁布且三圈，朝礼玛旁雍错湖。这是一个很大很大的湖，从湖眼中冒湖水出来。他们在路上看到一个名叫“孤瓦”的喇嘛盛水的器具。他们以之盛水，因为他们在路上口渴要喝水。这100名成就喇嘛右手持树苗，左手持盛水的“孤瓦”，从玛旁雍错舀了水，又回到曲米甲杂地方，并住在那里，说是要住一天。他们住了一天，做了个好梦。因为做了好梦，便将所住地命名为“几几”：“我们心中喜欢，便要做一个嘎几”，意思就是喜欢（嘎波），愉快（几波）。做的什么好梦呢？原来是这里只有一眼泉水，他们要每人在这里凿一眼泉水。那便是100眼泉水。这便是曲米甲杂（百眼泉水）的来历。

他们从印度带有树枝来。他们打坐后，每人栽一枝，并为之加持，后来这里便生长有树。这以后才有百眼泉水和树。树是从树枝上发苗芽而来，水是他们从玛旁雍错带来。

因为他们高兴，便又住了一天。他们都是有成就者，在石上、岩上留下了很多有成就的痕迹。后来他们为饶益来世，乃祈祷。这便有此地之盛名。此后此地乃有百泉、百树。百名成就者后来回到印度。①

在这个基础上，域人的许多域迹传说都和曲米的圣迹传说关联起来。

① 扎西旦增在其《洛域寺宇目录》、斯奈尔格洛夫在他的“塔域朝圣地”中对此有相似但更具体的描述，见KSTD，2004b：93—98；Snellgrove，1979：pp. 107—111.

四　宗脉

有关洛域的历史及传说，查尔斯和米歇尔有一个简短而精要的介绍，且引如下：

从前，现在的洛域地区由两个分裂的部分组成，也就是北方的洛和南方的塞日（Serib）。洛域包括从边镇到吉林（Giling）的地区，而塞日则包括现在的“班齐岗”（尼语 Pacgau，或作 Pacgoan，五村）。“巴拉岗”（尼语 Baragau，或作 Baragoan，十二村）最初指的是塞日，但后来处在洛域的影响之下。不清楚“塔萨泽”（Thaksatse）是不是塞日的一部分。

现存最早的藏文历史文献敦煌年鉴中都提到洛域和塞日。根据这些记载，伟大的藏王松赞干布（649/650 去世）征服有着自身语言与文化的独立王国象雄（西藏西部），同时也包括洛域和塞日。705 年塞日叛乱，709 年塞日国王被俘虏后，再次处于西藏的统治下。

松赞干布的后嗣时，西藏依旧是中亚的主导性政权，但 842 年，王国走到尽头，国王朗达玛为佛教僧人白吉多吉所杀。

随着雅隆王国的衰微，藏文明的中心转移到古老的象雄，尽管到 10 世纪时它已经藏化。这个地区人们称之为阿里，有两个主要的王国普让和古格。这些王国的国王们是佛教的强有力的支持者。11 世纪时，印度佛教的老师们被邀请到阿里。他们来访以后，佛教再次于西藏兴盛。藏人传教士前去洛域和塞日，将当地人皈化到不同的佛教派别中，包括变革后的苯波。其中一名苯波传教士名叫鲁饶巴（Klu-brag-pa）扎西坚赞，1160 年，他在鲁饶建立起一座寺院。

12世纪，洛域和塞日周围有三个重要的政权。一个是拉达克，12世纪初期曾入侵洛域和塞日。另一个是洛域东北宗喀的贡塘。最后，1200年左右，尼西建立起一个强有力的王国洪拉。13世纪早期，洪拉国王们征服阿里和贡塘的一部，其影响可能也包括洛和塞日。

1252年，贡塘积聚充足的力量，派遣军队抗击洪拉，征服洛域和塞日。为加强其在该地区的权力，贡塘在木梯纳塔(Muktinath)附近建起一座城堡。13世纪，洛域人讲的是藏语，而现在巴拉岗和塔克拉的人们讲的是塞语（Se-skad），和今天的塔卡立语接近。与贡塘扩张相关的是，藏人贵族们在巴拉岗成为新建立城堡的统治者。随后几个世纪，藏语被当地许多人接受，而上部巴拉岗（促桑、唐围、特塘、甲卡和泽丽）人和塔克拉人则保持它们原来的塞语，嘎奔尼和木梯纳塔人讲的是西部藏语。

14世纪中叶，贡塘政权衰微，洛域被洪拉征服。到该世纪末，贡塘再次成为主导性的政权，其将军谢饶喇嘛征服洛域，其子嗣建宇洛域，其孙阿妈贝称为洛皇室的创始人，今天的洛域国王（Maharajas）就是其后人。

16世纪对洛域来说至为艰难。洛域的保护者贡塘失去权力，再未恢复。此外，洛域还受到内部矛盾的困扰。16世纪喇嘛的传记提到该地主导家族间的冲突，而1544年收获物则被门地(比如南方人）夺去。16世纪晚期，洪拉似乎在洛域事务中扮演主要的角色，因为另一个喇嘛的传记提到，1580年洪拉国王要求他前往洛域调停内部冲突。

16世纪末，随着拉达克国王次旺朗杰（1555—1575）入侵普让、洪拉和洛域，洛域开始新的篇章。尽管洛域开始处于拉达克的统治之下，但皇室之间的联姻为王国间建立起密切的关系，而拉达克对洛域的影响限于基于保护的朝贡。

洛域处在拉达克的统治之下，管理着嘎奔尼和木梯纳塔地区。不过，这个地区的贵族则试图从洛域的影响下解放出来。1652年，洛域国王和他的宗相（minister）之间爆发战争。他们在嘎奔尼交战，但洪拉介入帮助宗相，许多人死于洛域和洪拉间的战争，即便是僧侣们也卷入到冲突中。1682年，洛域和塞日的僧侣们在中心藏区的一座寺院中交战。

洛域和洪拉间的战争持续进行。1719年，洛域国王和一名拉达克公主（她的母亲则是从洛域来的）联姻。在她前往洛域的路上被洪拉军俘虏，囚禁在嘎奔尼，但后来在拉达克和巴尔巴特（Parbat）① 的帮助下得以释放。

几十年后，洪拉再次攻击洛域。这次拉达克失去从前的权力，随后衰微，成为独立的王国，无法帮助洛域，洛域随后处于洪拉的统治下。18世纪洪拉控制着洛域，而巴尔巴特肯定对塔克拉有一些影响，因为1774年其国王克尔提·邦·玛拉（Kirti Bam Malla）确认果蚌麦吉拉康的僧人和尼姑的行为规范。

18世纪后半叶，廓尔喀的国王普利提夫·纳饶颜·沙征服众多的小王国，组成为后来的尼泊尔。巴尔巴特在1768年失于廓尔喀。1788年，廓尔喀与西藏作战，洪拉借机入侵洛域和更南一些的村落。不过，廓尔喀和西藏之间的战争很快结束，1789年廓尔喀征服洪拉。从那个时候开始今天的洛域地区处于尼泊尔的沙氏国王统治下。②

---

① 1786年前巴尔巴特是塔克拉南边奔尼的独立王国。

② Ramble，7—9. 这一部分内容，与次年米歇尔单独发表的文章中的相关部分几乎无二致。See Vinding，1988：169—174.

据介绍，宗王之堡又名“饶格孜”[①]，即殊胜之巅（Snellgrove，1979：201），为宗王彭仲绰甲（Pondrung Throgyal）所建；据言，他乃是洛王国建立者阿妈贝（A－ma Pal）的后人，治理“巴拉岗”地域。宗林（即宗曲德寺）乃是16世纪时俄钦衮嘎桑布的最殊胜弟子之一洛堪钦索朗伦珠所建。后为大学者洛德丹增所发展。17世纪时，洛德宁布使之成为一主要的内教教授和修持中心。18世纪中叶，本寺的僧人多来自附近三个域以及部分来自上部洛域。1962年，十八世赤钦仁布且进入洛域，同年将宗寺重建为著名寺院；给寺中四名僧人达拉、尼玛、普巴（皆已逝）和索朗桑布教授“道果”（Lam ‘bres）法。此外，他们又从赤钦仁布且和曲吉仁布且等处接受许多重要的密乘开示、口头传承、加持和传授。2001年，赤钦仁布且到宗林时，任命绛央楚臣和阿旺群培为寺中堪布。阿旺群培14岁时，在加德满都嘎布杰塔日仁布且座下剃度，后入印度德哈顿俄白阿旺中心（Ngorpal E-wam Center）修习七年，又入萨迦学院修持七年多，师于学院堪布米玛次仁座下，并从堪布阿沛仁布且、萨迦赤钦仁布且、觉布格仁布且、鲁定仁布且、鲁日桑杰等处受密乘、加持口传和教授等，并获得内明之学士学位。（Dcsc，2004）寺僧额为45名，现住寺僧19名，年龄在7至20岁之间。

在乍域，扎西次仁和次仁拉嫫为我讲述另一则关于区域王系的来历传说：

> 有宾家两弟兄，可能来自宗，也可能来自上洛部。因二人机智有才略，所以洛部的国王用哈达缢杀哥哥，又设计准备杀他的弟弟。弟弟得知消息后，骑马向南逃走，洛兵随后追来。弟弟骑

① 藏文为 rab－rgyal－rtse，英音译作 Rabgyal Tse。

马跑到迥西（Jomshi）地方（路况如下图）。

为了甩脱追兵，弟弟下马，将路边柏枝砍下，缠在马尾上，放马沿路南去，自己则从小河遁迹至嘎立甘达克河床中南下。追兵从后赶来，只见路上马蹄得得，尘土扬起，但是不见马上有人。追兵以为骑马者死了，便不再追赶，返回报洛部国王知道。弟弟继续南去，在促桑地方收马，骑马回到宗。据说这已经有12代人的时间（如果以每代25年计算，这事应该是在300年前，即1708年左右）。

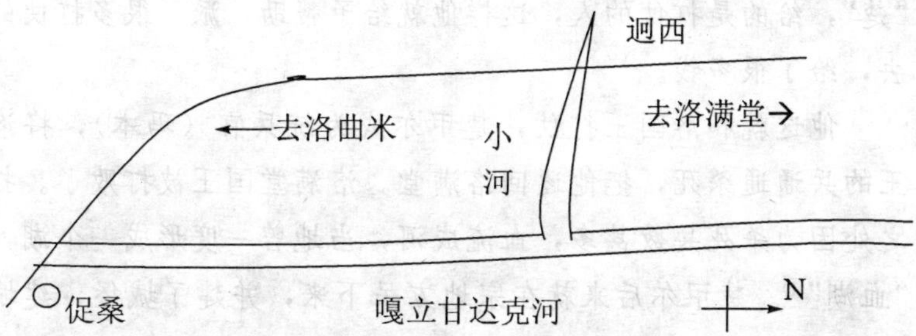

据梯日喇嘛白玛次仁的说法，情况如下：

很久以前有嘎卡尔的长官（崩波），乍卡尔的长官，宗卡尔的长官，这三个长官乃是一个脉系（rgyud－pa）。在这个脉系以前，嘎域与乍域的情况不清楚，但是宗以前的长官是从西藏来的，长官的名字是崩波永涅楚甲……雍登楚甲尔。他到了洛满堂。但是对于他在宗地方，洛满堂国王说他不能做这里的王。这下他心中变得很愤怒，便准备与洛满堂国王打仗。这以后他便向西方的宗拉（即洪拉）国王求助。他先在“坚巴”以加持力，用土做成金子团，以后又造七根针，最后磨成一“楚”（即榨油用的“楚”)，派人带到宗拉国王那里去。

宗拉国王见了他的物品，说这个人是个傻瓜：“嘿，他要干什么？他把针、楚给我，要干什么?”宗拉国王的妻子（格妹）很聪明。“国王，国王，你很聪明，这里有一个敌人；最初是做一半，金子外面是土，里面是刺”，国王格妹说，“给土是说请求给一点地方，给‘楚’是求给他一点帮助，打仗中给帮助。‘针’乃是武器，打仗用的武器，他要求的是人，武器以及打仗时给予帮助。”宗拉国王便对金子给以地，对针给的是工具、火炮，对“楚”，给的是打仗的人，这样他就给予帮助，派了很多打仗的兵去，给了很多钱。

他这就和洛国王打仗，楚甲尔成为统兵官（玛本），将洛国王的兵通通杀死，把他逐回洛满堂。洛满堂国王被打败了。打仗之处因为杀死兵数甚多，血流成河，当地曾一度形成一个湖，名“血湖”①。楚甲尔后来就在宗地方呆下来，并建了城堡，建城堡后，他过得很舒服。

王系从宗到乍，则有另外一个传说：

有一年夏天，宗王来到乍地方。一天晚上他喝茶后，将茶碗倒扣在地上。第二天宗王起来，发现碗下的草长起来，将碗掀起，正面朝上。宗王觉得此处甚好。后来宗王为进一步印证，便在域中北头栽一棵树，祈祷说：“如果这棵树长得好，就证明这地方好，我便迁来这里。”然后他回宗去。没几天，这棵树果然发芽，长势很好。宗王于是在这里建一城堡，供夏天居住，并将

① 关于血湖的传说，是后来由嘎寺喇嘛阿旺补充的。

此地命名为乍，就是乍宗，意思是比宗要好。

现在乍域的舍沃巴布说：“现在宗那里不是有卡尔，有很多旧房吗？那以前就是我们的。”

喇嘛白玛次仁说：

> 这以后宗王冬天就在宗喀的城堡住，夏天在乍的城堡住。这以后就派他的一个孩子到嘎地的城堡来。但不知道是长子还是幼子，反正派了一个儿子来到这里。这就是嘎、宗、乍三地脉系的来历。

根据洛满堂堪布扎西旦增的记载，嘎的脉系本是洛满堂任命的官员，来自塔波（Dar-po），脉系未曾断过，后来出现顾秀旺杰[①]，其子顾秀康松（Khams-gsum）、其孙顾秀达拉（sTag-la）、其曾孙康松旺堆（dBang-vdus）、其玄孙嫫拉姬（Mo-lha-gcig）和白玛卓嘎（Padma sgrol-dkar）两人。（KSTD，2004b：183－184）

据说，“嘎”这个词早在12世纪时就出现（Snellgrove，1961：168）。但现在的地方并不是最早的人居之处。按喇嘛保布的说法，这一带最早的地方，一共有三个。第一嘎是现在的厄克罗巴提（Eklob-hatti），现在那里有五家人；域人记得嘎立甘达克河床，以前全部是

① 域中习惯称呼的顾秀（有域人写作 kusyok，当为藏文 sku-zhabs），是一个相当荣耀的称呼，用来指具有政治权力的人，比如白玛卓嘎的祖父塔拉盎嘎（Tala Angya）；他的儿子，人们则称呼为舍沃康松（Hrewo Khamsung），舍沃这个称呼是用来指在系谱上有传承，但没有政治权力的人。如果是女子，则称舍嫫（Hremo），比如白玛卓嘎。一旦获得政治性权力，则又恢复顾秀的称呼。以前住在城堡里的，是顾秀多吉比斯塔（Kusyok Dorje Bista），他手里是有权力的。他的儿子舍沃衮杰比斯塔（Hrewo Gungyel Bista），衮杰子康松，康松子盎嘎，都没有权力。2008年全国选举，进而建立尼泊尔共和国之后，政府取消王朝建制，国王体制包括洛域国王随之被取消。然而域人仍然称上洛域国王为“格沃”（国王），他的儿子为“格琼”（王子），但对王子的儿子则称舍沃。

田地，河床只有窄窄的一点。这些田地后来被河水冲走。面对夏日滔滔洪水依旧不断冲刷河床、田地，我以为这个说法是很有可能的。第二嘎域是往宗曲河谷方向 1.5 公里的峡谷中有一处梯田状遗址，大约有 34 处房屋，名叫扎朗嘎塔拉；根据西方学者的考察，它们持续约四个世纪，大概是在 17 世纪中期被抛弃的[①]；第三就是现在的嘎，人们说这地方叫嘎卡（bKag-mkar）。

五　王宫及其主人

早期，域德的居住格局似乎也呈现出等级，即不可接触者住在边缘甚至在域德以外，而贵族则住在中心，但对其他阶层就很难分出空间的等级（Gutschow，1998：89）。

嘎域域德结构复杂，楼层至多，但绝不是依山建筑的那种。根据尼尔斯的研究，嘎域住居的建筑进程是：第一阶段，1570－1800 年，包括城堡卡尔在内的最早建筑群；第二阶段，1800－1920 年，扩展建筑群，在原来建筑群的基础上扩展；第三阶段，1920－1970 年，扩展带有庭院的建筑群；第四阶段，1970 以来，逐步扩展庭院建筑，进而分散性建筑模式产生（Gutschow，1998：62）。

现在域北头玛尼墙西，有星星旅馆（Hotel Star）等三家人。以前那里是空地，很大，是域人们举行喇嘛兑钦仪式，进行射箭等游戏以及玩耍的地方。后来城堡的后人，舍沃盎嘎和弟弟边巴在 1970 年代初期（Gutschow，1998：87）将这个地方变卖，买的人便在这里建了房屋。

---

① gra-nang-dkar-thar-la，西方学者记其名为普泽林，Phutseling. 但人们又说这里是肯嘎域人曾经的居住地。See Gutschow，1998：p. 52.

域德有四个入口，其中只有北方向和西南边有城门的两个入口是正式的入口。西边和东南边的入口则没有城门，东南入口是舍沃多吉房屋边上的一个底楼入口，和西边的入口类似。到1990年为止，东南入口已经被封。（Gutschow，1998：87）从各入口进去以后，七拐八折的，最后四条通道都汇聚到中心，那是一块平地，域人称为“德”，四周是房屋建筑。这个中心离不开甲康（rgyal khang），即瞭望整个域的王宫。嘎域是一个宇宙模型，由四方和中心构成。

王宫建筑有很明显的军事考虑，比如有的在厚厚的墙体上，开出一个外收内开的八字形窗，与康藏地区碉楼上的瞭望孔如出一辙。外墙厚度是172厘米，内墙115厘米。如今最高的部分已经年久失修，有的墙壁倒塌，住户甚至在楼层上面种了葱。

王宫的最高一层楼是却康（佛殿）。王宫的主人舍沃盎嘎记得小的时候曾随父亲到却康去供奉佛灯。却康唯一的门朝东，即曲米方向，据说可以看到曲米。

他家以前住的却康，主供古如仁布切。古如仁布切的左边（以观者为准）为亨江米拉热巴，右边为堪卓益西措甲。佛经不多，包括格卓玛和朵芒（诵堆）等。殿中有唐卡，墙壁上画有佛像。

每日早上的供奉是蕴却和花，下午供奉却没（佛灯）。每月28日是岗索仪式，比寺院早一天（盎嘎提到这的时候，颇有得意之感）。每年有洛朵（lo-rdo），那时将旧年的朵玛扔到水里，重新供奉新的朵玛。旧年的朵玛变干，要换新的；旧朵玛曾经是扔到地里，后来有喇嘛说这样不好，就改为扔到水里。供奉者是男孩子的话要好一点；女子可以进入却康，但是如果女子下体流血（盎嘎说女子因为生孩子而流血，即月经）的话，不能进入却康；如果这时候的女子进入却康，神就要逃走。

却康以下的那一楼层才是供人居住，再下一层堆放粮食，最下一层是牲畜圈，包括马，牛，山羊，绵羊，驴子等。盎嘎记不清厨房是在哪一层楼，但是他们夫妇都肯定那个时候没有厕所，要解手的话，需要走到最下层的牲畜圈，跟现在一样。他家现在还有一个以前厨房用过的铁三角架，名叫“加吉”，下面烧火，上面烧水做饭，但他说这东西没用，就扔在那里。

所有这些房间加起来一共是108间。

从前王宫的东墙没有门，现在那些门是后来建的（包括他家的门）。他父亲那个时候，进出王宫只有一个门，就是德的东边，通过一个石台阶（朵折）到宫门，他记不清有多少级，台阶行道不分左中右。后来上面的楼层垮塌，他父亲将石台阶拆掉，改建房屋。他则住东边。

根据传说，王宫所在的地方，以前是一个湖（mtsho），名叫“沃玛措”（Vod-ma-mtsho），绒巴人来这里朝圣。建房的时候，是沿着湖四周建的。他画了一个圆形的湖的样子，然后在其四周画一个方形的房屋平面样子。他夫人曲珠说是在湖上搭横木。据说，在修建嘎王宫的时候，下面的墙是用牦牛来踩的，而不是用人筑；上面层数才是用人工筑。那里的窗户，大得来可以睡得下人。有关这个湖以及建房的事，据说嘎域一位伊比（此处泛指老年妇女）名叫曲增的曾经见过湖，她于六十多年前去世。有一首歌是这么唱的：

殊胜王系的国王，在湖口上建颇章。①

王宫建成以后举行了盛大的仪式，所有的老百姓都来这里，喝

① Rigs-rgyas rgyal-pos pho-brang/ mtsho-mo’I kha-la bzhengs. Gutschow，1998：p. 53.

酒、唱歌、跳舞；老百姓给这个房子取名“嘎松卡尔”。我猜测它的意思是：保卫嘎地的王宫。有关城堡的坚实和安全，另一首歌是这么唱的：

> 嘎巴地方的城门，好比马口的牙齿。
> 如果不是蜜蜂，玉峰根本飞不过去。[①]

盎嘎一共有五个亲戚，他是长子，下面是他的妹妹嘎桑，小他三岁；然后是弟弟边巴，现居沛域，小他7岁（62岁），然后是妹妹敏竹，然后是妹妹吉巴尔（56岁），最小的是弟弟局米，比吉巴尔小三岁，但是在27岁时（26年前）去世。三姊妹都嫁与四水六岗的康巴（他说是Bod-pa，博巴）人为妻，其中敏竹的丈夫还是一个官——“更更”，生有四个女儿，其他姊妹都未生育；如今他们的丈夫都已经去世，三姊妹现在住在沛域。

他不说他与妻子结婚，而说“我14岁，我的格妹（skyeg-smad）15岁时，我们遇见的”；他们结婚以后，仍然和父母同住了六七年，直到他的弟弟边巴结婚，这才分家。那个时候他们家土地已经不多，一共有六份，给了他三份，他弟弟三份，他的家是王宫部分，弟弟的是西边新建那部分，包括“德”，后来他弟弟把这些都卖了。却康里的佛像经书等全部由他继承下来，一点也没有给弟弟。他说：“佛像这些如果分开，不好。”

他现在住的地方，楼下是以前王宫圈马的。有一天我两次来到他

① bKag-pa lung-pa’I kye-sgo/ rta-so dar-las bsgrigs-byung/ sbrang-ma gser-sbrang man-na/ g. yu-sbrang thar-sa mi-‘dug. Gutschow，1998：p. 53. 但我怀疑作者根据域人口语整理而成的文字，与域人的理解有差异；尤其是作者把“rta”这个音理解为“马”而不是“虎”。

家，底楼喂牲畜的地方，肥料发酵的味道十分浓烈。二楼是他起居的房间。

他最小的弟弟呢？他的父母在柏林买了一块地，和局米一起搬到那里去住；他的父母在局米去世后也先后去世了。他说："我们这里的做法是分家以后，长子继承家业，父母和最小的孩子一起生活。"局米的妻子是柏林人，名叫次儿（初一出生的，故名。西藏也有这种情况），他们的长女后来做尼姑，次子则做了扎巴（僧人）。

盎嘎的孩子，第一个出生后不到一岁便夭折了，然后又生一个男孩（bu，他很少用皮查这个词），大约六七岁的时候，也夭折了，此后才生现在的长子多吉次仁。如此说来，舍姆曲珠是在二十一二岁的时候开始生育。

他父亲康松先后有两个妻子，先妻益饶穆迪，是达朗阿佳的女儿，生有两个女儿，长曰衮臧，次曰朗珠儿。衮臧嫁与柏林的舍沃次甲，即将生育而死。次甲续娶其妹，生有一女名次仁曲珠，嫁与嘎巴舍沃强巴，生有三子二女。朗珠儿死后，次甲续娶柏林人仓巴姆，生有二子三女。次甲父本是嘎域的顾秀。康松与前妻分开后，即娶艾瑟尔，即著名的顾秀扎迥的女儿。舍沃盎嘎的母亲即艾瑟尔。

康松有三个姐姐，名字依次叫亨绛、朗咋和色尔达（也叫宁达尔）。大姐和三妹都先后嫁与旺迪，即盎基。

他们这是等级内部通婚，交表婚则为这种等级内婚提供了方便。它完成了一个循环圈。

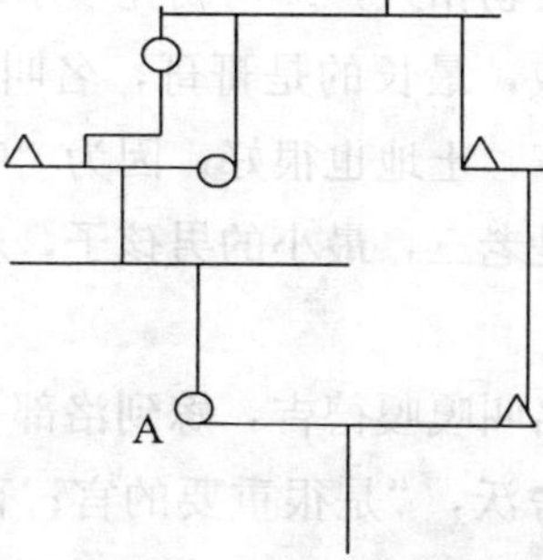

从这个图中我们看到女子在同一等级内的不同脉系中流动。和舒西妮的观察略微不同的是，我们看到财富随着女子流动。就本研究所考察到的个案，A（曲珠）与 B（盎嘎）结婚，A 带着财富来到 B 家，但是 B 家没有给 A 家任何财物。

盎基娶两个妻子的原因，是第一个妻子亨绛生下的都是女孩子。亨绛的前两个孩子都是女子，其中穆迪比盎嘎大 5 岁，如果活着，就是 74 岁，比第二个妻子的长子多尔吉大一岁。估计是看到她生下这个孩子后，盎基便纳其妹为二房。

朗咋嫁与达嘎宗的康松。

康松去世时，盎嘎正在康仁布切经商，没能见到父亲最后一面。

康松有一个幼弟，也叫盎嘎，和家中一个女仆私奔，逃到沛域，大约一年的样子。女仆名叫次仁梅朵，是帕拉等级。他的父母想毕竟是嘎人，还是派人去叫他们回来为好。于是两人从沛域经马朗回嘎，行到马朗的时候，女子的丈夫先死去，女仆心中悲哀，不久也去世，没有生育孩子。

盎嘎的爷爷，名叫衮嘉（盎嘎称 me-me Kun-rgya），去世的时候是 87 岁，他记得很清楚，那是一天早上，爷爷没有吃东西就去世了，那个时候他还很小。爷爷身材很高大、威武，鼻子也高高的。爷爷的妻子名叫舍嫫江普赤，是勒相人，即马朗扎嘎尔地方。

衮嘉一辈共三个亲戚，最长的是哥哥，名叫“嘎斯陵”，住在曲米地方，那里地方很宽广，土地也很好；因为“嘎斯陵”是长子，就住在那里，而衮嘉因为是老三，最小的男孩子，就被分到嘎这个地方来了。

另外有一个女孩，名叫嘎嘎德吉，嫁到洛部一舍沃家。盎嘎说这家人在洛部不是一般的舍沃，“是很重要的官；否则他不能从嘎把女子带走，因为能从嘎带走女子的都是很高很重要的人物，普通人是带不走的。”嘎嘎德吉的儿女中有一人名叫孜巴乌金，很聪明，很会算。他的妻子生有两个儿子，长子叫绛央曲桑，次子叫白玛仁增，两人共娶洛部国王的女儿嘎嘎格桑[①]。现在绛央曲桑已经去世。孜巴的妻子死后，他和家中的女仆（gyog-mo）晶宗同居，生下三子，长曰白玛旺堆，次曰珠杰，幼曰打都，是不是生有女儿，盎嘎说不上来。他说这家人是他的“涅怎”（亲戚），所以曾经去过洛部他家。

盎嘎的曾祖父，名叫顾秀多杰，有姐姐名嘎恰匝卓玛。此女是沛域国王的妻子，沛域国王把她带到沛域结婚，大约六七年后，让她回来。因为她很有钱，于是就在曲米地方建了饶尼帕乌。

顾秀多杰时候，这个脉系拥有很多的土地，可是顾秀多杰借钱，押（拉萨话颇伦，嘎语比邻）的是土地，债主是绒巴人，名叫塔瓦桑嘎尔玛（Tha-ba-sangarma）的，到期限时，顾秀多杰拿不出钱来还，塔瓦桑嘎尔玛就把他押的土地拿走了。就这样，他们的土地越来越少。

顾秀多杰的父亲估计是顾秀绰甲比斯塔（Bista），这一辈的情况，盎嘎就说不上来了。

---

① 当他谈到兄弟共妻时，说：“两个男孩的媳妇”（bu-gnyis-gi-gnav-ma）。

六 舍沃盎嘎的人生

在他十三岁上（1953 年），他的父亲用 100 卢比把他送到坡克拉的学校里，他在那里学习了不到一年的时间。学校在市场附近。他在那里有一位“涅怎”，随着她吃。夏天坡克拉人很多，不用担心什么；但那个时候是冬天。他到田里去割草，满小腿都爬满了一种虫，流了很多血。他无法忍受这活，便跑回家。他手里有 6 卢比，在路上用了 4 卢比，到家的时候口袋里还剩下 2 卢比。

回到家，他的父亲狠狠地训斥了他一顿，说：“我放了一百块钱在那里，让你好好学习的。你怎么跑回来！”

既然他不好好学习，他父亲就为他张罗，准备结婚。那时他 14 岁。一切准备都做好了，青稞酒，白酒，吃的，就等举行结婚仪式。但是他不肯结婚，就在举行仪式之前，跑了。他先是跑到曲米，父亲的姐姐家，在那里干活一个月，说好干活，在地里劳动，给工钱，有了钱他好逃到别的地方去。但是在曲米地方没有得到钱；后来他又跑到达嘎宗他父亲的另一个亲戚那里，干了一个月，人家还是不给钱。“本来想有钱就跑远的，现在钱没拿到，我有什么办法？”

“嘎域有一个舍沃名叫其加的，拿了绳子，把我双手捆着带回来。这就准备结婚。衣服穿好，出发前去柏林，一行大约有一二十人。在路上的时候，山上滚下来一块石头，正正地朝我滚来，我一闪，石头从我的左臂划过去。我生气，把衣服脱下来，扔掉，不结婚了：那时仅仅是一个十四岁的孩子。其加又来教训我，说：‘结婚是好事，怎么不结?!’这样就把媳妇接回来。不久把媳妇放在家里，到印度经商去了，三四个月，然后回来”。

第一次去康仁布切是22岁（1961年）的时候，那时候有同行的，其加，以及勒相的一位“涅怎”，先是到印度，然后从印度的当噶尔迪（Dangardi）到尼泊尔的多提，再到普兰和康仁布切；这需要一个月两天。然后从康仁布切向东，走20天到尼泊尔的磨古，从这里走6天到多波的协（Shel），再走5天，就到嘎域。这一行总共要五个月时间。那正是年轻时该做的事，两腿一拔，挺着胸膛就出发。现在老了，走不动了。

后来又去了三次，其中一次是马年。这一年来转康仁布切的人很多，其中以康巴人最多，其次是博巴，这里分康巴和博巴的哈，第三是卓巴（牧民），北方的人，第四才是我们尼泊尔的人。转康仁布切，如果早上四点出发，到下午七点钟就能转一圈。转湖的话，需要七天时间。那湖很大，不是一般的湖。转康仁布切需要转三天。有一个地方，是人们树塔觉的地方，康巴人力气大，树的塔觉用的树可以合围，很大，人们把塔觉竖起来，有的在一边结风马旗（龙达）。在康仁布切有一个地方，很大的平原（塘千），这个地方名叫萨让萨给如卓（Sa-rang- sa-gyi-rus-vgro，音）。朝圣的人们把衣服扔在这里，据说对死后灵魂转世有益处。那里的衣服非常多。

那个时候有很多康巴人前来转康仁布切，他们的很多亲戚在印度，要求我们带他们走。我们没有带。

去过措白玛（莲花湖）四次，两次是我和别人去的，两次是和格妹一起去的。她去过三次，另外一次是和别人一起去的。我去的时候，嘎玛巴还小，甲瓦仁布切也去了。那个时候甲瓦仁布切给他教诲，教诲（嘎细）比如让好好做人，不要偷盗，不杀人，不害人，还有给他旺古尔（灌顶）。现在听说他（嘎玛巴）

能教诲和旺古尔了。那次教诲好几天，有的时候甚至有一个月。

我曾经做过嘎域的老师三年，然后在柏林的学校做老师两年。后来在本地六域（他总是说五域，后来改口说六域，下同）做官，有五年的时间，这个时候已经生了小儿子巴布（现38岁）。这个官名巴尔当邦扎，那个时候的工作有修桥，修水渠等事；嘎域的医院就是我建的。我手下有九名萨达西：嘎域两人，达嘎宗两人，帕拉两人，柏林1人，梯日1人，桑达1人。萨达西，西藏叫更巴（当为 rgan-po，差头）。到尼泊尔就叫萨达西。

此后我又做了三年的崇译（藏语，秘书），也是六域的。大约是30多年前的样子。那时迥松的上司名叫巴金德拉·巴哈杜尔·堪·安匝尔·迪斯。巴金德拉·巴哈杜尔是他的名字，堪是他的居巴（rgyud-pa，脉系），安匝尔·迪斯是单位（las-khung）的名字。那时尼泊尔有14个安匝尔，95个吉拉。嘎域不过是一个岗（gaon），这就多得很了。

做秘书需要写文件，向上面汇报。如果政府的文件我写不来，我害羞。做这个需要很多云登（知识），但是我没有这个云登。给上司说不做，但是上司让做。没有办法，我就做了三年。三年完了，再也不做了。

本域的班查亚，第一个是尼玛占堆，他不是舍沃。第二个就是我，我下面是普饶，他也不是舍沃。接着是舍沃多吉，最后是罗布，一共五人，每人五年，就是25年。后来开始的是另外一个（系统），名叫巴迪巴支，就是现在的（制度），现在又要变。今天不是选举了吗？选举以后，看谁上，大会党，西马列（联合马列），毛坝迪（毛共），他们的政策各不相同。

现在这里的路是尼泊尔政府修的。以前中国人说他们来帮助修，如果他们修的话，路修得宽，修得好。后来印度也说来帮助修，他们力量大。但是尼泊尔政府说自己修，就修成这样。中国人来援助，给很多钱，我们看不见，尼泊尔政府话说得好，可是钱全部揣到自己腰包里，我们还不是一样苦？谁见过钱了？

他做巴尔当邦扎的时候，修过水渠。以前的水渠是用木头来做的，不好。他们便把需要修水渠的情况写成报告（由秘书白玛啦负责写）给政府，然后政府给钱修，老百姓出工。打炮眼时，里面装上炸药，炸了很多石头（嘎语 bang）。桑达那个地方修水渠，修桥。第一次修桥，用木头，修了以后，政府的钱还没有到（钱到了以后分给务工的老百姓），桥被水冲走了。政府派人来勘察，从加德满都请来工程师（engineer），在工程师来之前，他又组织人第二次修。这次没有冲走。大约八九年前，桑达重新修了铁桥。

白玛啦是他当巴尔当邦扎时的秘书。“他有云登，曲[①]很好”(chos-yag-po-yod-red)。他用左手作比，说白玛啦的云登是大拇指，而他的云登则是小指。

七　王宫的女主人

王宫的女主人就是舍嫫曲珠。她的父亲是柏林的舍沃，名叫盎基（音）。盎基有两位夫人，是姐妹俩。姐姐名叫哈江（Lha-vjam，音），大约在四十多岁的时候去世。她就是曲珠的生母。妹妹名叫宁达尔（Nyin-dar，音）。

哈江生有三女，长女名舍姆桑登，今年 81 岁，仍住在柏林，其

① Chos，是域中用在佛法上的一个词，本义即法，佛法，引申后指懂藏文，后来人们将此进一步引申为懂尼泊尔文。

丈夫为柏林人穆迪，二人有两子一女，长子名群培，次子名空东，兄弟共妻柏林人嘎尔登，生有长子、中女和幼子三人。果尔琼（女）是桑登夫妇的第三个孩子，在五十多岁时去世，丈夫有两兄弟，是厄克罗巴提人。果尔琼生有三个女孩。

哈江的次女名叫穆迪，丈夫是柏林人，她现住在珠儿（迥松下去）。夫妇二人生有长子旺堆，现在美国工作，其妻子名纳其米，普让人，现在住在柏林，有长女和幼子两个孩子。

宁达尔是三年前去世的。她的孩子有长子多尔吉，今年 73 岁，大曲珠 3 岁，他娶嘎巴女子次仁，生有四个孩子，长子名叫果尔穹，现在印度经商；第二个和第四个孩子也是儿子，第三个孩子名叫诺布央金，属蛇（sbrul），即曲珠的长子次仁多吉的夫人（注意这两个家系之间的婚姻关系）。宁达尔的另一个儿子在很小的时候就死了。此外有一个女儿，拉吉（Lha-gcig），今年 66 岁，丈夫嘎巴人，名叫诺尔桑布，已经去世。

曲珠的舅舅就是康松，她丈夫的父亲。

她结婚的时候，她的妈妈给了她一头牛，一小块土地，大约 600 卢比，还有衣服等。她说因为她是最小的女儿，所以得到的土地不多；那个时候钱不多，结婚的时候来的人给挂一条哈达，然后赠 3 至 5 卢比，就完了。

她的长子名叫次仁多吉，今年 40 岁。他是在二十多岁结婚的。婚后即分家，离开嘎域前往阳布（即加德满都）经商。曲珠夫妇给了他一大块土地，还有房屋等，他没有要土地，但是把房屋卖了。次仁多吉一家现住在阳布的斯旺布。舍姆曲珠说他不会回来的，他们房子很好。

曲珠的第二个孩子是个女儿，名叫纳其米，35 岁，丈夫嘎玛绕革，柏林人，有一长子一次女。曲珠的第三个孩子名叫巴布，娶厄克罗巴提女子，结婚一年后妻子即去世，如今已经七年，巴布38岁了，仍然未再娶，现居阳布，和哥哥住在一起。说到这里的时候，曲珠及时补充说："他们是住在一起，但不是一个妻子。巴布不想娶妻，说过这样的话：他心里爱的人，又要爱他，很难找"。

最小的孩子名叫次仁德吉，今年30岁，尚未结婚，现在印度南部一名叫直玛布朗嘎里的地方。舍嫫说："那个地方很远。"

舍姆曲珠说他们那个时候舍沃家（贵族家）只能和舍沃家通婚，他们不屑与帕拉家通婚。她的婚姻是她妈妈安排的，说这里有舍沃，与他结婚好，安排以后就嫁过来。在此之前并不认识舍沃盎嘎。他小她一岁。我在的时候，舍沃盎嘎恰好从地里回来，坐在羊皮上。她夫人从屋里出来，有几分撒娇地对他说她的藏装有点破了。舍沃盎嘎会意地微微一笑，拿起她的藏装的下面部分检查了一下，随即取出随身的钱包（不是真皮的那种），翻开其中一个袋，从中取出两根针，一根曲别针，一根缝衣针。她坐在他身边，舍沃盎嘎便开始缝补起来。二人边缝补边聊天，其情颇怡然。这样的情致不知伴随他们渡过了多少人生的风雨。

她喜欢梳理头发。我第一次去的时候，她正在梳头发。她将头发打开来，蓬松着，她用一把巨大的梳子轻轻地梳理蓬松起来的头发。然后掬上包在透明塑料口袋中的略带黄色的油，我怀疑是菜油。这时候她家的女佣，大约十多岁的样子，前来帮她梳理头发。不一会便理好扎起来，我乍一看颇有点不认识的样子。

舍姆曲珠的反应速度相当快，思维也快。一天傍晚我前去舍沃家约次日聊天的时候，他一直说明天要去曲米甲杂，当天回来。后来他不是到曲米本地，而是到最靠近嘎域的肯嘎，也不是到肯嘎本地，而是肯嘎靠近嘎域的一个地方。我便问他后天是否有空，舍姆曲珠非常快地说："后天有空"。舍沃的反应速度要比妻子慢得多。我还希望能和舍沃聊几句，舍姆很快和她丈夫一起用嘎语互相谈起来，让我一时不知何去何从，好不容易等到他们稍微停顿，起身告辞。

八 家中的故事

次仁多吉和妻子诺布央金平时没有生意，天天玩，冬天才前往印度经商，他的妹妹德吉、弟弟巴布都和他住在一起。经商主要是卖衣服。他若挣了钱，要给父母钱。

西历四月初，是这里更换塔觉、刷新赞康的日子，乍域的苯波喇嘛将前来举行仪式。盎嘎在仪式之后就将前往沛域（即加德满都），在那里住不到一个月的样子（因为天热不能多呆），然后和小女、小儿子一起回来。他妻子并不跟着去。

有一天我去他家的时候，有五名妇女正在和他们聊天。我在门口问了一句："今天有仪式吗?"他说没有。这时候他们便起身告辞。他们走后，舍嫫找了一个杯子出来，洗了一下，然后用毛巾擦一下，准备给我倒甜茶。我推辞说喝过很多，不能再喝，她便作罢，走进内屋，这是一间用来临时存放东西的地方，有床，但基本不住人。她从内屋拿出一个没有打开的高压锅，我就知道他们准备吃饭了。她说不喝茶，那就吃饭吧。我说："我不吃，你们吃吧"。她也不坚持，舍沃也不说什么。

舍沃拿出一个没有洗过或者没有洗干净的铜盘，递给她，舍嫫随后给他盛饭，倒入下饭汤，递还给他，要他给她一个饭盘。舍沃从身后找出一个似乎也是没有洗过的不锈钢盘，递给她后，便开始用手抓饭吃。前一小半没有吃肉，到后面时，有几块肉。怎么办?

他的牙齿只剩下面门牙两边的两颗，上面的因为牙虫病，痛，就拔掉了。他花了很多钱拔牙。"没有牙齿，咬又咬不动。还能怎么办呢？那就用手撕咯。”他自言自语，似乎是说给他的妻子听的，或者是说给我听的。他停止吃饭，开始用手将肉块撕成细细的，将饭和在一起。这个过程持续了好长时间，然后抓来吃，慢慢地“敏”（咀嚼）。这期间，舍嫫盛好饭，倒入一点甜茶，就用手抓吃。

女佣似乎是洗衣服去了，这时从外面回来，舀了水到外面去，办完最后一点杂事，坐下来开始盛饭吃。

吃完饭，舍沃前去洗手和抹嘴。舍嫫坐到他坐过的地方，他也跟着坐过来，间于她和我之间。我便趁机问他是什么时候对她有感觉的（sems-pa-them，音），他笑着说：“我对她没有感觉，她对我也没有感觉。”他夫人不理他。我又追问：“你们在结婚的时候没有感觉吧？”

他说：“我们结婚是父母安排的，那时候还很小，没有想法。如果年纪大一点，可能就会想，就会有感觉。她生了一个小孩以后，我对她就有感觉；生第二个小孩，又有感觉。”

我问：“舍沃你在外面见到过别的女人吧？”

舍嫫插嘴说：“他在外面有很多女人。我是没有父亲的人，能怎么办？”

舍沃伸出左手，调戏地抚摸她的头，舍嫫头稍微转动一下。他说：“如果她没有生下男孩子，那我就娶另外的女人。她男孩子也生了，我有什么办法？我去过印度，怎么能看得上那里的女人？!”

舍嫫还是对我说他在外面有女人，逼得他坦承没有。

不一会，舍嫫起身，开始从一个塑料口袋中取出鸡蛋，一个一个地放入一个篮子里。她说是柏林那位涅怎，他弟弟的夫人带来的，因为是亲戚，所以不给钱。后来保姆从内屋取出一个放鸡蛋的凸凹的那种盛器，她又一个一个地放上去，一共 30 个。过了一会，舍嫫从外面端了一个盘子，里面是两个鸡蛋的蛋清和蛋黄杂在一起，还有两个好的鸡蛋。她要把好鸡蛋放在灶前的地上，舍沃不同意，两人争了一会，还是舍嫫“力”大一些，坚持放到了地上。不久她就离开了。

女佣吃完饭，开始扫地，从里屋扫到厨房。洒水，然后扫。到她和他面前时，女佣让他们提起脚来，然后扫。一时间尘土飞起，杂着辣椒的味道。我很快呛了几下。

我们聊天的时候，他妻子用右手使劲打了他的左腿一下，让他坐到对面去，舍沃很快起身，坐到对面，我们便隔空聊天。这期间他夫人不时插话，不时拐到别的话题上，有时和女佣说话，但是舍沃谈话并不顾这些。虽然我略感骚扰，还是能坚持。

他家的女仆从阳布来，今年 16 岁，来了 4 年。绒巴人。他说现在供她上学（域中小学），从早上十点到下午四点，之前和之后就在家中扫地，打水，洗衣服，做饭等。我来的时候问他们夫妇这女孩是谁，他妻子说是涅怎，他笑着反问她：“是涅怎?”他妻子嘀他：“你别插嘴”，然后坚持说她是阳布的比较远的涅怎。

他父亲、爷爷那个时候仆人并不多。他去柏林娶妻，前去的都是帮忙的涅怎，而不是仆人。但是顾秀多吉那个时候则有很多仆人，土地也很多，现在域中下游的河床，以前全部是土地，后来被水冲走了，那都是他家的土地。

我每隔半小时给他敬一支香烟，每次点烟以后，他的谈兴便大增。到第三支烟时，他显然不支，把烟拿在手上把玩，不抽。不过这支烟同样使他谈兴愈发浓厚，不知不觉间我们谈了一个半小时，而他的夫人或者女佣并没有像以往那样出现。

九　王宫却康与嘎寺辊康

喇嘛绕迥说嘎寺的护法神殿里是本寺最重要的供奉，就是辊布益西诺布，用梵语说就是马哈嘎啦，脸黑色的；这尊佛像是最稀有的，全世界只有四个。这尊佛像原本是在加德满都，后来一位喇嘛带到这里来。本来是要带到梯日寺的，在带去的路上，大概是过了河以后，喇嘛的僧衣被挂住了，听得一个声音说："我不愿意去梯日寺"。喇嘛想，看来他是不应去梯日寺的，就把佛像带回来，放到嘎寺，结果佛像有开口吃饭的样子。从此以后人们就在这里供奉他。这大约是两三百年前的事。

王宫却康主供古如仁布切。嘎寺辊康主供马哈嘎啦。藏历每月二十八九两天在这里先后举行岗索仪式。却康一柱面积，辊康无柱。两者都有供奉朵玛的柜子，平时关闭。朵玛柜都是上下两层，每层供奉的朵玛类似，唯辊康更为精致，形式略有不同。朵玛后面的柜壁都衬以铁皮。王宫的朵玛柜上下层都供奉蕴曲，总共为七个，碗大。辊康的仅仅上层供奉蕴曲，碗小。王宫的朵玛柜上下层都有装有小麦粒的碗，碗大小几乎一致，其中插香。辊康的上层碗小，下层碗大，装、插类似王宫。

在岗索仪式上所供奉的是白色食子和红色食子，寺院的更为精致，王宫的略微粗疏。一个明显的区别是王宫的食子上的酥油花是全白色的，寺院的则是白色的莲花形酥油花底座，上面是彩色的酥油花点。

举行仪式的时候，翁则在王宫着黑帽，僧衣；在辊康不戴帽，额前端的头发扎成一撮。他对此的解释是，马哈嘎啦的头发就是这样的，他这么做，表示其脉系（rgyud）和马哈嘎啦的脉系是一致的。

我们可以猜测，最初对朵玛柜的设计，王宫和寺院是如出一辙。当时两者供奉的型制如何，我们已经不得而知，但是从现在的情况看来，寺院有着绵延不断的脉系、对脉系的继承和强有力的经济支持，使其供奉远好于王宫。王宫主人的后代，因为家境衰落，脉系外流，虽然到目前仍然在继续，但是处境维艰。更加上王系权势旁落，每月的岗索仪式主要因为传统的要求与习惯而已。

藏历三月岗索仪式那天，我来到王宫家，爬上两层楼梯以后，嘎寺的翁则次仁顿珠便在眼前。他正在做“措”。我随即洗手后帮忙，先在手上掬以酥油。按翁则啦的说法，这样做手不会沾糌粑。然后和糌粑。他随即开始做“措”。有的“措”需要涂抹烧烫的酥油。这个工作由我操持。涂抹上去以后，不久即在冷风中凝固成白色的酥油。有一些还需要涂抹红色，称为“玛索”，由翁则啦进行。最后需要将固体酥油在水中捏成莲花样，沾在“措”上。他小心地操持，以免积“第巴”（恶）。

在这个过程中，他吩咐王宫的女主人不要做饭。做好“措”以后，他便回家吃饭去。

仪式从大约十一点半开始到下午两点半结束。

十　王宫与嘎寺关系的转变

嘎寺是嘎域和附近诸域的主要的信仰中心，属于萨迦派，最初是西藏的大学者丹北坚赞（Tenpai Gyaltsen）于 1429 年所建，但现在能见到的建筑则是 1860 年建成的[①]。如今寺里还保存着大量稀有的塑像和其他仪式用具，包括最早建寺者的佛像、米拉日巴塑像、古如仁布且塑像、护法神贡布益西诺布像和跳羌姆的面具等。据说 18 世纪中叶，寺中有来自附近十二个域的数百名僧侣，后来由于地方供奉差，僧侣数减少，目前在额有 35 名，除十一二人外，其他大都不住寺，许多人到加德满都的或印度德哈顿的萨迦俄尔派寺院中去学经。但是他们一旦离开，绝大多数人就再不回来。寺里采取措施以图复

① Gutschow，1998：p. 61. 与此同时期建筑的还有舍嫫白玛卓嘎所住的房屋。

兴，一是收取门票，每位游客100卢比，25%用来维修河堤，25%用于僧侣的消费（饭食），25%用于僧侣学校，25%用于寺院维修[①]。二是严格寺院规矩，对在入寺为僧过程中本应入寺但不入者或入后又离开者加以罚款[②]。三是准备建立适当规模的僧校和旅店，据说已经觅得一块上好的地作为新僧校的地址。现任勘布为丹增桑布。

寺院设香灯师，由其家负责每日的佛灯供奉。担任这一职务者按寺中陈例，每年中要往曲米六域化缘一次，届时该域寺僧会写信给他，告知何时前往。去的时候，嘎域会派一名“若录”做他的助手，去每家化缘。域人名之“梅朵”（发音近藏语“花朵”，但我怀疑是“名册”，ming-tho的地方音）。到乍域以后，当地又会派一人为助手。到每家时，他会念一段经文，不到五分钟的样子就结束，然后该家布施，几乎每家都会给小麦（甲热，rgyab-ras，音），或钱（a-le，音）。六域化缘完毕，需要两天时间。此外，去达嘎宗、帕拉、柏林、厄克罗巴提、玉丽、梯日和嘎等域化缘，则是在夏收之后。至于鲁绕则是可去可不去。化缘所得，全部存在自己家中，但是嘎寺每日五处（拉康、衮康、甘珠尔拉康、丹珠尔拉康和玛尼拉康）的佛灯供奉则由他家负责。

去印度德哈顿学习都是家里出钱，到寺里以后，由寺院给饭食。大约18年前，嘎寺僧人很多，人们要想入寺很困难。后来，人们见到很多外国人，英国人，美国人，中国人，想的便不同了，可以到外面找到赞助人，不需要入寺和住寺，僧侣数就逐渐少了。现在入寺很容易。寺院35名僧人中，大多是小孩，在印度学习。一旦某日有僧

---

① 门票的收入情况抽样统计如下：2008年3月底，一周收入17000卢比；4月初三天收入11000卢比左右；20－24日，五天，收入14100卢比；5月2－6日，五天，收入11000卢比。

② 罚款并非新创。1881年，鲁饶贡巴就有规定，如果尼姑破戒，喇嘛等将罚款40卢比。See Ramble，1984：317.

人没有任务，按他们的话说，那就是“自由（freedom）”。有一天我去的时候，已是早上八点半左右，领经人才懒散地起来。他们全部是寺里给饭食，自己不用考虑。有的僧人在额定服务时间结束后，仍然选择留在寺中。

王宫并不给寺院粮食或钱财。举行岗索仪式的时候，在达嘎宗，喇嘛在举行仪式之家不吃不喝，而在自己家吃，所以主人给得多，一年12个月（12次仪式）总共1200卢比；在嘎域，王宫主人每次给50卢比，一年一次给清，总共600卢比。据说，很久以前举行岗索仪式，只需要一个章嘎（小于卢比）。

此外，每年还有洛朵仪式，将旧年的朵玛换掉，来的扎巴（普通僧人），有四五个，如果举行仪式两天，每人每天僧缘（pu-la，音）200卢比，那就需要2000卢比，此外还需要奉上哈达。

以前寺僧前来王宫举行岗索仪式，非常恭敬，进门的时候，弯着腰，右手挠着头，对王宫的主人，口中说：“顾秀啦……”盎嘎活灵活现地模仿：“现在！现在举行仪式，扎巴来，你还要给他礼敬。”他弯着腰，右掌心向上，半弯着向僧人的方向伸出手臂。他对这种转变的模仿，生动地刻画出转变前后行为细节的倒置。

王宫的脉系确实衰落了。

他说：“现在毛派主张人人平等，没有舍沃，没有婆罗门，没有刹帝利，没有色尔扎，所有人都是平等的。尼泊尔的王子娶的是美国老婆，人们便说平等了（后来在王宫中都被杀死）。比如说，以前坐位置，我前面是顾秀啦，我下面是其他舍沃，按年龄来坐。如果按毛派说的，色尔扎直接就坐到我前面去。”

最近域中死了人，我们自然也谈到这个。以前的规矩，是域中死了人，其他老百姓都去死者家里送东西，白酒，青稞酒，粮食，酥油等等，但是王宫的主人不用去，也不去。反倒是老百姓要送一些东西来，喝的和吃的都送。这个规矩，附近的三个域都遵从，一是鲁饶，一是本域，另外一个就是梯日。丧仪在四十九天之内，每逢七日都要举行仪式，一直到第四十九日，那个时候人们喝青稞酒。所有这些仪式他们都不用去，如果人家来叫，他们也去；但是一般来说他们只需要在死者家里做“玛尼”的时候才去死者家里。

舍沃盎嘎喜欢打巴拉雪游戏。有一次我在一边忠实地观看他打巴拉雪。在打出点数以后，他有两个选择，要么将一处钱币移动，与前方的一处钱币会合成一叠；要么向前移动一叠钱币，刚好可以杀掉上家的一叠钱币。他可能没有意识到自己还有后一种选择，走了前一种以后，下家提示他可以杀掉上家的两个钱币，但是他没有采纳，坚持自己的走法。结果上家很快走完了全部的钱币，获得胜利。

另外一次是他将自己的钱币尽量地会合成一叠向前走，而另外两家，一家的钱币过于分散，一家的一个钱币前进到一半，被人杀掉，不得不从头开始，蹒跚而前，结果他先于紧追其后的一家大约两轮圈走完而获得胜利。

有一天我见到在场的居然有23人，但是只有四局，每局三人一共十二人在打，其余的都是等待打的人，或者完全是旁观的闲人。实际上有的并不闲，而是在一边监督，或者帮忙移动钱币等。舍沃就在最边上的一局于一大堆人当中和另外两人正热火朝天地打。在走之前我看过记录，他们已经打了14局，其中前9局是他和另外两人打的。晚上我在他家问他输赢的时候，他说今天输了300卢比。他夫人颇有怪他的意思。他说：这下子要过几天才打。

这有什么启示呢？让我们想想两百年前的王系吧。现在，舍沃的对手都是域中的青年，可能什么人都有，当然也会有其他舍沃。可是这个游戏不分社会等级，全凭自己的运气与功夫。舍沃输掉300卢比，肯定有智识上的因素。他之所以与村中少年游戏，和他的喜好有关，但左右他喜好的绝不仅是他个人的性格或智识，而是洛域（包括嘎域）被纳入廓尔喀王朝、失去独立地位以后的域中圜局。

他说只要他在这里，就继续做这房屋的主人。“我死了以后就不知道了”。他仍然是王宫的主人。他前些年还住在五楼上，后来房屋垮塌，不得不搬下来，住在二楼上。

我问他有多少土地，他说地很少：“以前是王系，有很多地，后来一一当掉了，土地少了，房子也烂了，没有钱维修。”我说：“让你的儿子来维修吧。”曲珠说：“他不会来的。他在阳布的房子很好。”我进一步刺激他：“把城堡维修好，建成旅馆，让游客来参观。”他说：“现在游客来看，一分钱也不给。”我说：“修好以后，向游客卖门票。”曲珠说：“没钱维修。”

我第二次去他家的时候，舍沃盎嘎正和衣躺在床上睡觉，我便上三楼，见到他夫人还是像以往那样正在梳头。不知道她这一生有多少次这样梳头。她下楼去叫醒舍沃盎嘎，他似乎不想起床，但是她要求他起来，我趁机递上香烟。他坐起来，点燃烟，夫人坐到他身旁，两人说一会话，舍嫫曲珠起身走到柱子边将头发扎好。我提到前天大会党到柏林宣传一事，他说和他没有关系，但是又说：“毛派不好，说所有人都一律平等。”我便问他嘎域的毛派，他说可能只有一两户，很少。他夫人说柏林是毛派。正说着，我坐到床边，我们的正式谈话就开始了。起初他夫人还在一边插话，后来走了。不久，来了一位中年男子，让他了解什么，给他看了一些纸上印着的各党派标志的图案，似乎是说明日的选举要选哪个图案，他点头说：“好，我知道了。”不久我又给他点上一支烟，他的谈兴便大发。我们聊天不到一个小时的样子，他的女佣来叫他，说牛回来了，他急忙起身，着急的样子，说：“我的牛回来了，我们明天聊怎么样?”那当然好。我连忙奉上份缘，离开。

有一次当他说到“比邻”的时候，我想了一下，说：“原来是颇伦。”隔了大约十秒，他说：“我说是颇伦，对吧?”我觉得他有这个习惯。一次举行岗索仪式的时候，我经他同意，开始拍照和录像。不一会，他进屋来，当着翁则的面说：“说了不要拍的，哒，现在拍了。”那意思是要我看怎么办。他转头问：都拍了什么？我将录像回放一部分，他看后，没有说什么，默许我继续录像。

第四章　脉系

白玛谈到脉系，能回忆父亲以上四代人的情况。我说中国内地的汉族人把先祖写在纸上，可以上溯很多代。孔子世家远溯到 76 代。他惊讶，问："他是喇嘛吗?"我答："他算喇嘛。"他又问："内地主要都是他的曲（chos，法）吗?"我说："大部分是。这以下就是内教。"

一　域人

域人是分层的。第一层是贵族，譬如嘎域，有多家。第二层是帕尔瓦（phalwa，或即藏文 phal-ba），嘎域绝大多数人都属于这个层次。按查尔斯 20 世纪 80 年代初的观察，帕尔瓦内部又分为最高地位的朗金（bla－mchod），包括两个域，即鲁饶和琼果尔，乍域的两家苯波，措囊（Tshognam）的三家佛教家户。其次是古荣人，又分为四级：最高等级的格尔（ghale，估计是和国王有关），果坦尼（ghotane，估计是国王的相等级），喇嘛，拉么坚尼（lamechane）。在讲塞语的域，又有乌拉（'u-lag）。第三层是嘎饶（ga-ra）、蒙迪（mentik，即藏文 smad－rigs，低等级者）、色扎（铁匠）、么差（mekhral，灶差），这是"贱民"层。嘎饶本来是铁匠，后来被"格米"

取代，并且在20世纪80年代初起，多数人都开始拥有土地（Ramble，1984：121—129）。

嘎域现在的“贱民”阶层，一共有五家人。其他域的“贱民”阶层情况可作参考。肯嘎：色尔杂1户，无嘎绕；普让：色尔杂1户，嘎绕4户；乍域：色尔杂2户，嘎绕2户。乍域一域人给我讲这些的时候，很谨慎地问我是不是要报告给办公室（office），在我立即否认后，她才接着说：“乍域是大域，需要铁匠（色尔杂）修理农具等。”此外各域都有不少外来的尼人做工，他们称为绒巴的。

二 洛域的宾家理论

先看看域人一般的亲属称谓：

奶奶称“伊妣”，奶奶的姐妹也如是称呼；爷爷称“么么”（me-me），其弟兄也如是称呼；爸爸阿乌（a-u，有的地方称阿给），其弟兄也如是称呼，也有称“阿库”的；妈妈称“阿妈”（a-ma）；父亲的姐妹（姑姑）称“阿尼”（a-ne）；母亲的弟兄称“阿相”（a-zhang）；母亲的姐妹称“索嫫”（sru-mo）；儿子称“皮察”（bu-tsa）；女儿称“普嫫”（bu-mo）；孙子称“措”（tsa）；孙女称“措嫫”（tsa-mo）；曾孙称“扬察”（yang-tsa），曾孙女称“察嫫”（tsa-mo）；增重孙称“果察”（go-tsa），增重孙女称“察嫫”（tsa-mo）。姐姐称“伊姬”（I-lce），妹妹称“农嫫”（nu-mo）；哥哥称“阿觉”（a-jo）；弟弟称“诺”（nu）。

三个女儿，长曰“切”（che），次曰“帕玛”（bar-ma），幼曰“琼”（chung）；三个儿子也如是。

妻子，嘎话说“囊嫫”（当为nang-ma），字面的意思就是内部的女人；但人们更经常用“格妹”（据此发音，我怀疑藏文应该是

skyed-smad)。丈夫则用“却嘎”，和拉萨话接近。

域人有一个习惯，把父辈的弟兄都称为“爸爸”，比如大爸爸（“巴切”，即 pav-che），中爸爸（“巴帕玛”，pav-bar-ma），小爸爸（“巴琼”，pav-chung），共妻的父辈如此，其他的也如此。但也有称生父以外的为“阿库”（a-khu，即叔叔/伯伯）的。也有将共妻父辈的长者称为“爸爸”，其他则称为“阿库”的。类似的情况及于爷爷辈。在嘎域，孩子们也把共妻的父辈中的长者称为“阿格”，其他的称为“阿沃”，即叔叔。

现居柏林、出自嘎域的舍嫫次几啦的父亲一共有四个男性亲戚（bu-spun），她都称为“爸爸”（“pa-pha”），比如“大爸爸”，“小爸爸”，“我一共有五个爸爸，死去了两个，现在还有三个爸爸”等；他们的妻子，她则称为“阿妈”，或者是“大阿妈”，“小阿妈”等。或者她说：“不是一个妈妈”，（A-ma-gcig- pa-ma-red）。在我们看来模糊的称呼，在他们这里却丝毫不模糊，其意指十分明确。在理解他们的亲属关系上，这些称呼为我们带来什么启示呢？我以为这些称呼已经包含一妻多夫和一夫多妻的可能性。如说“不是一个妈妈”，那就可能意味着父亲是一个；如果说“大爸爸”，“小爸爸”，那就包含了妈妈是一个的可能。

儿媳妇称“纳玛”（mnav-ma），女婿称“玛巴”（mag-pa）。嘎域有女婿上门的情况，这种情况下人们称丈夫者为“玛巴”，与拉萨话音近义同；但是一般都是女方到男方家里居住，这种情形，人们称妻子为“纳玛”，也与拉萨话音近义同。

嘎域没有一夫多妻的情况，但是整个洛域地区还有。

“宾家”指的是同辈的同父或同母或者同父母的亲戚。“涅怎”（nyen-tshan）指的是稍微远一点的亲戚，比如爷爷、奶奶、外公、外婆，又进一步区别为“玛怎”（ma-tshan）和“帕怎”（pha-tshan），即母方的涅怎和父方的涅怎。这对应于宾家的两分，即男宾（bu-spun）和女宾（mo-spun）。此外有“囊米”，指的是家户内的人，包括媳妇、女婿，他们的子女等。也有“宾涅”的概念。“宾家”和“宾涅”与“囊措”（nang-tshags）的概念是相通的。

朋友（卓波）指的是非常好的非亲戚男性间的关系。如果两个人是朋友，那么其中一人的子女得叫另外一人为爸爸。一个人一生中的朋友不要多，一两人就可以。朋友来家中的时候，要给戴哈达，类似于中心藏区的“卓波洛突”（知心朋友）。他们没有卫藏地区那种“嘎波涅波”（“嘎涅”）用法。

若巴，指一切认识的人，类同尼语的萨体（sathi）；可以包括亲戚，男性和女性都有；外出同行者也可以叫做若巴。嘎宁，指的是比若巴更远一点的关系。拉咋，指的是换工关系。此外又有“同乡”（“一个地方的人”，lung-pa-gcig-pa），凡不在亲戚和涅怎范围中的同一个地方的其他人，都称为“同乡”。

亲戚是指生而具有的，自己无法选择；朋友则是可以自己选择的，亲戚以外、与自己有库西（尼语，感情）关系的人。亲戚中即便关系很好可以算作朋友的，也只能算在亲戚的范围。

嘎域有“吉毒（skyid-sdug）”一语，指的不是中心藏区的互助体系，而是相当质朴的意义。比如说：这家人是“幸福（skyid-po）”，还是“苦（sdug-po）”？前者是指生活好，后者是指生活差。或者说：这家人的“吉毒”怎么样？“吉毒”好，就是生活得不错，家境富裕；“吉毒”不好，就是生活比较困难，家境不好，穷。另外，“吉毒”也指组织。

人们常用“居巴”（rgyud-pa），指的是脉系。也用“日居”（rigs-rgyud），意同居巴。或“如匝”（rus-tsho），即骨系，或“如居”（rus-rgyud），即骨脉。此外又有“格居”（rgyal-rgyud），即王系，比如嘎域的舍沃盎嘎就属于王系。

三 洛域的通婚理论

洛域是双系血缘（kindred）带父系偏见。父系中由骨（父）主导肉（母）。父系亲属包括平表（fbch）但非交表（fzch）；母系亲属（masen）则是交表（mbch）但非平表（mzch）。母亲的姐妹（mz）和父亲的姐妹（fz）属于其丈夫的骨系，这就有走向双系的可能，但许多情况下被当作母系与父系亲属（Schuler，1987：128－9）。在婚姻禁忌方面是四或五代以内的父系亲属（phasen）；母系平表。也就是说，洛域人允许交表婚，即兄妹的子女间，人们习惯称为阿尼和阿相的子女间，可以通婚。但是姐妹的子女间，兄弟的子女间则严格禁止通婚。如果是阿尼与阿相（即姑姑与舅舅）的子女通婚，嘎域算是卡及（同一口），就可以一起吃饭。如果子女与外人比如绒巴人或康巴人结婚，就不是卡及，不能一起吃饭（生活，或者同在一家）。

在洛域，交表和平表之间的称呼与兄弟姐妹间的称呼一致。（Schuler，1987：130）所以，与许多文化中的实践不同，从称呼上说，这里“兄弟姐妹”间可以通婚。

姐妹的孙子辈的情况是：如果是姐妹的女儿的子女之间，则不可通婚；如果是姐妹的（一方是）儿子与（另一方是）女儿的子女之间，则可以通婚。这种情况和楠茜研究的洪拉地区是相同的，特别是她提到的“圆圈式亲属制”。无论如何一定要不同的如匝（骨脉）才可以通婚。

姊妹的子女间禁止通婚，在一妻可多夫同时也是一夫亦可多妻的社会，唯一的解释是姊妹共夫时他们的子女间通婚就会犯禁忌。禁止弟兄间的子女通婚，亦有这层考虑：兄弟共妻。这样，交表婚，在洛域就是阿尼和阿相的子女相互通婚，便成为列维－斯特劳斯所说的人类社会得以成立的条件：人的交换，交换骨系。在洛域，人们实行的是父系长子/幼子继嗣，财产被主要地保持在父系（长子/幼子）内，对其他儿/女则采用各种方式使之离开或者远离父系和父系财富。在这种情况下，唯一的交换就是女人。他们成为沟通各父系的唯一通道：他们使洛域成为可能。

这种关系被纳入到一个更为复杂的观念体系中。同一辈人中男孩与女孩的关系，被对应到财产领域（男多于女，长子多于次子）、王宫与寺庙（先城后寺）、宗教领域（扎巴多于阿尼、男性活佛座下女尼）以及语言学领域（舍沃、舍莫）等。

在高原西部的斯匹提，人们实行部落（tribe）外婚。阶级（class）内婚对婚姻也有限制作用。交表婚与嘎域相似，也实行一妻多夫，尽管一妻一夫独盛。那里有关两性的道德要求极高（Verma，1997：111-113，105-106）。

在拉达克的东德，通婚可以在不同的骨系之间（这里，骨系和共同祭祀的神灵相联系），也可以在同一骨系之内：如果男子娶妻住在自己父亲家中，则妻子不能是同一骨系；如果女子纳夫（比如玛巴）住于自己父亲家，那么其夫必须是她父亲的骨系，属于“帕宾（pha-spun）”（Crook，1994：503）。这是更严格的父系，较西南藏区其他区域的模式更为封闭于父系之内，也使得玛巴的意义减色。

就亲属关系而言，更为彻底的，是中心藏区的双系婚姻禁忌和双系继嗣。通婚范围限制在父母双系的一切血缘亲属之外。这种通婚禁忌范围的设定，比藏文明的西南模式还要严格，亦更为开放：对血缘关系之外的一切人开放。西南模式还沾“亲”，中心模式则完全拒绝。就这一点来说，西南模式和汉文明的亲属关系相当一致：交表婚和父系继嗣。南亚的情况也雷同。根据列维－斯特劳斯的说法，男人和女人的交换与财产的交换是域得以成立的基本条件。对西南藏区来说，除主导的模式外，洛域人还有另一个隐藏的带着中心藏区色彩的模式。

20世纪60—70年代，康巴兵大量驻扎在洛域，不少与当地人婚姻，但双系禁忌的康巴人把洛域人的交表婚视为“乱伦风俗”（incestuous custom，Ramble，1984：138—139）。

在中心藏区，男人和女人的交换获得完整的表述和完全的可能性。我们看到父系和母系两种体系，因此便有男人与女人的交换。也正是在这里，财产领域具有完全的开放性，不再具有洛域那种封闭于父系的特征。我把男系活佛体系看成是一种交换男性的宗教实践，而女系活佛制则是一种交换女性的实践。男系活佛体系就是要在外面找一个具有神圣性的男性。这难道不是一种活生生的祖先起源神话么？讨论藏族起源神话的时候，我们应记住男性祖先的外部起源就是要寻找（交换）一个外来的男性，这是活生生的通婚现实。

同样，中心藏区的这种关系也被纳入到更为广阔的观念体系中。在那里，男女双系的亲属观念和佛理、父系王权传说和传承、灵魂不灭等观念结合，仍然离不开洛域的模式，及其所具有的张力（比如后文仓巴喇嘛和喇嘛保布关于转世的解说）。人们通过更多的渠道，实现男女平等的观念，比如招赘上门和媳妇的比例几乎相等。这种平等模式，被纳入到洛域模式中。反过来，洛域模式是中心藏区（比如巴村）模式的转换型，或者说，洛域模式是藏族平权理想模式的一种表现，是后者包容了它的存在。

我把西藏/藏族地区的历史，看做是父系长子/幼子继嗣的扩散和建构过程，比如洛域地区、多波地区、吐蕃王朝分裂以后的宗喀地区、阿里地区、山南和拉萨地区，以及它和各地原生继嗣的接触和互动过程。

四　继嗣

嘎巴白玛结婚后，就与家中分开来。作为长子，他继承许多财产，其中包括“翁”（即甭，百万佛经）。这经本来一共十七部，他希望父母全部给他，但他父母说不行，要给他弟弟一部，就是《朵芒》（mdo-mang），拉萨话称《诵堆》。其余十六部他全部继承下来。现在佛堂每天早上和晚上点佛灯各一盏。他另外置了一部《朵芒》，是小的，新版。他说以前的老版找不到。我问：“从你弟弟手里将那部经买回来行吗？”他说：“弟弟不给，说是父母给的，不能给人。”

分家后，他父母就和弟弟住在一起，直到去世。

在白玛长女桑娣眼中，父母的财产全部是儿子继承，也就是她的哥哥和弟弟，对她，父母“可能会给一点”。白玛说房子土地等都给儿子，女儿是给一点钱。为什么是这样，他也没有说出理由。他补充说：“按照现在尼泊尔的法律，要求男女平等继承。”我说：“但是在地方上还是以前的做法。”他对我的话并没有表示不同意。

按保布喇嘛的说法，女子出嫁，其嫁妆按家境的不同而不同，比如从五六千卢比到一二十万乃至上百万卢比。次基哈姆出嫁的时候，她的妈妈给了一万卢比。我说：“这是很大一笔钱哦。”保布喇嘛很快说按美元算没有多少。嫁妆除了钱，还有衣服和女孩子用的“基置”（rked-dkris；拉萨话即嘎登，围在腰上的），衣服给得多。如果是离开本域到绒巴地区，更是一分也没有，比如梅朵。

戈没色基今年 51 岁，现在美国，妻子普赤，45 岁，现居阳布。夫妇俩有三男两女。长女名拉巴，27 岁，现在美国；其下是长子盎嘎，26 岁；然后是次子拉嘎（Lha-gya），为扎巴，23 岁；然后是次女曲卓，20 岁；最后是达瓦，18 岁。除扎巴外，后三人都和母亲住在阳布，他们都想前去美国打工。

戈没色基作为家系的长子，很早就分家另住。其父母（分家时桑珠已逝，仓多吉尚在，母为继母色尔桑姆）与其他孩子住在一起。如今色尔桑姆与第三子，也是最小的儿子扎西次仁住在一起，后者去印度经商未归。家中仅她与保布喇嘛两人。

假如梅朵回来，住半年以上，她的母亲色尔桑母会给她地种和房屋住。保布喇嘛说，她不住在这里，给地也没用，无人照看。实际上村中有许多人离开以后，土地就租给别人种，按五五分成，有的没有分过，外出的主人不在乎这点收入，租种者又穷。

我问：如果给土地，要给多少呢？他一时语塞，尴尬了好一会，说给一半。我想，"平等"这个说法肯定是尼泊尔政府法律影响的结果，但不一定会变成他们的实践。

如果戈没色基绝嗣而死，只留下格妹（妻子），如果妻子不嫁，留在家中，那土地和房屋都是她的；如果她另嫁，则土地和房屋都归戈没色基的弟弟。对绝嗣的家，人们当然认为不好。

我们不知怎么便聊起米拉日巴和苯教师那若巴之间的四次比赛。第一次是湖水，米拉日巴走入湖中，湖水让路，而那若巴不能；第二次是移动转经路上的巨石，这是八个人都无法抬动的，那若巴不能，而米拉日巴一下子就将之打为齑粉，并在巨石的地方印上自己一双脚印；第三次是将只能容纳一人的修行洞扩展，米拉日巴一下子将修行洞上方的石头打下来，修行洞可以容纳两个人，也可以抬起头来，米拉日巴并将自己的一双脚印印上。这个时候我问保布喇嘛："那若巴不行吧？"他说："他行什么?!"言语间是不屑的神情。这三次比赛那若巴都输了。最后一次，那若巴说："我们比试谁先到康仁布切的峰顶，谁先到了，谁就做这里的主人。"那若巴骑上鼓，因为他是苯波，向峰顶飞去。眼看快到了，而米拉日巴还在地上。这时候一束阳光打破黎明，照到峰顶。米拉日巴乘着朝霞，一下子先到了峰顶。

我想这是在喜马拉雅山中、西段一带广为流传的故事。正因为它广为流传，所以更具有分析的价值和意义。我们关注的不是佛苯之间的争斗，而是这则故事中隐藏的二元关系：胜利者与失败者；更有威力者与较少威力者；最后决出一个胜利者，留作地方的主人，而失败者离开。我们从梯日寺近世喇嘛的转换（梯日寺的喇嘛原来住在梯日寺，后来被梯日村的老百姓换了，被迫离开）可以看出类似的故事。梯日寺是宁玛派，与噶举派和苯教之间的争斗毫无关系，但是两个故事后面潜藏的逻辑是一致的。

四月六日早上九点三刻左右，我到舍沃盎嘎家的时候，他、曲珠、一位老媪和他的一位亲戚的孩子，共四个人，他坐在床边，三个女人坐在地上，看一部影碟，是美国拳击游戏。大家看得津津有味，对那种“凶残的”拼打不断地发出“啊哟”等表示惊讶的声音。当看到其中一个拳击手有气无力地摔倒在台角，头靠在最下面的比较低矮的橡皮绳上，另一个没有继续打他，而是用屁股在摔倒者的脸上擦来擦去时，大家忍不住大笑起来。这种拳击游戏开始是两个人，然后逐渐增多，最多时竟达到十人在台上群殴，凡被打下台的，则不得再上台。群殴的局面持续一会，不断有人被打下去，人数渐渐减少，到后来一名骑摩托车的拳击手上台，将众人一一打下台去，台上剩下四人，呈两两捉对厮杀局面，其中一人不久即被打下台去，击打者也“伤重”倒在台上，摩托车手将尚在活跃的唯一一名拳击手从绳边打下台去，胜利简直唾手可及，哪料到躺在地上那人突然蹿起，将他几乎是推下台去，意想不到地成为胜利者。

这个过程大约半个小时。我准备提醒他们这不过是美国人的一种游戏而已，但我想他们都把它当作是真实的。

我曾和他们一起看一部印度片，讲述一个女子的丈夫死后，被一位当地权势人物所利用，自己忍辱抚养孩子，打工挣钱养家。后来抱着孩子前去权势人物家辩争后，被派人跟踪抢去孩子，恰好遇到一位打架“高手”（从中国武术的角度来看实在小儿科）从而得救。“高手”受伤，她悉心照料。后来得知杀夫者即权势人物后，愤而前往，大显神力，鞭击之。他的打手赶到，“高手”亦随之而到，双方一场打斗。这些场景让我马上想到美国拳击游戏。在洛域人眼中，难道它后面隐藏的不是一种正义观念？这种正义需要暴力的胜利作为支撑。这难道不是洛域文化逻辑的表现？

还有什么与此关联呢？那就是西南藏区家户中的平民父系长子和贵族的父系幼子继承制。平民的长子和贵族的幼子得以留下，而其他诸子或作僧侣，或分得财产（房屋和土地等）的一小半。说是关联，其实民间故事的逻辑倒应是从继嗣制度的安排中起源的。

五 经济伦理

达嘎宗白玛康卓 6 岁的时候，父亲另娶一女子，她妈妈不愿继续住下去，便与一乍域男子外出，白玛康卓便在舅舅家住了三年。他父亲另娶的原因，十有八九是因为婚后仅得一女，没有生下儿子。她 9 岁的时候，母亲与该男子回到乍域，她便前去和母亲住在一起。她妈妈在乍域生两子一女。她 21 岁时，嫁居美。她妈妈有五块地，与她父亲分开后，土地便放在她外婆的妹妹那里。白玛康卓结婚的时候，她妈妈将地和房给了她。

居美有 9 块地。他有长兄和一个姐姐。长兄婚后分家，赞康随长兄。长兄婚前其父去世，其母又另嫁。

居美与白玛康卓结婚后，便有 14 块地，住在她母亲给的房中。房为上下两层，下有牛屋（ba-khang）、草料屋（rtsav-khang），上有两果扎（间），为人居。两年后夫妇二人在现住地辟荒地建房。当时仅两间屋，以后逐渐新建，成现在的规模，7 间，上四间，一为夫妇居室，一为厨房，厨房西另有一小卧房，一为储藏室，另一间是却康，四年前建成。楼下是牛屋、草料屋等。她还记得为建房去背石头的艰苦情景。

十八年前，夫妇二人将旧房卖掉，价格是 12 千（当地表达法），随即买了现在的林地，价 1600 元。约六七年前，因夫妇二人先后得病，为医病欠下很多债，便卖掉三块好地还债，得钱 80 千元。去年其夫病逝。现家中有 11 块地，树林地 1 块，苹果林地 1 块。

建却康前，家中每月初十、十五、二十九（朗岗）三天敬蕴曲，现在则是每天敬。其夫去世后，经喇嘛卜算，法殿中增一护生神像，乃苯教之朗巴格瓦（rNam-par-rgyal-ba），与内教的桑杰并列。

她的长女去比利时做工已经两年，次女为梯日寺觉嫫，三女现在印度学习，十年级，四女现在家中。长子为苯波，次子为萨迦喇嘛，三子在印度朵兰吉苯波学校学习。因为是免费，朵兰吉吸引包括她家在内的许多藏语系族群前往，而她家本来就有苯波的影响，其夫信仰苯波。

乍域苯波喇嘛、医生世家宇妥已经记不清在乍域楚臣贡巴住过多少年，记不起住过多少代，但记得在楚臣贡巴之前，脉系住在鲁绕对面的半山上。（如今从乍域去鲁绕，翻山下去不久，就会见到水草林木，以石头围起来的一块地方，即是。）

他们的“藏曲”（藏文）都是脉系传承，宇妥所学皆其父在“一有空暇时便教一页（经文），一有空暇时便教一页”。他与弟弟朗卡都学过，后来弟弟把它扔下，经商去了，只有他沿袭，如今每有苯波仪式或域中念“雍”，他都会去。他不会经商，几乎全在域中种地、念经。“那个时候没有学校”。他们将生计的原因追溯到这里，因为没有学校，“曲”没有学好，只能在域中，而不能像他的儿子们，可以前往外地求学。

朗卡从16到25岁时，每年藏历九月都要到尼相那边涅怎家秋收一两个月，去来要翻托荣拉山口。曾遇上下雪，有三四个同伴便冻死在山上。他从25岁开始经商，每年藏历索朗新年过或不过，大概是十月份过后，就动身前往印度或阳布地区经商，过了次年一月，就回来。主要是在印度阿萨姆卖衣服，他在那里总共住了大约三年左右的样子。如今洛域人已经不去那里。现在人们多到外国如美国、日本、韩国去做工。朗卡放弃经商已经有三年左右的时间。

他去阳布各地，包括颇克拉、加德满都，多在加德满都住和买卖商品，有时带回域中销售。域人钱不多，所需也相对有限、固定。那时没有马，全靠两条腿走路，商品背起来，“先到肯嘎，住两三天，然后到普扎住一天，到宗住一两天，再到琼果尔住一两天，全都是转一个圈，最后回来。住到人家家里，求人家给住的、给吃的”。

他去过洛满堂三四次，但没有去过西藏、多波。

据尼玛医生说，家中45年前有十块地，当时爷爷在，一直住在楚臣贡巴。他家曾迁当果，在那里开荒植地，大约有七八块的样子。地在乍域和肯嘎的中间地带。迁乍域后，当果的地便被抛荒，后来成为鲁绕、乍域、肯嘎和普让四域之地，种苹果，一开始由四域轮流管理，后来雇人管理，其中宗巴群培管理五六年，现在是乍域人居美管理，已历两载。每年域人给管理者25千元，所产苹果四域大约150户人平分。他父亲曾要求域人将地还回，但没能实现。

18年前，宇妥一家决定买房，贷款11千，自己有1千，买现在的房，带地21小块。宇妥的父亲在他25岁的时候去世（享年73岁）。那时家中的地很少。宇妥说：“现在的地，都是我和他（指向其弟弟），还有她（面向梅朵）买的。以前的地少得可怜。”

他家在29年间购地，使总数增加到30多块，其中有的抛荒后变成林地，包括楚臣贡巴（现在只有康若，即废墟）。这些林地要十一二年后才能用材，现在已经过去八年。除了这些林地，家中年耕地25块。忙不过来，便雇佣绒巴人耕种。大约九年前，域中还没有多少绒巴人，现在已有9户，他们在域中借房住（无租金），替人耕地、牧羊、建房等。域中的一户嘎绕，有房无地，是域人给的地，嘎绕自己建的房。

他家现有牛四头，大小各二，能挤奶的有三头；大牛一头两三千元；小的九百；犏牛（Mdzod）三条，每条一万四千元左右。马四匹，大的三匹，小的一匹，他家的大马在三万元左右。

六　乡域法庭

法庭由域中更更（也称更布，即域的首脑或差头）组成。比如乍域，现在有更更两人，负责域的工作。在嘎域，现在更更是3人，以前就是1人。如果域中有纠纷（筑巴）无法解决，就到乡域法庭（yul-khrims）。更更们不知道事情的原委，听双方陈述以后，便找来证人（邦波），邦波如实地陈述事情的经过。更更裁定，先吵架的人和先动手打的人为“玛名”（无理由或者输的一方），重罚；“打巴”（有理由的一方）则不罚，还要给戴上哈达，将罚的钱给他。在乡域法庭，罚的钱数量少。

根据舍沃盎嘎的说法，在他担任地方长官巴尔当邦扎的时候，如果纠纷双方不服，不听乡域法庭裁决的，便到他这里来。这里要罚得厉害。纠纷双方先要交押金比如500卢比，或者1000卢比，然后巴尔当邦扎及手下9人齐集，听双方陈述，找证人来陈述。给裁决有理由的一方戴上哈达，其押金退给他，还给一部分收来的罚金，不多，他说多少依据“库西”（尼语，感情，关系）而定，比如三四十卢比的样子；对没有理由的一方没收其押金。如果仍然不听判决，就要到迥松的法庭。

对未婚生孩子的，不只是乡域法庭，而是所有的域人都要参加审问，地点在涅仓（嘎语坚阿），即域中的聚会厅。负责审问的人，包括更更、女孩子父母等。边问边用树枝打，喝问：“你孩子都生下来了，孩子的父亲是谁?”直到她说出一个人为止，便把那人找来，问是不是孩子的父亲，如果说是，那就行了。如果他说：“不是我的，她还和其他的人睡过。”那就要继续审问，把下一个人找来，直到找到孩子的父亲为止。

在乍域，以前是孩子出生后 15 天内，域中更更就前去问孩子的父亲是谁。然后与当事的男女相会，谈话，确认父亲。如果当事男的不承认，就要到寺院中，头顶“多吉觉巴”（有说是“朵芒”的）经书的目录布，问某某是不是其孩子。如仍然不承认，那就不是。如是，被审问者要在寺中点佛灯，盏数随个人，如不是则不点。有意思的是，确认是以后，并没有任何惩罚。

没有结婚而生的孩子，男的叫酿录（nyang lu 音），女的叫酿媄（nyang mo 音）；对结婚后生的孩子，男的叫措录（tshogs-lu 音），女的叫措媄（tshogs-mo）[①]。对两者的待遇是不一样的。比如一个父亲有两个男孩子，长子是酿录，次子是措录，则家中的土地房屋等都给次子，长子无份；除非结婚以后没有儿子或者没有结婚生的儿子，那就由酿录继承全部财产。对女子的待遇也一样。但是私下给非婚生的孩子钱财等，人们不知道的，那也是有的。

---

① 这两个词应该和尼语有密切的关系，尼语称儿子为“措日”，女儿为“措饶”。SWPT，1979：57. 亲属称谓表。

按舍沃强巴的说法，这个域俗，域中本来是没有的，这是绒巴人，尤其是康巴兵到来以后，域人为防止不知其父的情况而设的①。

关于康巴兵，在乍域往鲁绕方向地名达嘎多者，有一丹增甲学（百人队）；在宗后山“怎蒙当”地方，有三个甲学。强巴年轻时，康巴兵曾让他一同去玛朗，骑马去的，还给他发枪，小枪。他说：“有枪但不会打有什么用?”

康巴兵和汉人打仗，吃败仗退了下来。来的时候是一起的，但后来内讧，互相打起来，死了很多人。那是1962年左右。内讧的原因，是美国人给他们很多钱，其中有更巴登者，是喇嘛，驻扎在宗后面的热扎地方，曾来过强巴家，住在曲康里，为人很好，把从美国人那里得到的钱都分给手下士兵。有更益希者，则将钱全部揽在自己腰包中，二人因此打起来，更益希用匕首在更巴登的脸上、脖子上刺了很多刀，将其杀死。更益希后来也被杀了。据说他被绒巴士兵杀死，头被送到阳布。

康巴兵大部驻扎在宗松巴。康巴兵有巴里甲学，巴里本人是德格人，其妻子随他从德格来，另外有两个妹妹；其妻子住在乍域，强巴给她九块地耕种，对方未曾给分毫。现在她还在，住在阳布曲登。

嘎域的僧人降旺说：“康巴人来到这里，不会印度语，不会尼泊尔语，不会英语，只会他们的话。没吃的，就杀人；做生意，把东西拿到手，就把人家杀了。我们见过。他们给这地方（隆巴）带来很大的危害。我们这地方没有人偷，没有人抢，很好的。康巴人，尤其是德格来的，坏。还是扎巴好，在寺院里好好呆着，念经。”

1964年春，佩塞尔前往洛兑时，记录道：“再往下走一点我

① 对这一点，乍域八十岁的谢饶说，这个风俗是老早以前就有的。

们就见到路边有大堆柴火。为我赶牦牛的人告诉我说这是康巴人的储备，并愤怒地说这些都是属于域的，（康巴）兵营扎在域的牧地上。次仁放大了声音表达他的域民们对康巴人的怨恨。他说：'他们偷了我们的牛群，拿了我们的木头，不让我们到高山上放牧牦牛，只让他们自己的马和牦牛去。'他随后愤怒地抓了一把柴火放到他的牦牛身上。"（Peissel，1992：76）

乍域舍沃阿央说："以前山上住的是康巴兵，他们坏透了。我们的牛放到山上去，他们抓住杀了吃，我们上山去找，他们威胁要杀人。我们害怕，不敢上山去。那时康巴兵给域中女子钱，就把他们带走了。女孩子喜欢钱。"

不过也有人说康巴人好的，尤其是域中贵族和康巴兵的首脑有过较多交往，或者是和康巴兵结婚的①。

七　压加

男的一方如果看中一个女子，就拜请人前往女方家里，征得其父母的同意，举行压加仪式。大约二十多年前，舍沃盎嘎曾经替本域多吉（平民）的儿子衮臧前往梯日求贡觉的女儿。当时带了9卢比，哈达，青稞酒，在得到其父母同意后，举行压加。先请其父母坐在一

① 康巴士兵后来内部分裂，一部缴械归顺尼泊尔政府，被迁往宗松巴以下安置，后来形成各地的"西藏营"（Tibetan Camp）；另一部不服，与尼军作战，其首领更旺堆最终在汀克尔立普（Tinkerlipu）被歼灭，"当康巴首领更旺堆的死讯传来，人们的喜悦无边，不同的地方管理者，人们和村落的班查亚们把衷心的感谢传达给尼泊尔军官、地方首脑、警察和其他人员，并肯定他们在如此迅速解除康巴武装中的英勇"；据信这是尼泊尔国家和军队历史上光辉（prominent）的一页。此据 Basnyat，2007：1－17；有关康巴兵在洛域的更详细情况及更旺堆的结局，参见 Dunham，2004：352－4，376－84，386－94. 有关颇克拉藏人的安置与对尼文化的调适的人类学研究，见 Chhetri，1990：1－304.

边，为其戴上哈达，敬上青稞酒，奉上9卢比。然后用手指在女子的头顶上按上酥油，并说："入地无门，上天无路，今天神就（赐她作）你的媳妇。"（sa-la-vjug-sa-med，rnam-la-vphur-sa-med，ni-ma-tering-lha-la-khyod- kyi-mnav-ma-yin）他说，那个时候女孩子哭得很厉害。三个月后两人举行婚礼，生活两年，生了一个男孩和一个女孩后，两人离婚，并且是到迥松法庭去离的。男孩（如匝）跟父亲，女孩（霞匝）跟母亲。她没有另嫁，她的女儿现在在美国。衮臧那个时候是小学老师，现在已经不做了，在加德满都。衮臧后来另娶，生了两个男孩一个女孩。舍沃盎嘎曾经和他一起去韩国，工作了十三个月，后来得病便回来了。衮臧后来还去了日本，攒了很多钱，回来在加德满都买地盖房，两层楼，花了50万，听说现在还要在上面加层。

在举行压加仪式以后，一般三个月，或半年的样子，就举行婚礼。这个时候，女孩的父母要给女婿而不是女儿很多财产，包括土地、房屋和牲畜等，叫诺格（nor-gye 音），给女儿的则是钱、衣服、首饰等。给多少和冰玛（感情）有关。如果感情好（涅波），则给得多。安嘎说他结婚时，女孩子的母亲给她的包括300卢比。他揶揄地说很少。

八 离婚

嘎域一长者曾和我谈到，如果离婚，男方就要把女孩父母给的所有东西还回去，并且还要加上给女孩子的颇尔加（phor-ca，音。疑即 phogs-cha，工资），理由是这女子成了你的妻子，现在你不要了，还回去，其他人没有再要这女子的。我问为什么，他说："女孩子结过婚，跟你睡过了，那个进去了（他用左手拇指和食指圈成一个圈，用右手食指戳了两下，很认真地说），女孩子不干净，谁要？"

颇尔加的数量，以前很少，大约80卢比、100卢比、150卢比、或者200卢比的样子，现在则很多，有10万、100万的。

当他提到干净的问题时，我敏感地意识到另一个问题，那就是共妻。他说，达嘎宗以前有四兄弟共妻的，妻子叫舍嫫噶尔玛嫫，是洛满堂孜巴乌坚的亲戚（姐姐或妹妹），四兄弟长曰丹增，次曰阿旺次仁，三曰格尼，末曰洛桑。他说如果长兄在，妻子就和长兄在一起，如果长兄外出，妻子就和次弟在一起，如果次弟外出，就和三弟在一起，如果三弟外出，就和幼弟在一起。四弟兄之间年龄相差大，弟弟洛桑年纪小，后来在妻子还在的时候就到舍嫫舍姬家去上门（舍姬有一姐，就是舍沃绛央旺堆的妻子）。丹增虽然是帕拉阶层，但却是富系（rgyud-phyug-po），因为那个时候他家土地很多，现在土地多不算富。噶尔玛嫫生有两个男孩，长曰盎加，次曰群培，还有一个最长的女子，名拉总，前年去世。

就洛桑来说，他的妻子和他的三个哥哥睡过，算不算脏呢？长者说：“这个不算脏，因为都是一个父母亲生的（宾家）的格姝（妻子）。”

他说：“我们这里都是宾家之间娶一个妻子，听说博巴有这种情况，那就是阿尼的男孩和阿相的男孩，格姝是一个。”他有些瞧不起的感觉。我说还有两个朋友一个格姝的，他便说：“朋友约定，共享一个女人（vgrogs-po-rgya-rgan-vgrogs-mo-gi-rdo-lang，音）。”

九 偷女人①

偷女人这个说法很有意思。如果两家人，一个有皮查，一个有女儿，在两家都比较富裕、门当户对的情况下，双方的父母商量为他们

---

① 这个题目让我想起四川家乡人骂女人的时候，说人家是“偷男人”。

的子女联姻。如果女子一方富裕，男的家境差，男孩子又想要那个女孩，怎么办？那就偷。

偷了以后，女孩子的涅怎、亲戚很生气，到男方家门前，用石头砸。这时男方就会请求更布出面调解。

对偷来的女人，村中更布会前去问她，“你动心了没有？（Sems-la-then-gyis-red-then-gyis-med?）”如果女孩子说没有，不愿住在这里，那就让她回去。如果她愿意，那就做媳妇。然后更布便会前去女孩的涅怎和亲戚那里调和，说女儿已经同意了，那就不要再去砸石头；或者将女孩带回去。

比较有讽刺意味的是，婚姻研究专家们几乎是一致地把这种“偷”说成是“抢”，汉文也不例外地用“抢婚”，英文比较粗俗一点，用的是“暴力婚”（Marriage by force），大致与汉文的意思相同。说实话，偷女人过程中确实需要若干名男子合作，才能成功，使用强力，但不是暴力。这种表面的现象居然成为外界误解的理由。首先，域人一致地说是“偷”，而不是抢；其次，妇女有过被偷的经历，都会有一种愉悦和自豪。这种情感不是因为夫家好，而是因为他们有被偷的经历，其他人都没有。被偷是一种荣耀。

十　艰难的历程

梯日佩桑啦，现81岁。他总是自诩说：“柏林、嘎、梯日，昂厄克囊贝尔。”意即“我第一”[①]。我又为他增加其他诸域，他都说：“昂厄克囊贝尔。”他自称“梯日佩桑”。

---

① 这句话，用拉丁文转写就是：nga-ek-number。用中文直接翻译，就是“我～一～第……名”。其中nga为藏语我；ek为尼语一；number为英文，第……名之意。

他记得自己的爷爷辈，一共有两宾家，长即其爷爷，名次仁顿珠，妻达嘎宗甲媄，他曾见过二人；次仁顿珠在85岁时去世，那时佩桑年纪尚小，记得不清楚。爷爷的弟弟人称喇嘛仓朗巴，即修炼、静修有名望者。他去的是西藏，静修后头发很长很长，据说一甩动头发，天便下雨雹。他曾在藏北的大湖边转圣，不用穿鞋走，坐了羊皮就转去了。佩桑只是听说过他的事，但没见过。

他父亲辈一共四名宾家，长女名拉涅尔，嫁去达嘎宗，生育有子女，已经去世；次即佩桑父亲，名次仁桑珠，妻达嘎宗女子次仁普赤，其父在65岁左右去世，此时佩桑的长子尚未去世，而其母亲则在父亲之前去世。再下为尼玛巴宗，没有结婚时就去世。最小为阿库边巴，为人佣工，各处打工，未婚，在珠几地方去世，那个时候佩桑才四五岁。

他自己有五个宾家，最长为姐姐，嫁在本村；然后是他下面小他三岁的弟弟尼玛多吉，妻子是嘎域人，生有一子二女，长子桑布，现在住在加德满都，妻子是达嘎宗的嘎尔朵，没有生育；桑布下面是妹妹次仁拉媄，嫁去嘎域的嘎莫仓；最小的名达拉媄，现住在颇克拉，丈夫是洛满堂人，生有三个子女，后夫妇二人分开。我问他们分开的原因，他用右手指，向左手指做成的圈戳几下，望着我说："是不是这个不好，还是什么，谁知道?"

他的两个妹妹涅尔达和实达拉媄，都是没有结婚去世；最幼的妹妹次仁卓嘎，属虎，现约60多岁，嫁帕拉人扎巴谢饶多吉。

佩桑的妻子次珍，今年74岁，小他7岁，四月末我前往他家时，她正在阳布，即将回来。他们生有长子什布，属兔（46岁）；次为女，名仓珍，现在加德满都，小什布三岁；最小为拉央（他重复时说成是绛白央，即文殊菩萨），属鸡，又小仓珍三岁。

佩桑说自己14岁上就跟人干那个，到21岁时把人扔了，说：

“我要结婚了”。他说以前曾干过那个，还做了嘴上的动作，说味道很美，又说很猛地干过，边说边做姿势，下身往前运动。

他 21 岁结婚，那时他妻子 14 岁。他们生的第一个孩子是男孩，但是到六七岁时，孩子死去，那时他正在多波经商。然后是他们的第二个孩子，是女孩，在三岁上死去。到生下什布以后，他们便去梯日寺求喇嘛说，“我们生下两个孩子都死，这是我们的第三个孩子，求求你。”喇嘛便为之取名什布，说这是西藏寺院的名字，你们的孩子不会早死，会长寿的。他妻子后来便带着还在吃奶的孩子前去印度达兰萨拉朝见甲瓦仁布且，然后去莲花湖朝礼，最后是去印度沃然拉萨地方朝礼。回到阳布，他亲自手牵孩子，在布德尔的曲登仁布且转了一圈，以练他走路的脚力。当他讲到这些的时候，我看到他显出一种成就感和实在的感觉。佩桑说：他现在已经四十六岁了。

我突然间感到域人为求孩子，尤其是长子存活和长寿而作的艰辛努力。这一切都围绕着父系继嗣这个核心的文化逻辑而运转。

他家后来发生的事，更能生动地说明这个逻辑。

他的长子什布在 25 年前结婚，妻子是本域的仁真，属马（43 岁），但是多年后，妻子还不能生育。他便和妻妹发生关系。妻妹拉珍，与拉央同庚，仍然不能生育。后来什布的弟弟加入，还是没能生下孩子。怎么办？

我问佩桑啦他的小儿子是什么时候“结婚的”，他说：“他们什么时候睡在一起，我怎么知道？”我们聊天时，这话他说过两次，说的时候还用左右手手指做男女行事的动作。他的话，将我们所理解的“婚姻”彻底化解。“婚姻”不过是他们实现文化理念的一个途径而已，从简单的两性关系到正式的“青稞酒地”（藏语羗萨，chang-sa，即婚礼），这是不同途径变化的幅度。

拉央在十年前去美国做工，没有回来过。什布和小妻拉珍目前在印度德里开一家旅店兼饭店，名叫德里衮嘎旅店（Delhi Gunga Hotel），二人已去大约三四年，现在就仁真一人在家。

且把四人的这个历时的关系简图如下：

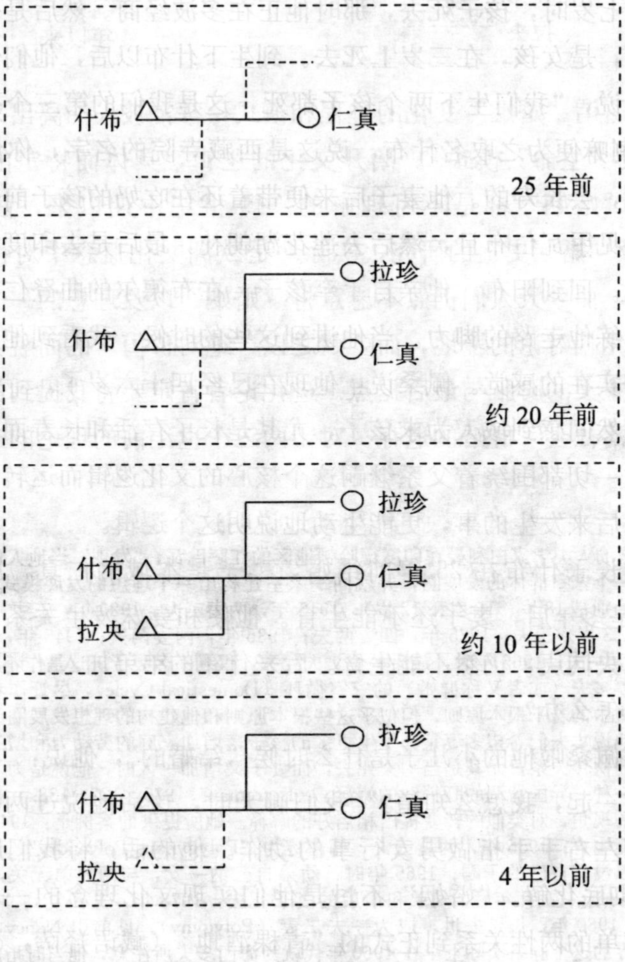

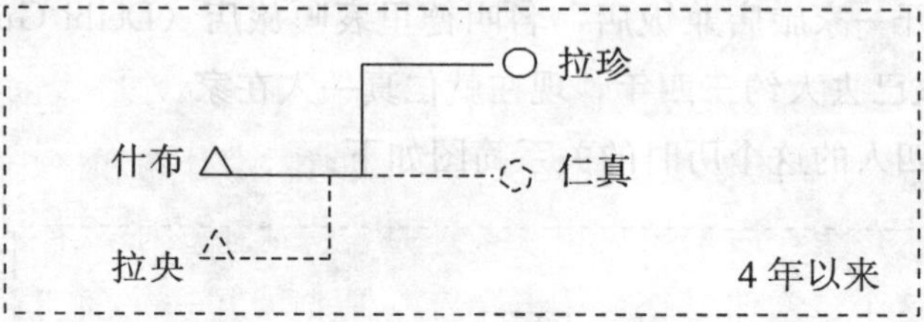

这个所谓“婚姻”变化的过程和模式，常常被人抽离出来，作为“婚姻”的“生命”模式[①]。离开文化的逻辑，具体而特定的文化逻辑，任何“婚姻”都是不可理解的。19世纪中期以来，西方关于“婚姻”及“婚姻史”的研究，实际上是欧洲文化概念中对性关系模式的排比，而今天人们仍然不愿意将“婚姻”以及理想的一夫一妻制回复到文化相对论的境地，而要赋之以“绝对价值”的面貌，实在是自我中心主义的膨胀与最后据点。进化论者肯定要将我提到的个案说成是“部落社会”群婚的遗存。对于两三个世纪前的理论的遗存，我

① 美国的人类学家白利曼在印度德哈顿地区的江萨巴瓦，“发现”当地人的一妻多夫制家庭中有一个家室群体的发展圈，并就同一家室建构出一个理想的发展模式。1910年，一妻三夫（分别是18岁、15岁和12岁）；1915年，两妻三夫；1920年，三妻（分别是25岁、21岁和23岁）三夫；1925年，四妻两夫；1935年，两妻两夫；1945年，两妻一夫；1955年，一妻一夫；1965年时，最后一位丈夫死去，仅剩一名妻子。这是作者所谓的从一妻多夫到多妻多夫（或者又称群婚）的家室循环（Domestical Cycle）。尽管作者在结论部分指明该文化中的若干根本原则，但似乎这些根本原则和他建构的理想发展圈没有必然的联系，比如他说丈夫们希望多妻是为了生更多的孩子，增加家庭的劳动力和增进家庭内部的社会和性的伙伴关系，尤其是当一夫死去，而妻子又增加一人时，他说是为了弥补劳动力，仍然有一种“异国情调的盯梢”的嫌疑。（Berreman. 1975：127－138.）楠茜的著作则从当地人的视角，对类似的转变提出相当好的解释。她所提供的案例是：1945年一妻三夫，妻子不能生育；1955年，两妻三夫，楠茜称为“Polygynous Polyandry”，但小妻不接受幼弟，所以没有自己的子嗣；1965年时，幼弟自己纳一女，与两兄弟无关，楠茜称为“Conjoint Marriage”；几年后，幼弟和最后的妻子死去，1975年，又回复到“Polygynous Polyandry”；1980年，长兄去世，成为一夫二妻（Polygyny）。见前引Nancy，156－157页。西方学界的这个脉络实际上早在1960年代就为海门多夫所注意，他当时指的是介于一妻多夫和一夫多妻之间的夫妻关系的弹性体现，见Furer－Haimendorf，1964：68. 然而，西方人类学对“婚姻”过分关注，以至于将之从亲属制和总体文化背景中分离出来，使人们不能很好地解释总体的“他者”。

姑且缄口。

当我问到什布是否是两个“格妹”时，佩桑说：“是两个丈夫，两个格妹”。他家的处境让他无可奈何。他说：“什布和格妹的妹妹一起，没有生孩子；后来拉央也来，还是没有生下孩子。有什么办法？现在我的这个‘索珠’（So-grub，音），是颇克拉送来的。”

我刚到他家时见到一个两岁多的孩子，手里拿着巧克力蓬松糖，以及一包方便面。她摇摇晃晃地走到佩桑啦所坐的床前，佩桑啦接过糖包，从墙上的布上取下一长针，挑开糖包，打开，递给她。小孩就在我和她之间，我便逗她，从她手中拿走方便面，她转过身来，用一种疑恨的眼光看着我，这种眼光我无法承受，便赶紧将方便面还给她。

后来佩桑啦告诉我，她的父母都是绒巴，“是父亲跟了别的女人，或者母亲跟了别的男人，还是怎么，不知道。在迥松的时候捡的，没有人要”。这个只有两岁多的绒巴小孩，就将是他家所有财产的继承人。她的名字叫次卓嘎。

这个继承人不是男孩，甚至不是本域人，也不是洛巴，乃至博巴，都不是。将来怎么办？

十一 年幼的女继承人

有一天我到他家，厨房的隔壁有两个男孩子在放影碟。我过去，从里面出来一个小女孩，就是两岁多的次卓嘎。我摸出一块糖给她，和她玩起来。

她没有能剥开糖纸，便把糖整个放到嘴里咬一会，觉得不对，递给我。我替她剥开糖纸，递过去。她接过，一手将糖放到嘴里，一手将糖纸用力地扔到楼下去，随后脸上绽开一朵笑容。我们便玩开去。我用双手打响（拇指滑过中指，击到食指发出响声），她试两下，没有任何响声。我觉得对一个两岁多的孩子来说这是不公平的游戏，便作罢。

看着这家户未来的主人，我觉得应该拍下一张照片，于是拍完之后给她看，她笑得更欢，盯着看很久，试图用手去摸。我按钮放大照片，她认真地看着我的手指，也想去动。过一会她走到走廊一角，我又打开相机准备拍，她开始摆姿势，未等我拍完便起来，我又让她坐回去。

我拍完给她看，她仔细地看好久，又看着我，眼里充满着钦敬喜爱的目光。过一会，她说："基"（糖之意）。那是要糖果。我又递一颗给她，这次她剥开来，放到嘴里，脆脆地咬着，听着咬脆声，似乎很满足。

不一会，仁真回来，招呼我到厨房喝茶。我们进厨房，向她要了开水。次卓嘎也要，仁真倒一小杯给她，次卓嘎几口喝完，向我要。因为烫，我便倒一小点给她，她竟然对着手中的杯子，认真地吹起来，意图吹冷，然后喝。最后一口她努出口，开始玩起来。我也模仿她，从嘴里远远地吐出去，她笑了。

不一会，她到屋外的廊上，拉下一根用来捆柴火的扁长绳子，一头递给我，自己手拿另一头，我们开始互相拉起来。她希望我拉她到走廊的一端，然后她再拉我走到另一端。她似乎很满意这种游戏。稍待片刻，她开始拉着我下楼，到院子里转。她走到小羊羔喝水和吃麦粒的地方，将它们赶走，将水和麦粒抓出扔到地上。我制止她。

院子北边是廊台，上面睡着一位绒巴人。院子东墙下睡另一人，流鼻血，满手都是。她放开绳子，走过去指着那人的手，拉一下。那人没动，她又走到他的头边想要叫醒他，那人还是没醒，她索性去抱院子里的一只小羊羔，玩累后，往地上一扔，又来和我拉绳子。

我们就这样转来转去，转到厨房楼下的畜圈。她指一下门边柴火堆上的布球，说："波咯（po－lo，藏语，球）。"我以为她要玩，取下来时，见到她垫脚将圈门插销拔出来，打开圈门要我进去。我拒绝，她也不再进去。我将绳子在廊柱上打结，她也跟着打结，后来又试图将我的结打开。

绳子的游戏到此便结束，她走到牛粪块堆上，抱上两块牛粪来，走到楼梯边，叫："摆"（bhai，尼语弟弟），我望着她将牛粪用力地往上扔了几个阶梯。这时她妈妈来将她拉走。

我总是无法承受她疑恨的眼光，尤其是当我不顺从她不满足她要求之时。她才两岁多啊！我想，当她被遗弃之时，当异乡人怀抱着她，不能给她父母的关爱，或者当她现在的母亲不能给她母乳时，她稚幼的心灵中便升起这种异于平常孩子的心境。

这个院子和域就是她现在的世界。次卓嘎就是她的名字。

佩桑的女儿仓珍嫁普让人苏格，生有两子。

十二　贱名

为了让孩子长寿，域人还有一种办法：给孩子取一个贱名。

鲁绕的雍仲平措，他的爷爷名字叫嘎绕多吉。嘎绕在印度的种姓谱系中，是不可接触种姓。这个等级在洛域也普遍存在。他们相互之间通婚，贵族和占绝大部分人户数的帕瓦等级绝不与之通婚。

嘎绕多吉有好几个姐姐，他的母亲梅朵在生他之前，生过好几个男孩子，都不幸早夭了。后来生下一子，梅朵和丈夫为了使其长寿，就想了一个办法，即在孩子出生的当天，让域中嘎绕的格妹来从家中将孩子抱到屋外又抱回来。雍平为我讲述的时候，说："整个过程就是一分钟的事"。梅朵又为孩子取名嘎绕，按照域人的说法，取贱名可以使孩子长寿。后来这个孩子便名嘎绕多吉。

鲁绕域另有一男子名格米。格米也是一个不可接触种姓，铁匠一类的。其母亲在生他之前，生过两男一女，都死去。按照他母亲的说法，格米是绒巴人“下贱”之铁匠、缝纫之人，其脉系很小，很不重要，取这个贱名可使得孩子长寿。

这种情况在洛域还有不少。

十三　脉系思想作为历史意识

我们聊天之中，凡是遇到子嗣的情况，喇嘛保布都说：“就说皮查吧，女儿就算了。”或者他会问：“女儿的名字也写吗?”凡是说到某夫妇有几个孩子的时候，总是儿子在先，女儿在后，尽管可能所有女儿是年长于儿子的。我想这不是他个人的性格或倾向，而是域人的一种共识，因而也是文化的根本要素之一。

当我们说到他的祖先的情况时，舍沃盎嘎对每一代的父系名字，谁是谁的父亲，总是记得相当清楚，但是到母亲那一边，以及姐妹那一边，就不怎么清晰，犹豫性增多，甚至直接忽略了。这不是偶然的。这是父系继嗣强调男子传承在个体记忆中映射的后果，也是一种心理的后果。

在域的活动中，女子也很少抛头露面，只有当丈夫去世或不在家时，他们才出面。喇嘛保布曾为我口述一份他所在巴支十二户人的名字，每户结一人之名。如下：

1 勒谢强巴；2 盎加（新阿纳普那旅馆）；3 多尔吉；4 都丽；5 噶玛多尔吉；6 扎西旺嫫；7 尼玛桑嫫；8 旺曲；9 强曲；10 衮嘎；11 衮觉卓玛；12 青阿嫫。

第一户他为我结他的名，为的是方便起见，巴支并无首脑，因此没有先后。今年藏历三月是在他家举行活动，下月在盎加家。第四户结名都丽，因为其丈夫已死，第六户结名扎西旺嫫，因为其丈夫已死，但她不喝酒，所以每次都由其子来替代；第七户尼玛桑嫫，因为丈夫已死，儿子们在各自组成家庭后，各有自己的巴支，所以由她来参与巴支活动；第十一户衮觉卓玛，其夫在达嘎宗妹妹家照顾妹妹，或时来耕地、砍树等，不常住，所以结她的名。最后一户青阿嫫，就是饶居的母亲，丈夫在今年藏历三月去世。

同样的，域人前去婚仪、塔羌仪和丧仪后的“四九”等都是结丈夫或长子的名字，除非家中没有男子，否则不结女子的名字。

在洛曲米生活期间，我所接触到的绝大多数人都能追溯自己的先辈，一般是上溯三代，再往前就比较困难。他们追溯的都是父系。

乍域的医生世家宇妥，就曾经凭记忆，追溯父系到以前七代人。他的儿子尼玛医生为我回忆时，仅仅记起其中的五代人，后来宇妥回忆时也很费劲，直到尼玛的弟弟从钱包中掏出一张纸片，上面是以前经宇妥回忆、他写下来的脉系中历辈人的名字。尼玛的母亲梅朵说：“以前没有文字，都是凭记忆，有许多忘记了；如果有文字记下来，那都知道。”宇妥和朗卡都认可她的说法。

嘎巴舍沃欧珠多吉能记得父亲以上四代人的情况，他说在结婚以前，二十一二岁的时候，曾经将家中的情况写了下来，所以记得。其他人则根本不知道这些情况。

肯嘎域以前是洛曲米区域两个“贱域”之一，另一个即帕拉。人们很少与之通婚，他们内部相互通婚的比较多。即便如此，他们的婚姻故事仍然不能脱离整个洛域背景。今年即将 78 岁的色尔给和我聊天时，提及他的祖上，能记起爷爷一辈人的名字。他的爷爷辈有宾家一共五人，两子三女。两子长曰革枚，次曰占堆；长女曰梅朵，嫁普让尼玛占堆；次女嫁乍域，其孙子现在有边巴和阿旺等；三女嫁嘎域仓多吉。兄弟二人共妻本域晋巴桑嫫。色尔给记得自己四五岁的时候，奶奶（73岁）去世。他没有见过大爷爷，小爷爷占堆去世时63—64岁，他当时9岁，去世时间在该年一月或二月。

他的父亲一辈也是宾家五人，长曰居尔嫫，嫁在本域；次曰边巴次仁；三曰亨绛，嫁在本域，其女有普瓦桑嫫，嫁本域；四曰措嫫，并未嫁人，但与次旺生有酿录拉松，与本域女子结婚，生有一子四女；五曰普次仁，与边巴次仁共妻本域女子多吉盎嫫。

多吉盎嫫生育五个孩子，长曰色尔给；次子、三子分别在21岁、25岁上死去；四曰噶玛旺嫫，嫁在本域；最末曰扎不岭。兄弟二人共妻卓玛，属马。举行婚礼时，他与弟弟同在席上。格妹的父母给她1800卢比（当时这是一笔巨大的款项）和穿的衣服。36年前，格妹（42岁）去世，她生有三子。她去世后，色尔给等曾谋再娶一女子，带去域中更布楚臣（31年前去世）家讲好以后，大约过了三天，她又不同意，便作罢。但是色尔给后来还是生有一酿嫫。

卓玛的三个儿子，长子与幼子兄弟俩共妻，生有六个子女。

上述这个比较全面的家户谱系，完全是域人大脑记忆的一种反映。但这是人类学家工作的结果。如果你直接问域人“你记得你的如匝吗?”他会立即给你背出其父亲辈的名字，其爷爷的名字，其曾祖父的名字等。这个谱系中完全没有女人的名字，全部是从男子到男子。不仅如此，共妻的丈夫们中除长兄以外，其他的都被忽略，甚至大多数情况下，连共妻的事都被忽略。

舍沃欧诸多吉为我回忆其祖上的情况时，直接说，他的父亲是舍沃次丹，舍沃次丹的父亲顾秀扎迥，顾秀扎迥的父亲顾秀绛央，顾秀绛央的父亲顾秀次丹。这个谱系是他所认定的家中脉系的传承。没有女人是肯定的。此外有意思的是，他的父亲既不是家中的长子，也不是幼子，而是在五弟兄中排行老二。从他的这个选择性记忆来说，父辈中的其他人就被忽略了。同样，我们也不清楚整个谱系是不是选择性记忆的结果。但是，事实却是实在的：他所说的情况是真实的。他没有撒谎。

鲁绕的喇嘛雍仲平措为我回忆祖上的情况。他记得他的曾祖父名果尔琼，以上的脉系就记不得了。果尔琼有长子顿珠、次子丹巴楚臣（阿巴），共妻梅朵，生有两子诸女，长子嘎绕多吉，次子朗杰。他的父亲即嘎绕多吉。后来当我请他确认他的曾祖父是不是本域人时，他肯定地说："是。"

根据医生世家宇妥的回忆，他能记得的祖上，第一代是扎融（Bra-rong），扎融的儿子祖普（Gtsug-phud），祖普的儿子普尔瓦（Phur-ba），普尔瓦的儿子实达（Hri-dar），实达的儿子策旺（Tshe-dbang），策旺的儿子囊阶（Dnam-rgyal），囊阶的儿子格桑（sKal-bzang），格桑的儿子即宇妥（g. Yu-thog），宇妥儿子尼玛（Nyi-ma）。宇妥的奶奶名怎登，鲁绕人，在宇妥 9－10 岁的时候，奶奶（大约 80－90 岁）去世。宇妥记得她非常老的样子，但他没有见过么么（爷爷）囊阶。囊阶有一弟弟，在很小时就去世了，另一弟弟果尔琼（sKar-chung）出为鲁绕的玛巴，即雍平的曾祖父。格桑的夫人名英怎，鲁绕人，在宇妥 25 岁时去世。夫妇二人都在同一年去世，其中丈夫晚 2－3 个月的样子。

据尼玛说，他的脉系来自洛兑地区的吉隆，但更早可能来自恰绕岗（Ja-ra-sgang）。

雍平在为我讲述其脉系的时候，只记得果尔琼一辈的名字，但他紧接着说他的脉系来自恰绕岗，这个地方在洛满堂上去一域。如此，果尔琼夫人父亲的脉系便被遗忘，或者在雍平的记忆中，果尔琼的脉系无声地置换鲁绕域原来的脉系，而原来的脉系，在域人的长期史中，则不知置换过哪一脉系。

十四　舍沃欧珠家的谱系

他能记得的最早一代是顾秀次丹，肯定他是所有亲戚中的长子，其夫人是顾秀康松（或作空宗、空松）的妹妹。他有四个儿子，长子名叫顾秀绛央，次子顾秀扎甲，三子顾秀格萨尔，四子顾秀嘎美旺。他们的夫人的情况，他只记得绛央的夫人名叫嘎尔格桑，是乍域人。她的孩子，长子为顾秀扎迥，次子为顾秀喇嘛，三女为舍嫫卓嘎，嫁与马朗地方勒相的一男子为妻，有两子。舍沃欧珠未曾见过顾秀扎迥一面，他是在34岁上去世的，娶一妻，人称江玛顾秀，是勒相人，在舍沃欧珠年约六七岁的时候去世，其时77岁。长兄生有顾秀扎布拉、舍嫫阿瑟尔、舍沃次丹、舍沃齐加以及舍嫫泽丹。他死后，顾秀喇嘛继寡嫂，生绛央旺堆和达拉。顾秀喇嘛不是出家的喇嘛，而是在家喇嘛。

顾秀扎布拉，大约45年前去世，妻马朗的勒相人泽索纳尔，生有舍沃多吉、舍嫫索朗白姆和舍姆明娣。舍姆二人都嫁与勒相人，两丈夫间没有亲戚关系，索朗白姆的丈夫名甲如。舍沃多吉在34岁上去世，曾娶玛朗人桑丹，生次仁卓玛，嫁到马朗，现57岁左右，经营一家以其名字命名的旅馆，据说在该地声誉颇著。扎布拉的脉系从此断绝。

舍嫫阿瑟尔即城堡舍沃盎嘎的母亲，大约六七年前去世，丈夫即舍沃空松。舍沃次丹即舍沃欧珠的父亲，妻子德吉空松，是红屋（Red house）的白玛卓嘎的父亲的妹妹，德吉空松去世已经35年，那时舍沃欧珠18岁，舍沃次丹是4年前82岁时去世。夫妇俩生有两女两子。舍沃齐加，今年84岁，妻子柏林人，名仓巴嫫，生有五女二子。舍嫫次丹，嫁与普让人仁增，已去世35年，生有一子，顿珠，现年 51 岁，妻子噶尔玛，生有五女一子。

舍沃绛央旺堆与达拉共娶嫫娟阿，嘎巴人，生一女蔷曲。嫫娟阿死后兄弟俩又共娶怎登，生有四子一女，长子娶妻，生有一子一女；次子早逝，未曾婚娶；三子妻日喀则人朗岗，生有一女；四子未婚；幼女结婚，生一子，约 5 岁。

舍沃欧珠的姐姐舍嫫日桑，现 59 岁，夫舍沃边巴，61 岁，即舍沃盎嘎的弟弟。她出嫁时，家中给的包括衣服、牲口（包括牛、山羊和绵羊）、首饰和钱等。

舍沃欧珠的弟弟舍沃贡布，49 岁，娶桑达的舍嫫曲姐为妻，此女是喇嘛脉系（Ri-rgyud），喇嘛名朗卡多吉，据称该系乃是从天而降者。桑达地方有大约 12 户人。生一子一女。

舍沃欧珠最小的妹妹舍嫫次几啦，现 46 岁，嫁与柏林人舍沃局米，生姐弟二人。我问舍沃欧珠，舍嫫次几啦为何不再嫁，他说她有儿女，所以不再嫁。她出嫁时，家中给衣服，包括全身内（郎将）外所穿，比如围腰（隔体），鞋，首饰以及 5000 卢比。那时卢比值钱。

上述，即嘎域一个脉系六代人的大致情况。这个脉系和马朗有密切的关系。此外，有兄弟共妻和交表亲之间通婚的情况。舍沃绛央旺堆和舍沃达拉共妻；舍沃欧珠与舍嫫白玛卓嘎为交表婚姻，舍沃边巴与舍沃局米乃是王宫脉系，为兄弟，娶的是姐妹；双方的父母辈，则是姐弟关系。财富在同等级内部的不同脉系之间流动。

更有意思的是，我们坐在他妹妹家屋后的土岩下，当舍沃欧珠在给我讲解完他父亲辈的亲戚后，他让我写下来：舍沃次丹的父亲顾秀扎迴，顾秀扎迴的父亲顾秀绛央，顾秀绛央的父亲顾秀次丹。这个顺序是从己身往上追溯的。实际上，洛满堂堪布扎西旦增在其著作《洛域寺宇目录》中记载的脉系，与此类同，不过顺序是从前往后：顾秀次丹、顾秀绛央、顾秀扎迥、舍沃次丹、欧珠多吉[1]。

从这个脉系叙述中我们可以得到这样一个系谱：

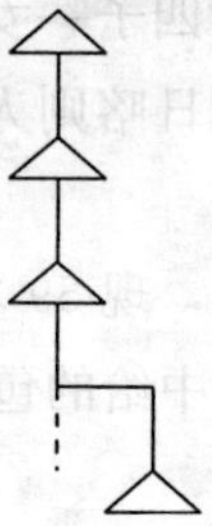

必须承认，这个脉系仅仅是嘎巴人回忆所能及的范围，而不像彝人那样可以背诵从创始祖先以来整个谱系。这个不同为藏西南的父系长子/幼子继嗣模式提供了一个潜藏的中心藏区模式：双系禁忌双系继嗣模式。

如果说域人有自己的历史意识，那么它的基本原则是：一，从己身能追溯的脉系；二，这个脉系是如匝（骨，父亲），而不是霞匝（肉，母亲）；三，它是单线的；四，大多数情况下（不刻意留意的情况下），从己身（不包括己身）往上可追溯三至四辈，极个别的情况下可以追溯到七辈。

十五　洛域王系

掌握文字的阶层为洛域王系记录下了其传承情况。近世作者根据这些藏文的记载，整理出一份王系的谱系。最先以现代西方学术理念对这些藏文记载加以整理的是西人贾克逊。他根据察让“莫拉”的记

① KSTD，2004b：184. 作者的这个纪录写于1981年。

载[1]，整理出一份洛域王朝传承谱系，时间大约从14世纪晚期到19世纪中期，一共十五代。另有三代是王朝形成之前的谱系[2]。

最完整的谱系则是饶密西提供的。饶氏以近二十年的功力，终成一著。根据他提供的谱系，兹列如下：

1. 玛本谢饶喇嘛（贡塘派往洛域的长官）

2.（赤本吉尔玛+）奔波藏却迥崩（贡塘派往洛域的长官）

3.（米本扎西桑布+）宗本及法王阿妈贝桑布坚赞（1387－1447年；1425年任长官；1440年为国王）

4. 法王阿衮桑布或扎西桑布（1419－1482年或以后；1447年继位）[+玛本吞悦多吉（1421－1482）+阿喷或衮噶坚赞（僧人，霞仲，1456－1532）+阿甲或仁钦桑布（僧人）]

5. 阿夯穆或法王扎西衮贝桑布或藏钦扎西衮（1445－1512或1514年；1445年继位）[+第巴盎却僧格多吉丹巴+酿么索朗伦珠（1456－1532）+第巴德勒加措贝阿巴]

6. [洛卓坚赞（僧人，霞仲）+] 阿夯扎巴塔耶或贡布坚赞（1513年继位）（+第巴和格沃丹北加错）

7. 赤妥巴扎西托杰 [+第巴顿嘎洛卓+索朗白巴（僧人）]

8.（法王或阿夯甲霍白桑+）第巴和阿夯甲沃扎西沃巴或索朗扎西

9. [绛央巴（僧人，霞仲）+] 阿夯顿珠多吉（1580－1594年在位）（+第巴饶旦或厄洛）

10. 阿夯桑珠多吉（1594－1609或1610年在位）[+索朗边觉桑布（僧人，霞仲）]

---

① Mola或Molla，在洛域，指根据口头传说整理而成的文字。

② Jackson，2000：133－137. 后来根据这些资料他写成硕士论文，在华盛顿大学获得亚洲语言和文学硕士。

11. 阿夯或阿衮桑珠饶旦却塘介勒夯巴尔贾巴（1609或1610—1655年在位）

12. ［平措饶旦（前霞仲）＋绛央索朗丹增旺布（僧人，霞仲）＋］阿夯或萨旺桑珠白巴（1656—1710年在位）（＋米旺阿却丹巴）

13. 阿夯次旺伦珠（1711—1723年在位，1725年去世）

14. 阿夯扎西朗杰（1727—1729年在位）（＋霞仲珠贝孤＋素尔＋却＋嘎协）

15. 阿衮索朗丹增旺杰（1730—1750年在位）（＋衮嘎基么贝桑嫫）

16. 阿夯或曲杰旺杰多吉（1789年被尼泊尔沙氏国王认定为洛域国王，1750—1795年在位，1798年去世）

17. 阿夯扎西宁波曲勒芒巴尔杰贝德（1795—1815年在位）［＋珠贝孤多吉赤勒（僧人，霞仲）＋第巴赤么喷德宁波］

18. 阿夯绛贝占堆（1816—1837年在位）

19. 阿夯衮嘎诺布（1837—1858年在位）

20. ［阿衮绛央旺堆（1858—1863年在位，早逝）＋阿夯欧珠白巴（前霞仲，1868—1894年在位）＋］萨旺旺杰诺布

21. 阿夯绛央坚赞（1894—1935年在位）（＋顾秀旺杰白巴＋顾秀饶革白巴）

22. 阿夯丹增绛贝占堆（1935—1955年、1960—1965年在位）（＋绛央旺堆白巴）

23. ［阿夯旺堆宁波（1955—1960年在位，早逝）］＋阿旺晋美土登嘉措（霞仲，2000年去世）［＋阿夯晋美白巴（现国王）］

24. 王子晋美僧格白巴。（Dhungel，2002：77—78，120）

1964年，佩塞尔在车嘎拜访当时的国王安贡丹增占堆（Angun Tenzing Trandul），国王告诉他洛王国是阿妈贝所建。“国王随后很

自豪地告诉我们，他和阿妈贝的‘骨头’是相同的。在西藏，如果你和另一人‘骨头’相同时，那就表示你是他的后嗣；国王继续说他是自阿妈贝以来嫡系二十四代统治者”（Peissel，1992：124）。

我采访现国王晋美白巴（1945－）及其家人时，晋美王子曾为我言：

> 那时我们家里的父亲把政府的文件等许许多多都搜集起来，其他地方的文件全部都搜集起来，世界的，颇克拉，芒域等地的文件。我的父亲说：“现在文件都搜集起来了，但现在印度历史、世界历史里，这些都搜集起来的书还没有。现在我哪里的文件都有。现在我把所有的资料都给你，请你写一本全的历史。”冬戈尔说可以。那以后他开始在历史文件的基础上撰写。[①]

洛域国王的脉系意识和沛域历史学者的区域政治史研究结合，应该看成是该著写作的基本背景。

十六　一种解释

对子嗣的关注，在洛满堂王室内部同样重要。由于存在王位之争，子嗣的重要性又多了一层。举个例子。以前洛兑王室一代人中有三弟兄，长子娶妻，按传统继承王位。作为格沃（国王），要生个男孩，但他没有生下男孩，生了两个女孩。这时（国王的）弟弟生下一个男孩。域人说，（国王）他们没有生下男孩子，对此心中害怕。那

① 2007 年 12 月 23 日 9：00－10：00，步得尔晋美王子府上采访晋美王子记录，根据藏语录音整理。

怎么办？心中有鬼（音 na-rtse）。他们就把弟弟生的男孩杀了，但不是用刀杀的。据说弟弟夫妇俩住在车嘎，格沃夫妇让弟弟的孩子到“甲萨”（首府）洛满堂去玩。孩子母亲不让他去，但如果让他去，玩完以后再回来，孩子心里愉快，这就让他去了。去的时候身体好好的，回来的时候孩子病了。“吐血”，不停地吐。不到七天，孩子死了。域人猜测这是格沃夫妇“森巴”坏，“将孩子杀了”。

父系长子/幼子（帕拉阶层为长子，贵族为幼子）继嗣作为一个组织洛域人生活的根本逻辑，其意义的体现是多方面的。一方面，从这个根本逻辑所隐藏的男女关系（男高于女；男子是家系的核心和代表）中，我们可以延伸出主仆关系、服务关系、师徒关系等。

世俗世系高于宗教修行者，因为后者的世系是前者的一种衍生，而不是相反。所以，在传统上，世俗的神圣权威高于宗教世系的权威。

婚姻的形式从一妻多夫（共妻）到多偶（兄弟共姐妹，反之也可以说，姐妹共兄弟），再到一夫多妻，这种同一家内婚姻形式在时间上的变化，其支配的原则是父系长子/幼子继嗣，为的是求一个子嗣和在一个谱系内繁衍后代。同样，父辈的一夫多妻（舍嫫曲珠父亲家为二姐妹共夫）到子辈的一妻多夫（共妻），也是这个原则作用的结果。特别地，一妻多夫的基本前提就是在父系内保持一个子嗣（从父系长子/幼子继嗣的原则上说，兄弟二人可以化约为一人，即一代内只有一个系谱，但通过分化出两个能动者来实现）。林耀华所说的嘉绒人每一代一传一婚制度很接近我们到目前为止的分析（林耀华，1948）。他们采取了各种措施来保证子嗣存活和健康成长，比如取贱名，让贱种姓来抱一下孩子，使害人的鬼怪误以为孩子贱，不值得伤害。具体的婚姻实践如压加、结婚、离婚都离不开它。

乡中对未婚生育的追问、对女子干净与否的认定、联姻中财产的流动都是如此。他们的经济伦理围绕这一逻辑而展布，充足的财力为父系的繁衍提供保证。可以说，没有父系脉系，就没有洛域。

这样我们就可以看到这个体系中二元性的结构要素：男女、非婚生的男女、婚生的男女，夫与妻、主与仆等，通过一种双向的过程，即主对仆的主导、仆人对主人的认定，从而在情感上、职责分工上完成一体性过程，合二为一，双方都附着在父系长子/幼子继嗣这个体系上。

第五章　巴拉雪

一个文明的游戏隐喻

有一天我前去嘎域打巴拉雪的地方，已经是六点一刻左右，当时以为舍沃盎嘎不在，哪知我往四周一看，他依旧在昨天那个打巴拉雪的地方，头戴帽子。又一轮已经开始。不一会，舍沃盎嘎接连杀掉上家一币，又汇合自己的一币，连打三次，形势大好。但是好景不长，他汇在一起的三个钱币被下家杀掉，不得不重新分别开始；他的下家有若干钱币不是被他杀，就是被再下家杀；再下家的命运也是如此；观者有五人。这局的形势是谁走在前头，另外两家就联合起来，努力杀掉他的币，这样翻来覆去，难解难分。观者是最热衷于推动这种互相争斗的局面的，有时甚至反客为主，代替玩的人，动手分币，分海螺，帮着计算，出谋要打出什么数字的骰子，或者高声喊叫："巴拉雪！巴拉雪！"最是热闹不过。他们将自己的情感及其宣泄都投入到这个游戏中，获得一种快感和域的定位：他们也是游戏中的一部分，也属于巴拉雪共同体。

如何让自己的钱币躲开对方的追杀，或者前进到对方追杀不到的地方，比如与对方的相同或多于自己数量的币叠相隔一个海螺，就是相当安全的，或者直接前进到一打就可以走完钱币的圈尾部位，这是需要渐渐熟悉并要很好掌握的技巧。

这次的巴拉雪持续了四十分钟，难分胜负，眼看着天色已晚。

舍沃的下家历尽艰辛，将自己的钱币，除一个以外，都汇成一叠，和另外的独币慢慢前移。因为那一大叠钱币数量众多，另外两家各自汇在一起的钱币数，不足以去杀掉它，所以他们只得把目光盯住那个孤单的独币上。这是一个冒险，但也是无可奈何的冒险。他们不知道什么时候养虎为患，竟然让这一家汇成了这样一个巨大的币叠。舍沃的下家就是这个“虎”，但他暂时没有机会杀。就在这时，他的上家投出一个好的点数，刚好可以用自己的三个币叠杀掉那个独币。就在他的上家刚刚打出那个点数，安嘎和他的手紧紧握在一起。舍沃的下家看看满圈都是另外两家的钱币，自己被杀掉的那个要重新开始，躲过层层的追杀，实在太难了。面对这种情况，他选择了放弃。这局就终结了，这一天，这一摊便随之结束。玩的人跟提供器具的老板结账后离开，规矩是如果赌资为50，就交5卢比，如果是100，给10卢比。

在嘎域，巴拉雪是一种赌博性质的游戏。跟射箭一样，它是男人们的游戏：三个人，每个人手中拿互相区别开来的金属钱币若干，大小和颜色都不同，另外有小小的海螺壳若干，两颗骰子，一个木碗，地上放一块小垫子，厚约一寸，垫子用黑色的厚橡胶撑面，每次人们将骰子放在巴掌大的木碗中，右手拿起，在空中摇半天，边摇边念念有词“巴拉雪巴拉雪”，然后用尽平生力气猛地将木碗倒扣下去，就扣在那块圆形的垫子上。

游戏开始，头家先摇骰子（打巴拉雪），下家揭开碗，头家按点数数出小海螺后，放下三个钱币。然后下家如是，按自己掷出的点数同样放下三个钱币，如此一直到尾家结束，为一轮圈。随后从第二轮圈开始，每次只能放一个钱币，或者只移动已经在圈中的一处钱币。放的方向是沿着中心的垫子转圈地放，放的顺序分为逆时针和顺时针两种，局与局之间可以轮流交替采取不同的方向。可以想象，数圈下来后，每家都有若干钱币在小海螺圈的不同地方。每次打出点数以后，只能按点数移动自己在海螺圈中某一处的钱币向前，而不是所有的钱币，看谁最先将自己的钱币全部从海螺圈的开头走到尽头，谁就获得胜利。

游戏中，场上子的组合情况可以分为单子、双子和阿妈（三子及以上）。每人必须单一子，其他子如何组合则不限。如果碰到可组合，但组合之后自己在场面上没有任何单子，则不可组合。单子必须先走完，域人称为"朗德"（lam-bde，路顺）。如果前面有对手的子，自己投掷下的点数刚好到对方子那里，又杀不了，这种情况下只能走他处的子，或者放弃。

三人对家，实在是勾心斗角与合力共斗并存，尤其是一方即将走完，另两家互相配合以拉下之，则是不言而喻的。

看似简单，但其实游戏的胜者靠很多方面，其中打出的巴拉雪数字越大，自己的钱币就前进得越快，所以手气或说运气是明显的胜招。尽管运气的因素在这里起着很大的作用，但这并不是唯一取胜的因素。细心地考虑如何组合自己的子，杀掉对方的子，或者尽可能杀多子组合，则胜算更大。因为只要能杀子，或组合自己的子，每实现一次，就可额外获得一次投掷机会，这是运气之外的赢家。什么是巴拉雪？那就是投掷出两点。凡是投掷出巴拉雪者，如果自己没有"阿妈"（组合较多的子群），而手上子数较多，则可以放弃再投掷一次的机会，改为一次放下三子。

如果一家的钱币能以最快速度整合在一处，那么这以后每次打出某一点数后，只需要移动这一叠钱币（自己的全部钱币）和单子即可，这样前进的速度便最快。另外一个取胜的招数，就是将对方的钱币杀掉，使其被杀掉的钱币拿回去从头开始。这样，自己前进快，而被杀掉的人则慢下去，胜负便很快明了。杀的原则是后面的钱币杀前面的钱币，只能以同等数量的币叠，或者多于对方钱币数的币叠杀掉对手的钱币。

嘎域玩巴拉雪游戏的人，对数字有一种特别的爱好。他们给许多数字取一个游戏隐语，比如：

2 巴拉；3 素迪；4 孜孜；5 嘎瓦；7 日；8 夏尔；11 觉布[①]；12 佳摸。

不变的是：6 竹；9 骨；10 菊[②]。

我曾经尝试着和他们玩。但是若干局下来，输掉 250 块钱。有一局眼看将赢，诸子组合，领先在前，但是被下家拉巴连投掷出好点数，追上来，并领先到达终点，而我接连数次都是小点。另外一个原因，对我来说则是文化上的。他们用熟悉的尼语，或者本地话，我一开始用藏语计算，显然差一筹，不得已改用汉语计算，仍然觉得差人家许多。

巴拉雪游戏影射的是域续生仪式曲果尔仪式。

试想一想，巴拉雪仪式中最欢腾、高潮的时刻，不是有人掷出了点数最大的双六点（总和便是十二点，这是最高的点数，对取胜相当

---

① 查尔斯记录到的是 thorro。我怀疑觉布是 rgyal-po，即国王，而佳模是 rgyal-mo，即王后。

② 鲁饶历史上的创域者谢饶坚赞（Sherab Gyaltsen）12 岁闻人教而知有荣恭妥么喇嘛（Rongom Togme Lama），遂前往藏东寻找三年，中心藏区三年，藏西三年，依旧无果。这天他来到洛域，见到三人在打“雪”，只听得第一人说：“霞雄霞雄。该象在霞的中心一样”。轮到第二人时，他说：“夏日夏日，东山德塘人家是苯波的家乡”。第三人则说：“托若托若。荣恭妥么喇嘛。白天不见太阳，晚上不见月亮。向荣恭妥么喇嘛顶礼”。谢饶坚赞听后顿时脸色苍白。在洛域人的帮助下，他终于找到喇嘛。这其中的隐语，霞雄指的是一碗酥油，但也可能是八（因为我们不知道当时雪台面上的追杀情况）；夏和日分别隐语七和八；托若托若则指的是十一。参见 KSTD，2004b：198－9；Ramble，1984：73、83 页。

有利），也不是某一方获得胜利，而是有人掷出“巴拉”，即两点，每颗骰子一点。这两点是红色的，而其他点数则是白色，或者黑色的，这些点子的色彩依据骰子本身的色彩而设定为与之相反的色彩。“红色”带着愤怒和力量的象征。不仅如此，按游戏的规则，凡掷出“巴拉”者，有再掷一次的机会，这是一种再生的特权。

“巴拉雪”是什么意思呢？

“巴拉雪”，藏文当是“Pav-lags-shog”，父亲来啊。“雪”（shog）是来的意思。或作“Pav-lags-sho”，如果“雪”指骰子，那就意味着“父亲骰子”。

游戏者右手高举木碗，碗中是两颗骰子，口中念念有词：“巴拉雪；巴拉雪；巴拉雪；雪！”然后用力将木碗扣下去。揭开碗来，如果是两点，不仅当事人，旁观者，有时对手都会有一种极其兴奋的神情和声音：“巴拉雪！”他们拖长了声音地高呼：“巴拉雪！”然后，投掷者准备再掷，旁观者，有时对家会积极地帮着他考虑如何走子，或下一步如何做。游戏场一时间有一种集体的欢腾，尽管短暂，却是不可少的高潮。

曲果尔仪是域中女子的运动。它同时连接域的丰产和再生。这个礼仪，通过巴拉雪而得到影射。这个男人的游戏，因通过设立朗德和“阿妈”，以及围着中心运转，而完成曲果尔仪的男人版本。

第六章　空间、食物与睡床

取这么一个后现代的标题，并不是想对这个题目的后现代探讨提供什么帮助。这不是我的本意。这个题目是在实地调查中引起我注意的。本章拟以此进一步考察等级结构在空间中的呈现，域人对其多样、鲜活而繁复的实践，侧重于主导型续生仪式与补充型续生仪式，以及它们与域之逻辑的关系。

一　朱古之下

我曾数次往访鲁绕，两次在那里体验过域中的活动，一次是塔羌，一次是岭果尔仪。期间人们对空间的分割实践引起我的关注。第一次是在鲁绕的雍仲平措林寺大殿中。那天是塔羌仪，寺中需要先念经，跳羌姆。大殿中的位置示意图如下：

按尼玛医生的说法，朱古一定是坐顿巴左手边第一排首座（尽管已经纳妻），其下坐未婚之扎巴（已婚则谓阿巴），如有觉嬷（尼姑），按理也可坐此。但觉嬷与阿巴和扎巴不可同排而坐，因为后两者皆为男性。未婚之扎巴，则按年庚或者“云登”（知识，一般指的是剃度时间）。所以诺布尽管年轻，但坐于2，居朱古之下，么么次旺（69岁）之前。此后的座位，按域人年庚定先后。宇妥66岁，位于次旺

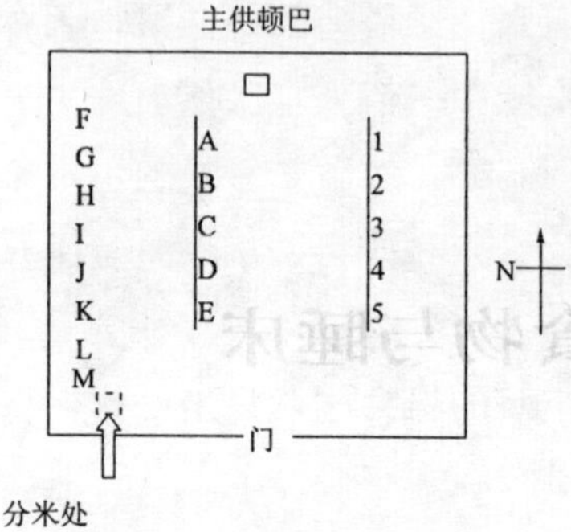

之下。顿巴右手边第一排座位，第一人为仓巴达拉，69岁；喇嘛楚臣，63岁；喇嘛雍仲平措，53岁；石机，32岁。临时请入座的贵客，则年有长有幼。

塔羌仪的主角坐在墙壁前（F至M），当日坐八名妇女，按年龄长幼定座次，第一人为伊妣桑丹，81岁，域中最长；塔羌者次仁曲珠坐第三，桑杰居第五，53岁。

这个空间次序也是饮食的次序。奉饭食，则先朱古，而后其下同排诸人，然后及另一排①。

大殿在整个仪式中的位置则如下图：

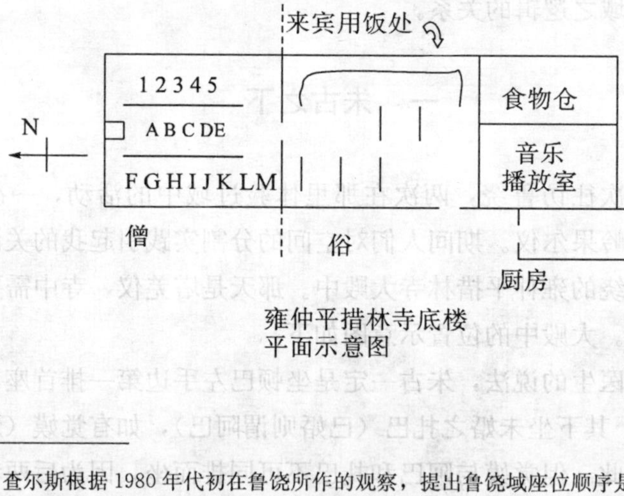

雍仲平措林寺底楼
平面示意图

① 查尔斯根据1980年代初在鲁饶所作的观察，提出鲁饶域座位顺序是按照年龄、性别和识字与否来定。当时，大殿中的座位，首先是贵族占据最高的位置，最接近祭台的地方；其下乃是朗金（喇嘛，Bla-mchod），不分苯波和内教徒；最后才是普通人；妇女则坐在殿中的其他座位。嘎饶（Mgar-bar）可以坐在殿内，但与客人所在的排分开；凡是绒巴地区的不可接触者格米等级者则在寺外。但是查尔斯把座位的考察限定在仪式座位上则有不足。Ramble，1984：130。

塔羌仪在寺中举行完毕后，当晚，域人伴送塔羌阿妈回家，入客厅，依次坐。第一位是喇嘛楚臣，随后是域中一俗人，次仁曲珠丈夫的宾家，随后是一年长妇女，次仁曲珠的宾家，然后是年长的伊妣桑丹，以下按下午塔羌时大殿中的位置坐。奉茶和饮料，从喇嘛楚臣开始，依座位次序定先后。

到岭果尔仪时，十名喇嘛坐在楼上空旷的聚会厅，只坐一排，次序更有意思，如下图：

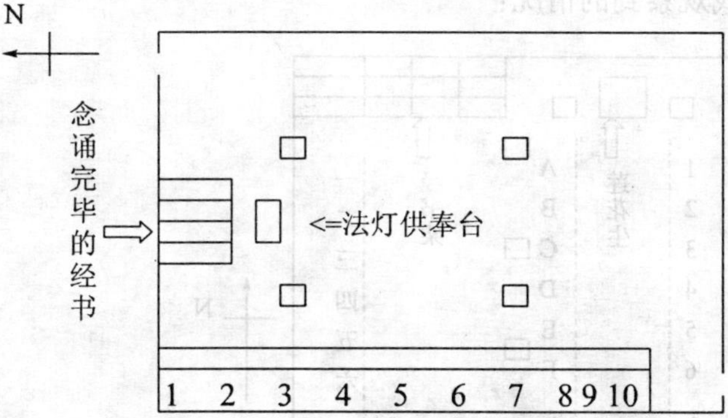

1朱古；2喇嘛丹增；3喇嘛其米；4么么次旺；5宇妥医生；6喇嘛楚臣；7喇嘛雍仲平措；8石机；9达瓦顿珠；10巴桑

这个座位顺序首先是先僧后俗，僧人内部，朱古又高于其他二人，尽管他们都是格西，俗人内部七人则按年庚确定先后。藏历四月初四，喇嘛楚臣因家中拆房重修，不能前来。同时从宗松巴来一年轻小伙，为前世朱古的女儿的儿子次丹诺布，父亲乃是从鲁绕前去的玛巴，他的年龄比达瓦顿珠长一岁，但是辈分比后者小一辈，所以坐在达瓦顿珠之后，巴桑之前。平时的饮食都是从朱古开始，依次到巴桑时结束。

藏历三月三十那天下午五点过我前去大厅，当日念诵基本完毕，大家在休息。朱古和喇嘛丹增两人却在吃饭。他们两人住在半山上的贡普中，晚上念经不能参加。吃完饭，他们就上山去。

后来我到嘎域，白玛问起鲁绕的“蛹”仪式都有哪些喇嘛，他只听我按顺序说的前五名，后面的在他看来他并不需要了解。我说到宇妥医生时，他问：第一个位子是谁坐？我答朱古，“如果他不坐，谁能坐？”

二　僧尼共处

肯嘎的曲果尔仪之前，邀请乍曲德寺的扎巴和曲米等寺的觉嫫前来念经数日。僧尼共处，就有一个座位安排的问题。

下面是某日我观察到的情况：

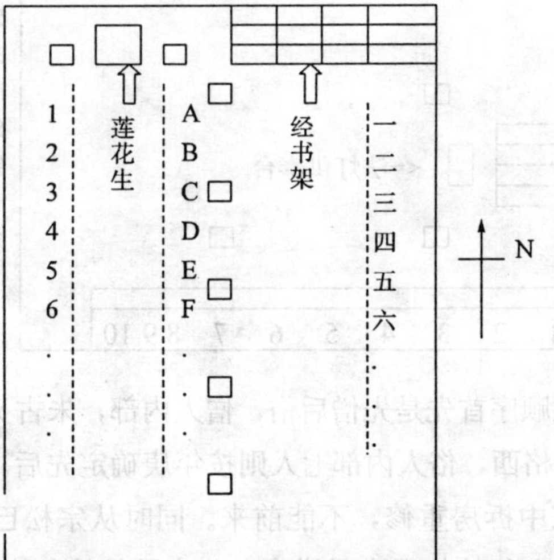

座位顺序，以莲花生像的左右为准，右排1以下为扎巴座位，按级别和年资入座；左边A以下为尼姑，按级别和年资入座；左排一以下为域中妇人，按年资入座。域中男子按长幼，入于右排，或中排；凡是奉食或茶饮，先右排，毕后，才开始中排，最后是左排。

殿中的座位顺序显示了一种复杂的等级结构。其基本原则是男高于女，僧尼高于俗。僧尼内部，众扎巴尼姑的等级形成一个序列，该序列基于两个原则：级别、职位高低（以质的不同来考虑）。每个原则内部又按年资（以数量方式计算）高低来排序。这样便有年资最浅的扎巴，高于年资最高的尼姑，亦高于年纪最长的俗家男长者，年幼的男子高于年资最高的尼姑等。域中妇人则从总体上来说排在域中位序之末，但高于低等级者比如嘎绕和色扎[1]。域中个人的位置以此原则厘定，乡域便形成一个井然有序的面貌。域人们要做的，就是日常操持此逻辑，在不同场合排序归位，将外来者归入到这个序列之中或序列之外。

在乍域念诵“蛹”过程中，情形有不同。乍域的仪式一共只有三天，因为域中请到 20 多名僧尼前来念经，包括宗曲德寺、乍曲德寺的扎巴和来自贡巴洞董（又名塔巴确林，Tharpa Choeling）、嘎绕寺和曲米寺的觉嫫。第一天有 25 名僧尼，第二天有 24 名，第三天仅 15 人，其中扎巴 6 人，觉嫫 9 人。

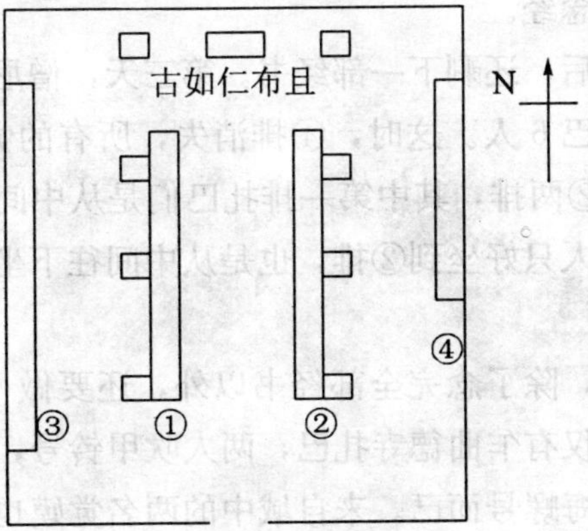

---

① 在语言上有类似的情形，根据查尔斯的观察，低等级者对贵族女人、所有等级的并常常是识字的独身尼姑，使用的是对男性的尊称语言。年长的铁匠对年轻的普通妇女使用适合于她性别的尊称，而她只需要以普通的语言回应即可。Ramble，1984：133.

第一天，①排第一人为一年长僧人，以后没来，座位便空缺。此排坐乍曲德寺和宗曲德寺扎巴，第一天为7扎巴，第二天为6人；②排第一人为苯波仓巴达拉，第二人为医生宇妥，以下为年轻的内教扎巴，第一天为6人，第二天为2人。③排坐贡巴洞董的觉嫫，第一天9人，第二天10人；④排坐嘎绕寺和曲米寺觉嫫，第一天3人，第二天6人。

供奉饭食的顺序为①到④。第二天早上八时半左右，是晨饮，第①排只有四名僧人，第②排无，③排觉嫫10名，④排觉嫫5名。期间供奉甜奶茶，乃是从③排开始，然后是④排，最后是①排。九时许，是早餐。待域人为各僧尼准备好饭食以后，①排起首的一名僧人摇铃，僧尼念经声顿止，稍歇，开始饭前的默祷，随即用膳。饭食当中，③排的觉嫫最先用完，供奉的域人便为他们撤去餐具，奉上干果等一小碟，又先于①②两排的扎巴和④排的觉嫫。

膳毕，继续念经。

第二天结束后，还剩下一部经书。第三天，僧尼人数大减，仅剩下觉嫫9人，扎巴6人。这时，④排消失，所有的觉嫫都坐到③排，6名扎巴分坐①②两排，其中第一排扎巴们是从中间往下坐，便只能坐4人，另外两人只好坐到②排，也是从中间往下坐。他们都是年轻僧人。

当日的任务，除了念完全部经书以外，还要做“措”。最后一天便是曲果尔仪，仅有乍曲德寺扎巴，两人吹甲铃号，一人击鼓，一人击钹，一人吹白海螺号而已。来自域中的两名觉嫫也加入到背经书卷的行列中。

嘎寺大殿中经文念诵全部是扎巴，试看大殿的布局及藏历三月初四为诺布塔羌举行的仪式中的座位图。

大殿主供释迦吐巴塑像，其右边是另一尊较小的吐巴塑像，其左是甲瓦强巴塑像。在较小的吐巴塑像外，是萨迦派著名的僧人萨迦班智达，强巴塑像外是嘎寺所属萨迦派分舵俄尔派的创始人俄尔钦（大俄尔）辊嘎桑布，皆红帽金色身。按照管理寺僧的说法，萨班是绛白央，二者手势一样。

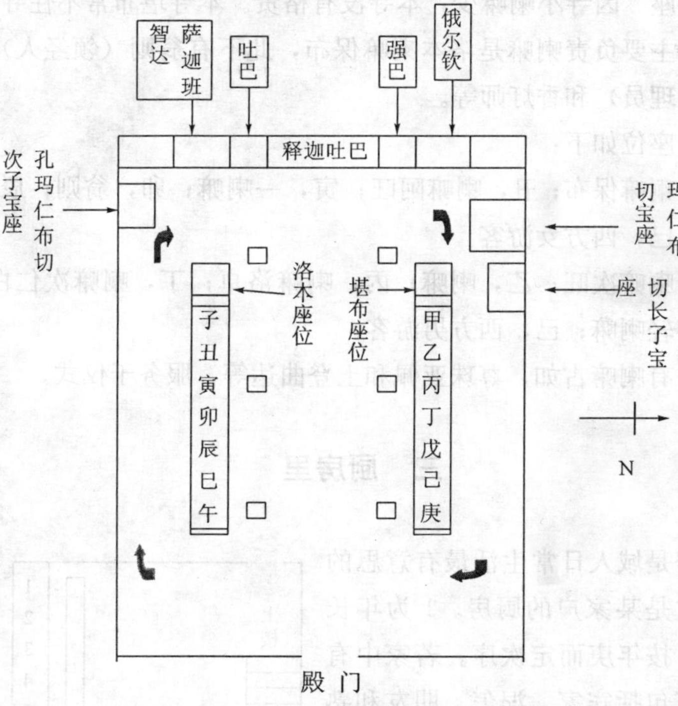

神殿的右侧（方位以面对主供像为准）墙壁靠近主尊方向，有两个宝座，最里的宝座稍高，是新近置的，为萨迦最高活佛孔玛活佛的宝座；紧靠着的是一个较小较矮的宝座，这是萨迦活佛长子的宝座，也是俄尔鲁定堪活佛的宝座；左侧墙壁相近位置，是另一宝座，则是萨迦活佛次子的宝座，也是萨迦派的赤仁布切的宝座。

萨迦喇嘛们的画像主要在右壁。大殿一共六柱。殿内柱子上挂的是每年夏末雅顿（yatung）节时僧侣们跳羌姆所戴的面具。每柱各一，各不相同。

其中，洛本以下的座位，子丑寅卯辰巳午，堪布以下的座位，甲乙丙丁戊己庚，众僧按年龄长幼依次入座，长者靠近洛本或堪布，幼者靠近尾座。因寺小喇嘛少，本寺没有格贵。本寺堪布常不住寺，所以寺中的主要负责喇嘛是洛本喇嘛保布，此下有翁则（领经人）、果涅尔（管理员）和香灯师等。

当日座位如下：

子，喇嘛保布；丑，喇嘛阿旺；寅，一喇嘛；卯，翁则；辰，喇嘛边巴；巳，西方女游客。

甲，喇嘛次旺；乙，喇嘛；丙，喇嘛洛卓；丁，喇嘛次仁白玛；戊，一年轻喇嘛；己，西方男游客。

另外有喇嘛古如、尊珠亚佩和土登曲达等，服务于仪式。

三　厨房里

厨房是域人日常生活最有意思的地方。这是某家户的厨房。1为年长者座位，按年庚而定次序。若家中有客人来（包括宾家、涅怎、朋友和熟人等），则让坐1位。奉饭食，则先客人（外部人，phyi-lo-mi）而后家人（nang-mi）。有的则先家中父亲，然后客人。无论如何，倒数第二才是母亲，最后是纳玛（媳妇）。有域人解释说："因为他们要上饮食，先收

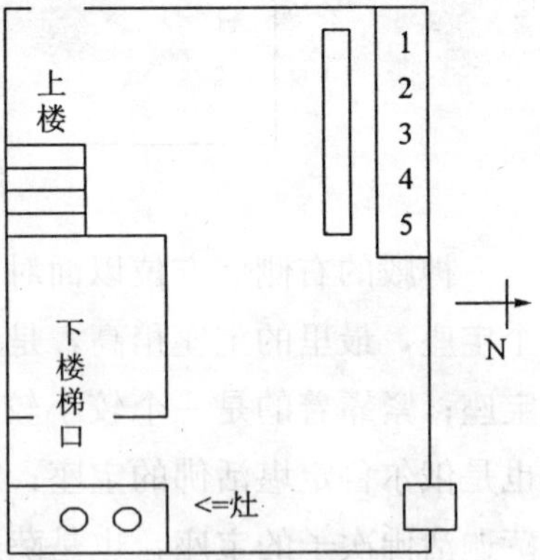

医生尼玛家

拾碗碟等。”

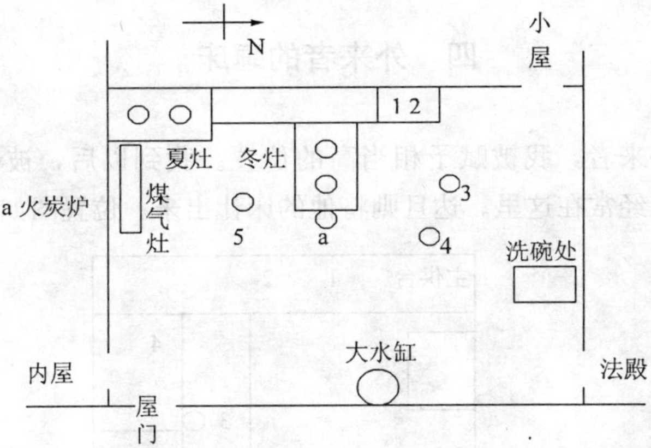

藏历三月初七那天在达旦家的时候，我们去朝圣回来，已是午后，步行来回三四个小时，特别累，就随便在厨房中坐下来，位置如上图。

我们四人的座位如下：1 达旦；2 阿妈白康；3 我；5 噶玛次仁。就此位置我们座谈很久。当噶玛次仁做好饭，即将盛饭时，达旦迅速起身让座给我，他的母亲也起身，从小屋内取出好的垫子铺上。不久两名受雇做工的绒巴人前来，阿妈起身让了一下，我则没有动，阿妈便招呼二人坐在地上 3 和 4 处。

达旦见到上饭时那种反应，让我清楚地看到食物与等级紧密关联。那日早上在法殿中，阿妈坐在一处和我说话，（图见下页。我站在法鼓边）早饭上来后，嘎次要他阿妈让座，我便说在外面吃也行，这样便到厨房，让我坐了 1 位，阿妈坐在 5 位，达旦坐在 3 位，嘎次坐在 4 位，桑嫫在阿妈边上。

我来的那天，达旦家中正在重新布置厨房，将煤气灶从洗碗处东边移动到如图位置，这样厨房的西南角完全成为烹饪区，而 1 是最靠近分饭的地方，且和2位都高于地面上的其他座位。

四　外来者的睡床

作为外来者，我被赋予相当高的位置。我到以后，被让进法殿中，吃饭也经常在这里。达旦则将他的床让出来。位置图如下：

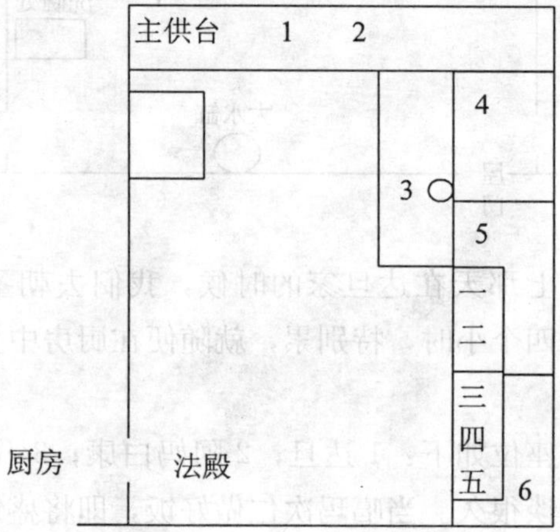

主供1是内教的释迦牟尼，2是苯波的朗巴尔格瓦（rnam-par-rgyal-ba）。3法鼓；4/5/6床；座位一二三四五（按先后/尊卑顺序）。

达旦本来睡在4，我来以后，他让出来，自己到6床去睡。他哥哥则与母亲、妹妹等睡在内屋。

他们喜欢在神殿待客。凡有客人来，则让进法殿，客人的座位一定是在家人座位之先，阿妈白康总是坐在最末。

五　野餐

我们朝圣隆普那天，达旦兄妹带上方便面（尼语造造），我们就在那山谷里煮方便面吃。吃的时候，座位图如下：

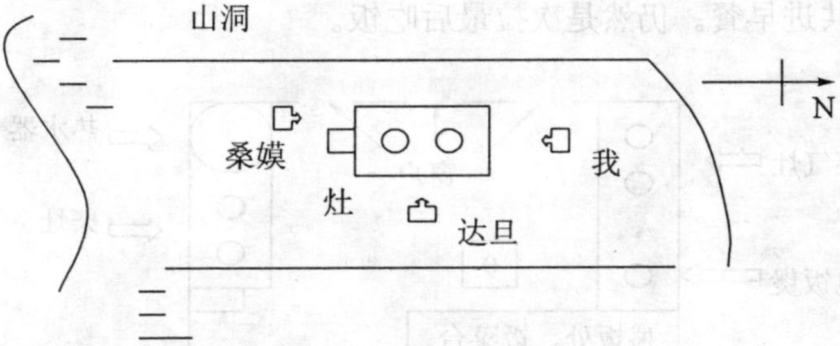

达旦先为各人盛好面条以后，我本坐在他的左侧，但他让我坐在如图位置。风是从我那边吹向桑嫫方向，所以灶中的烟都吹到桑嫫那边去。这是达旦让我坐如图位置的理由：这里没有烟。后来再盛饭时，便全是桑嫫负责，我和达旦不动。洗碗也是她。

六 家庭旅馆

这是洛曲米地区一家普通的家庭旅馆之一，有完整的旅游配套设施，包括厕所和淋浴室、餐厅等，但是更像家室。这里很少有游客前来。我是今年到我走为止唯一的一位住客，而我之所以知道这家旅馆，则是因为另外一个域其涅怎的推荐。推荐不是因为它是该域最好的旅馆，而是因为他们是涅怎。

藏历三月二十三日早上，我到厨房时，扎次已经入座1处，其右边为一本域人，索多的同班同学。饶密西（Ramesh）坐在对面5处。我进去时，索多同学意欲起立让座，我示意他坐着不动，我坐3处。索多一直站着，没有入座。聊天之际，扎次和次拉吩咐饶密西去办事，他出去。不一会，早饭做好，次拉盛了两个烧饼和一小碗菜，让索多给我。就在这个时候，他的同学立即起身离开到外屋。第二个饭食是给扎次，这之后，索多才端了饼与菜到外间供住客吃饭的饭桌，与同学共进早餐。仍然是次拉最后吃饭。

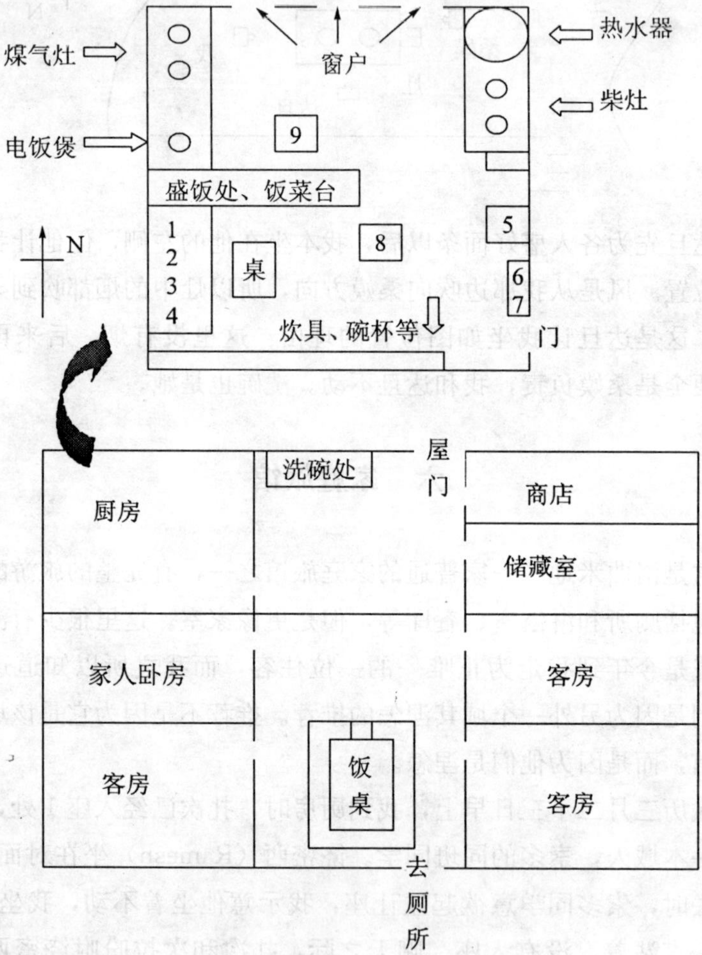

图中所示各个座位，尊卑次序如下：

1＞2＞3＞4＞5＞6＞7＞8＞9

其中 5 和 6 两个座位实际上是一大一小两个矮板凳，高约 2－3 寸；4、7、8 三个座位可以临时延伸或设立；1 与 5 是最接近食物的位置，不仅在空间上，而且是在逻辑中。实际上，这两个位置几乎最常是家户中男主人（1）和女主人（5）所坐。家中不时有域中女子前来，一般在 3 处小坐。9 是次拉经常“择”菜、用小刀切菜（在手上切）、做馍馍（域语 mo-mo，绒巴话同此，实际上是包子）等的地方，常常席地而坐，她在这里准备饭食，方向常是朝南。藏历三月二十二日十一点过吃早饭时，索多抬了饭盘坐在 9 处，朝北。这个座位看似最卑，实际上是整个等级体系得以成立、保持运转、活力常在并适时完成尊卑转换的关键。

藏历三月二十二日下午，饶密西回来吃饭，次拉为他盛了饭，他坐在 3 处，次拉仍然坐在 4 处喝茶。次日晚饭，吃饭之前，一名绒巴人前来喝酒，坐在 3 处，不久又来一绒巴人，坐在他之右 8 处，座位之末。索多居 4，饶密西居 5，我居 2。待我们吃完了，扎次仍然没有回来，次拉便在 7 处席地而坐，和绒巴人聊天。

每次为他人盛好饭以后，等他们吃得差不多，次拉才自己盛饭，坐在 5 处，有时就将盛有酸牛奶辣泡青菜的塑料桶放在地上，不时从中夹菜和饭吃。

同日中午一点钟，午饭。索多为我（坐 1 处）盛饭以后，自己也盛好，坐在 5，正吃饭之际，饶密西回来，索多为他盛饭以后，饶密西接过来，坐在 3，索多仍然坐在 5。1 和 5 之间的关系从性别间的关系转变为同性间的服务关系，或者客主关系。实际上两个少年关系融洽，谈话无拘无束；彼此间尽管有，但还没有太多的等级设定。

另外一家是接待游客相当多的家庭旅馆，我将在下面更大的背景中介绍。

七 年祭中的座位

域人复杂的性别等级实践贯穿在上述他们日常生活的各个角落。我再选择一个突出的例子来说明这种实践的日常性。

每年域中许多人户都要延请喇嘛，主要是苯波喇嘛举行年祭仪式，祭祀赞康，同时更换塔觉。按域人的传统，贵族只有幼子（嘎域似乎是个例外）、非贵族只有长子有资格继承家户的赞康、曲康，因此并不是每家户都有赞康。有的人家没有赞康，就在屋顶设日松贡布三尊小佛塔，也有年祭的。但是最常见的、而且是必需的年祭，就是上述有赞康的家户。

他们的赞康和拉萨地区的赞康完全不同。拉萨地区的赞康是某个村落或某一域有一户人家，其房屋建筑就是一个赞康，这里有一个神殿，供奉诸佛神灵，但主要的作用是由该户人家的某些成员为域人进行降神的场所。在洛域，赞康指的是家户屋顶上用土石砌成的一个半人高的祭祀台，主要是三角形的，极少是四方形的（乍域有一户）。

藏历三月初一早上七点过，我正在房中准备写一点东西，白玛先生来叫我，请我去喝茶，我便问需不需要“若巴”（帮手），他说：“需要‘若巴’哦，今天事情有点多。”我便很快收拾好出去，在他的寝室见到喇嘛白玛次仁正在和一名做食子的喇嘛聊天，原来是鲁绕的苯波喇嘛楚臣。

楼顶上，白玛家的绒巴长工普尔纳正在将赞康重新上彩。前一天，人们将赞康和它所在的楼顶全部涂抹成泥灰色：经历了一年风雨的赞康主体的红褐色和上部盖沿部分的白色不见了。这层泥灰色代表着一种转变的色彩，它延续一天的时间，仅仅一天，但呈现出一种阈限的色彩：旧的红褐色、白色通过它而转生为新的红褐色、白色。随后，普尔纳将赞康内插的柏枝，经历了一年风云雨雪雷电的旧柏枝，一一取出；将赞康下方的三角形孔清理干净，将新的柏枝从上方一一插入。接着插入的是漆成黄色的带铁枪头的木杆，上系白色哈达，随后插入求财的三头“央库”（dbyangs- khugs）竹竿，上压五色酥油做成的各种形状的花朵、月亮等，系五色哈达。赞康台上原来放置的“纳”（即蓝绵羊，英文 blue sheep）羊角不变。

我在此时被派去在昨日印成的塔觉上缝十块五彩小布，每色两块。完毕后到楼顶，已经是八点过，仪式已经开始。因为楼下的却康（神殿）内是萨迦派的僧人们在念“蛹”，且当日又是岗索，没有别的地方，便在赞康前临时设座，举行仪式。祭祀台上放置着红白食子，其北缘放置一盛有青稞的竹器，内插一神像，域人名之普尔巴（phur-pa），是喇嘛楚臣随身带来的。祭祀台北边的小台上放置着一个盘，盘中有酥油和麦粒做成的柱（酥油多于麦粒）名拉琼（域语，lha-chung）的。一旁的桑孔中煨起桑烟，一直持续到仪式结束。

随后人们将两根塔觉杆取下，将上面的旧塔觉和牵挂着的“隆达”（风马旗）都取下，换成新的。再将后庭中那根有两层楼多高的塔觉木杆放下，在上面又钉上前一日印成的新塔觉，然后重新竖立起来，边竖边喊：“达若达若（dar-ro-dar -ro）”。这个更换过程都在仪式进行期间完成。仪式在十一点半时结束，大约三个小时。这期间，喇嘛的一名助手，域人，随着喇嘛念经的进程，在喇嘛的指导下，将白食子、红食子供奉给赞康，或面对它，将头道白酒、青稞酒、牛奶、酥油茶和黑茶等一一用小勺洒向空中，并随之高喊：“请享用！（却，即 mchod）”

仪式进行到十点左右时，白玛先生换上藏装（曲巴），皮鞋也上油擦干净，不久其夫人也项戴大项珠，肩批白而净的素布，前来和喇嘛同坐，位置如下：1 喇嘛楚臣；2 白玛堂哥，年长；3 白玛；4 白玛夫人央宗；5 喇嘛助手，年长。

此后，白玛的堂哥作喇嘛的击钹助手，2－4 三人并需要随喇嘛的指导，随喇嘛不时高呼，或顶额默祷后，将手中青稞粒撒向空中。据云麦粒撒向空中呈花型，是向神致敬礼。不时点燃鞭炮，震耳欲聋。仪式中分食红食子一节，即助手将红食子切开，与众人分食之。中间或有休息。

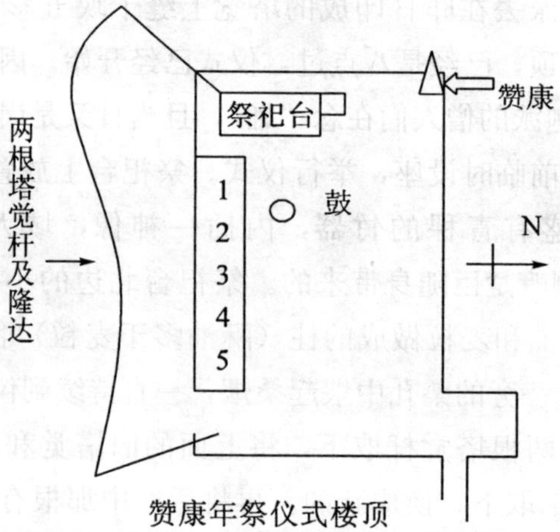

赞康年祭仪式楼顶
平面图

年祭仪式的后部，是白玛端了拉琼（酥油柱盘），先为赞康压酥油，从赞康的下部那个三角形孔开始，于三处压酥油，然后是赞康台上的羊角，也是左右角各三处，中间羊眉一处，然后是插在赞康内的塔觉杆一处，随后是屋角的两根长塔觉杆上，二楼门楣、后庭的长塔觉杆等，门楣每处是左中右三处，前去为家中人，包括所有绒巴长工和我头上压加酥油，边压边口中念念有词。比如在后庭中的塔觉杆上压酥油时，喊“达若达若，寿达若，身达若，命达若”等。然后是曲康的门楣、柱，完毕后，复至楼顶，由喇嘛为其头顶压酥油，同样念念有词，完毕后，由白玛向其夫人压酥油，毕后，将拉琼放回原处，仪式结束后，将拉琼送回却康，将佛龛下可移开的门打开，将拉琼放入空柜中，关上门。

年祭仪式结尾，有分食杯中尖尖地盛着的白糌粑一节，不仅是楼顶的所有人，二楼的萨迦派僧人，底楼的其他人（来帮忙的，以及旅店中的其他人）都分食之。

仪式完毕后，白玛背上喇嘛的包（包内是经文佛像），引导他下楼进入厨房，将包放在他日常的座位 1 上，但是喇嘛坐了另座，如下图：

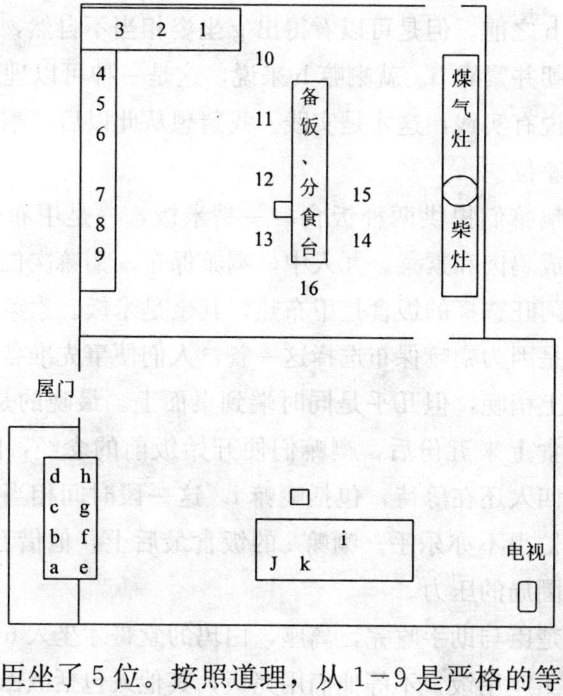

喇嘛楚臣坐了 5 位。按照道理，从 1—9 是严格的等级顺序，喇嘛应该坐在 1 位。他既然坐 5 位，4 以上的位置便无人敢坐，包括白玛，他前后忙碌，不坐下来。助手坐 6 位。人们给喇嘛奉上饭食，然

后是其助手。8处后来坐一位智力滞后的年轻女子（经常来旅店中擦地板），9处是一位女涅怎，年长。他们都不吃饭，不久离去。这期间，萨迦派喇嘛们上午的仪式也完毕，来到楼下饭桌边，坐等。人们便忙碌着为客厅中的萨迦派喇嘛们奉饭食。

他们在餐桌上的座位如下：

a喇嘛保布；b喇嘛次仁白玛；c喇嘛洛卓；d喇嘛尊珠亚佩；e喇嘛次旺；f一年轻喇嘛；g喇嘛土登曲达；h喇嘛阿旺。

另外一名喜欢看电视的喇嘛坐在i处。

这个座位有点“乱”，尤其是年仅17岁、刚从印度学习归来的g位于年长的h之前。但是可以看得出g坐姿相当不自然，有意离f稍远一点，面朝并紧靠h。就喇嘛h来说，这是一种可以理解的暂时的座位。如果说有实践，这才是实践。我猜想从此以后，喇嘛g会更加注意自己的座位。

主人给喇嘛们提供两种饭食，一是米饭，一是甲布热，即面糊团；菜也分成鸡肉和素菜。九人中，喇嘛保布、喇嘛次仁白玛、喇嘛次旺和喇嘛阿旺选择的饭食是甲布热，其余是米饭。素菜甲布热上得最快，或者是因为喇嘛保布选择这一餐，人们便事先准备它。鸡肉甲布热在程序上稍晚，但几乎是同时端到桌面上。最晚的是鸡肉米饭。当桌面上饭食上来五份后，喇嘛们便开始饭前的念经，随后开始享用，而另外四人还在等待，包括喇嘛i。这一段时间相当难耐，尽管主人在那里忙得不亦乐乎。喇嘛i的饭食最后上，他借看电视之机，稍稍缓解这圜局的压力。

待喇嘛楚臣与助手吃完，离座，白玛的堂哥才坐入6处用饭，之后白玛才入1座用饭，不等他们用完饭，其他人包括绒巴长工开始用饭。我坐7处，白玛长子安晶坐9处。我们之间是一个三四岁的小孩。白玛的姐姐坐在12处地上，绒巴女长工普扎坐14处地上，白玛次女次丹坐11处凳子上。最后，是央宗啦在白玛及其堂哥吃晚饭离开后，坐于1处吃饭。

奉饭食和吃饭的先后，被等级所定义：一种肌体自然需求的满足，就这样被文明所规训。或者，文明体系借饭食而体现自身。不同等级间短暂的等候时间，既是等级的体现，又是对肌体饥饿度的考验，更是等候食者个人尊卑荣辱的呈现。奉饭食者自然不敢稍有疏忽，但等候者的情况则有不同。有时众人已有饭食，而仅一人迟迟未得。众人，尤其是僧人，念经若干句毕，便开始吃饭，这时候唯一的等候者在饭食到来之前那短暂而难耐的等待，多呈现于面容，这是对主人和等候饭者双重的考验。主人须不得有过分长的上饭时间，使等候者过分尴尬，以及出现危险的等级破坏时刻，等候者则尽量克制，以不失平常的举止形态。一旦饭食到来，所有的紧张关系都瞬间消除。事后人们便有取笑、道歉和探问生气与否等话语，都围绕着饭食的等级序列而展开。文明，便多了几分说词。

我在乍域到时候，作为外来者，被赋予优先的位置，先于域人得到饭食。我可以观察到绒巴佣人排在饭食顺序的末尾，等待时，他看着右边的孩子吃饭，凡几次，那种对饥饿的克制和等待满足的过程，将等级体系嵌刻在个人记忆、味觉和嗅觉之上。文明就通过这些肌体而叙说自身，承载自身并传递下去。

言归正传。两种教派的喇嘛在同一时间、同一家户内举行仪式，我是第一次见到。他们占用主人家中不同的空间，也占用主人不同的时间，然而并行无碍。实际上，二教的仪式，从手势到供品到理念，都没有根本的差异。他们之间的关系在历史上早已确定和安排好，无需现在的纷扰。

苯波喇嘛楚臣先占用主人的寝室，用来制作红白食子；萨迦派僧人随其次；萨迦派僧人的岗索仪式是在下午进行，用来酬补神灵；苯波喇嘛的仪式同样是一年一度，请神灵享用，佑护更新仪式。岗索仪式在神殿中进行，更新仪式在楼顶，需要一神灵像和具有丰产意义的酥油麦粒柱。

年祭仪式完毕后，喇嘛楚臣下到二楼，在却康门外向众萨迦派僧人示意。他先在厨房用完饭食离去时，萨迦派喇嘛们正在大厅中等候饭食，他与众人一一道别。我看到，二教之间不是一种教派差异的关系，而是乡域之间、域人之间的关系。这是两派关系的基石和基本格局。

下午，喇嘛楚臣在“红屋”旅馆白玛卓嘎家举行同样的仪式，就是另一种情形。她家没有别的仪式，但是住客不少。佛殿便专用于年祭仪式，大约从下午两点钟开始，至五点钟左右结束。我去时在两点半，厄克罗巴提旅店的男主人塔钦正在喇嘛身边做助手，至三点钟时，本域的年轻小伙平措盎嘎替换他，一直到仪式结束。

位置图如下：

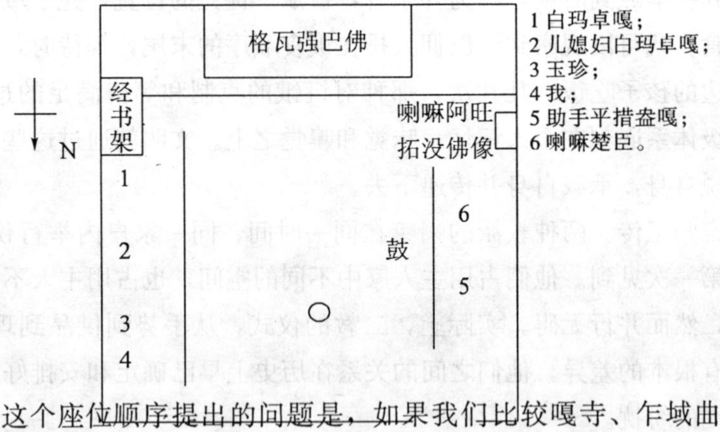

这个座位顺序提出的问题是，如果我们比较嘎寺、乍域曲果尔仪、肯嘎寺和鲁绕苯寺的座位，就会发现它秉持鲁绕苯寺和嘎寺的座位顺序，即尊者居主供神佛的左手边第一排首座，且阿巴不得与觉嫫

（女性）同排。但是却与肯嘎寺的座位截然相反，即觉嫫坐在主供佛古如仁布且的左手边第一排。在乍域曲果尔仪中，觉嫫则完全被排除在主供佛古如仁布且左右手第一排之外，而被安置在第二排。实际上，从性别的意义上来说，嘎寺作为男寺，是与曲米的觉嫫女寺截然相反的。那里，除活佛和堪布是男性居座位之首外，其余都是女性。在嘎寺，西方女游客被邀请与扎巴同座，尽管是在座位之末。

试比较次日白玛家“蛹”仪式时萨迦巴僧人的座位图：左手第一位空置，保留给喇嘛保布，这一排座位与右排座位不同，原因在于右排的座位是北壁与东壁座位连在一起，这个关联造成两个后果：一，两壁的座位是同一个等级序列；二，北壁为僧座，东壁为施主（主人）座位。

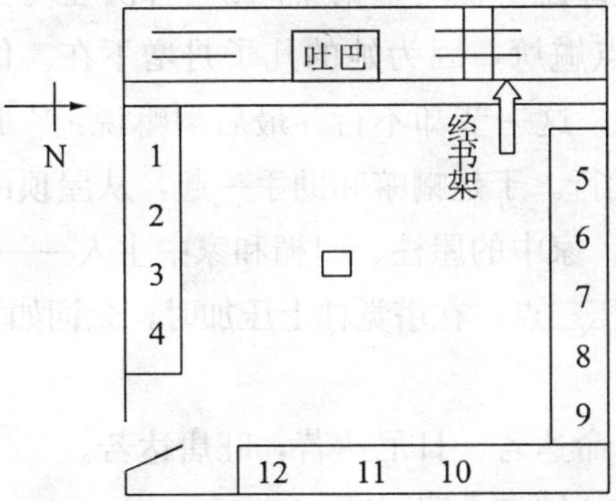

1 喇嘛保布；2 次仁白玛；
3 涅尔巴阿旺平措；4 边巴；
5 次旺（68）；6 洛卓（49岁）；7 阿旺；8 尊珠亚佩；
9 土登曲达；
10 白玛；11 央宗；
12 （不时的）我。

言归正传。“红屋”的主人在楼顶设有四个赞康，但其实只有一个男神（pho-lha）。人们早已经在四根塔觉杆上加上新的风马旗，四个赞康都粉刷上彩一新。比起上午来，下午的活少很多。除喇嘛主持仪式外，助手不时将食子与饮品从佛殿端到赞康所在的楼顶，一一请神享用。其声音大于上午助手的声音，且洪亮。他还负责燃放火炮。上午则是男主人白玛先生着手。

有几个关键环节与上午有不同之处。

一是这户几乎全部由女人组成，家中只有舍沃丹增（25岁）和一名佣工扎西（约十四五岁，绒巴人，藏语名）。而现在丹增前往阳布，家中便只有扎西一个男人。这样的家户使我们有足够的理由质疑舒西妮的研究结论，而家户的女主人白玛卓嘎曾是她的主要信息提供者。毫无疑问，佛殿中的祭祀全部由女人负责。

在这个名叫“男神祭祀”（pho-lha-mchod）的仪式进行当中，前来跪下磕头的，便是女主人舍嫫白玛卓嘎和儿媳妇，30岁的来自厄克罗巴提的舍嫫。不同于上午的是，他们是在格瓦强巴佛像前磕头；随后以青稞粒奉献给神灵的，也是他们二人；从约三点半到五点钟，都是二人坐于佛殿中完成仪式。期间，儿媳妇怀抱只有几个月大的幼女。

到仪式后部关键环节，即压酥油时，喇嘛问：“舍沃在吗？请他来压加达若。”白玛卓嘎有点尴尬，因为她的儿子丹增不在。仪式的其他部分都可以由助手替代，这一节却不行。最后喇嘛说：“那我来吧。”白玛卓嘎便趁机请他代行。于是喇嘛和助手一起，从屋顶的赞康开始，到家南门外的塔觉柱，家中的屋柱、门楣和家中主人一一压加，其中赞康下部的椭圆形孔是压三点；在塔觉柱上压加时，念词如下：

达若达若达若！

白玛卓嘎啦的寿达若，命达若，日尼达若，旺唐达若。

随后及于其儿子丹增和儿媳妇白玛卓嘎。

其他念词主要是两方面：一，祈求诸方面的福德；二，祈求对凡是能带来灾、害的都加以遏阻。

当我们把洛域的脉系理论作为理解再生仪的背景时，我们便看到嘎域“男神祭祀”仪式的两种模式，一种是主导性的，即白玛家的范式。城堡主人舍沃盎嘎家也如是。一种是补充性的，即白玛卓嘎家的范式。主导性范式中关键性的环节由家户中的男主人，即嫡长子继承人负责。补充性范式是在家户中的男主人缺席或者本来就缺男主人，或者说男主人暂时不在家的情况下，由外来的喇嘛代行。补充性仪式指明，在这种情况下，女性也是可以传承赞康并负责家户赞康的续生仪式。这不是一个简单的结论，它实际上是藏文明西南模式的能动结构的一部分，是它使得藏文明中心模式和西南模式的转换成为可能。

主导型要由家户夫妇二人（外来的妇从于夫）共同在场，着新衣，完成一年一度的赞康的续生。补充型则由家户中的女主人与外来的喇嘛共同在场，由喇嘛替行主导型中男主人的角色而完成续生仪式（喇嘛是外来的，从于女主人）。外来的苯波喇嘛与萨迦喇嘛不同之处在于，前者是脉系喇嘛，可以娶妻生子。因此，补充型续生仪式影射家户人口再生或婚姻的玛巴型理论，而主导型则影射纳玛型理论。

现代社会学中常有“社会病态”一说，即某一社会，在某一时刻，或某一地方，出现“不正常”的、“混乱”的情况，打破人们习见的社会秩序，引起“正常人”的恐慌、厌恶或警醒，于是便有“改革家”或“改良者”，乃至“救世者”应声而起，试图对“社会”进行纠正，为之“治病”，有投笔从戎者，有弃医从政者，有以笔为武器者，所在皆有，不一而足。然而如若秉从 19 世纪梅因、巴霍芬、克朗依和尼采等人的传统，我们便可发现这些现象并非“病态”，而是“社会”有另一种可能，有另类的行为规范。这两类范式是本书所说的域的能动者，处在一种结构性的位置上。

域的范型更为我们指明，这种关系源自更深刻的逻辑关系和现实，那就是人们习从于深深植根于域史的二元关系去思考。域的伟大之处在于它包容了两种范式，不以其中一种为“病态”，而是给予其宽广的域的存在空间。这里也有域批评家，也有域论，甚至也不乏各种乡域“公共空间”和“乡域话语”，然而人们总在域总体容许的范围内实践这些范型之间的能动活动。绝权主义（absolutism）只在

“西方”和“现代性社会”那里才有。

八　仪式空间的性别

五月二日，我得知嘎域又有一人去世：罗布次仁。此人生前我见过，走路颤巍巍的，那时我并不知道他已经因酗酒而病入膏肓。这天是星期五，第二天是星期六，不适宜出丧，于是当日就要火葬。

在丧仪中，性别时间—空间的划分也是明确的，那就是凡接触尸体的都是男子，所以仪式的开始（从住屋内）和结束（火葬处）都是男性时—空。中间一段，从居住处丧仪中僧侣念经时女眷来磕头，到送丧至域中河边曲登处，这一段女眷哭声连连而有韵律，算是女性占主导位置，但是在屋门外对尸体进行佛装（头戴五佛冠、腰盖佛布等）一节，用布毡挡住，不让女性瞻望。过曲登以后，女眷以及其他女性都折回，不得继续随行。这个时空流程如下。

生前	死后　家室内	家户外	丧路上	火葬处
	1男/2女磕头	1女哀号/2男佛装	1女送丧/2男送丧	1男
		1主2宾		

生死一线之隔，但是域人逻辑不改。

女性的时空以哀号的情感表达和沉默的饮食等后方服务为特征，而男性的时空则多以沉默和严肃的仪式操持为特征，但并不特别过分，言笑谈论所在多有。无论怎样，这里和中心藏区男女对情感、表情的压抑都形成鲜明的对比，除开黑算要求亲眷悲伤外，人们多不拘言笑。

在火葬即将开始之前，有两名域中女子提茶来火葬处，随即被人们喝止，他们乃止于百步之外，两三名男子过去，接过茶瓶，二女子稍待，即转身离去。后来我知道，即便女子去世，其他女人也不能到火葬处，仪式全部由男人操持。

与四月的丧仪不同，这次并没有扎那种瞻部洲似的架子，尸体是平躺在担架上；住持僧众达 12 人之多；到火葬处，将尸体处理完毕，抬入焚化炉中以后，域人也有三十余人坐等于火葬处附近，而不是如上次那样立即离去。我猜测是上次停尸于家中过一夜，域民都前往守过夜，这次没有，域人似乎是弥补此一节，但白玛说这次扎巴人多，所以大家在一边等待召唤。这次是萨迦派僧人，也与上次的梯日宁玛派喇嘛不同。此外，死者与嘎寺洛本喇嘛保布有姻亲关系，或许也起到作用，使域人多留了下来。

整个仪式隐喻的是域的逻辑，即父系脉系继嗣。丧仪显示男人如山，女人如河流，他们穿过山涧沟壑，绕着巍峨的山岳流转，使山岳滋润生命之水，山体因而各显缤纷之色彩，四季不同，花开花谢，叶长叶落，蓉芳凋零，风华秋实，皆因山水之赐，正如乡域的生命，乃在于男女相互流转的过程，但核心的仍然是男女间犹如杜蒙所说的等级关系。

男人是人生的终结者。女人则是人生的创造者。

人的出生几乎全部是女人的活。次拉生孩子的时候，扎次的母亲、她的宾家都来。她说："生孩子的那些活，剪（脐带），都是女人的活。如果是皮查来做，他脸红。"生孩子的房间，没有说男人不可以进去，但他们进去不能做什么事。77 岁的色肯尼说生孩子时要三四名女子做帮手，附近女子有经验的叫到谁谁就来。他的长子、次子出生的时候，他不在家，在宗松巴赶马帮，但最小的孩子塔钦出生时他在家。

出生后七日，举行洗仪，即将孩子洗干净。此时寺中喇嘛前来行饶尼仪，取名，然后定生辰（skyed-skar）。到一月、二月或三月的时候，夫妻双方的涅怎、宾家前来献哈达，喝酒喜庆。

一个新的生命，即将经受文明的印刻，而他/她又将为文明带来什么新的内容呢？

第七章　情感、命运与脏话

我问喇嘛保布为什么是一妻多夫，他说这是这里的风俗习惯，但是没有更多的解释，有点尴尬，但他很快说，有的人家有三个皮查，一个媳妇的。如果皮查之间有羌波的话，就呆在一起，如果没有，那就分开各自娶。我也很快问相关的问题，比如结婚的情况。他说，在决定是不是要共妻之前，弟兄要商量[①]，如果决定要，就由长兄前往人家家里求媳妇，娶回来举行结婚仪式的时候，如果是共妻，那就是媳妇坐在右边，弟兄们坐在左边。在娶之前，要请喇嘛测算星相，测算的内容包括星宿（skar-ma），日期（tshes-grangs）和曜（gzav）。按照规矩，长兄没有娶妻，弟弟不得先娶，所以如果是共妻，那也是哥哥出面娶妻。

妥宇（66岁）和弟弟卡朗（64岁），共妻为67岁。兄弟二人同在一起，我感觉二人在性格上、情感和心性上高度一致，似乎就是一个人。实际上，长兄说什么，弟即从之。哥哥凡有言，弟弟若补充，哥哥则住口不言。哥哥若出言喝止幼孙（两岁），则弟亦从之。但是

① 佩塞尔1964年春访问洛兑时记录道："这些一妻多夫家庭总是在所有当事人同意的情况下才成。当一个男子结婚，要征询他的弟弟们的意见。如果他们喜欢同一个女人，而女孩子又同意，他们就举行同一个婚礼——所有人都参与到婚礼中。不过，长兄保留根据其地位而有的权力，而其他事物中一切都是共享的。"Peissel，1992：179.

哥哥稍言即止，弟则继续说之。哥哥大多数时候“彰玛扎”（念苯波咒语），即手握念珠，口中讷讷有词，弟弟则无之。待妻子回来，三人同坐，其情恰恰。域人用“羌波”（vcham-po，感情融洽）来说这种关系，恰到好处。

实际上，共妻的兄弟如果不是情感上高度一致的话，共妻是相当困难的。有的家庭中共妻的困难来自于弟兄间的情感有时不完全一致，以及妻子与丈夫们的情感有重大差异。如果弟兄间感情高度一致，如果妻子对丈夫们没有特别喜欢谁和不喜欢谁，那便没有问题。

这种羌波关系实际上是到目前为止所有研究一妻多夫者所忽略的。他们都不把这种家庭视作感情的产物。言外之意，即被研究者是物，而研究者自己才是人。这是近世西方资本主义世界观（基督教世界观之一部分）的反映。东方的研究者多以自己文化中的庸俗唯物主义附和西方之说，实在卑陋不足言。

本章试图就感情和命运略作申说，关键在于把域人一妻多夫家户中的情感纳入到域人的总体情感当中，指出感情在等级体系内的结构性（一致性和互补性）和职业的互补性。个体的命运即在其中，由个体操控和被操控。

四月十日晚饭后，与央宗和她女儿次丹啦聊天，我问阿妈啦这里有没有两个格妹或两个丈夫的情况，她说现在两个妻子的情况已经没有了，但是共妻的情况仍然有。我问：“你们对这个有没有什么说法呢?”她说：“这都是以前的，现在比较少了。如果两个丈夫合得来（cham-po-yod）的话，那家就可以，如果合不来，那就苦（vdug-gi-red）。”

有一次我问西次会不会做饭，他说去年冬天（就是四五个月前）他一个人与饶密西在家三月，有十六个韩国人来此拍照，他们带厨师，他只为他们做茶。后来次珍说她冬天与玛噶去颇克拉、阳布各处，见见孩子，一共两个月二十五天（她如此精确）。说这些话时，西次不住用后脑勺碰墙。与世人所想“妻子让某一丈夫外出”不同，这是某一丈夫与妻子外出。

索珍本来与拉平结婚，后来喜欢其弟弟，二人便住到宗松巴，租房种地，自家有地一两块，又替人种地交粮，但她还是不时回来。

在所从事的工作方面，共妻者大多在一年当中的相当时候互相补充，农忙季节则共事于田。78岁的肯嘎色，早年四出经商，赶马帮，去过尼泊尔的颇克拉、阳布、多波，印度的斯立古日、加尔各答、阿萨姆、德里等处。而他的弟弟几乎全是为人佣工，只去过颇克拉，从颇克拉去过印尼边境，步行约三天时间的地方，此外的地方都未去过。

嘎域白玛与夫人结婚，他说是“love marriage（爱情婚姻）”，但是一下不知道地方话怎么说，他想了一会，说：“我们的话没有，就是森拉吞巴热（sem la ten pa re，动心）”。他曾请一位中间人去说婚，请求她的父母把她嫁给他。事情就是这样的。我问：如果她父母不答应呢？答：不答应就“偷”过来。

一　喇嘛保布

保布喇嘛本名勒谢强巴，是寺院中喇嘛给取的名字，因为是最小，所以父母叫他巴布，音变为保布，人们即呼为保布喇嘛。但是他说：寺院那么多人都是最小的孩子，被称呼为保布，如果都叫保布喇嘛，那保布喇嘛多得很。

喇嘛15岁入寺。三年后发比刍戒，为比刍（Dge-tshul），根本喇嘛为萨迦派三大仁布切之一的赤钦仁布切，因为嘎寺属于萨迦派的俄尔贡巴。赤钦仁布切曾经从西藏到沛域来，用了三个月的时间。他在洛满堂住过。后来到过嘎寺。

保布喇嘛做洛本（经师）已经 25 年。在此以前，需要担负寺中的职责，包括最基本也是最必需的领经人（翁则）、洛本和涅尔巴（管理员）各 1 年。保布喇嘛小的时候，曾经见过寺中的三名高僧，第一是竹仁巴，这是很有造诣的人才能获得的称号，他是在俄尔派的塔巴寺（一小寺）获得这个称号的。他在西藏住了 16 年。第二是果不佳喇嘛，他在西藏住了 14 年；两人都是在 25 年前，大约 60 岁去世的。他们都是当北人。第三人名叫索玛，是嘎巴，大约 20 年前 60 多岁的时候去世。他在西藏住了 3 年。“以前我们都是去西藏的。”当我问到他朝圣的情况时，他说他们后来就去印度的萨迦寺朝圣。“活佛在哪，我们就去哪”。

三大仁布切的位置/等级如下：

25 年前，保布喇嘛依止萨迦三大喇嘛之一的鲁定喇嘛，静修九个月，就在后面（曲米方向）山上的洞里，名叫鲁竹普（Klu-grub-phug）。静修洞分为内外两部分。里面部分是静修室，外面是做饭的厨房。在洞外不远有一个厕所（他用的是英语的音译，Toilet）。在没有人看见的时候解手，否则就有罪孽（Nyes）。静修如果没有人做饭，那就需要一年左右的时间，如果有人做饭，九个月就可以完成。静修期间想象根本喇嘛从头到口到心，念诵咒语。咒语有两部分，第一部分来自《广部》（Rgyas-mdo）中部，292—293 页，要念三百万遍，另一部分来自《誓言》（Dam-tshig）第 17 页，要念一百万遍。

在念诵过程中，为了计算这个庞大的遍数，采用一种项珠链。项珠链的开始部分是21颗，这部分需要念诵有关古如的经文，即“唵阿吽叭查古如白玛萨达吽”。这是祈祷（墨朗）。在这以后念诵才算有效。如果没有进行静修，举行仪式就没有意义。扎巴在静修以后，才能为人举行仪式。凡是举行仪式的地方，必有僧人曾经静修过。除此之外，他还在寺中静修过3个月。

喇嘛静修分为三个级别或种类：静修三月，是最基本的要求，方可以为翁则、涅尔巴；静修六月；要做到学经师（洛本），则必须静修九月。静修时间越长，举行仪式的效力便越大。所以只要可能，人们总是请静修时间最长的喇嘛来主持仪式。

保布喇嘛一共三个亲戚，都是本地出生。最大的是姐姐，名叫达瓦普赤，其丈夫是塔科拉（Thakola）人，名叫辊桑，他是达瓦普赤到下面去干活认识，从而结婚的。这个地方在下朱几地方。如今夫妇二人已经去世，其子女有三男两女，他们和嘎域涅怎的关系是：如果嘎域派人去叫，他们会来，但一般不来。第二个孩子就是他的大哥，娶妻名叫曲卓。夫妇二人育有一子，名叫戈没色基，后来曲卓去世，大哥另娶30岁的色尔桑嫫，这次是与弟弟仓多吉共妻。那是43年前。色尔桑嫫共有四个孩子，两子两女。

保布的大哥比他大14岁，二哥比他大11岁；他今年69岁。大哥是在55岁上，28年前去世，二哥也是在55岁上，25年前去世的。在过去的25年中，家里都是色尔桑嫫做主，如今她已经73岁。对她来说，尽管保布还住在家中，不过是在需要的时候出面照应而已。他不管钱财。她的儿子前往印度经商，是她给的钱做资本。举行格细仪式，是她给的僧缘。每人大约200到250元。保布喇嘛说，“如果她不给钱，仪式做不成；如果她不给钱，扎巴们谁来哦?”她负责家中的田地耕种和灌溉，负责请人和换工，负责日常用度，总之她负责一切。作为“阿库”（叔叔），喇嘛并不给她的孩子们任何钱：没有理由给。

他的父亲名叫嘎米，母亲叫彭却，都是嘎域人。父亲下面是妹妹，名叫聂尔达（nyir-rla），丈夫多布杰，本域人。他们有一女两子。长女名叫仁青，长子夏莫次仁，其弟弟名叫阿旺。聂尔达下面是巴桑，妻子名叫穆迪。他们的长子曰罗布占多，61 岁，现居嘎域，次子名边巴次仁，58 岁，妻子是洛巴人，有一子，现居阳布。最小的名白玛仓姆，56 岁。嘎米大概是在保布喇嘛 18 岁左右的时候就去世了。我们聊天的时候，他曾问及是否要写他父亲的弟弟家的情况，并补充说很早就分开住的。在我的要求下他还是谈了。

从保布喇嘛家四代人的谱系来看，他的父亲是长子，所以继承家中的主要财产和家系的传承。巴桑不能传承家系和主要的财产，分居而住。他是三弟兄中的“帕玛”，按当地风俗应该入寺为僧的，但是却结婚，而让最小的弟弟入寺为僧。这种情况在保布喇嘛这一代又重复。他的大哥与“帕玛”共妻，不过具皆早逝，家中的主人便由媳妇来承担，传承的仍然是丈夫父系的脉系和财富。到下一代，“古如”作为“帕玛”（“帕玛”的计算完全是按照长子父系来进行，不考虑不同母亲的问题），入寺为僧。最小的儿子扎西次仁则外出营商。在丈夫去世后，母亲是随幼子。

保布谈到自己替二哥入寺为僧时，有一种根本没有什么的感觉。入寺为僧，不结婚生孩子，也就不积聚第巴，这是一种善。他在十年前曾经朝圣康仁布切。当时有嘎域 8 人，达嘎宗 4 人，梯丽村 2 人，一共 14 人走路前往。在噶玛巴从西藏出走以前，这里都是可以通的，听说那以后就被卡了。他说：“到仲巴县，不给巴斯（通行证）。不给巴斯那就算了，走路去。那次是和白玛先生的姐姐等人一起去的。”但是大部分域人都没有去过，他们说：“得不到签证”。他去朝圣康仁布切，去需要一个月，回来需要一个月。每当我想到千里迢迢远道而来的这些朝圣者，心里就有一种特别的敬意。

一天傍晚时分，在路上见到保布喇嘛，肩扛着一捆干稻草，走在三四马后面，我便跟上去做帮手，在牲畜圈中给那些马喂干稻草，然后陪他回到寺里的住处，那是在二楼上，从窗口可以望见远方稍下面的嘎域曲米河南边部分。他进入室内，点燃一盏酥油灯，放在萨迦派三大活佛的相片下方，燃上一根香，随后用柏枝一类的东西从小瓶中取一点水在空中洒下，最后在相片前方默祷一会，离开。这里是他夏天的住所。我们绕了一圈嘎寺大殿外的转经道，进入大转经筒殿，转数圈，出寺，从城堡背后走到城北，绕过玛尼墙。在城北路口的时候，我感觉到他略微有点犹豫，随即走上转经道，而不是像平常俗人过路一样逆转经道而行。他的那个犹豫很有意思。当时我已经感觉到他气喘吁吁。本来他没有必要走那个转经道的，但是有个外来的观察者在场，情况便不同了。

他回到嫂子所住的家中，取了手电筒和批衣，回到念“蛹”仪式的人家，继续念经。我们在楼下门口作别，我恭敬地倒退而行几步。

二 舍沃拉巴

舍沃拉巴今年68岁。我见到他的时候，是藏历三月十四，他刚从阳布飞回来，为的是参加域中的曲果尔仪。乍域人一共分成四个巴支，每巴支负责一年的曲果尔仪，如此轮流，今年刚好是拉巴所在的巴支负责。他负责本年的佛灯供奉。他说他的两个儿子都在美国做工，供奉佛灯对他们有好处。他要供奉1000盏佛灯，每天供奉108盏。仪式完毕之后，他又将飞回去。

乍域涅仓大殿一角，在喇嘛们用餐的间隙，他热情地给我介绍他的脉系，后来又为我引见域中耆旧，带我参观乍域旧城，他们贵族的旧居。第二次见面时我便希望能和他聊天，但是他带着我转完半个旧城后，采用一种相当委婉的方式回避。就在我以为和他聊天无望之际，第三次见面时我又提起此事，他却意外而爽快地答应下来。我们来到附近一家人的屋顶上聊开来。

若干次后，我们的话题深入到他的酿录和酿嫫们上来。

他有一个婚外的女儿，名叫巴桑央宗（简称巴央），其母亲名旦觉，非贵族。巴央与他的婚内长女桑日是同一年出生的，但大后者九个月。巴央有一女，也是非婚生的，其父亲是普让次仁达瓦的儿子。巴央把女儿送到阳布读书。当我们说到巴央的女儿时，舍沃拉巴说："跟她妈妈一样，也是没结婚生的"。作为巴央的非婚父亲，舍沃拉巴给她地耕种，可耕种十二年，如今已经过去八年。十二年满后还回来，拉巴说："因为我还有女儿"。另外他又把旧房子让给她住，住多久都可以。

巴央有两个同母的哥哥，长兄绛措次旺，父亲名洛觉；另一个是次仁贡嘎，父亲是西扎。绛措次旺后来前往帕拉做玛巴，妻子死后又与一洛满堂女子在一起，现在"外国"（美国）。次仁贡嘎与一名博巴女子结合，后来分开去了印度，博巴格妹则在加德满都。

旦觉现在约 72 岁，终生没有与任何人举行婚礼。她有一姐姐，名普赤梅朵，和她不同父。普赤梅朵父亲是鲁绕人，出嫁前与母亲同住，后嫁普让人堆旺，生一女。与旦觉同一父亲的有四兄弟，长兄旺加，旺加弟弟普拉，普拉弟弟边巴，最小的是旺堆齐美。他们的父亲是乍域人。

舍沃拉巴另外有一酿录，其母是本域人拉曲。拉曲本来有丈夫，本域人扎西，早逝，生有一子名旺堆朗杰，还有一女，此女生有一女，其父亲是吉隆人，曾在乍域为藏医，遇见她母亲，便生下孩子。

吉隆人现另有家室。扎西女现居阳布。拉巴和拉曲生下孩子，孩子和母亲住在一起，两岁多的时候，拉曲去世，19岁的朗杰旺堆带着弟弟，喂他牛奶。此时恰有美国人前来领养，舍沃拉巴以父亲的名义，在手续（lag-vkhyer）上按手印后，让美国人领养去，如今已过去十一年左右，他已经记不得孩子的名字。旺堆朗杰并未结婚，去美做工也已四年。

拉曲在丈夫死后卖房还贷款，住到舍沃保布给的一处房屋中，后来又住到自己阿相（舅舅）的房中。拉曲死后，朗杰旺堆继续与母亲的阿相同住。拉曲的地没有变卖。

舍沃拉巴在大约二十年前将祖上房屋三果扎（三间；每间四柱，很大）以2500卢比卖与拉曲的哥哥。

舍沃拉巴另外有一酿录一酿嫫，五年前，酿录在2—3岁时，酿嫫在五个月时死去。他们的母亲是肯嘎人达涅尔。达涅尔本来有丈夫，普让旦增，人们称为“果巴”，十二年前去世。旦增生有三女。

舍沃拉巴去印度平措林经商，冬去春来，这是他一生的事业。他说：“不经商，没有吃的。”三年前，他从印度回来时，看到达涅尔和别的男人睡在一起，“我就对她说拜拜”。这是最近一个为他生过孩子的女人。

我们可以把域女生育的情况分为下面三类：

一、婚内生。即孩子出生在父亲家中。这是洛域占主导地位的域女生育情况，也是洛域后嗣传承的主导方式。

二、婚外生。包括婚前生育（比如乍域舍沃达拉所娶格妹绛巴）和丈夫死后或与丈夫分开后与他人生育两种（比如舍沃拉巴与肯嘎达涅尔、嘎域巴嫫德钦的情况）。

三、非婚生。此处专指乍域旦觉这种终生未曾结婚，但是有生育的。这种情况为数不少，比如鲁绕的次仁卓玛、觉嫫楚臣等。

后两种生育产生酿录和酿媖，但是如果孩子是在男方家中生下来，则不算，所以第二类生育处于中间地带。

域人说，以前未婚生的子女很多。么么谢饶的宾家（男）就和别人生过孩子，而谢饶的夫人也是酿媖。舍沃强巴年轻的时候，乍域就有酿录和酿媖六七人。一天我们聊天，说起酿媖酿录，乍域次仁拉媖说："以前人们（这里指的是女子）傻啊，不懂；现在少，人们（女人）去医院，所以生的少了。"鲁绕巴桑也是一模一样的答案。那时接近晚上九点钟，她十八岁的女儿在内屋睡着（可以从我们聊天的厨房见到），我正和她及其邻居雍仲平措谈论目前域中青年围着一个外国来的女子转。这名女子将在鲁绕呆较长时间。我开玩笑地说："这样下去，可是要生下很多酿录酿媖哦。"巴桑笑着说："不会。以前人傻啊，不懂，一定要生下来；现在都吃药，去医院。"雍仲平措神秘地笑着，朝里屋望了望，想知道她的女儿是不是听见。

从域人的这些想法里，我们可以推导出很多有意思的看法。

关于旦觉与舍沃拉巴的关系及他们各自与其他男人和女人的关系，图示如下：

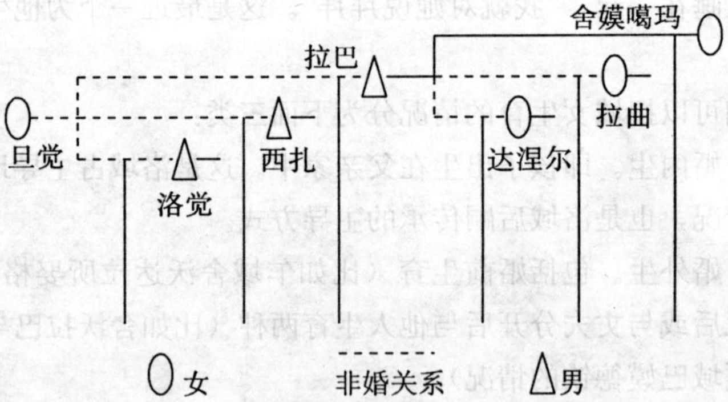

旦觉和舍媖噶玛处在遥遥相对的两个极端，但并不严格相对；与旦觉相对的域女类型，有曲米喇嘛强巴饶革的孙女、舍沃局米的女儿

舍嫫普嫫。她的情况在第十章第一节有叙述，这里我们且把它图示如下。

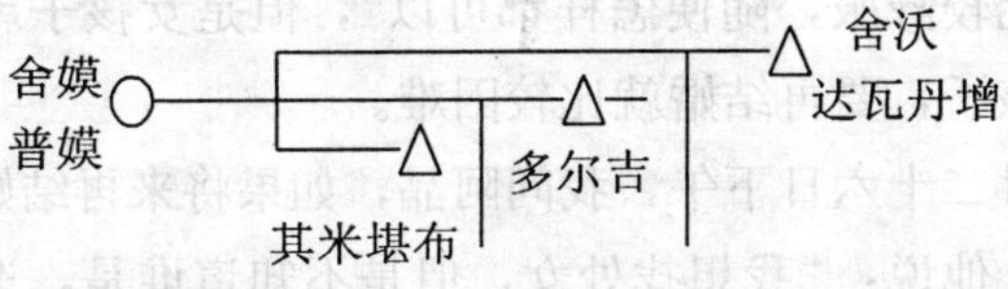

这种对比让我们更深入一步。在梯日，我们看到两姐妹拉珍与仁真和两兄弟什布与拉央的故事，尽管他/她们没有生下任何孩子，但是即便生下来，没有人会说他们的孩子是酿录或酿嫫，尽管他们只举行过一次婚礼，而且是在长兄和大姐两人之间举行的婚礼。他们全家两代人渴盼的，就是生一个孩子。巴嫫德钦和她的姐姐巴桑与巴桑的两个丈夫巴珠和多吉仓的关系及其命运就完全不同。巴嫫德钦和康巴丈夫离婚后，和多吉仓生下酿嫫。巴桑的两个丈夫死后，她成为家中的主人，巴嫫德钦现在是一个人孤独地生活。我们不知道，如果换一种情形，比如说巴珠和多吉仓此前没有生下子嗣，而巴嫫德钦生下的刚好是一个男孩的话，她的命运会不会像梯日的仁真，成为佩桑家户中的一员。

三 闲谈见真

（一）再婚

乍域有一女子白玛，先与域人多吉结婚生一子一女，后分开，儿子随父亲，女儿随母亲。白玛后来又与域人丹增结婚，生两子两女。丹增为宁玛巴，域人说他颇富学识（云登），现已去世。他的女儿名桑珠，约二十六七岁，曾与域人旺堆平措未婚生一女孩子，今年送到鲁绕的学校中学习。二人并未结婚，旺堆平措已经去美国做工。我问域人，将来他/她们会不会结婚，得到的答案是不太可能。

他们都知道，男孩子即便是离过婚的，选择的幅度很大。域人的说法是“他比较舒服，随便怎样都可以”，但是女孩子就不同。如果是离婚的女孩子，要再结婚就比较困难。

藏历三月二十六日下午，我问阿晶，如果将来再结婚，是否要处女（virgin），他说：“我想找处女，但是不知道谁是，谁不是。现在阳布、颇克拉没有处女了。”我问：“假如你行羟萨礼仪以后，才发现她不是处女，怎么办？”他颇沉吟一会，说：“那会很困难。”

阿晶今年30岁，小时候曾去迥松、阳布等地读书，在域中待的时间不长。从二十岁到二十八岁，去日本劳务，前六年是在饭店中做侍者（helper），工作轻松；后一年多去建筑工地，工作甚苦。在日本时与一乍科（乍域）女子因互相喜欢，遂结婚，那时候在日本的域人前来给他们奉份缘。因为是在日本，并未生孩子。五年前他在阳布买一块地，半个若巴里的样子。回国后，因为她喜欢阳布，要在那里待下去，但他不喜欢，在那里没有工作，所以回域中，两人因此离婚（他说是 devoiced）。二人分开的时候，地是他的，二人所攒钱平均分。

他父亲希望他与一嘎巴女子结婚，但他没有感觉。他说对嘎巴女子没有动心（sems-pa-then-gyi-mi-vdug），不结，他父亲竟无可奈何。他在阳布时曾追求一个达芒（Tamang）女子，长相好，但抽烟喝酒，没有成功。现在考虑的是宗的女子，或许是乍科的。

沛域有一个“国际徒步公司”，在域中设有一旅馆，派驻办事员（都是男子）常年住在域中。其中有一个青年拉巴啦，达芒人，29岁还没有结婚，他会藏语。因为旅店生意少，无事可干，常去帮忙，对阿娣总是很关照。有一次阿娣右眼生病，肿得厉害，他不时来看她，有一次还特别在我面前查看她的眼睛，显示出与她的关系不一般的情状。

我想，对一个离婚七年、已28岁的女人来说，这个男的应该是她目前最好的、最可能的对象，便对她挑明拉巴啦是在追（date）她。她说：“I don’t know”（我不知道）。然后咯咯一笑，问：“Do you think so?”（你认为是这样吗?）

我又前去旁敲侧击拉巴啦，希望他将关系挑明，但是他说：“我们只是朋友。”

我说：“朋友也可以结婚啊。”

他说：“很困难，她有一个女儿。”

有一天我问她原来的丈夫，她低下头说：“我们已经分开了。”原来她的丈夫是加德满都附近偏远山村的达芒人，曾做过跆拳道的教练，八年前做导游来到旅店认识她。那时两个人的关系还没什么。后来她在加德满都见到他，两个人的关系才好起来，随后结婚。他们没有从政府那里领结婚证，也没有举办仪式，但她去了他的家乡，他请了亲戚和朋友一起举办了仪式。他们一起生活了三年，她生了小孩。他们分开的原因，据她说是“他所作的，我不喜欢；我所作的，他不喜欢”。孩子归她抚养。她低下头说：“因为没有政府的文书，所以我不能争（fight）。”五年来没有再见过面，“有人说他在香港”。

她的父母亲对她的婚姻不怎么高兴。现在她的孩子由她的父母养。她担忧的是她的哥哥成家以后比较麻烦。她哥哥的妻子，按照当地的风俗，“你知道，在这里很难与她相处。”她说到时再说。她的弟弟将来会回来，但是不会住在这里。

如果哥哥结婚，她或许要去加德满都，或许另外住。她说他们有老房子，可能会去那里住。下学期（一个月以后），她要把孩子送到迥松去上学，因为那里的教育要好一点，但是迥松没有藏文课。小孩子的教育都是她的父母出钱，因为她没有钱。

我曾经和次拉提到在离过婚后又结不成婚的情况下，做尼姑是不是可以。她说："可以去做觉嫫。有的女子不愿再结婚的，就把头发剪了，到寺中做觉嫫去！"她说这话的时候，颇为果决。

（二）动心

藏历三月二十二日那天早上，我在厨房喝早茶时，与白玛的姐姐、其夫人央宗、他的两个女儿次丹以及香娣（即绒巴名字 Shanti）聊天，他姐姐说："以后你回中国，把我的女儿次丹和香娣都带上"。大家笑。我说："（我家人）他们会很惊讶的。"

说到域人不与肯嘎人、帕拉人通婚时，她说："我们那时说不要把女子给绒巴人，不要把女子给康巴人，但只要森巴吞（动心），还不是结婚了?！现在只要动了心，就去了。"

我问她："如果一个男的先对一个女子森巴吞，然后过一段时间分开，找别的女的结婚呢?"

她说："这样的人'毒'（藏语坏的意思）。如果是男的把女子扔掉，另外找，人家会说这人不好，把女子扔了。他会很困难。这样的人，我们不和他结婚。如果是女子把男子扔了，另外找男的结婚，这就是女的'毒'，女的不好。"

我不知道她这么说是不是有别的考虑，但是域人确实有这样的想法或者担心。

有个案例，来自乍域。域中有多尔吉者，娶域女白玛为妻，生有长子白玛欧珠，次女吉巴尔。在孩子约六七岁时，多尔吉将格妹"扔"了（并不是因为没有生下儿子才这么做的），另娶普让女子年达尔，现约 63 岁，两人生三男一女（女子居第二）；后来白玛和域中丹增（已去世）结合，生两女（最长和最幼）两子（居中）。他们先前的孩子，白玛欧珠随父亲，吉巴尔随母亲（完全按域人的离婚原则）。白玛欧珠婚后生两女，今与妻子在日本做工；吉巴尔与本域人结婚，生三子一女（女居第三）。多尔吉后来举家迁往阳布。

次拉说："苦就苦在年幼的孩子。"域人认为夫妇生了孩子又离婚的不好。她说："如果结婚后还没有生孩子，离婚的话就可以；有了孩子又离，不好。对孩子来说，都是他的命（藏语即勒，las）。对吧？"

域人猜测是多尔吉后来见到年达尔年轻漂亮，动了心，便和白玛分开。"（年达尔）没有结婚生孩子的时候漂亮，结了婚生了孩子，现在都63岁，老了。"

（三）命在他手

四月二十六日那天晚上我在嘎域，和阿佳次丹、她的母亲央宗等聊天。我们的第一个话题就是有关在山上建房的问题。次丹很快就将可能性纳入到嘎域文化氛围中。我说那里视野开阔，有钱的话就在那里建一座房屋，建玻璃房，开客店。

她有点生气地说："现在嘎域旅馆那么多，你在那里建旅馆，我们吃什么？"她随即否定我，说不可能，"外国人不可能买地建房的"。我便说先要找一个格妹，然后建房；她说："这里对和外地人结婚是不给地的，只给金银首饰衣服等"。

我问："上次结婚的怡珍，她妈妈不是给了一块地吗？"

她答道："那是因为她妈妈只有一个孩子。"

我又问："那我做玛巴（入赘）总可以吧？"

她的阿妈笑了，次丹说："这里如果没有儿子，只有几个女儿，先是长女入赘女婿，然后才是次女。你算算，这里有哪几家是只有女子的？"我便说亚细亚那家，她说："人家有儿子。"我又说喜马拉雅那家。她说："那家有两个儿子，一个在美国，一个在家。"

我说："对了，白玛卓嘎家。她的儿子生了三个女儿。"

她说："人家太小了，等长大了你都老了。"

我说："我可以等啊。"

他们笑。次丹说盖房子是我做的梦（dream），这个想法想岔了，不现实。随后她问我，嘎域最主要的事是什么。

我说："生一个儿子。"

她说："儿子重要，女儿就不重要？"

我说："当然咯。"

她说："不要对嘎巴女子说这话！儿子女子一样重要。"

我（故意地）说：一定要生一个儿子。女子要不要无所谓。

她无语。我随即开玩笑地说，最重要的就是先压加，然后结婚，坐在青稞上，敬哈达，然后生孩子。

他们笑。

次丹说："梯日女子怎么样？有好的女子哦。"

我说："扎西拉嫫吗？"

她说那是她阿尼。

我又说要到乍域去找，她说："尽管乍域比嘎域还要大，但那里人去美国的多，有一半以上离开域中，嘎域也有许多人离去，来域替代者多是多波人。"随后又开玩笑地说："那里女子多，尽管去找。"

说话之际，次丹的哥哥进屋来，我们便停止开玩笑，尤其次丹不语，改和母亲说其他的话。我察知这种话题（男女两性关系）在兄妹间是禁忌。等她哥哥走后，我们又聊起来。后来她很严肃地提醒我：如果她爸啦、哥哥、表兄弟（她说 cousin-brothers）在场，有顾秀啦（此即扎巴）在场，这些话不要说，"我们害羞"（ngos-tshar）；但有表姐妹（她说 cousin-sisters）在场，可以说。我诺诺连声。

前一天下午在楼上和她姐妹聊天。我问她家的土地有多少，她算了一下，有十二块之多，随即面带忧虑地说："我哥哥和弟弟结婚，他们平分，一人六块，就少了"。我问："你结婚时你父母不给地吗？"（尽管我知道她俩都已离婚。）她说："如果他们有库西（感情，尼语）

就给，但还是得看他们。”由此旁证兄弟二人共妻不分家，财产确实可以得到保持。

乍域扎西次仁的父亲现住在颇克拉的家中，母亲已经去世；现在他父亲仍然是家中掌管钱物之主人（达波，即bdag-po）。如果父亲不在，则是长兄负责。实际上现在他们前往各域走动时，结名都是长兄噶玛[①]。扎次有四名男宾家，大哥噶玛啦，二哥达拉入乍曲德寺为僧，他是老三，弟弟边巴已经去欧洲十年，其间回来过四次，其中一次回来结婚，将格妹带去，生了小孩，又回来过一次。次拉说这家人是没有分开的，还是一家人。那意思是财产包括土地和房屋等都没有因为儿子们结婚而分。按扎西次仁的说法，家中 12 人，有四女八男，男多于女。

（四）脾气

域中一女玉珍，今年 26 岁，属于心思少、心直口快的那类女人。她的脾气和她姐姐的脾气相当不同。她姐姐阿嫫 28 岁，性子温和，不喜欢主动、直接发表自己的看法。你若问她：“××是不是这样？”或“××好不好？”她总是会说：“I don’t know. But I think……（我不知道，但我认为……）”她很少大声说话，极少发脾气，对家中的绒巴女佣也很少呼喝。若有不如意，她会自己动手去做。这样一个温和的女人，她的丈夫竟然和她分开，只能说明这丈夫有问题。

玉珍性子直爽，心中有什么就直接说出来，性格比较刚强，这是极不好共同生活的女人，和她在一起总得小心翼翼，你得时时看她的脸色行事，但总难使她事事满意和高兴。她动不动就对女佣发脾气，

① 按边觉的说法，在白朗县德钦村，“尽管在共妻者之间有一个强烈的公平价值，一妻多夫婚的一个关键要素，乃是一个清晰的权威结构（authority structure），也就是说年幼的弟弟们总是在担任家户首脑的长兄的权威之下。只要他在家中，其家长的地位就是无可更改的。年幼的弟弟们没有机会改变自己在家户中的地位”。Jiao，2001：198.

大声说话，稍有不如意就表现出厌烦的样子，并加以呵斥。这样的女人带着喜马拉雅山的野性，洛域文化氛围赋予她率直的性格，可是少几分文明的熏陶，加上印度教文明的北进，造成一种混合的文明气氛，一方面她是绒巴人对“男女平等”理想的现实体现，另一方面又是嘎域男人很难对付的那类女人。

她有时也想遥在加德满都时认识的男性朋友，会在同一个时间段，先后给他们打电话，聊几句，说说笑笑。离婚已经三年的女人，在这个年纪，正是第二次怀春之际，谁知道什么时候能梅开二度呢？

5 月 7 日那天我在厨房问她：“你最近总在想什么。”

她问：“为什么？”

我说：“因为你不高兴。”

她说：“我在想我的丈夫。”

我说：“今天我在路上碰到扎西贡嘎（她的前夫）。”

她眉毛一扬，转头对我，有嗔怒之模样：“你们都聊了我些什么？”

我急忙摇手：“我们没有谈你。”

她仍然有些气，疑虑的样子：“你为什么总在我面前提起他？”

我说：“因为我觉得他英俊。”

她又是一气：“在你看来英俊，在别人就看不出来！”

我换了话题：“你的丈夫叫什么名字？”

她脸一松，略带笑容：“米没多主（米没是人没了，多主是骂人的话，说人家是酿录，她在骂她的前夫）。”

我说：“米玛多吉？好（米玛多吉是非常普通的域人名字）。”

旁边一位嘎域女子，她的涅怎，趁机问我：“阿觉（哥哥）你的名字呢？”

我（开玩笑地）说：“我的名字叫米玛多吉。”

众人大笑。

玉珍说："他的名字叫赤列巴哈杜尔。"

我说："不是。是赤列格布。我不喜欢绒巴名字，不提就好。"

那女子说："格布，老人哦。"（拉萨话"国王"作格布，然而在洛域话中就是老人的意思。）

玉珍说："绒巴话格布就是巴哈杜尔。"

旁边那女子问她："你姐姐阿嫫去哪了？"

我说："去阳布了。"

那女子说："阿觉你也去吗？"

我说："去，（指玉珍）我们一起去。"

玉珍脸上一阵笑容，说："我有丈夫了，别带我。（指那女子）她没丈夫，带她去中国吧。"

那女子说："我有四个孩子了。带她去。"

我（对玉珍）说："人家丈夫有了，孩子也有了，不带也好。"

玉珍说："带她。我们不喜欢外国男的。"

那女子说："阿觉，有个绒巴女子名叫芒噶尔娣妣（芒噶尔是绒巴人等级体系中的贱种姓），一起睡可以。"众人笑。我记下这个名字的发音，感觉大概是"朱（猪）一群"之类的，便附和说笑。

（五）欢笑

一日早上和傍晚在田间地头，见到除草的妇女们。他们喜欢开玩笑的态度，让我回忆起在巴村的光景。他们会问："你结婚没有？"我说："没有呢，一个人。"他们就会说："这里有三个姑娘，你选哪一个？"我说："你们这里是一个阿姬，两三个老公（这时候他们便有一阵短暂的沉默）；我们家乡是一个老公好几个老婆，所以三个都要。"人们便一阵大笑。

或者他们会说："在中国没有，在尼泊尔找一个也好。"我说好。

他们其中之一便说："在卡奔尼找也好。"我说："好。"她便会说："这里七个，你要找哪一个?"我说我们家乡可以找好几个。他们一阵大笑。其中一人说："这么多老婆生小孩你受不了。"我说："没关系，我身体好。"众人一阵大笑。我说："女人身体好，就好几个老公。"这时候也有短暂的沉默。有一位便打破沉默，说："你好几个老婆，会有很好的后代啊。"另一位说："那么多老婆，身体受不了。"人们又是一阵大笑。我告辞，说："你们慢慢待着，把东西做好哦。"我在众人的大笑声中走开。

这里的女人们只要成堆，绝对少不了欢笑。

有一日我在红屋，谈话间白玛卓嘎要我在卡奔尼找个女孩结婚，顺便指着边上的一位女子，说："这个怎么样?"我说好。后来那女子坐在我曾坐过的窗台上，身子右边便沾上很多墙灰，她又说："你看，只有你们两个人身上是白色的。你们肯定可以。"我说："我不要一个女孩，我要两三个。"众人大笑之际，那位曾经倒甜茶给我的女孩子从我身后给我左肩重重一击。

四　一妻多夫家庭

次珍（50 岁）总是喜欢唱歌，哼歌。

我第一次到域中，和她的小丈夫西罗（42 岁）在厨房聊天，她坐在我们对面，西罗坐在我左边，聊着聊着，她放下手中的活，坐到西罗左边，面朝西罗和我，插话。这时我看到她用自己的胸脯紧贴着西罗的左肩，西罗无邪的眼睛不时望着我，不动声色地听她说话。那时我们正聊到域的来历。

西罗曾经担任域中保护区管理委员会（英文即 Conservation Area Management Committee，缩写 CAMC）的秘书，现在仍然是。这个机构要求有“域惩”（乡域法庭）的代表，西罗曾经作为“域惩”的代表参与过这个机构。作为秘书，他每月薪资两千卢比，实际上领一千卢比，另外一千卢比由办公室扣除①。他和另外一人合伙，在几年前制作关于洛域的纪录片，花费两百多万卢比。他们聘用绒巴摄影师，费时多年才制作成功。

她的大丈夫玛噶啦（51 岁）是今年域中的更布，为建新的涅仓到阳布买建材，已经去了好几天，一时还不会回来。第一次，我在域中住了四天，走的时候听说他已经回到颇克拉，可能第二天将回到域中。隔好几天后，我再次来到这里时，他还是没有回来。那些日子，每天晚上西罗总是九点过就先进入卧房，次珍则收拾好一切，关门熄灯入房。她/他们的床是双人床。

第三次来，是五月十七日的中午。来后听说西罗昨日与另三个同伴上山找“虫”（冬虫夏草）去了。他们四个人组成一组是为了生活上的方便，与谁找到“虫”归谁无关。听说域中许多青年都去了，大约六七十人，男男女女都有。有的还在山上临时搭一个帐篷开饭店。

西罗的哥哥玛噶则是早上从曲米坐直升机去颇克拉，花三千卢比，这次是经商，也和涅仓的建材有关。

次珍说，她是想让玛噶啦坐吉普去颇克拉，总共花不了一千卢比。但她有什么办法呢？她总是说自己没有钱。她说玛噶啦要七八天后才回来。这样，家中便仅她，儿子扎多和绒巴小佣工密西饶。

五月二十一日午后，我正在楼下看书，西罗背了小包从外面推门进来。他下山用了四个多小时，若上山，则要六个多小时。一起回来的还有另外一个人。他说后天又要上山去。他从小包中掏出一个对讲

① 村落发展委员会秘书的薪资就比较高，嘎巴白玛做村落的秘书的时候，每月薪水是六千卢比；现在的，则到了 10000 卢比。每个村落发展委员会即有一个秘书。

机（他们说是 Ok Talk），说在山上没有电了。这对讲机，另一个在家中，由扎多用。如果在山上看得见的地方，就可以通话。

我到屋外，见到次珍正从地里回来，便告诉她西罗回来了。

她问："你用膳了没有？"

我说："西罗回来了"。

她再次问："你用膳了没有？"

我不得不直接回答她的问题。对我的信息，她没有显示出激动，外表很平静。

但是当天下午二人在厨房中说了很久的话，如在山上见到谁了，找到"虫"没有。西罗没有找到"虫"，他说山上人太多，"虫"太少。

下午我便没有再到楼下看书，而是找人聊天去了。家中只有他们俩。晚上在厨房，不时听到次珍哼着歌儿。晚上十点过，楼下还亮着灯，两人还没休息。

五月二十二日，西罗感冒了。次珍仍然唱哼着歌儿。傍晚的时候，密西饶说要到楼上去看 TV[1]，次珍便说她也要去看"菲林"（她说的是 film）。我从来没有见过她看 TV，更不用说"菲林"。实际上她也没看，那么多活儿，哪里有专门看"菲林"的时间。倒是西罗到楼上，十点过还躺在地上的垫毯上看电视，楼下卧室中的灯早亮了。

五月二十三日早上，次珍将准备好的生野菜装了一塑料口袋，还有其他用品，放入西罗要带到山上去的一个大编织袋中。西罗带了相机，配了双电池，以及 Ok Talk，充足了电。我看到他身体略微有些单薄。大概十点过，他牵了马上山去了。

---

① 这位绒巴小佣工，玛噶尔种姓，11 岁，多年前父母作为毛派来此，后来母亲带一子一女，与另一男人跑了，他与其父便留在这里，他父亲替人放羊为生，他则上学（上学是免费），课余在家中干活。后来不喜欢上学，索性放弃。

西罗不会经商，玛噶大概不屑也不会扎次做的事。

家中又只有次珍一个成人，照料佛殿、田地和牲畜，给其他人做饭。

五天后，玛噶从颇克拉押着新买的车回到域中。那天下午我从外面回来，进门后次珍就对我说："玛噶回来了。"不等她说完，玛噶从厨房中出来，戴着眼镜，小小的身材，蓄着小胡子，出乎我的想象。他望着我，我望着他，随后互道扎西德勒，然后进入厨房坐下聊天。他本来应该提前一天到的，但是路上因为滑坡，道路中断，耽搁了。他的车就停在路边，绒巴纽瓦尔司机也在。他招呼我坐在他和司机之间的位置。

他在20世纪80年代末曾去中国经商，买卖衣服；从香港到广州，经成都到拉萨。他在拉萨朝觐哲蚌寺、色拉寺，"还有一个……"我帮助他记忆，原来是甘丹寺，"甘丹寺我没去成。没有找到若巴"。他说那个时候拉萨正在动乱。他住的地方很便宜，但是"西藏饭店"（Tibet Hotel）很贵。他知道尼泊尔驻拉萨领事馆以前在城内，后来迁到罗布林卡北边。

他在成都住在宾馆，附近有一家"黑咖啡"（Black Coffee）。他曾经去那里吃过饭。他说很便宜。他和帮手（若巴）两人，有一次要了一份鸭子。上来的是一只整鸭，还有汤。他的若巴跑去找服务员，汉语又不太会，就"喂喂"，他模仿若巴的样子做手势，在空中挥了几下："独！独！"（藏语"切"的意思）做切的样子。服务员们吓坏了，赶紧拿去切好送上来。

我们只要见面就聊天，聊各种各样的内容。有一天他有意地提到域中有的人家有八块地，两个儿子结婚后分家，一人四块，他们又有儿子，又继续分，土地越来越少，家越来越穷。我知道他的意思。他是为他们兄弟俩共妻的事论证。我在他家住那么久，肯定知道他们是共妻家庭。

我便赶紧说，就像我以前曾说过无数次的那样，说很多地方都有“大家庭”，大家住在一起的，印度有，斯里兰卡有，西藏也有，北美有，南美洲亚马逊流域也有。他们都有大家庭，住在一起，不分开的。他知道印度人也有共妻的事①。

有一天晚上他提到他们一共七个宾家，长姐几桑，下面是小两岁的姐姐怎英，曾经为觉嫫，后来嫁往肯嘎的旅馆之家，下面是小三岁的他；他的弟弟是小两岁的拉达，为扎巴；拉达下面是小三岁的西罗，西罗下面是小两岁的妹妹，最小是边次，又小两岁。

她妈妈曾对他们说，最有福气的是觉嫫和扎巴，有三年的奶吃，其他的都只有两年。玛噶说，小时候吃母亲的奶多的话，身体就长得高大。他们身子都矮小。他弟弟边次，到七岁的时候还在吃奶，母亲站着喂他奶（他长高了），所以他身材特别高大。

他说边次在瑞典，收入高，但税高，以后可入瑞典籍，年老以后政府照管一切。我说这是真正的“基措仁路”（藏语 spyi-tshogs-ring-lugs，社会主义）国家。他问：“什么是‘基措仁路’？”我一下愣了，想了想，说：“‘基措仁路’便是上学、就医不交钱。反之则是‘麻扎仁路’了（ma-rtsavi-ring-lugs，资本主义），什么都要钱。以前没有太富的人，也没有太穷的人。现在穷人多，富人越来越富。”

他又问：“什么是‘麻扎仁路’？”

我又解释，比如工厂老板剥削工人等。他问了两个词的英文，一个是“社会主义”（socialism），一个是“资本主义”（capitalism），

---

① 另外也有一种论证。5月3日那天，我和色尔给聊天时，我敏感到他们四代人都是一妻多夫，但还是要确证，于是便问他们是不是“两皮查一格妹”，他回答他儿子是以后，出去上厕所。回来时我又问及，他一一回答，然后防卫性地说：“这是我们的风俗”。我马上予以肯定，并说其他地方也是这样。他顿时释然。因为我给予的这个肯定，他儿子和我告别时，以我手顶其额。

然后说："'麻扎仁路'是不是大会党？"我觉得很有趣，发现这是他理解这两个概念的唯一途径。我勉强同意他的说法，紧接着说："毛巴迪（毛派）以后将走'基措仁路'，如不走，它就不是毛巴迪。"

他不是贵族出身，但在村中属于富裕阶层。他有自己的思考。他的知识面比西罗广，见识也多。作为长兄，他有一种家长的气息和威严。这是一种随着出生次序而来的等级性格。他对弟弟西罗曾经制作纪录片不很清楚，他不感兴趣，但还是出于一种维护的立场谈论。

他抽烟喝酒，不时可以闻到一股酒气，但是西罗却滴酒不沾，不抽烟。

次珍在西罗面前就好比两个孩子在一起，两人随和，没有顾虑。如果说次珍在西罗面前还有撒娇的自在的话，她在玛噶面前这种情感就彻底消失。她变得很安静，话也少一些。与其说她变得安静，不如说更像一个典型的洛域家庭主妇。她是一个年届五旬的成熟域女。当她和玛噶在一起的时候，才给人一种"夫妇"的感觉。有一次她给我比较西罗和玛噶两兄弟："西罗的话好听，一点也不刺人；玛噶人好，话也好，有一点刺人，但是不多。他们全家人在域中人们都说好，森巴好。"但是她最喜欢的还是她的孩子扎多，"这孩子听话，说话好好的，从来不刺人"。确实如此。这位英俊的少年已经十八岁。

她有四个孩子，扎多第三，上有哥哥和姐姐，下面还有一个弟弟。哥哥已经获得美国学习签证到了美国，姐姐则在颇克拉读医科大学，年幼的弟弟则在颇克拉和祖父生活在一起。我去的时候，扎多刚从阳布回来。他完成了SLC（尼泊尔教育体制，即School Level Certificate，是基本学历证书一类的），有三个月的假期，然后就将为入大学学院（College）而准备。他说可能要去念建筑设计那样的专业，他不喜欢计算一类的科目。他在域中呆一个多月后回阳布去。他操着英语、尼语和域语，藏语略通。他从小就在阳布学习。她笑他都讲英语和尼语，成了“绒巴”，不会讲藏语和当地话。我奇怪他作为帕玛为什么不入寺为僧，按嘎寺的规定是要罚款的，次珍说：“这里不罚款。如果寺中派他管理之任务，就由我们去。”他小的时候曾经入寺为僧，但是他在那里呆了大概一个月的样子就回来了，说不在寺中呆。他既如此，家里人也不勉强。这些年他在阳布，一直学习藏文，能念经，并且不时参加活佛举办的佛学班，以后如果他愿意，还可以入寺为僧。但是他说，“如果有机会，我去美国”。

他可能关心自已长得像谁，我曾见他在家人相框前凝视好久，那里有他爸爸玛噶和西罗的照片和他们三兄弟的照片，但是对我来说意义不大。有一天我和玛噶一起在厨房吃饭的时候，扎多进来和他聊天。扎多不断发问，玛噶和声细气回答应和，两人一来一往，瞬时间父子两人谈话之默契，相当长的时间让旁人插不上嘴。我感到那种舐犊情深和父子情深。

五 “脏话”

藏历三月一天的中午一点钟，我正在房中休息，就在即将入睡的那刻，屋外传来男子的叫骂声，越来越大。来洛域这么久，从来没有听到有人吵架，我便出门观看。

这是一名中年男子，身材瘦高，站在自家宽大的庭院中，面朝西边的房屋，那是他家堆放草料、放牲口的二层房屋。他边骂边用手指着西方。我朝西望去，见不到任何人。在二层房屋之外，越过一个庭院，就是我的住屋的外面，那里是另一户人，但这户人的门是朝西开的，楼顶也见不到任何人。我看了半天，听了半天，没有人回骂。

那男子仿佛有些醉态，但是神情激动。他口中骂着：“走，到‘惩’（法庭）去；不去，把你杀了，有三四个人，杀三四个人。你阿妈没主的人!"他骂着，转身走了几步，到半人高的石墙边，气愤地将一块薄石头用力地砸向墙头，又转身骂:"房子跨!房子跨!房子跨!"(khang-pa-zhig)

他喋喋不休地骂了十多分钟，终于回屋去。

当天晚上和房东说起此事，她说那人是家里的男主人，人很好，醉了以后就是这样，一个月中大约有两三次。第二天我们又说起此事，她说他好了，早上到曲米去点佛灯去了，一切正常。噶玛啦后来听说此事，有一番看法。他说，此人聪明，平时对人有什么意见不当面说出来，而是放到肚子里，醉的时候就这样骂。你如果第二天问他昨天骂了什么，他会（噶玛啦模仿他抓耳挠腮、卑躬屈膝的样子）说:"啊?我忘记了。"

域人们似乎把"醉"当成一种常态，见惯不惊。他们相当理解"醉"是怎么一回事，那就是酒喝多了。酒主要是"阿饶"（域中白酒，但是度数相当低）和"羟"（青稞酒)。一个人有"醉"和"非醉"两种状态，从"非醉"到"醉"的转换，就是这两种饮料的作用。

"非醉"状态下绝对说不出口、人们以之为耻、为坏的那些话和/或行为，在两种饮料的转换以后，便成为域人能看到、能见到，并且只要不过分，还可以接受的话和/或行为，只不过它们有些刺眼、刺耳罢了。

尽管域女也有喝酒，也有喝醉的，但"醉"者主要是男子，因喝酒过多而早逝的，也基本上是男子。域人多认为这样不好，但同时也意识到这是各人的"命"（勒，las)。四月十日，嘎域饶居父死去，即因酗酒。白玛和家人聊起死者，说饶居父喝酒很凶，似乎住过院两次，这次病因是 TB（肺结核)。人们曾经劝他不要喝，他举起杯子，说:"死就死。"然后一饮而尽。住院以后，当着子女的面，他不喝。他家富，有一次小偷去他家偷东西，看见他一个人在偷偷大杯大杯地喝。白玛说这样不好，鲁饶域有很多人就是因为喝酒喝死了。

我到嘎域后不久，接连见到两人因为酗酒而死。域人称嘎域有三大“酒仙”（喝酒者），都是男子。最早因喝酒而死的是木梯纳塔风景（Muktinath View）客店的男主人，去世的时候四十六七岁，紧接着是饶居父甲玛（Jamal Gurung），最后一人即罗布次仁。喜马拉雅客店的桑布以前也是干活的，后来才开始喝起来。

有意思的是，那男子骂人家是“阿妈没主的人”，可见人们对阿妈有没有主的关注。在鲁绕小域河对岸山脚有一石经墙，上面堆了不少“玛扎”石，其中一块放在比较明显的地方，雕刻精致，上面浮雕的是一个曲登，曲登下面，刻着两排藏文：阿妈的主，正是父亲。（A-ma-bdag-po，Pa-pha-rang-lags）

按扎西次仁先生的看法，域中骂人的“脏话”（卡涅）常用的，第一就是酿录酿嫫。这是骂人没有正式的父亲，类似四川话里的“私娃子”。然后是“多纳”，多纳本意是指牛（帕曲）和犏牛杂交后生下的牛，引申为非婚而生者，男的称多纳，女的称多嫫。“多折”的意义类同于多纳，然后是“孤莫”，指小偷，然后是“玉杂莫”，指丈夫先死，绒巴话则是“冉第”（见下）。然后是“折莫”，指鬼一类的。

洛域也用卫藏和安多一带所用的“阿妈的尸体”（A-mavi-ro）、“阿爸的尸体”、“阿妈的肉”（A-mavi-sha，吃阿妈的肉）等。按扎次的说法，“阿妈的尸体”（A-mavi-ro）、“阿爸的尸体”指的是父或母先死，被骂者成孤儿。譬如，父母在骂小孩子，自己的或者别人的，如果他们不听话，就警告说：“你阿妈的尸体”。另外，也骂“父母没有教养者”（Pha-ma-gi-slob-sbyong-med- mkhan）。

无论怎样，他们没有“×你妈”一类的脏话。但在绒巴地区，“玛吉尼”就比较常用，指的是“×你妈的人”（他们翻译成英语，即mother-fucker）。在一个比较严格的父系继嗣的区域，没有这个脏话，让人有点吃惊。若是我们明白域中男子很少找绒巴女子为妻，或者与之生下酿录酿嫫的，而绒巴男子和域中女子生下孩子的所在多有，尤其是域中另外一种模式（中心藏区模式）潜在，那就不足为怪①。

在拉萨一带，也没有“×你妈”这种骂人的脏话。在那里，如果你对人家说“我是你爸爸”，或者“我是你大爷”，或者类似的脏话，人们不会觉得有什么，因为是亲属关系。从尼泊尔的平原和河谷地带，越过喜马拉雅山脉，穿过广阔的青藏高原，来到中国内地的汉人地区，这里，绒巴人的那些骂人的脏话又出现。或者方向反过来也成立：从中国内地，越过“洁净的”中国西藏，来到南亚次大陆，你会发现“×你妈”一类的脏话又遍地皆是；对处女的关注在两地都一度盛行，并被看成是女人最基本的道德要求。在尼泊尔，今天的男人们仍然十分关心这个问题，一夫多妻曾经成为两地的正常现象，但反之不成立。有多个丈夫的女人，即便是在一生中的不同时段有的，也被正统主义者看成是肮脏、下贱的证明。中国内地和南亚次大陆主导的传承方式都是父系继嗣。

绒巴地区离洛域最近的大城市是颇克拉。在这里的刹帝利和婆罗门种姓中实行交表婚，今天仍然有一夫多妻。比如在俯瞰颇克拉的巴尔村（Bar），有三户人家。其中一户，丈夫在妻子连生两胎女孩后，嫌其不生子，另娶一妻，此后两个妻子都生了儿子。后来丈夫与小妻离开村子，前往（洛域人聚居处之一的）颇克拉居住。另一户则把两个妻子安置在两处住屋中，相距约十分钟的步程。但他大多时候与小妻生活在一起。据村民的说法，两个妻子经常打架，搞不好关系。也

① 1970—80年代时，域中男子与“贱民”女子发生性关系，经过相当的仪式，可以恢复洁净；但是反之不行。如果高等级的女子与“贱民”男子发生关系，则无任何仪式可以让她恢复洁净。Ramble，1984：135—6.

有一户村民，家境贫穷，妻子连生两胎都是女孩，丈夫特别想要一个男孩，便一年一胎生下去，结果到第六胎仍然是女孩。

每逢节庆日，村中的两名班底达（Pandits）就要向村民讲述史诗故事，其中有“吉檀”（Geeta）和“马哈巴饶特”（Mahabharat）。“吉檀”讲到奎施纳（Krishana）六岁的时候，曾吃掉准备附体并吃他的女魔鬼，因此特别强壮有力；他长大以后曾经有一女友饶妲（Radha），但没有结婚；他曾经要卓帕蒂（Draupadi）做女友。实际上他是一个“花花公子”（playboy），有1800名女友。

“马哈巴饶特”讲到有两个兄弟群体，一是“嘎饶夫”（Kaurav，即一千兄弟），另一个是“潘达尔”（Pandar，即五兄弟）。这两个群体是同一父亲，但是不是同一母亲则不清楚；无论如何，他们互相是敌手。有一次五兄弟中的阿军纳（Arjuna）和千兄弟中的一人赌博，后者输光钱财，最后把夫人卓帕蒂也陪上。卓帕蒂便成为五兄弟共同的妻子。

“罗摩衍那”差不多是尼泊尔最著名的史诗，国王达萨饶塔（Dasaratha）有许多儿子，其中有饶玛（Rama）和拉齐曼（Laxman）兄弟，西她（Sita）是饶玛的妻子，又有会飞的猴子王哈奴曼（Hanuman），是饶玛的朋友，他们的敌人是饶瓦纳（Rawana）。根据风俗，饶玛等三人要在森林中生活十二年，有一天兄弟俩出外觅食，西她被饶瓦纳掳掠而去。饶玛让哈奴曼去找，猴子王前去寻找，见到西她不愿和饶瓦纳同住（睡），哈奴曼回报饶玛说西她是贞洁的，但建议他放弃算了。在饶玛坚持下，哈奴曼还是把她带了回来。有一天哈奴曼在村中听到丈夫与妻子吵架，丈夫说：“我不像饶玛，会把走了的女人收回来。”哈奴曼回报饶玛，说：村民看不起你，因为你把西她收回来。饶玛便要西她走。西她拒绝，要以焚火来证明自己的清白。饶玛果然准备好火，西她入火不伤，所以是清白的，二人便重归于好。

史诗的这部分让我想起洛域舍沃欧珠的婚姻故事。

巴尔村中有一个说法：如果一名班底达在白天见到一名女子，他会教导她做一个好女孩，做处女，（对丈夫）诚实，温顺等；但如果是在傍晚或晚上见到她，他就会对她动手动脚，引诱她。

村中有一名女孩子，读医学院，曾在颇克拉的一家医院做实习护士，和她一起的还有许多实习女护士。他们实习期的最后一关是到医生那里去，有的医生会说："如果你跟我发生性关系，我就让你过。"医生们知道，他们在教育上花了很多钱，如果这一关通不过，他们损失会很大。前往加德满都的私人公司求职的一名村女，在面试之后得到老板的电话，约她在塔梅尔（Thamel，加德满都的旅游消费区）吃饭，饭间老板就提出要跟她发生性关系，否则不录用她。

根据戈文达的看法，"在当代社会中人们非常期许生儿子。根据印度教的传统，儿子是要供奉祖先，继续他们的世系。因此，没有儿子的人会感到自己被社会羞辱。对家庭的延续来说，人们也认为儿子是必须。再说，根据传统观念，没有儿子的人被剥夺死后天福（heavenly bliss）。这表明对儿子的绝对需要。特别是当第一个妻子不能生育或者不能生儿子，娶二妻就是一种责任而不是选择。"（Maskey，1996：95）

稍微补充这些异文化社会背景，我们再来看尼泊尔的"脏话"。当他们互相"匝嘎达"（Jhagada），即两人互相吵架时，使用这些话。男人们总是习惯于说："玛吉尼"（Ma Chim-ni）；也骂人"特若宝"（Tero Bau），字面意即"你父亲"，实际指的是"我是你父亲"，这个可以看作是"玛吉尼"的延续。又有"萨勒"（Sa-le）[1]，字面意即

① 萨利则指小姨子。

“妻子的兄弟”，指的是“你是我的妻子的兄弟”，言下之意，你的姐/妹给了我。关于这一点，四川地区的“小舅子”一语，言下之意与此相当。还有“让迪过确饶”（randi ko chhora），字面意即“寡妇的儿子”，骂人家的父亲死了。骂人是妓女（randi 或 wesya 或 chikuwa），也是一路。把人和蠢笨、肮脏的动物联系起来，譬如“狗”（kukur）、“驴”（paji）、“骡子”（gadha）也是脏话的一类，譬如说“库库尔果掊”（kukur Ko Poe），字面意即“狗的丈夫”。也有骂人是“贼”（chor）的；或用“波克斯”（boksi）和“达米妮”（Dhamini），分别指巫师和巫婆（sorcerer and sorceress）；也使用“阿普特拉”（Aputra），即骂人没有儿子。

在我的家乡四川，人们用来骂人的“脏话”，常见的口头禅是“×你妈”，“×你先人板板”①（豁达的北方人则骂：“我×你大爷”，或“你大爷”，则包含“我是你大爷”和“我×你大爷”两层；无论怎样，强调的不是对方的性别，而是强调对方被×）。或者“你妈那个×”；也骂人是“狗日的”，或者“私娃子”，指的是没有结婚生下来的孩子（注意这里强调的是公私的私），比较常用。揶揄人的，包括“小舅子”和“舅子”。骂女子，除了说她“偷男人”，又说她是“卖×婆”，言下之意，骂她是妓女。占人便宜的话，则包括“（我是你）老子”或“给老子”（北方人则狂放一些，说：“我是你大爷”），“你是我儿子/孙子”等。要毁灭一个人，最直接的办法是说他/她在性道德方面的问题，“二流子”（流氓）就是起点；这些话都建立在同一个基于男女区分、我男你女、男欺负女的逻辑基础之上；此外，“下地狱”这个话显然比较晚出；无论如何，最经典的还是骂人“断子绝孙”，在极其注意传宗接代的汉人文明中，这个话不但有羞辱、

① 我多年前的朋友李昱曾有一个好的分析，他说这个“先人板板”指的是祖先牌位。

咒骂对方之意，连骂的人自己也不可能去“做”出来，只能旁观。

洛域这一地域处在藏文明的西南边缘，熏受着绒巴文明，但是那些脏话主要的还是来自于洛域自身文明内部的机制，绒巴文明和汉族的文明不过在某些方面恰合他们文明中的某些因素。注意他们骂的是“阿妈没主的人”，而不是“×你妈”；他们是要找出酿嫫酿录的父亲，为的是不使脉系相杂，但是决不加以惩罚。汉族的文明和南亚的文明似乎习惯于欺侮别人的女人，尤其母亲。但是在洛域，他们期待的是阿妈要有主人，不管是谁。在一定的程度上，我们是封闭的社会，他们是开放的域。不过他们的开放中，也保留着父系相对的封闭。这就使得它既不同于绒巴文明和我们的文明，也不同于藏文明的中心区模式。

这个跨文明的圜局，给我们一个更大的理解个人情感和命运的背景。洛域人的情感和命运，是更大的结构性图景的一部分。人们能够在域的总体象征体系中掌控自己的命运，表达自己的情感，却无法触及置身其间的跨文明的圜局。

第八章　域再生仪

域再生仪指的是将域展现出来，使之更新和再生的仪式。大多数仪式，包括丧仪和告别乡域的塔羌仪，都能使域苏醒和活跃起来。本章侧重于具有生育和丰产意义的仪式和塔羌仪。

一　抱着孩子喂奶举行婚礼

藏历三月十六日，域中举行一次颇有意思的婚仪。

新娘名叫怡珍，新郎名叫衮嘎朗杰。两人因为合得来，关系融洽，便住到一起，已经生了孩子，2岁左右。但他们没有举行婚礼，怡珍母亲巴嫫也没有给她任何东西，所以现在补行婚礼。新娘的家就在城堡后面。婚礼从新娘的家开始，新娘和新郎穿戴好，在男女傧相的陪伴下，在宾家和涅怎的随同下，仪式队伍启程。前面是两名噶饶阶层的人击鼓，随后是引导者，然后才是夫妇二人。婚仪队伍出巴嫫家后，向北，再沿路折向东，到城北门处复折向北，绕玛尼墙与曲登（佛塔），回到城堡北门后，折向东，绕到城堡东边的乡域聚会厅。

他们被引导到楼上的大厅。大厅共16柱，分成四排，每排四柱。大厅虽大，但是显得低矮。南面的正中，摆放着萨迦派最高活佛孔玛仁布切的像。前面是一排供奉。以此为主位，大厅分为东西两厢，夫妇二人坐到西厢第一排第二三柱之间。座位为垫子，上面放藏毯。婚礼仪式中有一点相当重要，即在新娘、新郎所坐的毯子上放许多青稞粒，各有一个用青稞粒摆成的佛教雍中符号。夫妇二人有两名助手（若巴），男的是新郎的助手，女的是新娘的助手，打扮类似夫妇二人。若巴并不是未婚者。四人的座位次序如下：

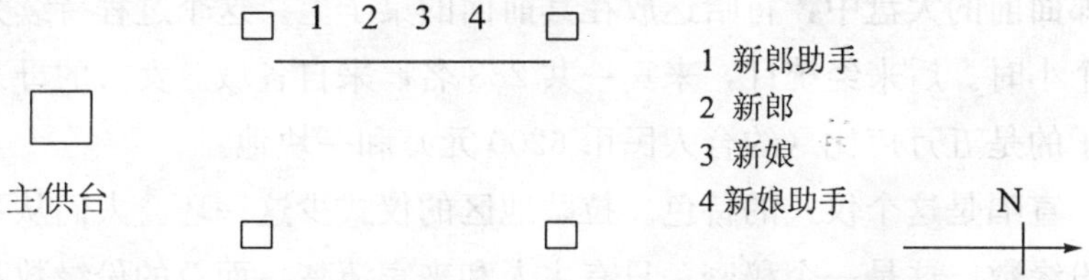

在新郎家，青稞同样摆放在二人即将入座的位置上。这显然和生殖有关。青稞是这里最具有生产力的作物。人们一年的饭食有赖于它的丰产。夫妇坐在青稞上面就把即将到来的生育（这次婚礼例外）和青稞的丰产联系起来，从大自然的出产到人类社会的人口繁殖，就连成一个体系。有意思的是它们必须是佛教雍中的符号。作为物的青稞和作为力量象征的佛教符号在完成这个连接或者力量的转换中起着至关紧要的作用。

从下午两点钟开始，新郎和新娘及其助手入座，楼上大厅和楼下大厅坐着前来贺喜的来宾。橱下帮忙的都是妇人，很快便在坐客前的小桌上奉上一小盘甜米饭，里面加了芒果皮肉和索罗玛布（红景天）。此外还有橘子汁，甜茶，酥油茶，青稞酒和阿饶（度数很低的白酒），任由客人选用。等到吃完甜米饭，橱下便招呼人们开始用正式的饭。地点在新建成的厨房里，楼下大厅还要往下一层。这两个过程持续将近两个半小时。期间，“新婚”夫妇的孩子来到母亲面前，新娘便解衣喂奶。她昨天为此劳累，此时坐着，偶尔打瞌睡。到四点半左右，楼上大厅开始婚礼中最重要的一个程序，便是来宾排队前去夫妇二人所坐处，奉上哈达和份缘。

这个过程很有意思。来宾先到主供台前地上坐着的书记员（由白玛先生担任）前，登记自己的名字和份缘的数量，然后到夫妇二人面前，这里有一名宣唱人，接过来宾的哈达和份缘，高声宣唱来宾的姓名，前面加上其所在域的名字，后面是份缘的数目，随后将份缘放入新郎面前的大盘中，将哈达放在其前面的桌子上。这个过程持续大约一个小时。后来经统计，来宾一共 288 名，来自各域。女方的母亲给孩子的是五万卢比（约合人民币 6200 元）和一块地。

宣唱是这个仪式的特色。拉萨地区的仪式少这一环。人们从不公开份缘数，这是一个秘密，只有主人和来宾清楚，而总的份缘数不仅对外人，对来宾也是保密的。从主宾两个方面来说，无论如何都没有必要宣唱。宣唱是为了别的目的。有两种考虑，一种是为神灵，为佛，为仁布切，是告之这里进行的财物往来；一种是为在场的大众，这是域作为“神灵”，告之同样的内容。每位来宾作为个人，就这样通过宣唱而在域的“神灵”和想象的“神灵”体系上附加了自己。宣唱实在是完成这三者合一的过程。

在这个过程中，夫妇二人不能动份缘，也不动哈达。他们必须最大限度地不动和无所作为，除非有来宾敬奉长条哈达，或至亲前来头顶抹酥油和敬酒，他们或者是合戴一条长哈达，或者是起立，毕恭毕敬地接受来宾的礼敬。份缘和哈达的整理都由新郎身边的助手着手。

这种不动的状态，和来宾的运动的状态形成一个鲜明的对比。正是这种“不动”，号召了来宾从四方八里前来的“动”。表面上，来宾通过自己的仪式行为，并在仪式的范围内调动主人，实际上新婚夫妇可能是最隐蔽和最高明的“以静制动”，无为而无不为。老子谓“致虚极，守静笃”，万物自宾，是也。他们的成功，离不开域的象征体系（老子之道若是）。

另外两位几乎不动的人，是新郎和新娘的“若巴”，都是老年女性，代表双方的父母，在场中接受人们敬献哈达和献饮。

对夫妇二人来说，最考验人的，是他们不得吃喝。这个漫长的不得吃喝的过程对他们的身体是一种考验。来宾的吃喝，依前来的先后次序进行，但凡在奉上份缘之前就已经完成，一旦份缘献毕，大部分人就离去了。那些较远的人，便在噶域“涅怎”那里借宿，趁便闲谈。最后吃饭的，是服务于仪式的来宾和帮厨。

在奉份缘之前，来宾中年老者，主要是妇人，开始于座中唱歌。一旦奉份缘仪式开始，他们便消声，而宣唱声则占据主导地位；噶饶阶层的击鼓者只剩一名，不时在一边敲小鼓。在仪式中，他只有酒喝，没有饭吃，有时显得敷衍了事，或者有气无力的样子；在仪式接近结束的时候，来宾中的一名老年男子将大鼓拿到自己座中，老年妇人们便又开始唱起来。一老男手持哈达，于主供台前缓慢地起舞，多番进退后将哈达供奉在台上，这时候仪式已经进入尾声。

到六点半钟左右，人们将份缘整理好，最后吃饭的来宾和帮厨也吃完饭。这时，八名来宾（一老男七老妇）开始跳礼敬的舞，并不熟练，许多人边跳边看一妇的姿势而动。那老年男子背鼓于胸前，在一边击鼓；域人帮忙将哈达、份缘和礼物等收好。唱罢，新娘与新郎便起身，整顿衣裳。在域中妇人的带领和域人的簇拥下，二人启行，离开聚会厅，至水渠边的水磨处，即有域中妇人前来为夫妇二人献哈达，压加酥油。域人又为若干伴随者挂上哈达。复前行两三步，有域女于路旁奉饮具并饮料，包括青稞酒、白酒、牛奶、茶和橘子汁等，新郎在前，先仪式性地以绿树枝向空中于每一杯中点洒三下，随后啜饮青稞酒一次，而新娘只用手指在牛奶和橘子汁杯中象征性地点洒三下即罢。随即又有域人为二人及部分随者挂哈达。跨过水渠，沿路行，经过新式旅馆、古旧房屋和佛塔。沿途域人高亢而又悲凉的歌声伴着潺潺溪流响彻域德空寂的落霞晴空。

以顺时针路线至新郎住家前时，域人鼓噪而起。队伍稍停，又有域人为随者挂哈达，歌声不停。稍待，入室，新郎坐于最靠里的座位，其次为新娘。接下来是一名印度外交官，他前来视察印度援助的小学图书馆碰巧在这里，被域人请到上座。随后是域人宾家按尊卑长幼之序分座，共七人，最末一人，则为年长妇人。众人稍坐即散去。

二 婚仪后当晚的故事

婚礼是属于成年人的游戏，在这里，人们来不得半点不谨，这种中规中矩的仪式，其实是另一种游戏的归宿。这便是婚仪之后，当晚年轻人的另类游戏。

晚上大约八点钟左右，年轻人们聚集到大厅，神圣的供奉台旁出现了影碟播放机，连接到巨大的音箱那里，播出快节奏的舞曲。这时候人们并不多，并且大多是在观望和等待。十岁以下的小孩子便成了主角，他们随着节奏跳起来。他们的在场是十分必要的，填补了年轻人们因为害羞而暂时不敢出场的空白。为了鼓励他们，年轻人们甚至给他们戴上哈达。他们确实是这个时刻全场的中心和主角。这段时间要持续半个小时左右。当人们陆续到来，当其中一些人到厨房用过饭回来，两三个勇敢的年轻人（当然是男子），加入到小孩子们的队伍中，做一些幅度小的舞蹈动作。当第二舞曲响起，他们更是主动起跳，并开始邀同伴加入。他们一旦启动，便很快进入快节奏的舞蹈。

舞蹈，实际是手舞足蹈，没有固定的姿势，完全是随着节奏而晃动身子和四肢。接下来的半个小时，小孩子们便彻底回到座位上去，任由青年男子们疯狂地起舞。这段时间算是热身。

且看都有哪些人来观看和参与。域中一些中老年妇人；域中青年男女，包括未婚的、离异的；来自一夫一妻家庭的丈夫们；十多岁的女孩子们；二十岁左右的男孩子们；两户一妻多夫家庭的各一位丈夫，其中一位还带了四五岁的女儿，坐到边上观看；外域来此参加婚礼的年轻人（男女皆有）；便衣的嘎寺僧人三名；着僧装的僧尼各一人；驻扎在村中的尼政府警察，便衣装；来此旅游的三名西方游客；一看便知是受压抑的绒巴导游；受雇在此劳作的绒巴青年；我。

到九点十分左右，大胆而勇敢的男孩子们开始在舞曲声中四处出击，将事先物色上眼的女孩子们先请再拖入厅中；有时一人便可成功，有时两三人合作也不得；最常见的是拖双手，或推背，但是敏感部位则属于禁区。有的女孩子坚辞不出，有的在强拖之下进入，有的则是半推半就。有的长兄在旁坐着，眼看着妹妹被拉入厅中。见到僧装者，人们绝不动手；当然也极少有人会对那些带小孩的离婚妇动手。年轻男孩子们动手似乎有一个标准，那就是离婚无子女、颇有姿色者以上，尤其是未婚又有几分姿色者，更是频频出击的对象。

一旦他们进入厅中，四周便立刻有一圈男子围着跳；他们此时绝不动手，似乎若无其事地摇晃着，一旦有女孩子意图逸回或跑走，他们立刻动手动脚，或将他们拉住，或将他们拖住，甚至追回。失败的次数越多，女孩子似乎越兴奋，也证明其受欢迎的程度越高。最多时有十多位女子被二十多个男子围住。

置身男人圈中，大胆而开朗的女子便跟上节奏大幅摇晃起来，大多数则是步伐轻盈，身子略动；他们大多互相面对着跳，极少与男子对跳。他们四周则是快节奏摇摆的男子们，一快一慢，几乎可以说是一动一静，恰切地说明了男女之间的关系。

这期间老外和在嘎域做工的绒巴人也加入，然而绝不混入上述这种当地男女关系的格局。绒巴导游更是将自己的压抑一鼓作气地发泄出来，尽管是自舞自蹈。

又过了半个小时，局面有了变化，原来三四十人一个舞心，分化成两三个，舞圈变小了，男女孩子开始捉对并舞。这时候女孩子也不想着要回座，即便一曲终了，等待下一曲开始的间隙也是如此。另外一边，稍猥亵的男孩子，大胆地从后面将双臂靠上女孩子肩上，贴身而舞，而那女孩子并不以为意。

相比之下，这时又出现的几个小孩子在一边跳着舞着，但完全不为人们注意，尽管他们跳得更好。他们再不是主角。

如此数曲，又回复到一个舞心的局面。女孩子们被不断地“请入”，又不断离去，拖拉的局面始终存在。香格里拉旅店的那位丈夫最后也勇猛地上去，而洛域门户旅店的那位则带了女儿，不知什么时候回家去了。如果兄妹同时在场，则长兄决不上场；一旦他们离开，则长兄也上场跳起来，偶尔出手阻挡试图逃逸的女子；便装的嘎寺僧人也大胆地捉女子手跳起来。两位已婚的男子同样疯狂。后来，婚仪的男主角，只戴一条哈达，也上来跳，而他的妻子则未现身。

尽管这是男孩子们占主导的晚上，他们上演的是男女双方都期待的游戏。到十点五十分左右，厅东北角落坐看的大群女子终于结队离去，随之是南边的几名女子，不几分钟西南角的女子群也结对离开，全场便只剩了男孩子们，尽皆本域的。新郎开始招呼饿了的人吃饭；舞曲声中，厅中仅剩的十多名男子又开始疯狂起舞。

在这种场合，男男女女短暂地相见和接触，他们并没有太多的时间相互了解，甚至没有说多少话。他们最多的是运用肢体语言，仅此而已。彼此的认识和了解，乃至于相知，那更是说不上。女孩子一方的被动是肯定的，在这种情况下，一个主动、热情、大方的女孩子会被认为是坏女孩。乡议对他们的行为乃至人生都有着重要的影响。

尽管同处一域，即将结婚的双方相互了解也并不多，这样导致婚后离婚的也不少，有的不仅是当事双方，还包括他们的家户因此成仇。

我在十一点钟离去时，舞声正隆。屋外圆月当空，童山不改，身影依旧，河水潺潺东来，水声如故西去。

我们不得而知，这晚之后有多少中意的男子请人提亲，或者进一步打听线索。整个晚间的游戏，隐喻着嘎域的主线。女子成为男子生命中的河流，他们修了渠，引来水，水不断流来又流走，但水渠长存。

三　塔羌仪

（一）嘎域诺布

嘎域诺布的塔羌仪是从他家（Hotel Star）的却康内开始，先是域人（宾家、涅怎和其他长者等）入座，为诺布及主伴（喇嘛阿旺平措的父亲）头上压酥油，戴哈达，接着起行，时间大约是上午十点半。出门时有迎接的三名妇女，手捧青稞酒筒、白酒筒以及压酥油的碗等，为他敬酒，如是在入涅仓的大门处，小门处凡三；诺布并不饮，只是以绿枝条沾少许酒向空中而已。沿途有域人为他挂哈达。约十一点至域涅仓入座。座上有一青稞粒堆成的雍中符号，诺布即坐于其上，其左为主伴，右为从伴。域人为众宾客奉上甜米饭（内放酥油、干葡萄以及索罗玛布等炒成）；大约下午一点钟开始奉份缘，持续到五点半左右结束。这期间来宾用饭食，饮茶喝酒。奉份缘的情形略如婚仪。仪式进行地改在一楼，楼上楼下皆增加甲瓦仁布且的照片。

与此同时，寺中举行岗索仪式，做食子分发域人。域中皆穿藏袍，这是新年仪式时也少有穿的。男子着白素衣，女子上披白素巾。域人一派轻松、喜气的神情。

这个过程的高潮是仪式的尾声，由塔羌者家人和嘎域人奉份缘，时观者如云，份缘数也达到高潮和顶点，上千卢比的所在多有，而最多的乃是诺布格妹的宾家所奉，为十五万卢比，另加两串“璁玉”等，另一户所赠财物甚多。据云，诺布结婚的时候（约40年前的事），其格妹家因孩子多，家贫，未曾给格妹分文钱财，现在补上，故为数巨大。

宣唱一节，让人想起北美的夸富宴，然而这里是来宾送的份缘越多，塔羌者越有荣耀：这是长者告别乡域的仪式。其宾家、涅怎为妇人者，有哭泣连连的。他们的哭声提醒人们，这实际上是一种悲事，是长者在域人活动中的告别，是他在域的“死亡”。从五点二十多开始，一老者一老媪以哈达为舞，边唱边舞，三进三出，最后献上哈达，随后十多名年长妇人，在一名男子的鼓声中且歌且舞，持续约二十分钟左右，期间域人为诺布头上缠好布哈达，身挂无数长条哈达。到五点五十，域人收拾好所有钱物，分发好绿叶小树条，仍以妇人带队启程，且歌且行，男子附和他们。出涅仓，进寺院绕一圈，来到大殿门前，诺布跪磕三礼，复行，至城堡内的“德”（Dhe）处。诺布及伴者于东墙前，面“德”而坐，观域人歌舞。

从约六时开始，至七时许，域人歌舞。先是十五名男子，围绕“德”中心的塔觉木杆顺时针，一人击鼓，众人手持绿叶小树条起舞，非止一圈。最后，众人一拥而上，将绿树条缠于塔觉杆上。此绿树条嘎域名“巴德”[①]。个人仪式中生命的绿树条就这样交出，交给域中生命的保护者。

随后妇人加入，男女各十二人，共歌舞。男女队形严格按照等级排序。男子辈分最高年最长者居首，依次至最低最年轻者，接女子队中之辈分最高年最长者，其队伍之末，则为最低最年轻者，接男子队之首。男子队形中，曾有平措盎嘎（已婚）居于一未婚年轻男子之

---

① 男子舞“巴德”，仅嘎域有，他域皆无。嘎域婚礼中没有“德”这一节。

后，白玛前去将二人位置调整过来。女子队形一直连在一起，队形齐整，舞姿甚协调一致。男子队中有不少是边看他们边学舞的。男子歌舞时，女子随之，随后女子歌舞时，男子随之，数番轮流，颇有竞比之意。男女人数或时有变化：因一酒醉者缠入，男子人数增至十三人，后疲累者退下，减至七人；女子中一老妇不支下场，减为十一人。歌舞以一曲“扎西德勒”结束。完毕，人们复起行，仍以女子为先导，至诺布家中却康，仪式止。

仪式中有几处是值得注意的：

一、“德”处。诺布所坐之处，乃是以前城堡主人、贵族之家的长官所坐之处；陪伴之长者也与他坐于同一排。诺布满身哈达，光彩耀人，坐于几前，几上放置饮具、一盛酒之小木筒、布裹钱物盆等，几前地上置鲜花三束，以及盛酒的六个小木筒，诺布左右各两男子相伴，此外，其右才是若干披白素巾的女子，依年龄长幼而坐。这阵容，宛如古时长官观礼之情形。

二、因来宾众多，涅仓上下两厅，按来宾的乡域设座。楼上座位情况如下：

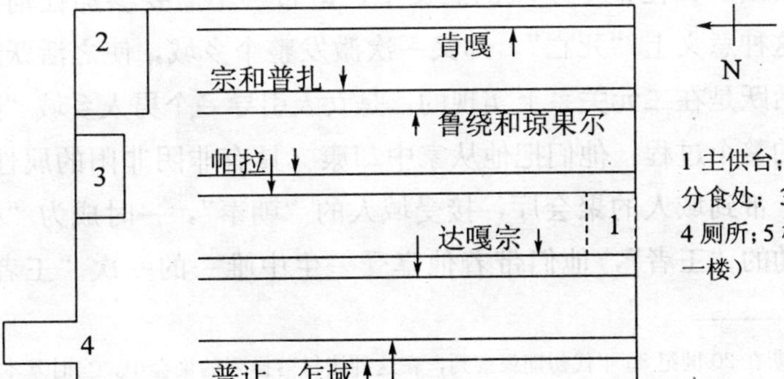

1 主供台；2 备食、分食处；3 洗碗处；4 厕所；5 楼梯口（去一楼）

每排从南至北，为尊卑之序。楼下主厅，其座位情况如下：

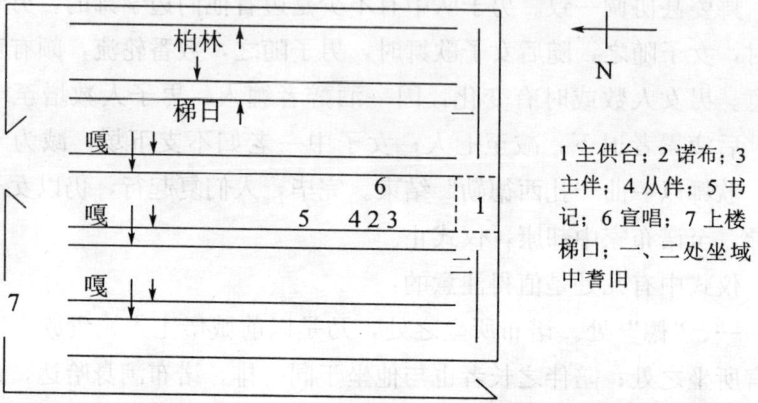

来宾先用膳再奉份缘。二者顺序几乎一致；用膳顺序如下：1 肯嘎/宗/普扎（两点半左右）；2 鲁绕/琼果尔/帕拉；3 达嘎宗；4 普让/乍域（三点左右）；5 柏林/梯日；6 嘎；7 楼上楼下的服务人员轮流（四时左右）；8 其他服务人员（晚上七至八点）。有专门的领引人，带领各域来宾用膳。不在此用膳的，唯 2/3/4 三人而已①。

塔羌仪以后，在整个乡域的意义上，诺布再不需要参加任何劳动，他在这种意义上"死亡"，却又一次激发整个乡域，使之活跃起来。这种活跃是在二元关系上实现的。是女人引导一个男人乡域"死亡"仪式的整个过程：他们把他从家中却康（具有非阴非阳的属性）引领出来，带到域人的聚会厅，接受域人的"朝奉"，一时成为"被动"和无动的"王者"，他们带着他享受一生中唯一的一次"王者"

① 查尔斯在 20 世纪 80 年代初期观察到，在这种按村落排列的聚会中，当时基本上还是按照贵族多的村落乍域作为优先的等级地位，优先被叫去进奉哈达和份缘。有一次，没有贵族的普通人的肯嘎村被一名失策的主持人先于其他喇嘛村落唤到，结果客人强烈拒绝打破礼仪，随着酒精的作用，人们吵起来，几乎酿成斗殴。Ramble，1984：131. 这些情景今天已经看不到。

巡游：朝觐寺庙，并于城堡中心的“德”，以“王者”之姿，欣赏男女歌舞，最后又把他送回家中的却康。他之离开，是以成为整个乡域的显耀人物而实现的。他平时是一名普通的域人（按毛巴迪的话说，是“普通劳动者”），参加乡域劳动和活动，在田间如其他域人一样劳作，也曾经商，前往各处朝圣，结婚，生儿育女。现在，他完成人生的众多任务，该休息了。整个乡域对他的乡域贡献给予的回报，就是让他成为一日的“王者”。

“德”处的歌舞，带着一种苍凉和悲凉之气。

晚上八点，乡域聚会厅楼上又是青年们的狂欢之地。其势之盛，前未曾见。域人达两百以上，仍是观者众，舞者少。这狂欢，放在塔羌仪之后，有另外的意义：一个老年“王者”的离去，成为乡域青年的新生。这晚的特点，是男子始终占据主导地位，偶尔有女性被“强拉”加入。更有一肯嘎女子，据说其丈夫已在美国做工，一开始就与嘎巴青年并舞；她还不时劝域女们加入。到十点半，因人数众多，又转移到楼下，将那里正在学习传统域舞的中老年男女（主要是女）“赶”到楼上。到十一点时，舞蹈中有不少女子，男子们与之边舞边说话，可见到他们对众男子左顾右盼，或细察他们之脸色。

（二）鲁绕次仁曲珠

鲁绕举行塔羌仪者为次仁曲珠（即朱古岳母），仪式在藏历三月十五日上午大约十一点半，从她家开始，先上行半小时到半山上朱古所住处贡普，朝礼以后回到域中，进入雍仲平措林寺大殿，坐于左墙（方位以面对主供像为准），举行塔羌仪。大殿中先是两阿巴跳“羌姆”，八扎巴/阿巴念诵经文。跳羌姆至下午一点半结束，但念经仪式又继续了一个多小时。这时有分米一节。大殿西南角堆有一大堆大米，嘎域等每户每人一盅，并十卢比，有绒巴人书记之。

来宾聚于涅仓二楼饮食笑谈，座位仍然按域进行，如下图：

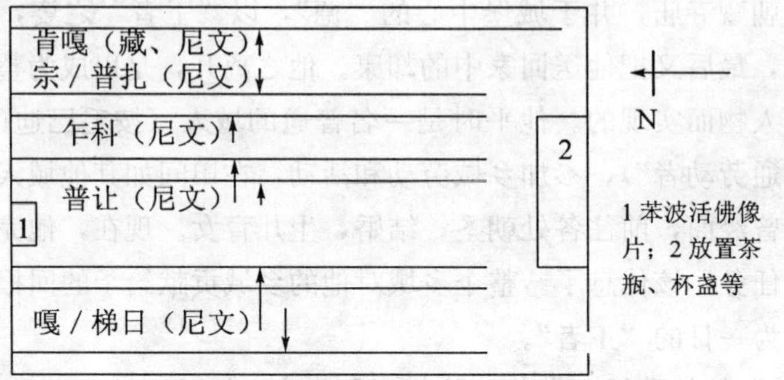

除座位用文字标明的域之外，其他的如达嘎宗、宗松巴也有来宾。

用膳先从大殿中的朱古、扎巴、阿巴等开始，及绒巴贵客，下午三点左右，各域来宾才按次序用餐，仍然是先从肯嘎开始。几乎是在用膳的同时，开始献哈达奉份缘。至六点半，来客骚动，原来是塔羌者的“囊米”（家人）从其家中整队肃装前来。其后嗣所献则是长条哈达，有五六万卢比的，有数千的，磕头；次曲则为其压酥油于头部，忙个不停。至朱古时，次曲起身，请朱古为其压酥油；此外，尽皆她为献仪者压酥油；至一女时，次曲有哭声。儿女、儿女的夫婿之后，是他们的儿女，宣唱者呼为“措”的。“囊米”之后仍然有它域来客，到后来宣唱者呼为“鲁绕堪布诺布”者，阿妈亦仅起身而已。至七点半完毕。这时次曲起身，整顿衣裳，所陪伴之年长妇女八人，亦复披上白布，整顿好，出法殿，时域人早已将殿外的用饭处清整好，众人入内，围绕着房中的柱子，男女环成圈跳舞。女方仍然是按照从长至幼的顺序，男方则是最尊者接女方最末者，从第五人开始，则是二人肩挎鼓，边击边舞；之后一人手中持一小钹，击舞；然后二人手持用布包裹好的盛份缘的铜盘，最后一人则身背哈达起舞。男女队伍皆不时增加人数，期间次曲累下，坐于一边观看。这一段有半个多小时，到后半部分，众人在男阿巴的指导下，跪地舞。这在各域中较为知名。舞毕，在男子前行之后，众女拥塔羌阿妈回府。但到家门时，击鼓者停驻，等候三女背哈达者先入内。入客厅，依次坐。

值得注意的是塔羌仪中，朱古为塔羌者压酥油一节，打破当日的两种世俗次序：(1) 塔羌阿妈次曲为所有“囊米”以及部分它域来客压酥油；(2) 她是朱古的长辈。此外，次曲为包括朱古在内的重要来客起立，尤其是扎巴。这一节说明：神圣的秩序是不可颠倒的；世俗秩序服从于神圣秩序；世俗秩序是可以颠倒的。当时塔羌仪须先到贡普朝礼、举行羌姆仪式作为塔羌仪的引导、朱古和阿巴等先用饭都说明这一点。

四　嘎域的曲果尔仪

嘎域的曲果尔仪是每年的藏历三月十五日。村中两名从多波来的人，一名次仁扎西，约三十五岁的样子，生于梯日，其父母是多波人，一名沛瓦丹增，四十五岁左右，来嘎域已经十二年的样子，他们皆已结婚，有子女；他们是外域人，且是与域中不可通婚之人。三月十四日那天，他们将两城门处的塑像阿爸和阿妈重新塑好。

新塑是按照以前的样子。以前阿妈塑像有一个阴部，后来孩子们玩耍扔掉，现在的阴部不是以前的（当六十九岁的保布喇嘛说到这里的时候，不好意思地笑了）。阿爸的胡子、阴毛和阿妈的阴毛用的是黑山羊的毛。阿妈的辫子是用金黄色的纸和绿树叶交错而饰成。

十五日之前寺中僧人念“蛹”（藏文即 vbum，洛语音为蛹）。十五日那天早上，十一名僧人在寺中念律经一部，九点钟左右念完后，域民35人开始转曲果尔仪，有的背上经书。最先一人燃起桑烟①，随后寺僧一人吹白海螺紧随，然后是三名僧人，举寺中的华盖(gdugs)、寺柱幡（ka-vphan）和寺顶的塔觉；然后是寺僧2人吹甲铃（汉语为唢呐），寺僧1人击钹（普加尔，sbug-chal），然后是寺僧1人击鼓；再随后是佛像三尊，第一尊是桑结吐巴，之后是强巴佛，最后一小尊佛像，是喇嘛阿旺拓没，各由一僧抬着，紧随其后；之后才是背经书的域人，男女不限，但女多于男。一行人从寺中出来，到城南门处，有三名年长妇女，打扮穿戴一新，手中分别持青稞酒、特令（卫藏语卓索琪玛，即木盒中盛青稞粒和糌粑供人敬神灵）等，站立于众人之前，唱，为欢送；到德处和域北头佛塔处，亦复如是。到佛塔处完毕后，三人返回域中。

队伍行至阿爸处，由喇嘛保布举行饶尼仪。喇嘛念经。举行饶尼仪的喇嘛是需要资格的，一般是需要静修9月的喇嘛。保乌喇嘛是本寺最有威望、年龄最长、静修时间也列最长之列（其他僧人也有），理所当然是他主持。念的经分两种情况，如果仪式主持者喝酒，则念岗索；如果不喝酒，则念姑日经（sku-ri）。饶尼仪之前三日，主持仪式之人不得喝酒吃肉。喇嘛保布头戴黄色僧帽，左靠近墙壁，南向面对阿爸，左手持铃，右手持金刚杵，边摇铃边诵经文。喇嘛右边有随侍僧端着仪式所需物；其余众人在一边等待。喇嘛念完，有僧人从瓶中沾出净水洒向空中，为洗仪；完毕后，仪式队伍出发，向村北头进发。关于这个过程，十多年前，德国学者尼尔斯做过非常详尽而带有德国式精确的描述，下面我将引用他的成果：

嘎曲德寺的年轻僧人们，以及域中所有的年轻人，都来仪式

① 喇嘛阿旺说燃起桑烟是为清扫路障，使鬼怪不危害。

性地转耕种地域。这个过程因此被叫做“沿着耕地走”（Lu-kor）。因为参与者头上背着圣书，所以也叫“转经”（Chökor/chos-skor）。当年轻人启程后，长者们开始到曲德寺准备加圣的食物“措”（tshogs），以便分发给参与者们。

仪式中，域中的若录（constable）先行，在每个停驻点放置石堆，名叫“托乌”（“thowo”）。随后，他、三名妇女以及两名年长僧侣陪伴仪式队伍到第三个停驻点，然后就折返。他们将在水池附近第八个停驻点和队伍会合。

仪式队伍从域的北入口处开始，这道门在十八世纪末关住的是扩展住区。保护性的爷爷（Meme）泥塑像背壁朝北，半倚墙。像每年都要重塑，这是更新仪式的一部分，以确认典范性夫妇“爷爷”和“奶奶”的保护性。道路沿着扩展的玛尼墙朝北，在“孤冬”处第一次停下。这个建筑物类似曲登，但却是用来作为人的遗体安置处。这个停驻点标明域的边沿，是在过去两代人中建起来的射箭场之外。仪式队伍前行大约五十米，再次停在另一个名叫晋曲卓（Jin Chodro）的“孤冬”边。这“孤冬”是在路中，以保护域德不被无名的鬼怪从北方来威胁。类似的保护性曲登还可以在嘎北边山巅上看到，这个曲登强有力地保护通向洛域的道路。在晋曲卓，道路折向，沿着围墙走，围墙内是“熏”（shon）地。在崖壁静修处下面，队伍停下，向山洞示敬意。耕地最东头名叫塔尔科（tharkog），用石头堆标明，但并不表明有特殊的神灵。这个石堆可能就是查尔斯所说的那种情况：它们不一定是宗教性的地点。它们是“亚神圣的”（sub-sacred），只是用来确定地界。这些标石只有成堆才能确保耕地（klung）的安全和繁荣。从这里，一条狭窄的道路朝下，穿过河，爬上对面的山崖。这里，一块岩石标明河南名叫塘嘎萨（Tangasa）的耕地的最东头。它同前述的石堆一样，只是界标。1974年以来，这块岩石是在围墙内的果园中。仪式队伍越过围墙，沿着传统的道路前行。（停驻休息）神圣的经书被放置到岩石上，人们从域中里带来点心，参与者们尽享歌舞。一个小时后，队伍复起行，从一道门离开园子，继续沿着耕地边沿向水池前进。这个停驻可能就是给这重要的水源以敬意。50米后，队伍停在一块岩石边。这岩石不仅是界标，而且还是赞羌播（Tsen Khyampo，“孤魂野鬼”）的居处。从现在开始道路折向南，停在从鲁饶来的路和浇灌嘎域绝大多数田地的水渠交叉处。这里堆起一个临时性的石堆（托沃），作为一个阻挡（barche），挡住那些试图进入域中的鬼怪。这里的耕地名叫嘎垄（khalung），因为雨水冲刷，缩小为狭窄的田块。另一石堆拦阻沿着嘎立甘达克河通向域的道路。这条路也是从平原地区通向西藏的主干道。行进路线转向，沿着道路下到嘎域最低的田区纳玛（Nama）。

在田区最南头有另一个石堆，专为转经所用，标明另一个停驻点。现在仪式队伍沿着“雄”（shung）地的边沿，经过名叫“垄亩钦摩”（Lungmo Chenmo）的地走。这地曾经是嘎城堡的。有一石堆标明域会议点。跟前面提到的不可移动的界标一样，这些“托沃”体现该处的情况，因此查尔斯把这些加在地平图上的石堆称为“吉祥”。在靠近水主觉沃曲杰（Lord of Water，Jowo Chogyal）的神龛的地方，队伍停在桥边，这里从西边来试图进入域的邪恶神灵被阻挡。现在道路沿着宗曲河，朝过河的桥走去。在桥的两边各停一次，以表示其整合完善。朝北几步路，到保护性的“奶奶”（iwi，依妣）塑像处。她保护域南部边沿。一代人以前，这以南没有人户。队伍最后到达“德瓦”（Deya），即城堡西的域四方场（square）。旧时每年的“雄则”（Shontse）

舞就在这里举行。17 世纪早期，嘎域的第一批房屋面对城堡而建，所以形成一个四方场。①

这个过程需要两个多小时。2008 年，队伍回到域中时，上述三名年长妇女又如是前来三次欢迎，其中第一次是村中嘎立甘达克客舍[Kaligandaki Lodge，现名绿洲（Oasis）者]前，第二次是过桥后的曲登（佛塔）处，到寺中是最后一次。

复由喇嘛保布在阿妈处举行饶尼仪。一如阿爸处，待洗仪完毕后，则是所有人手中握一把糌粑粉，举行“扎西”仪式，将糌粑洒向空中，以表示喜庆，仪式完满之意。最后人们才回到寺中，将经书放回。

另外一次是藏历六月初四。此外，如果夏收之前农田中害虫多，域人会再举行一次曲果尔仪。今年藏历三月底四月初，正是麦子成熟的关键时候，但是田中虫子实在太多，域人便在三月底又进行一次曲果尔仪。相比之下，梯日则使用“闷”（域人说用的是“闷”，藏文即sman，这和“医药”的“药”是同一个词；但他们用的应当是杀虫剂）。次丹说：“用‘闷’的话，其他虫也全都杀死。上次我去梯日，见到那里田地中全都是死的虫，这样会积聚第巴（罪恶）。”她说田地中有“虫”，像梯日那样的小域就使用“闷”，而大域如嘎，则举行曲果尔仪，仪式之后，死的都是害虫。听她说这么有趣的事，我马上想到那些有“现代性”狂热的“社会科学家”们，这些“现代世界”的人们很容易就将这大域和小域之间的关系，以及“闷”和第巴的关

① Gutschow，1998：56－64. 笔者在洛域期间，凡所访谈者，没有人提及嘎域城门处的塑像名为“么么”和“依妣”的；当我和域人谈起嘎域的塑像和乍域的塑像名称上有差别，指出乍域的是“么么”和“依妣”，而嘎域的仅仅是“阿爸”和“阿妈”时，没有任何人对此提出异议。我不知道尼尔斯的说法出自何处，但误解影响深远。

系，看成是科学与宗教之争这种无聊的话题；我发现，域人还有更深刻的思考，统一着他们的实践。我来到屋外，四五天前的仪式已经随青烟散去，庄稼正在疯狂地成熟着，我抬起头，见到田地上空成群结队的鸟，不断飞到田中寻虫觅食。

仪式的地域，勾画出嘎域的农业空间，也是嘎域的意义范围。通过这个曲果尔仪，嘎域得到重生、更新和确认。这个仪式中，嘎域重生是由男女二元要素构成的，它由父性的男子开始，到母性的女子那里结束。如果我们恢复阿妈、阿爸这二元要素的原初意义和用途，并以之来考察和解释曲果尔仪，我们就会发现它所划定的域的就是一个扩大的城堡。在这个扩大之后，二元的功能就从逻辑上获得扩展，在隐喻上获得转型。在一定意义上，曲果尔仪所划定的，就是城堡的隐喻，而阿爸和阿妈依旧守护着它。

如果我们将嘎域曲果尔仪的路线勾画出来，就会发现男性起点和女性终点之间，有两个要素具有超越二元的位置，一是王宫及城堡，它连接着阿爸和阿妈二者，显然具有超然的地位；而在现在的曲果尔仪中，寺同样超越于男女二者之外，实际是幕后的或者明显的主持/主导者。现在的寺庙获得一个位置，它类似于王宫及城堡以前曾经扮演的角色。随着王宫及城堡的衰落，今天的寺庙取代了它的位置。这就是为什么把阿妈塑像移到新地方的原因。相应地，历史产生分期，在逻辑上和精神上，从王宫作为域的主人，进化为寺庙作为域的控制者。这个过程就是堪布扎西旦增在书中所暗示的从工具到仪式，从物质到精神的过程。

寺院是一个什么样的角色呢？一种无性的角色。后来我才知道，寺院的僧侣不用参加域中劳动，所以到年老之时不用举行告别域的塔羌仪。他们有出世的面相，他们的权威正来自于不介入世俗生活和超离于世俗生活。一旦有与异性的性体验，他们随即将告别寺院，回归俗人的范畴。

有意思的是，嘎域曲果尔仪的路线图是从具有突出生殖器的父亲那里开始，最后回到女性生殖器特征明显的阿妈那里。这个路线除域界的隐喻外，还带着一种生殖的隐喻。这个仪式必须是从重塑一新的阿爸塑像开始，绕整个域后，到达同样重塑一新的阿妈塑像那里（这层“新装”多少使人们联想到婚礼中的新郎新娘服装，和年祭仪式中的新装）。在这个意义上说，嘎域是由男性及其繁盛的生殖力所加持和保护的。实际上，嘎域边界也是男性生殖器的旅行路线。

男性凸出的阴茎和女性深不可测的阴道，代表着阴阳的结合：男性启动整个仪式，女性以其无为而为，最后将一切阳性的力量都收纳，并终止整个仪式。人们一开始和最后向空中所洒的净水与最后白色的糌粑粉，更具有隐喻的意义。它们弥漫整个空中。这个仪式隐喻的，正是嘎域的根本逻辑：父系继嗣。

嘎域就是通过这样的，每年两次或三次的男性巡游而得到再生。

我们若比较上次嘎域的婚仪，就会发现，这次婚仪不是招玛巴（女婿）上门，因此男方先到女方家[1]，是从女方家中开始婚仪，沿着顺时针路线（与曲果尔仪路线相似，路程小而已）到乡域聚会厅，举行献仪，结束后启程前往男方家中，众人入座稍一会便结束。

曲果尔仪和婚仪的性别方向完全一致，实现的文化逻辑相同。两个仪式都调动整个域，而婚仪更是扩展到附近各域，通过这种两性关系的仪式，从而使本域与本区域合而为一。婚仪来宾达到288家户，而本域只有七十余户，说明来宾主要来自域外的四面八方。

① 如果是女方招玛巴上门，则方向颠倒，这一颠倒提供一个另类的模式，我们后面将讨论到。

五　域无性

据说嘎寺曾有僧人晚上到女子家去，白天回寺，结果女子怀上孩子，如果寺里知道僧人晚上那么做，就要罚款，该人从此不能在寺中呆。人们说："继续待下去，还那样做仪式，羞耻（Ngo-tshar）。"从寺里退出来以后，才能和女子呆在一起。

宁玛派允许僧尼结婚，梯日寺中那位 14 岁的僧人，当我问到他以后会不会结婚时，他有点不好意思，回答说结婚是可以的。他只会藏文，不会尼文。作为梯日仓巴喇嘛的下手和涅怎，有时也会念一些基本的经文。每年六月，梯日寺大聚域中妇人举行仪式。

五月二十五那天我到如今属噶举派的嘎绕寺。觉嫫达瓦桑嫫和欧珠邀我吃午饭，我便在厨房和他们两人边吃边聊起来。他们劝我入寺为扎巴。我推脱半天，最后只得说"如果我入寺为扎巴，我妈妈会生气的"，我顿一下，"因为我是家中的长子"。他们顿时理解。于是觉嫫欧珠想了一个办法，"你可以做阿巴，既可以在家学佛，又可以娶妻"。在迥松有两名噶举的阿巴。我便问他们觉嫫是不是可以结婚，他们说可以，阳布就有。阿尼结婚，则叫阿嫫。

这组对立是这样产生的：

①扎巴：觉嫫

②阿巴：阿嫫

与之相应的是另一组对立：

③措录：措嫫

④酿录：酿嫫

从①到④是一个结构的等级。注意他们的多重对比关系。

但最初他们出家时，在喇嘛面前发过誓，如果现在想不做觉嫫，要离开寺院去结婚，把当初的誓言扔掉，他们“脸红”。此外，达瓦桑嫫说：“各人要积聚第巴（罪恶）。”

当宁玛派僧人走在域中，与萨迦派等其他内教僧侣相形，虽同着僧装，但是他们有着婚姻的可能，实在与后者不同。着僧装而与妇人同居，对后者来说是犯戒律的。因此宁玛派僧尼的性别清晰可辨，苯波也如此。萨迦派、噶举派和格鲁派则不同。他们若与妇人有了性关系，则必须剥去僧装，还为俗人，或者阿巴（噶举派）。尼姑与俗人有了性关系，则还为普通妇人。这几个教派的僧尼团，实际上被认定为是无性者。

这些无性者的基本属性之一，即洁净，无性无染。他们被免去域中劳动，但同时也与财产继承、继嗣无关。从身体的洁净到域中身份的洁净，使他们获得超然于乡域的地位和身份。这种超然性是由他们脱离乡域事务而获得的。身体和域就这样被紧密联系起来。

这样我们才可以理解，嘎域曲果尔仪由年资最长僧人主持饶尼仪，就在于他们被认定为是无性者，因而是洁净的，这种清洁是饶益乡域生殖和生产的基本要素之一。同样我们才可以理解，域中一定要嘎寺僧人主持念诵“蛹”和超度死者的诸种仪式。

让我们再把饶尼仪审视一遍。重塑阿爸阿妈塑像的，是与乡域不可通婚的多波人，在身体的意义上，他们是可能发生性关系的，但在域的概念上，是不可通婚——无性者，所以他们有洁净和肮脏的双重属性[①]。外来的多波人与本域的喇嘛在骨系上处在上下不同的位置；从多波人到主持仪式的萨迦喇嘛，饶尼仪就从物质性上升到精神性，从洁净和肮脏的双重属性，升华出洁净性。

① 在乍域，目前正要重塑伊妣么么塑像，由绒巴人着手进行。以前每年重塑，是由两名更布的四名若录（rogs- gla）负责。

要求两性有同样的性权利，平等和一妻一夫，其迫力主要来自西方。这在洛域研究中的体现，就是舒西妮那本小册子。

六　肯嘎

藏历三月二十八日，肯嘎念完寺中的“蛹”，做好“措”，次日由域中青年将“措”分送五域，其中普扎、宗和琼果尔三域各一人负责，因为域小；大域如乍和普让，则各由两人负责。本域的，则次日才将“措”准备好，在曲果尔仪之后由前来诸妇人等带回，有的还为人代领。但是鲁绕不在分送“措”的范围。

早上九点二十分，一域中青年于域聚会厅楼顶击鼓，呼域人前来。九点二十五分，一名来自乍曲德寺的扎巴将三面萨迦派旗帜插绑到三根木杆上。九点四十分，域人陆续到来，于殿中入座饮食、闲谈等待。不久即开始背经卷。第一人为男子，以后诸人皆为村中妇人。人手持香一束。约十点，出殿，于殿外塔觉杆前先后排列，杆下煨桑，齐整好以后，绕玛尼墙出寺，先后顺序为：

一域中青年手持长把煨桑盘先行，随后为两扎巴吹甲铃，一扎巴击钵，紧跟一域中男长者，长者右手持盛有青稞酒之木器（器沿口压以酥油），左手持一面萨迦教旗；其后随域人尼玛次仁，击鼓（左手持鼓）；其后一年长男僧，右手持金刚杵，左手摇铃；之后即一域中女孩背经书，右手持教旗一面，此后为一域中男长者，左肩挎一鼓于前，右手击之；之后一域中男长者，击碰铃（如巴掌大，即 ting-shags）；随后是在殿中第一个背经书的男子，右手持香一束随行。之后是另一男子背经书，右手持白海螺号，不时吹之；其他妇人背经书随后，皆右手持一束香。

在寺门内外，即有或服务或临近的域人等候背经书者到来，以头触经书；一行出寺，背妇若干即开始唱起来；队伍经村中向北，左绕佛塔，出村；此后，吹甲铃号的二僧即不与人同行，径自走捷径，前往沿途某高处，或转折处等候，高吹甲铃。最后二人亦先回寺，于聚会厅楼顶吹号。

曲果尔仪队伍至村西峡谷边，折向东，行至域东界，折向南，走上公路后，折向西，此时队伍顺序已不复先前模样。有印度教士行于公路上，不时驻足观看。两教，或拜山，或崇水，于此相遇，实因缘际会。不知印度教士对此有何感触。

沿途有域人煨桑等候于路边，以顶礼经卷。队伍行至村西头，折向北，绕域中新建的罗密欧与朱丽叶旅馆之地界，至峡谷边折向东，沿峡谷行，至村边，入村，左绕佛塔，回寺。走在最前手持煨桑盘的域中青年将盘中桑烟倒入塔觉下的煨桑处，域人将经书背回殿中，此时背者成一圈，循环，顶礼她人所背之经卷，最后将经书放于经书架前的桌上，由二扎巴稍整理后归架。就在归架的过程中，域中五名年长妇人立于右壁边，双手合十，继续唱，一直到经书归位完毕，各自磕头后入座。整个曲果尔仪持续约一个小时二十分。

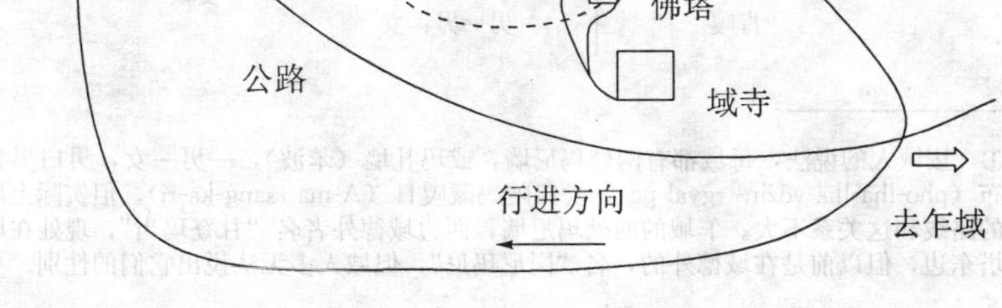

就在这个高度等级化的序列中，女子成为曲果尔仪的主角。他们约占整个仪式人数的三分之二，男子为10人，处于服务于他们的位置。他们是完成礼仪的真正主角。这个礼仪的目的在于祈求乡域丰收，庄稼不受病虫害。这是一个生产的礼仪。乡人是在生产和丰产的意义上，将礼仪与村中妇人连接起来，也是域中男子心甘情愿地服务于他们的原因。

肯嘎一域与嘎域不同之处，在于这里没有护城之阿爸阿妈①，因此也没有饶尼仪：域人从寺中出发，回到寺中。寺宇的佛殿，只有在男女等级结构化，同时又处于无性的意义上，才能担当这个礼仪的起点和终点。这一点是和嘎域相同的。嘎域是在男女二元的意义上更为明显而已：它将男女二元对比扩展到最大的程度。嘎域的影响力远比肯嘎要大，不仅是在域地理空间、人口上，域的等级中，而且是在域的思考逻辑之中。

嘎域是处于三域一组的中心位置，好比古代拉萨的三如（卫如，叶如，约如，即中心域之外有左右两如相配）。而肯嘎在其所属的三域一组的结构中，附从于作为中心域的乍域；其家户也仅36户，而嘎域、乍域等主导域的人户数远远大于肯嘎域；在域的等级结构中，肯嘎也处于低的位置。因此，在域人的思考逻辑中，肯嘎所代表的模式，尽管在各域的再生仪中，在数量上远比嘎域/乍域的模式要多，但它只能是附从的。这样，我们便得到这样一个关系式：

嘎域	域无性	
肯嘎	男=男：女	= 嘎域

① 按域人的说法，每域都有两处玛尼墙，或玛扎墙（苯波），一男一女，男曰男神拉增格布（pho-lha-lha-vdzin- rgyal-po），女曰阿妈藏嘎日（A-ma tsang-ka-ri）。但实际上域再生仪的路线和这关系不大。乍域的两处玛尼墙，西边域德外者名“甘登玛当”，现处在域德中佛塔东边，但以前是在域德外的，名“岗尼玛尼”，但域人多无法说出它们的性别。

但是肯嘎模式在藏文明中的结构性意义是绝不能被忽略的。正是因为它的存在，以及它与嘎域模式的结构性对比，使我们能将藏文明的西南模式与中心模式联系起来，并完成西南模式向中心模式的转变。

七　乍域

藏历三月二十六日上午十一点半时，乍域的曲果尔仪队伍开出域德（Yul-sde，域人聚居之处）。背经书者有男子六七人，其余皆女子。从域德涅仓（域聚会厅）开始，经么么和伊妣塑像处，左绕域德中的佛塔，索朗旅馆和平地（Peace Land）旅馆，到域德东头，左绕此处的佛塔，出域德，向河谷方向去，随后上溯曲米河，至域界（Sa-mtsams）后登山陡坡，回到田界，稍事休息后，折向东南，至界又折向西南，有登山绕行的。到中午一点半时，复至河谷之下游，于林中休息、饮茶。有域人专门奉茶者在此相候。

休息约四十分钟后，启行，沿肯嘎水渠上行，至曲米河谷上游上午上行处折回域德；三老媪于域德之第一曲登处等候，加入队伍同行，左绕佛塔，到域中后左绕不经过么么伊妣处，回到聚会厅。

有关于实践的多样性研究的，可以发现在整个过程中，不是每个人都遵循相同的行走路线。有时是个人，有时几乎是一半的人，在某一界，走某一条线路，而其他人是另一条线路。这样，不是每一块地、林都包括在曲果尔仪路线之内。靠近普扎的那大片地，因为稍远，转圈又大，不在其内；谷中渠外的林地也不在其内；田地有的在所有人的曲果尔仪路线之外，有的则不在部分人的路线之内。队伍也不是始终保持齐整，有的拉下许多。但进出域德，他们始终是齐整以后再行进。

我站在域德寺下的佛塔处远望时，域中老人次旺路过，与我小聊，他说："这（仪式）名叫'色荣'，是以前喇嘛定下的，说这是为了庄稼不生虫，收成好，牛马羊等牲畜生长好。"

与嘎域的曲果尔仪中阿爸阿妈相比，么么伊妣的意义消失。人们经过这里仅仅是因为它是一个路口，没有饶尼仪，回来时也不经过这里，无法形成一个有男女二元结构意义的路线圈。乍域的曲果尔仪非常类似肯嘎。如果把嘎、乍和肯嘎三域的路线及相关仪式作一个排比，就可以发现它们代表着三种不同类型的曲果尔仪路线：嘎是男女二元结构意义最完整的，有王宫及城堡的；乍是王宫及城堡和男女二元结构意义都在消失中的；肯嘎则是二者完全没有的。

从另一个环节来说，乍也是一种中间过渡类型。嘎域有三名迎送的年长妇女，手中持盛饮料、糌粑等的器具，各分三处送和迎。乍也有三名老媪，但仅仅随队伍送行至村口的佛塔处，也仅仅到这里迎接。他们手中持的是塑料花。

难道曲果尔仪的二元意义就消失了吗？没有。所有的曲果尔仪之前都需要僧尼念诵若干天的经文（天数依僧尼数而不同），曲果尔仪和经文念诵的关联在于，通过域无性的僧尼若干日的念"蛹"仪式，通过他们神圣的念诵，将经卷中的文字都赋以生命的运动，复活沉睡一年的寂默文字，变成可听见的声音，"醒来的"文字的效力，通过僧尼仪式最后一日做成并分发到诸域的"措"，使各域获得福业和加持的同时，也使"域"在域人逻辑和想象中获得再生。

本域女子身背既在本域又是外来的经卷，这才是各域丰产仪，也是域再生仪的本质：这两者的结合过程和历程，是域人身体的劳累和心灵因接触神性（顶礼经卷，域语佛法加持，即 chos-gyi-byin-rlabs）而升起的心灵愉悦和释放。

八　苯域鲁绕

苯域鲁绕的域再生仪有的称为曲果尔，有的则称岭果尔。“岭”（gling）有洲、岛之意，其所指比域的概念要大。如果在曲米一带说岭果尔仪，那就是指包括附近六域的仪式。这个仪式花费比曲果尔仪的花费大得多。2006 年藏历六月初四，曲米的“洞董”寺在一新加坡华人（域人还是习惯说“甲米”，这个词直译即汉人）做施主的情况下，念完《甘珠尔》和《丹珠尔》经后，举行一个盛大的岭果尔仪，从寺开始，顺时针绕全乡域一周，包括普让、乍、肯嘎、普扎、宗和琼果尔等六域的所有田地林地，用时一天。据域人回忆，具体路线大致为从寺出发，至冉尼颇洼后，开始绕六域，回来的时候绕曲米寺，经冉尼颇洼回到寺中。出发的时候，寺中堪布举行饶尼仪，从早上七点出发，下午四五点钟回来。仪式乐全部由寺中觉嫫负责。噶玛曲珍曾前往，负责击钹。其时僧尼、域人大约两百人前往，背上《甘珠尔》和《丹珠尔》经卷，在寺中觉嫫的导引下转全岭。乍域的次拉未曾去参与，但她记得，转岭队伍经过乍域时，她和域中十五六名妇女前去路边为他们奉上饮食。当队伍行至肯嘎，肯嘎域中也如是相待，其他各域皆如此。人们说，这仪式是让庄稼生长好，收成好。

但是苯域鲁绕人说自己是岭果尔仪，一则因为鲁绕一域孤悬，附近一两个小时脚程之内没有别的大域可相援，其域就是其岭。另外，曲果尔的说法一般都是内教所用语，鲁绕则全是苯教。

今年鲁绕的岭果尔仪原定从藏历三月二十五日开始念经，内教称为“蛹”的，他们称为“康钦”（Khams-chan），但部数是一样的。后来因为朱古得到邀请前往冉尼颇洼（Ranipawa）举行仪式，临时推迟到三月二十八日开始，十名喇嘛念经，延续五天时间，第六天，藏历四月初四，仍然有经文，上午念完之后，才举行岭果尔仪。念经不是在寺中举行，而是在域人聚会厅，空旷无比。

早上，喇嘛们还在念经的时候，其他人就开始计算前来背经书卷的人数。域太小，势不得已。即便如此，到临出发之时，仍然少一人，域人不得不等待最后一人前来。

十九部经（在康钦之上加了两部，还有一部小的，没有木夹板）诵毕放置在聚会厅北壁中央。第一人仍然是男子。整个背经书的队伍，其先后顺序按照经书的顺序排列。在大厅中，一人负责给众人挂哈达，喇嘛楚臣则给众人“压甲”，即头顶压以酥油，压第一人时口中念念有词。队伍齐整以后，众人回转身，面向大厅经书曾经摆放的方向，两年轻喇嘛吹甲铃声起，喇嘛楚臣击钵，诺布击鼓，两人吹白海螺号，一人为鲁绕小学学生，一人为石机，如是数分钟，至为严肃。这时厅门口和屋外早已燃起桑烟。

出发时，第一人为域中嘎绕男子，手持桑烟盘，身背柏枝，他此行除了各处燃七八处桑烟外，还负责燃放鞭炮一共 19 响。随后一鲁绕小学小童，吹白海螺，随后是喇嘛楚臣击钵，诺布击鼓，然后是达瓦左手托盘，盘中放顿巴像，右手持香。其后诸人背经书，其中第一男子吹白海螺，队伍中有若干名学校高年级的学生。队伍离开聚会厅，沿平路往河谷上游走去，此时人们边走边吟唱起来，至取水处下入河床中，复向下游行进，至河床中时，停下，齐整队伍，如聚会厅中一般，击钹、敲鼓、吹海螺号等。此后继续下到域之下游，复登岸，径直朝山上攀登，约一个多小时到达半山上贡普（朱古住处）. 寺外，稍事休息后，齐整队伍吹打着进入寺中。第一人仍然是煨桑烟者，第二三人为吹甲铃号者，第四五人为吹海螺号者，然后是次序如上。众人高声歌唱着，进入殿内，将经书放置在大殿正中间的桌上，随即磕头，完毕后出外休息，饮茶酒果汁等。吹打击者继续到经书放置完毕为止。十名喇嘛在大殿中念诵经文。约半个小时后，仪式完毕后，人们复背上经书，出发仪式如域中时，此时吹白海螺号两人居前，第一人是么么次旺，第二为孩童，随后是两人手持甲铃号，然后是达瓦手持放置顿巴的盘，喇嘛楚臣和诺布随后，绕贡普，出去以后，队伍复回转身，面向贡普击打吹，随后高声吟唱着，绕域田，到半山有一次停住，击打吹；经过鲁绕学校外时，学生排队，一一以头顶经书。这个过程中，少数非善意的域中背经书的"颇萨"（中青年男子）以经书卷木版部分用力向不经人世的学生头顶撞去。队伍下到域的上游取水处，沿路折回域中。

到雍仲平措林外，三名村妇盛装：头戴"许列"，肩披白布，腰围邦登，手持青稞酒，木桶和碗沿都压上酥油，三人平排，面向回来的岭果尔仪队伍。吹奏仪式乐毕，三名妇女歌唱，但似乎另外两人不会，只有左边一人声音高亢，歌毕，中间持小木酒桶的妇女给自己右边妇女盘中的酒碗里倒入一些酒，么么次旺右手从盘边拿起柏枝，沉吟一下，口中念念有词，然后六次从碗中沾起酒洒向自己左边无人处，完毕后，乐起，队伍前行，约十多米后，在寺门外，重复这一仪式，随后进入寺内，在大殿门外进行第三次。此后众人方能进入大殿，三名妇女磕头以后，站到一边卸装，其余人放置经书、磕头等。整个过程约两个半小时。

下午还有一段时间念诵经文，完毕后各自散去。

鲁绕岭果尔仪和他域不同之处在于：（1）它的方向是逆时针的；（2）它有两处寺院，一为域中寺院，一为朱古的寺院，需要在两处进行仪式，包括经书安置和背经书；（3）背经书者男子多于女子。仪式队伍总共 23 人，其中女子仅 5 人。一名法国年轻女子前来小学义务教书，也来参加岭果尔仪，但并不实际参与。

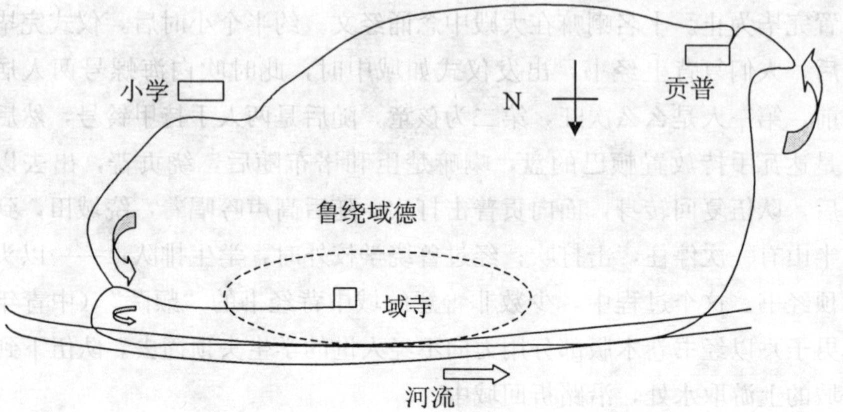

这几点不同使得鲁绕与他域大异其趣，然而再生仪所具有的二元结构性隐喻并不改变，尤其是这里出现朱古。鲁绕目前只有 13 户人，人手确实有限。念经的苯波喇嘛中，有 4－5 人是临时外来的，他们和本域有千丝万缕的联系。但人手不够并不是导致鲁绕与他域不同的根本原因。如果我们把和本域关系紧密的嘎域曲果尔仪纳入作为参照，我们会得到什么样的启示呢？嘎域的曲果尔仪是顺时针，从男性到女性。鲁绕呢？尽管它没有阿爸阿妈塑像，但我们若顺着类似的逻辑，就会发现，鲁绕的逆时针的岭果尔仪，乃是从女性到男性。按照喇嘛诺布的说法，从左手方向走，表示内教；从右手方向走，表示苯波。我们那个男左女右的说法呢？

第九章 玛巴：可让渡思想的起源

不是所有的家户在所有的代都能生育男孩。有的家户在某一代无法生育出男孩，怎么办？对此，域人对家户的延续早有实践在先。这便是招玛巴上门。

让我们先考虑这种情况，即有两家户，一方只有一个儿子，一方只有一个女儿，他们俩要结合，怎么办？我相信这是一种相当极端的情况，我不知道域人在这种情况下会如何处置，但就我所了解到的一个个案来说，可能有助于说明一二：

巴珍的母亲桑嫫，已经办过塔羌多年。桑嫫早年与来域中的康巴兵结合，生一子一女，后来都在印度入寺为僧尼。不久桑嫫与康巴兵分开。此后她与仓多吉生下一酿嫫，即巴珍。二十多年来，她是桑嫫身边唯一的孩子。巴珍的丈夫桑杰，母亲名次丹，父亲已经去世；桑杰有弟兄，但是他们都入寺为僧，不婚娶，所以家中只剩他一个男孩子。

巴珍与桑杰住到一起后，是住在男方家里，结婚以后也是如此。桑嫫约 64 岁，目前一个人生活，能自己照料。据域人说，只要她不能动（做活），巴珍夫妇就要来照料；她若去世，则她的房屋、土地（只有一块）和钱物等，都归巴珍夫妇。

如果一户人家只有三个女儿，那便是长女出面招玛巴；如果她到别家去作媳妇（纳玛），那就由次女招玛巴；如果次女也到别家去做媳妇，或者入寺为觉嫫，那就由最小的女孩招玛巴。凡是离开家去作纳玛的，父母可根据“库西”（情感，尼语）给地、嫁妆等，但主要的财产如土地、房屋、财物、赞康（如果有）、却康、“拓”（名册）等，则全部归在家招玛巴的女子。招玛巴的依据非常类似于“家户”而不是“骨系”的理念。这使洛域文化逻辑有了变数。

下面这个例子来自达嘎宗。

域中一户人，父名扎西，早逝；下有四子两女。一女早夭，一女名盎嫫（Dbang-mo），未婚，今已70多岁。四兄弟中的帕玛（第二个）入寺为扎巴，现已去世。第三子名实达，娶妻成家，60岁时举行塔羌仪，后不久即去世，现已有10年。长子拉巴与弟弟朗杰共妻本域女子谢饶，家中的赞康亦随之。现在拉巴已经去世，有的域人不明白这个，以为赞康是随弟弟。谢饶的长女巴登说她有两个爸爸，一长一幼。赞康有二，一为白色，名甲沃（rgyal-po），一为红色，名阿思东玛尔。据谢饶说，取名甲沃是因为以前这里的洛甲沃（洛域国王）和沛域国王打仗，在村西，血流成血路（khrag'lam）。

遗憾的是，实达家与拉巴家都没有生下儿子。实达有三女，长女索朗巴嫫，51岁，招本域达拉为玛巴。实达的格妹是达拉的阿尼（姑姑），而谢饶即达拉的索嫫（妈妈的姐妹）。索朗巴嫫生有二子三女，其中长女和次女次央在本域结婚。三女嫁到帕拉，生有一子，约五六岁，去年夫妇二人分开，孩子随母亲回本域，据说他不愿与父亲同住。

谢饶有八女，长女巴登现在大约46岁，招乍域玛巴白玛仁增上门。

毫无疑问，玛巴和纳玛是相对的。这二者之间的关系可以如下表示：

纳玛：玛巴＝主导：附从

乍域有一户非贵族（帕尔瓦），父母只有一个女子，名拉宗，从鲁绕招玛巴诺布上门，生有三子三女，如今皆已结婚。拉宗现在住阳布，子女都离开家乡。夫妇俩未曾离婚。他们的土地有的给人耕种，如果他们回来，则仍然劳作。但是谁会回来呢？

梯日喇嘛白玛次仁家的玛巴洛桑是曲米人，今年35岁，小的时候，大约10岁的样子，就来到梯日他姐姐家帮工，后来就在这里“找”了媳妇，如今有三个小孩。他冬天前往印度经商，如果天气冷，生意就好。主要是买卖衣服，从一个地方买后卖到另一个地方，都在印度。洛域地区的人大多如是经商。

如果玛巴来以后不能生下孩子，怎么办？据记载，嘎域旺迪的女儿泠松（Lhensum）从达嘎宗招来玛巴诺布，后来泠松和一名康巴人一起走了，诺布便取泠松的妹妹；他们也没有生下孩子，泠松的妹妹也离开他。此后为房子的归属问题而起纠纷，最后是泠松取回房屋，给其儿子居美（Gutschow，1998：82）。

类似的情况在拉达克也存在。那里，某家户若没有儿子，则由最长的女儿作为财产的继承人，出面招玛巴上门。玛巴通常是其家中的小儿子，因为实行长子继嗣制；玛巴对妻子的财产没有任何权力：他只负责持家、生儿育女。不过，妻子的妹妹们对玛巴享有的权利，和一妻多夫家庭中小的弟兄们对妻子享有的权利一样（Rizvi，1996：133-134）。

一　招玛巴的过程

雍仲丹增来鲁绕作玛巴已经17年。根据他的口述，他来作玛巴的过程是：

在他十七岁上，鲁绕的耆旧嘎绕多吉、丹增和旺加三人前去他的家乡乍域，请求他的父母将他给鲁绕做玛巴。他父母答应后，他们便在他家的柱上压酥油。这种情况类似纳玛的压加。

三年后，三人带着30—40匹马和鲁绕域人，以及雍仲丹增将来的格妹，前往乍域，迎接他到鲁绕去。他们是第一天到的，准备好合约，写明如果将来玛巴将格妹扔下，另找别的女子，或者格妹将玛巴扔下，另找别的男子，将会给予什么样的处罚。他父母同意后，书写两份，一份由他父亲保管，一份由格妹保管。当晚格妹不能住在他家中，而是住在另一户人家里。第二天，二人在乍域他家接受域人献哈达，他父母、家人（囊米）等给他东西，一一登记，他父母给他地，他不要，太远。他记得父母给的东西够两三匹马驼的，包括粮食、衣服、钱等。据其格妹的涅怎、喇嘛雍仲平措回忆，雍仲丹增的父母给的粮食包括20巴迪（袋）的青稞、20巴迪的黑麦等。（现在雍仲丹增家所有的土地是9块，都是其格妹继承的祖业。）

完毕后出发，从肯嘎往下，经厄克罗巴提后山上的大平原（thang-chen），到鲁绕。到的时候大约下午两三点钟。到域中后，有三名年长妇女在村口曲登（塔）处迎接，到域中塔觉处第二次迎接，到家门口是第三次。他们的穿着一如岭果尔仪中迎接的三名妇女（见第八章第八节），其仪式略如。

到家门口，玛巴与格妹暂时不能进入，先由寺中扎巴举行饶尼仪，然后手持净水瓶，先由玛巴洗头脸，然后是格妹，洗的过程都是二人自己动手，扎巴不过手持净水瓶，将水浇到二人头上；洗毕后二人才能入屋。不久二人出来到乌杂（收获季节堆放、晾晒粮食的地方）处。

域人在乌杂处搭了布，围起来，一边作厨房，一边作二人坐处和域人献哈达处。域人在此用茶酒，饮料（juice）等。献哈达和奉份缘的情况与其他婚仪或塔羌相同。在鲁绕，婚仪不能在寺中举行，但塔羌仪可以。这个时候格妹头罩"布热"（白布），献哈达完毕后，回到屋中后可以去掉。

他先生育有三子女，后来因为节育手术失败，又生两胎。他说域中有四五名妇女都是这种情况。

白玛仁增从乍域来达嘎宗作玛巴已经16年。在他来前，达嘎宗的三名年长男子前往乍域，请求他的父亲将孩子给达嘎宗作玛巴，他父亲同意后，他们即在其家中柱上压酥油，说他已是这边的玛巴。此后大约五六天便举行婚礼。他的格妹等达嘎宗域人前去乍域迎接。达嘎宗域人写好一份合约（亘甲），由格妹按手指印，交与玛巴父母保管，上面写明他是此家的玛巴，以后格妹不得将他扔弃，否则要罚款等。

二　玛巴离婚与分家

各域的玛巴数量尽管不多，但他们与妻子并不是没有矛盾，这些矛盾后来发展，导致双方离婚的也不在少数。

在嘎域，人们为我统计本域现在仍然有玛巴的家户，大约七十家户中，只有三户人是招玛巴上门。让人惊讶的是，他们都已与玛巴离婚。一户是村南头阿纳普那旅馆的邻居，女子名叫色尔肯妮，她是父亲唯一的孩子，招尼玛扎西上门，他们结合大概在三十一年前，生一子一女，后大约在二十五年前左右离婚，儿子随母亲。第二户是噶玛（女）与次仁朗加，生有一子，也已离婚。离婚后，儿子随母亲。第三户是贵族，即白玛卓嘎，招舍沃欧珠多吉为玛巴，生一子，后离婚，儿子随母亲。

另外一种介于离婚和不分家之间的情况，是分家。

达嘎宗的巴登与白玛仁增结婚 17 年来，生有四子二女，其中长子 16 岁，一子为扎巴。他们结婚约十一年后，夫妇二人与家中的其他人分开。关于分家的原因，白玛仁增说是“口”太多。“我对她说过的事，另一人不知道，又要再说一遍；第三个人不知道，还要再说；这样矛盾多，合不来，便分开”。分家已经有五六年的样子。分家的时候，他们分得主要财产。分家前全家的土地总共 17 块，巴登的母亲谢饶分得 3 块，夫妇二人得 14 块，谢饶的其他七个女孩子没有土地，衣服也分。谢饶与其他孩子住到丈夫亲戚的房中去，房屋全部归夫妇二人，赞康也随二人。谢饶的其他七个女儿中，两个已经嫁人，两个出家为觉嫫，其余三人仍然与母亲住在一起。

如果你碰见一位来自肯嘎的男孩子，问他的如匝，他会告诉你他的如匝来自普让。他的父亲是从普让来上门的玛巴，名叫藏拉。他的妈妈一共有三个宾家，都是女子。他的伊妣（母亲的妈妈）名叫涅尔达，今年 55 岁。涅尔达的三个女孩都是她和前夫所生。长女次居从普让招玛巴上门。男孩还会告诉你，他的父亲藏拉已经去美国做工多年，没有回来。

孩子尚小，他不能告诉你父亲家的情况。实际上，藏拉的父亲名叫普尔巴，母亲名叫噶玛曲珍。噶玛曲珍今年 55 岁，普让人，她是父母唯一的孩子，便从鲁绕招玛巴普尔巴上门。两人生下藏拉以后不久，闹矛盾分开，藏拉随母亲。不久，噶玛曲珍与乍域一男子结合，并且住到乍域，尽管在普让还有地和房。他们生十一个子女，有两人为双胞胎（洛语策录），其中之一已经死去。藏拉的母亲之所以同意让他到肯嘎去作玛巴，是因为她又生有男孩子；否则便不可能发生。

所以，肯嘎那名男孩子的脉系在两代之内是来自鲁绕；这个脉系在两代之中转过两域才来到肯嘎。

三 舍沃桑珠的婚姻故事

我见到他的时候，他说："我只上过小学三年级，可是我有一点经验。"

他去过中国的西宁，格尔木，最初是去朝圣，后来是考察大蒜的情况。他知道格尔木的盐桥，西宁的卡切（Kha-che，回族）很多，青海附近的汉人吃鱼。他在拉萨不会汉话，当地的藏族就替他翻译买东西。他去康仁布切朝圣，在普兰的时候，中国海关问他去干什么，他说自己是尼泊尔的博巴（Bod-pa），是去朝圣的。中国海关就给他一个"visa"（签证）。

他是在大约二十四岁上，由父亲做主，和舍嫫诺珠结婚。当时舍嫫的姐姐已和康巴人结婚，被尼政府迁到颇克拉。我猜测，是诺珠自己拿的主意召赘上门。因为同域，两人在结婚之前就认识。

舍沃桑珠作为长子，上门去做人家的女婿，父亲给了他三块土地，以及菜地上用来种苹果的一小块土地。家中的其他土地、房屋和却康，都给了他弟弟。举行结婚仪式的时候，先是在她家举行婚仪，持续了大概三天，然后他带她到自己家，同样举行仪式三天。仪式中，需要给桑杰挂一条哈达，然后是新娘和新郎各一条哈达。从 24

岁到30岁，两人生活在一起。31岁那年，两人闹了矛盾。

我问他为什么分开，他说："你做的坏事我没有看见，我做的坏事你没有看见，但是人家知道。"后来我逼问得紧了，他说："比方说你有老婆，你出门去了，你老婆和别的男子一起睡觉，你怎么办?"我一下子就明白他的心思[①]。他说结婚的时候，自己在经济上力量强一些，分开的时候，因为她养育孩子，所以自己土地房子什么都不要，双方签了协议，各自拿一份。

我说："你们结婚以前互相认识的。"他说："我们都是一个地方的，怎么不认识?!"但是那个事情他确实没有办法。他不愿说那个男子的名字，只说他在这个地方有五六起这样的事。

孩子9岁那年（1991年），他带着孩子前往印度布迪嘎亚，她也来了，当时涅怎都来劝，带着羟，希望他们和好。但是她走了，说不和他和好。那年夏天，他们回到家中。有一天，他的一位达嘎宗的亲戚，在他们家做好饭以后，请他吃。诺珠说："你到外面去了，回来吃饭不害羞吗?"他大怒，将饭碗摔倒地上，说："你什么都没有，我去朝圣，你做我的东西的主人，你不害羞吗?"他说，如果你不害羞，那就"纳格"。这是乡域最坏的对待。为了证明自己清白那就在头顶顶上唐卡，腿上放孩子，点佛灯，到水中，发誓自己清白。如果真的清白，那就没事；如果不清白，两三周后就会死。这个时候他确实怒了，十多年后他讲起来还是情绪激动。

他的老婆，那样聪明的一个女人，怎么肯这么做?两人从此一发不可收拾。

那个时候他们的孩子在加德满都上学，他就带着孩子前往印度阿

---

① 我必须声明，关于两人离婚的原因的解释，都是舍沃自述；这里完全没有舍嫫的意见。实际上我四五次试图采访舍嫫，但是始终机缘不凑巧，不是她不在，就是太忙，而第一次则是她完全拒绝谈，在我问她有没有丈夫时，她有点生气地说："我没有丈夫"。

萨姆，在那里让孩子入学，他自己则经商。这样过了大概一两年。他妻子并不知道他去了哪里，找也找不到。说到这里，他面有得色。后来他需要到拉萨朝佛，中国大使馆给了两个月的签证，他要朝礼拉萨和桑耶寺等地。由于这个原因，他才把孩子带回来，放到家里。

后来孩子的学校转给他一份协议书，那是抚养孩子的协议，他不肯摁手印。

闹得没法，两人决定分开，由嘎域的乡域法庭来裁判。域中的纠纷，凡是不涉及生死的，诸如牲畜到别人家的地里吃了庄稼等，都由乡域法庭来审理。当地人说，自己的事情自己内部处理。如果是命案，那就只好由警察来，铐上，送到迥松的法庭去审理。乡域法庭问了双方，他愿意将自己的所有土地都给孩子，房子也一点不要，双方写了文书（嘎语 vgo-shel-rgya，音），按了指印，“我把我的那份给她，她把她的那份给我”。从此双方再无关系。他到阳布经商，这是14 年前。

我说：“你们一起呆了这么多年……”

他说：“我们的感情（Khu-shi）不是很好。”

我问他：“你离婚了，你怎么想？”

他说：“这是各人的勒。”（Las，业）

我说：“你心里愉快吗？”

他说：“现在我们各过各的，互不干涉，这样就心里愉快。”

我们在聊天的时候，他还是关注她。有一次他问：“最近嫫诺珠啦去了美国一趟，你知道是谁帮的忙吗？”我坦白承认不知道，说：“她是去旅游吧？不需要帮忙的。”他说：“（去美国）需要证明，没有人帮忙怎么能去？”他猜说：“是鲁妮？”我推测说不太可能，因为她不会藏语，也不会尼泊尔语，二三十年不来尼泊尔洛曲米地区，不可能是她帮的忙；诺珠不是有亲戚吗？

我提到他的儿子，他说儿子和他感情不深，“如今他娶了妻子，生了三个孩子”。我便说：“你现在成了波拉（爷爷）。”他说：“现在成了波拉咯。”

他曾对我说，如果你的老婆比你要聪明，她就要爬到你身上来。他现在住在阳布斯旺布，每逢次桑（好日子）比如初八，初十，十五，二十五，朗岗等都要转经。

当涉及到汉藏关系时，他说，我不站在哪一方，我跟谁也没有关系；我只是祈祷，希望双方不要打，大家和平，那就最好。

他现在回来已一个月，住在柏林的妹妹家。阳布的商店由一个小孩照看。我问他再结婚没有，他说没有，就这样挺好。他说这话的时候我注意到他有点不自然的样子。有域人说他现在的夫人是厄克罗巴提人。2008 年 7 月，我来到斯旺布，向他住所附近的邻居打听他的消息，来自宗的一名域女说他的商店已经关了好几天，不知道去哪里了；但她肯定他没有再结婚。8 月初，我经过他的商店，门依旧关着。

四　白玛卓嘎

她那里的游客太多，第一次我去的时候她正忙着准备哈达送给即将离去的客人。第二次去的时候是中午十二点过，他们正在吃饭。她抽空前来我坐的窗台上，坐下和我说几句，问我要问些什么问题。我便提到喇嘛阿旺塘没，刚说完，有电话，她起身接电话去了。这下就到了一点过。她回来我们又说了一会，这时候一位女孩倒上甜茶，放在我们之间，我道了谢，端起来喝了几口，放在原处。她抱着一个才两个月的孩子，说这是她儿子的女儿，我问：丹增啦的？她开玩笑说是，但还没有结婚。这时来了嘎域的客人，她端了我喝过的甜茶，起身，将甜茶放到洗碗处边上。出去一会，又回来端了甜茶坐到电视机前面的独凳上，和客人说话。客人似乎是亲戚。我在间隙问到舒西妮，她说："西妮舒勒。"她有点高兴地说："她的书我有，有两本。"我便说我读过她的书。她去取了来，又坐到窗台边我身旁。那是"尼泊尔妇女的地位"丛书那个版本，封面上有两位少女，左边那位是她，当时24岁，刚结婚；右边是她的姐姐。她翻开书中所附照片，一一给在屋子里的人讲解；人们开始辨认和讨论。我退出人丛来拍照。

她的宾家只有她姐姐一人，名叫拉基（Lha-gcig），嫁给来自德格的康巴人，今年60岁，现住在坡克拉，有三个女儿。丈夫已经去世。我问他的名字，她说："我们可以说，但是藏人死了以后说他的名字很坏。"这似乎是对她的亲戚们说的。

她只有一个儿子丹增，丹增的妻子也叫白玛卓嘎，来自贵族之家。他们目前有三个女儿，长女六岁。看到这个情况，我便想起西妮在书中所说的父系长子继嗣。这个情况似乎提供了一个另类的个案：至少在这一代，父系是通过女儿而不是儿子而得到传承的。

从书上的照片可以看出那时候这里的人们穿的还是藏装，藏鞋，她说："那个时候这（鞋）是阿妈给的，这（下装）是阿妈织的，这（上装）也是阿妈给的，不是买的。"

他们一一讨论书上的人物，说这个死了，那个死了，等等。书上图片中的人，成年的几乎全部去世。有一张是色尔桑嫫的儿子古如，那个时候还是个孩子。我们对那张卡奔尼全景的照片讨论了很久。她找宗曲河。她说从她家的房屋顶，转过几家的屋顶，可以一直走到王宫去。从照片上可以看出三十年间嘎域的建筑变化：房屋增多了。那个时候的白塔确实很高大，下面通道很高。

看完书上的照片，她去拿出一大叠照片，分给众人看。其中一张是前几天晚上在桑娣家看过的次仁和旺姆（夏尔巴）结婚的照片，我拿出来，她指着边上的一名妇女，说：“次仁是她的儿子。”我说：“媳妇是夏尔巴。”那妇女说：“谁说的是夏尔巴？”“我猜的。”后来看到另一张照片上有夏尔巴字样，我读出来，她恍然大悟：“是看了文字才知道的”。

有一张是男人们身着盛装，带上头饰和绿松石等，端着羟，排成一排，她说是人们迎接前来的媳妇。她指着他们头上的头饰，说：“我们这里要结婚，就需要这些。”另一张是她的媳妇在纽约市的一所大学，那里人们正在举行学习佛教的课程。她媳妇坐在第一排，正在翻看书；她身后是学习佛教的美国人；一名美国老师站着，正在对众人讲解。

我们看完这些照片，她又吩咐一个小女孩去取来两本相册，我们一一翻看。其中一张是她的儿媳妇六年多以前（生小孩以前）前去洛满堂，身着传统服装和国王、王后等人合影。据说她去那里是因为她的姐姐嫁到那里去了。另一张照片是她 18 岁的时候，前往印度时拍的。

五　鲁绕的玛巴们

如果说我们在嘎域这样人烟稠密、人口繁盛的大域只能找到三个玛巴上门的例子（实际上可能还有），那么，在人烟稀少、人口较少的小域，我们期待发现相反的情况。为了证明这一点，我且把鲁绕作为个案来考察四代人以内的情形。

鲁绕的苯波喇嘛雍仲平措为我提供一份雍仲平措林寺阿巴的名单。域中的规定和琼果尔域的规定类似，那就是每家户的长子必须入寺为阿巴；如果没有儿子，就由入赘的玛巴入寺为阿巴。因此无论在什么情况下，寺中的阿巴数都能得到保证。鲁绕的苯波格西喇嘛其美曾为我出示一页文字，上面写的是五代人以前域寺翁则白马桑珠及其下十二名阿巴的名字。雍仲平措为我提供的这份名单一共十五人①，来自十四个家户，其中一个家户接近断绝（塔钦），名单如下：

（1）楚臣；（2）仁增旺加；（3）扎西；（4）巴桑；（5）达瓦；（6）索朗；（7）居美；（8）旺加；（9）塔钦；（10）饶居；（11）么么次旺；（12）石机；（13）次旺丹增；（14）雍仲平措；（15）雍仲丹增。

这十五人中，达瓦、索朗、旺加、雍仲丹增等四人没有学过博曲（藏文）；而饶居的父亲也不会，但是饶居会一点，没有学完，会吹甲铃号等。

（2）仁增旺加是（1）喇嘛楚臣的长子；（3）扎西是喇嘛楚臣的弟弟。扎西与普让女子莫朗结婚后另住，生两子两女。喇嘛楚臣的父亲、祖父都是鲁绕本域人，其脉系乃是绛巴拓甲东居。所以，（1）（2）（3）这三人的脉系是一个，来自本域。

巴桑今年22岁，是家中的长子，接替父亲达拉（12年前41岁上去世）入寺为阿巴，母亲桑洁，与其父亲同庚，现53岁；两人20岁上结婚，皆是本域人。

桑洁有宾家八人。姐姐丹增比桑洁长11岁，嫁与冉尼颇洼群培为妻，今年举办塔羌仪。丹增的弟弟普尔巴（四五年前去世），长桑洁3岁，娶乍域么么谢饶的女儿巴桑（与丈夫同庚）为妻，生德吉（31岁左右）、居美（26岁）；德吉嫁（12）石机。普尔巴的妹妹涅尔

① 堪布扎西旦增在1981年记录到的情况是14阿巴，见KSTD，2004b：201.

达，为觉嫫，18岁上去世。觉嫫的妹妹即桑洁。桑洁的弟弟为（8）旺加，入赘本域，为次仁巴嫫的玛巴，生四子三女。旺加的弟弟名（5）达瓦，娶柏林人德吉群宗，生三子一女。达瓦的妹妹梅朵，嫁达嘎宗。梅朵的弟弟达拉，在印度朵兰吉。达拉的弟弟强巴，约39岁，现在印度，为松波女子的玛巴。对前往印度居住的宾家、涅怎等，你要问域人他们在哪里，域人会用一个词来说："没啦余"（Med-la-yod），说没有又有的那种含义。

桑洁父亲次仁丹增，母亲噶玛，七八年前在81岁上去世；次仁丹增的弟弟加怎（Rgyal-mtshan），未婚，为苯波扎巴；加怎弟弟康松，现80岁，不懂藏文，与大哥共妻噶玛，现与长子普尔巴同住。次仁丹增另外与域女普赤生有一酿录，即仓扎西，仓扎西（已经去世）与次仁曲珠生（6）索朗等。次仁丹增的父亲百给，本域人；妻子次仁梅朵来自乍域。

巴桑的父亲达拉，有妹妹吉丽，嫁肯嘎；吉丽妹妹仓觉，嫁宗松巴。

达拉的父亲沃尔甲（在35岁上去世），格妹名巴桑。巴桑的父母生有五女，巴桑最小。姐姐衮桑，嫁本域衮桑，生一女仁增拉姆（61岁左右），仁增拉姆招琼果尔玛巴赤列，生（12）石机。衮桑的妹妹为觉嫫康珠（Shneiderman，2006：69—93），未婚，已经去世。康珠的妹妹名丹增，嫁普让。丹增的妹妹早年未婚即死去，最小的妹妹为巴桑。五姊妹，最后由巴桑招玛巴。

沃尔甲的父衮甲（本域人）和妻子尼玛央宗总共生有十六个孩子，其中三次是双胞胎，但活下来的只有三子三女，三子包括长子沃尔甲，中子拉古，幼子（11）么么次旺。拉古的格妹（妻子）即伊妣桑丹，今年84岁；拉古约二十多年前去世。夫妇二人生两子两女。长子索朗顿珠（五年前去世），幼子尼玛（49岁），共妻乍域女子朗乍（54岁），生一子即（10）饶居，27岁，未婚；一女次丹。尼玛后来与嘎巴女子德钦巴嫫同住，为其玛巴，现居印度。衮甲65岁在上洛域的格米去世；妻子尼玛央宗则在85岁去世；衮甲的父亲名次旺，本域人；次旺妻子伦增，95岁上去世，当时（11）么么次旺才三四岁。据喇嘛雍仲平措说，他的脉系乃是曲宗门拉居巴（Chos-tsong-sman-lha-rgyud-pa，音）[①]，曾为医生世家；次旺建域中之觉嫫寺楚臣贡巴居住；据说他是从西藏到洛满堂，再到鲁绕的。那时有喇嘛丹增尼玛（？－1902），自西藏来，住在觉嫫寺中；他的老师乃是建雍仲平措林寺的嘎如竹旺仁布且（dKar-ru grub-dbang Rinpoche），即第一世朱古。关于次旺与丹增尼玛的关系，域人还有另外的说法，即楚臣贡巴是喇嘛丹增尼玛所建；有的猜测他与次旺是宾家，有的说次旺是丹增尼玛的学生［据（11）么么次旺］；但所有人都肯定丹增尼玛是持戒未曾婚娶的喇嘛，因此没有子嗣。

> 么么次旺（属水马，67岁）说：丹增尼玛是从西藏来的，先到洛兑的格米域，又到多波，此后到古如松波住9年，到觉瓦寺住3年，又到宗松巴的巴寺住3年，最后才到鲁绕。他建楚臣贡巴，当时就是觉嫫寺。他圆寂之前静修七日，其他喇嘛来供奉法灯时，他从体内升起火，宏化不知去向，估计是到西藏去的。那一天是藏历十一月十四日；次日便是域人举行么么兑钦（me-me dus-chen）祭祀他。

么么次旺的格妹在25岁上生一女，后嫁往冉尼颇洼。妻子死后，次旺曾另娶达嘎宗女子松觉，生活多年后未生育，后松觉离开次旺前

① 么么次旺说是其脉系是阿基门拉（A-ji-sman-la）。

往他域。如今么么次旺独自一人生活。

从上面的描述中，我们得到这样几个结论：(4) 巴桑的爷爷是本域玛巴；(12) 石机的父亲是外域来的玛巴；(5) 达瓦、(6) 索朗、(7) 居美和 (8) 旺加等是一个脉系；(4) 巴桑、(10) 饶居与 (11) 么么次旺是一个脉系。

塔钦今年 37 岁，去美做工已经八年；妻子普让人，夫妻二人生有一女（13 岁）两子。塔钦去美国后不到一年，其妻子生尼玛丹增后，当日即去世。域人曾电话塔钦，但他无法回来，所有的丧后追荐都由宾家主持，他由美寄来费用。

塔钦有五名宾家。姐姐亨绛，嫁肯嘎；亨绛妹妹仁钦，嫁夏尔巴，现居颇克拉；仁钦妹妹尼玛；尼玛弟弟即塔钦；塔钦弟弟去年在颇克拉因车祸死去，未婚；最小的弟弟在印度加纳塔卡的格鲁派寺中为扎巴。域人担心，如果塔钦在美不回，雍仲平措林寺中的这户阿巴就将断绝（其子尚幼）。

塔钦的父亲名丹增，格妹名格妹夏尔。格妹夏尔父母仅她一个孩子，便招丹增为玛巴上门。丹增已经去世 12 年，如在，今年将是 67 岁，与么么次旺同庚；他的母亲是鲁绕觉嫫寺中的觉嫫，名楚臣；他的父亲乃是鲁绕前一世朱古；丹增是朱古与觉嫫所生的酿录，一直与母亲住在贡巴中，直到入赘格妹夏尔家为玛巴。

关于塔钦的脉系就追溯到此，结论是：他的爷爷乃是外来的朱古；他的父亲是本域玛巴。

次旺丹增今年 52 岁，妻子是琼果尔巴桑，生两子一女。次旺丹增的母亲名次仁卓玛，本域人，父亲乃是普让人多吉；次旺丹增九岁的时候父亲去世；其母亲 18 年前去世，当是 60 多岁。多吉另外有格妹名曲妮，普让人，生长女白玛，次女益希，现在阳布，有房，与孙子孙女同住。白玛招普让玛巴敏居尔上门，据说招玛巴的时候，敏居尔带有一两块地、衣服、钱等来。夫妇二人现在美做工；生长女及两男孩。益希嫁康松。据域人言，次旺丹增仅长白玛一两个月。次旺丹增有弟弟次仁多吉，现居印度已经三十一年以上。次仁多吉的父亲为沃尔甲，即（4）巴桑的爷爷。次仁卓玛的两个孩子都是与人未婚所生。次仁卓玛有两个哥哥，长兄边巴，未婚，去年去世；边巴弟弟次仁扎西，与本域女子曲卓生一女，后死去。由于次仁扎西没有子嗣，次仁卓玛便将长子次旺丹增过继（Tshab-byed）给他。次仁卓玛的父亲扎西，母亲噶玛桑嫫，鲁绕人。域人估计扎西是从尼相来的玛巴。

这个考察给我们一个相当不同的概念。实际上，这里是两个男人与三个女人的故事（仅仅就有生育而言）。这种关系模式使我们打破固有的亲属谱系图：

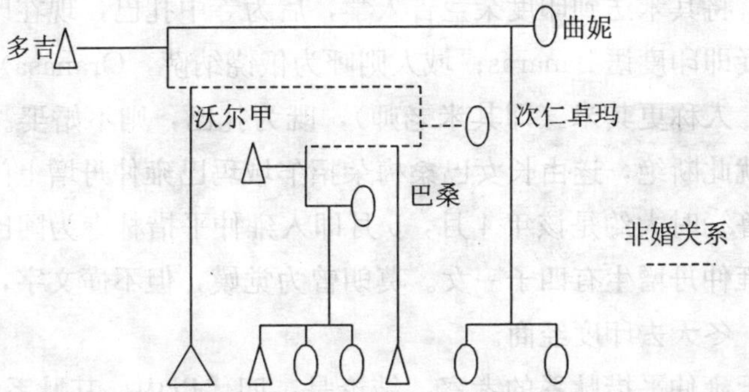

未婚生下孩子者别域也有，他们的存在是对扎丹域论的挑战。他们在域中可能不具有很好的乡议，域人或有微言，然而他们在域中安全地存在，对我们的研究却是至关重要。他们代表着与父系继嗣不同的类型。

关于次旺丹增的结论是：他的父亲是外域人。

据雍仲平措和喇嘛其米说，他们的先祖名果尔琼，生长子宗觉、帕玛顿珠和丹巴楚臣（阿巴）。宗觉生四女，无子；雍仲平措说顿珠与丹巴楚臣共妻梅朵；喇嘛其米则说顿珠与妻子梅朵生嘎绕多吉，顿珠死后弟弟继其妻。无论如何，梅朵生嘎绕多吉、朗杰。嘎绕多吉先娶一嘎巴女子为妻，其妻生下长子果尔琼（名从其曾祖父）和次女（后嫁往普让，无子女，如今夫妇皆已去世）后去世；在其三周年祭之后，嘎多又娶本域女子次仁拉嫫，此即喇嘛楚臣的阿尼（姑姑），她生下长女名伦增盎嫫；但在嘎多家中，伦增盎嫫为女帕玛，按域俗当为觉嫫，故依惯例行。次仁拉嫫的另一女名群宗，嫁往肯嘎；群宗的弟弟即雍仲平措（53 岁）；雍仲平措的弟弟名谢饶（49 岁），二人生下四子三女。

雍仲平措呼朗杰为幺爸（Pa-chung）。朗杰与格妹本域女子曲姬生子其米（46 岁）、女巴桑梅朵（44 岁）和女莫朗（41 岁）等。朗杰很早就将其米送到印度朵兰吉入学，后为寺中扎巴，现在印度巴拿饶萨（疑即印度语 Banaras；域人则呼为俄饶纳萨，Oranasa）学校中当老师，人称更其米（即其米老师），既为扎巴，则不婚娶。朗杰的脉系便就此断绝，遂由长女巴桑梅朵招乍域玛巴雍仲丹增上门；雍仲丹增来鲁绕时大约是该年 4 月，5 月即入雍仲平措林寺为阿巴。巴桑梅朵与雍仲丹增生有四子一女。莫朗曾为觉嫫，但不懂文字，平时在家做事，冬天去印度经商。

关于雍仲平措脉系的考察，结论是：四代以内，其脉系是本域；但其一支脉系断绝，招玛巴上门，即（15）雍仲丹增。

通过上面的描述，我们得到关于小域鲁绕的一些初步结论，那就是在域中，除不与域人通婚的嘎绕阶层外，现下 14 家户在四代之内，其脉系的变动情况如下：

1. 绛巴拓甲东居，脉系未变，两户，三人入寺为阿巴，即（1）楚臣、（2）仁增旺加和（3）扎西；

2. 曲宗门拉居巴，脉系未变，三户，三人入寺为阿巴，即（4）巴桑、（10）饶居和（11）么么次旺；祖上一人为域内玛巴；

3. 百给的脉系，脉系未变，四户，四人入寺为阿巴，即（5）达瓦、（6）索朗、（7）居美和（8）旺加；一人为域内玛巴；

4. 塔钦的脉系，来自前世朱古，父为酿录和玛巴，一户；

5. 石机的脉系，来自琼果尔，其父为玛巴上门，一户；

6. 雍平的脉系，来自本域，未变，一户；

7. 雍丹的脉系，来自乍域，本人为玛巴上门，一户；

8. 次旺丹增的脉系，来自普让，本人为酿录，其母在兄妹间过继他，一户。

六个家户的脉系发生变化，其中五户和玛巴有关，两户是酿录之后，一户既涉及玛巴又涉及酿录。次旺丹增的个案最有意思，他的母亲将他过继给她的兄长。换句话说，次旺丹增的祖父扎西的脉系，通过脉系内的女子与外人结合而得到一名子嗣。如果将时间段放宽到五代，则雍平的脉系是外来的玛巴（原因见第四章第十三节的相关讨论）。然而鲁绕域还有更有意思的启示，因为绛巴拓甲东居在更早是外来的脉系，在鲁绕的一支延续数百年的脉系杨顿脉系断绝后，其最后一名女嗣将它转让，绛巴拓甲东居便直接取代，继承其拉章、土地等，而不是采用玛巴上门等方式。根据查尔斯提供的材料，白玛桑珠是生在恰饶岗家族中的酿录；他的父系很可能就是乍域的贵族脉系。这样，在六代人的时间内，鲁饶只有两个脉系没有发生变化。

藏历四月初三下午，鲁绕的雍仲平措林寺举行念“康钦”（苯波经典，部数等同于内教的“蛹”）仪式，喇嘛们在寺外休息的当儿，朱古、我和众喇嘛聊起脉系，朱古问么么次旺：“你的脉系名是什么?”么么次旺嗫嚅着说：“我们是古荣。”言下之意，非贵族的古荣是没有脉系名字的。实际上，他的脉系就是域人所说曲宗门拉居巴。

不管是什么原因，记忆也好，时间也好，无文字记载也好，贵族脉系也可能消失在长时段的历史当中。

六 对玛巴的解释

玛巴不可能从家中带走赞康和神殿（包括神殿中的佛像、经书和央库等）以及域人看重的“拓”（名册，记载家户在重要的仪式中来宾所施份缘的种类及数量）。这三样东西都随着继嗣传承给长子（非贵族），或者幼子（贵族）。实际上，就我接触到的情况来看，非贵族的长子和贵族的幼子是不可能前去作玛巴的。给玛巴的人家如果有两个儿子，一般也不把儿子给人作玛巴，如只有一个儿子更不可能。给玛巴的人家一般都有三个及三个以上的儿子；所以对给的一方来说，一个儿子上门去做玛巴，并不影响家户脉系的传承。用我们的话来说，他家的男孩子有“富余”，给得起。给玛巴相当接近于一种“恩赐”。

对招玛巴的家户来说，脉系确实断绝。域人也如此看，比如他们知道白玛卓嘎家的脉系断绝，塔青的脉系也断绝，普让的某家户和乍域的某家户的脉系都断绝。对招玛巴的女子来说，她在家户延续中的角色被域人定义为与男子相同，而玛巴在一定意义上其角色类同于女子，尤其是迎“娶”的过程（女方到男方家迎接他到她家）。在性别上，与娶纳玛的过程恰好相反。招玛巴女子如果分家，其待遇如男孩子分家，非贵族享受长子的待遇。玛巴上门以后，成为家中的主人，地位高于格妹（妻子），尽管无权支配财产等，他要负责家户中既有的一切规矩，比如按往常那般祭祀赞康、神殿，按照家户中既有的“名册”，前去域中/他域相关人户回礼。他扮演家户中（非贵族阶层）长子的角色，承担类似的义务。一个脉系的子嗣就在这顶“旧帽子”的遮掩下，进入到另一脉系的家户中。

人们对脉系断绝颇为看重。比如达嘎宗的康松，娶嘎巴舍嫫朗咋，生有四子，其中三个未婚而死去，一个结婚不久死去，没有子嗣，此外有两个女子，长女拉基入赘一女婿洛桑，为达嘎宗的帕拉等级，康松的土地房屋全部给了长女，他们生有两子一女；次女怎登，与盎嘎同龄，嫁到柏林舍沃绛央旺迪家，生有两子一女，去年去世。康松家因为没有男的后代，如匝就此断了。虽然拉基入赘女婿，但是如匝是人家的，只有霞匝是自己的。这就是从如匝到霞匝。当地人们会说："他家是别人家的如匝（Mi-gyi-ru-rtsa-red）。"

有关脉系断掉的情况，当地人有很多说法。比如舍沃盎嘎说，假如有两弟兄，长的生有女儿，但是没有儿子，就希望入赘女婿；弟弟生有儿子，就对哥哥说："不要入赘女婿了，把女儿给人做媳妇，把东西都给我。"哥哥会说："我没有儿子怎么样，但是要入赘女婿。"谈到这里的时候，我问他："弟弟要让哥哥给的是什么东西？"他说："房屋和土地这些东西。"原来按照当地风俗，哥哥绝嗣，房屋和土地由弟弟继承，故有此争。

当地人们对绝嗣有什么说法呢？舍沃盎嘎说："如果我死了，但是脉系还延续，如匝是我的，我死了心里也高兴。如果脉系断了，只有女儿，我死了情况是什么样不知道，但是心里不怎么高兴。"我问他：以后你的两个孩子还从沛域回来吗？他说："会回来吧。他们的父母在这里，他们会想到说我的父母还在那里，要回去。如果不回去，人们说起来不好。"

乍域的舍沃强巴，他的曾祖父，当为巴度素巴（B. Badur Suba)，这是绒巴话称域人所称顾秀者。他生有四子一女；女名强巴卓玛，生藏岭；长子为顾秀斯棱，下有德布岭素巴（Debling Suba)、巴哈巴杜尔素巴（Bahabadur Suba）以及幼子赤甲尔。按贵族的规矩，家中的财产、赞康、曲康等全部归幼子赤甲尔，其他诸子则外出各自建房居住。

顾秀斯棱妻本域平民女子巴桑卓玛，生四子，分别是扎迥、多尔吉、赤甲尔和康松。康松娶促桑舍嫫拉丽（其母亲为乍域舍嫫措囊），生强巴、欧珠、强曲、斯棱和赤甲尔。康松在强巴（68 岁）30 多岁时去世。强巴作为长子，娶琼果尔噶玛，生长女日桑和次子藏岭。藏岭属虎，34 岁，娶普让女子 33 岁的曲登，生了双胞胎女儿。藏岭看来无意再生孩子，强巴的脉系便就此断绝。他的脉系从顾秀斯棱开始，一直传下来，到他这一亚脉系时断绝，尽管其主脉系还传续着。谈到这里的时候，他颇有些无奈地说："我的脉系已断绝。"随即他跟我提到沛域的国王，即尼泊尔的前国王，就是被枪杀的那位，他的儿子等都在宫廷谋杀中死去，脉系断绝。他说："我们是一样的。"

玛巴实现脉系的转移；就脉系的变动而言，在尼西洪拉地区，有更进一步的实践，尽管这些实践殊少：那就是"颇加尔"（藏语"加入"，Pho-'byar）和"多活尔亚"（尼语"加倍"，Dohorya）。"颇加尔"即丈夫无力照料家室，在妻子同意下，把他的朋友加入家中，同样生儿育女。"多活尔亚"即寡妇，尤其是在公公年迈，无力照料整个家庭的情况下，她会引入一名"多活尔亚"男子加入家中生活，也可能生育；但过继的情况极少（Levine，1988：161－163）。这些实践提供另类的可能性。

在高原西部的斯匹提（Spiti）人中，财产由长子继承，其他儿子必须无例外地入寺为僧，终生独身。长子一旦结婚就成为"大房"的家长，父亲"退位"住到"小房"中去。如果儿子入寺为僧，家中只剩女子，可以招赘上门，儿子还俗继承脉系也可以。如果只有女儿没有儿子，在当地河谷下游地带则招赘，当作儿子和财产继承人。上游地区有族人反对的，可以给族人一两块土地达成妥协。不同的是，这里妻子生下的小孩，无论男女，都属于丈夫部落（Verma，1997：

105—107)。

拉达克地区在继嗣方面，同样是实行长子继嗣及大房（Khang-chen）和小房（Khang-chung）的制度（玛巴上门同样）。与斯匹提一样，所有孩子都属于父亲的脉系（Crook，1994：503）。在夏德，据1980年统计，所有成年女性（16岁以上），60%的人外嫁，32%未婚，11%的人招玛巴上门（Crook，1994：282，478）。在东德（sTong-de)，每八个婚姻中就有一例是玛巴上门。人们并不歧视“玛巴”，亦不刻意避免。总共7例玛巴中，有4例是一夫多妻，另外3户是一夫一妻。55例婚姻中，10例是一妻多夫(Crook，1994：314—315)。在东德32户“大房”中，有6户是玛巴上门，包括一夫一妻和一夫多妻的。尽管玛巴在家户没有多大权力，但所有财产都传给其子嗣（Crook，1994：479)。

在西南藏区，我们发现，女子通过招赘成为两个男性脉系的转介(Agent for Lineage Transformation)：他们在一代人之内宰制着家室中的一切，丈夫成为附从。

当我们离开洛域，前往藏区东部的涅曲卡人当中，我们发现一个惊人的现象。以单谷子为例。历史上（20世纪50年代以前)，这里的人口很少，只有七家人，包括马家、熊家、张家、半吧家（又分为上下两家)、绒巴家和孜巴家。最先一家是孜巴家，他家的后代分出来一家，一共两家。据孜巴家的人（43岁）告诉我，这家人的祖爷那一辈的时候，本来是雅江县四区旺堆宗的人，有兄弟两个，刘姓；两兄弟当中的一个杀了人以后，在当地呆不下去，就逃到这里，后来结婚生女。他们家的祖婆就是本地的人。他们生了四个女子，三个分别嫁到木泽西、古基沟、维地，一个女子留下来看家，后来招赘上门，生下来三个女子，其中两个大女子分别嫁到麻子石和古基沟，最小的一个留下来看家，招赘上门，生下来八个孩子，七女一男。第三个孩子是男子，现在已经参加工作到外地，看家的仍然是女子，并且是大姐。

单谷子河对面的绒巴家。据说，绒巴家之得名，不是因为他家从事农艺，而是因为他家祖上来自于二区的次玛若的河谷地区。在藏话中，河谷地带称为“绒”，所以他家就得了这么一个名叫“绒巴”，意思是来自于河谷地方的人家。

这“次玛若”也不是他家祖上世居的地方。其祖上本是新龙人，因为当地的土司苛严，他家交不上税，于是八个兄弟姊妹一起搬迁到雅江县。再后来才迁到单谷子。八个人中，有三个是男的，其中两个小的做了帕莫岭的扎巴（僧人），大的一个当家。到讲述者（42 岁）的父亲一辈，从二区娶来一个女子，生下来七个女子和四个男子。四个男子中，一个痴呆，两个出家做了帕莫岭的僧人，只留下长子成家。前两年长子从家中分出去另立，家中留下一个叫“妹妹”的看家，从日基招赘上门，于是单谷子出现了两家绒巴。

单谷子还有一个大户人家，张家。张家的人（54 岁）告诉我，他没有见过自己的爷爷奶奶那一辈的人。自己的父亲一辈一共四弟兄，一个到下冲九上门，两个到日基上门，只有自己的父亲次旺顿珠留在单谷子。他有一个绰号，人们俗称他“张银匠”。他的夫人叫“张二姐”，来自康定。从他这里下派出八个兄弟姊妹，其中单谷子有四个兄弟姊妹，一共成为四家，现在这四家人又分派出来两家。

前面提到的单谷子七家人中，还有马、熊两家。马家的祖上姓胡，后来马姓女婿上门，改姓马。胡家的两个女婿一个姓马一个姓熊，就这样胡家的姓没了。姓马的女婿分家修了房子，就这样有了马家，他们在这里有五代人，如今已 98 年。马家和半吧没有亲戚关系，但有的人说有亲戚关系，这可能是女婿家的亲戚。至于胡家从哪里迁来的，我的一位当地朋友问了很多人，他们不知道[①]。熊家在单谷子已经住了百年左右（一说一百十年），不是从外地迁来，因为他的第一代女婿是汉族，姓熊，以后就改姓熊，已经传了五代人，现在熊家在单谷子还有四家人。熊家和半吧家没有亲戚关系。

我们追溯单谷子的历史，只有半吧家可以追溯到最早。可以说，从那以后，经过半吧家内部的分家和外来人户的迁入，单谷子扩展到了 20 世纪 50 年代时的七家人；经过 20 世纪 50 年代以后鼓励生育政策的刺激和行政区划的硬性分割，扩展到今天的 31 户人家。并不是所有的人家都是原来单谷子的。他们当中靠近今天临近的日基的那些人家，比如绒佩家和萨达家，以前都是日基的。

他们受到汉族姓氏传统的影响，有的取了汉姓，但这不过是一种表面现象，实质上他们根本没有变。他们家传的汉姓可以随着后来上门女婿姓氏的不同而改变。长兄若是成家另立，则家中可以由女子招婿传家。即便这一代人中有儿子，也不一定由他来传家。和洛域比较起来，在单谷子，男女的继嗣权力是两可的，在婚姻上是双系血亲禁忌。

单谷子在信仰上属于噶举派祖庭西藏拉萨的楚布寺下属的帕莫岭寺，这里的活佛传承由于“文革”的原因一度中断，最近又由当地人恢复。

嘉绒区位于中国藏区与汉地之间，在文化上多受两者的影响，亦有区别于二者的地方。据林耀华考察，嘉绒人家族没有姓氏，但每家住屋有专门名号，代表家屋继承人的一切权利与义务。“如果家族绝嗣，或因故他徙，后继之人经土司头人承认，仍用旧名号。”屋名继承与家族承继相配合，合二为一。“继承方法为双系制，男女皆可传

① 此部分信息，要感谢康定民族师范高等专科学校藏文系的扎西翁姆同学为我采访和提供。

代，但每代只传一人”，“家族子女多者，男子送入寺院为喇嘛或入赘他家为婿，女子则嫁与他人。”这种习俗主要是出于经济的考虑，“因为住屋名号下所有的财产，只能供给一个家族人员的生存机会”。在20世纪50年代以前，嘉绒人有土司土舍，他们是统治阶级；中层为大小头人，是土司的臣僚；最低者为平民，占人口的大多数。实行近亲婚姻禁忌，同一家户名号下的人员，包括父母子女与兄弟姊妹、有些更包括祖父母或外祖父母，孙子女或外孙子女都在禁婚之例。堂兄弟姊妹、姨表兄弟姊妹、舅表兄弟姊妹和姑表兄弟姊妹都可通婚；前两者即平表可婚，后两者即交表可婚。相比之下，洛域只允许交表可婚，而禁止平表之间的婚姻。嘉绒地区的交表婚最为普遍。妻兄弟妇（levirate）和夫姊妹婚（sororate）也实行。阶级内婚也有打破。“男子入赘妻家与女子嫁于夫家，在婚姻手续与仪式上，皆相仿佛。只是迎亲之人全部都是男性，迎接新郎到女家行礼，婚礼行后，新郎御装招待亲友宾客，新郎为外来新人，反形羞昵状态，不敢有所发言”（林耀华，1985：412－413、422－427、431）。

嘉绒的活佛制比洛域要盛行。如据1988年的统计，金川县有苯波寺院12座，其中7座为群众自发兴建或复建寺院，5座为政府批准开放寺院，其中三座有活佛，转世分别为3、4和6代。宁玛派寺院26座，其中11座为群众自发兴建或复建寺院，15座为政府批准开放寺院，皆有活佛，转世代数从2代到17代不等，平均数为6代。格鲁派寺院都是群众自发兴建或复建，11座，转世活佛情况不明。各派在“文化大革命”中被彻底毁坏的寺院不计算在内（金川志委，1994：238、240－242）。我在丹巴县的调查显示，历史上，顶果山苯波寺院的活佛从父系传承转变为活佛制（陈波，2007）。

第十章 脉系喇嘛与转世朱古

洛域人实践的多是脉系喇嘛，而少转世朱古。扎丹域论提到过不少脉系喇嘛的传续。职业分工按脉系的路子进行，这是脉系喇嘛存在的根本原因。如果是喇嘛，我们可以说是喇嘛世家。按照宇妥和尼玛医生父子的看法，以前乍域都是苯波，后来洛部国王信萨迦派，这才改变。苯波喇嘛都是脉系喇嘛，以前洛满堂、察让都有苯波喇嘛，后来脉系断绝，或者是因为其子嗣不愿意继承祖业，但是该处人户屋顶皆有赞康。我问尼玛是否要让其儿子从事他的职业，他说："现在不行了，这要看他们的想法。"宇妥说："以前我们都是父、祖父做什么，就传给儿子。现在不行咯。"话虽这么说，脉系仍然在延续。

脉系喇嘛，洛域呼为"日居喇嘛"。我们先从乍域的脉系喇嘛开始说起。

一 贵族的喇嘛世家

洛曲米地区的贵族有两个脉系，一个是喇嘛多玛日，一个是绛巴尔拓举（Jam-dpal-thog-rgyal，音）。舍沃保布解释说，拓举就是从天而降之意①。两个脉系的贵族主要集中在乍域。

按舍沃绛央（今年55岁）的说法，么么喇嘛强巴饶革，也称顾秀喇嘛，是三弟兄中的中子，另外有一个女宾家，嫁嘎域舍沃盎嘎（不是现在的盎嘎），强巴饶革的妻子名叫姬姬玛，本域女子，两人生一子一女，长子名绰甲尔，到普让做舍嫫亨绛的玛巴，次女穆迪。

按照域中的习惯，这家系的贵族，凡是中子，则为乍曲德寺的喇嘛（不是扎巴）。域人言，绛巴尔拓举脉系每一代如果只有一个男子，则不给寺中做喇嘛；如果有两个儿子，则给乍曲德寺一个做喇嘛。他的爷爷正是萨迦寺中的喇嘛，与姬姬玛相识后住到一起，寺僧意见大，把他从寺中赶出来，强巴饶革便回到家中。后来宗松巴下面的宁玛派果蚌寺（Go-spang）把寺庙献给他，请他去做喇嘛。顾秀喇嘛便改变自己的教派，从萨迦派改为宁玛派，与格妹姬姬玛前往果蚌寺，后来一直住在那里。这个变故导致乍曲德寺多年没有喇嘛。

此脉系的另一支有顾秀赤甲尔，是顾秀喇嘛的弟弟，娶嘎域舍嫫德钦，生一子顾秀噶玛扎迥；后者娶舍嫫江噶尔玛，生一子巴尔更；他娶本域舍嫫衮桑，生两子三女，长子藏岭，现居阳布，二十八九岁左右；次子居美仁增。此际人们才将居美仁增给乍曲德寺为喇嘛。

此脉系的赞神为董玛尔班登拉嫫，和乍曲德寺的是同一个。

另一脉系即喇嘛多玛日的脉系。人们记得曲米喇嘛强巴饶革，他是43年前，70岁上去世的。他是曲米寺的脉系喇嘛。这个寺是宁玛派尼姑寺，宁玛派喇嘛可以娶妻生子。作为脉系喇嘛，喇嘛必须娶妻生子，否则脉系便断绝，寺中喇嘛便失去来源。曲米喇嘛强巴饶革有两妻，他们是两姐妹，来自尼相扎嘎尔（白岩）的舍嫫，长曰桑丹，次曰梅朵。桑丹生两女，长曰曲妮，一直在家，未婚；次曰噶尔玛，

① 尼语即 Surje Phangsa。

嫁普让舍沃局米，即经营纳塔坡（Natpole）旅馆者，生两子两女。

梅朵生一子一女，长子舍沃局米，次女舍嫫衮桑。局米娶尼相扎嘎尔的舍嫫衮宗，于5年前65岁上去世，衮宗现约70岁。二人生三子两女，长子仓巴盎嘎，次子塔钦，三子普穷，四女巴林，五女普嫫。其中塔钦和普穷入寺为僧（人们习惯称喇嘛），宁玛派加扎仁布且的弟子，巴林则为觉嫫。舍嫫普嫫先嫁柏林舍沃达瓦丹增，生一子桑杰赤列，现在日本学习。这是很富有的一家，因为有钱，达瓦丹增吃东西便吃得乱，他吃一种可以醉的药，普嫫便和他分开，如今达丹已经死去。普嫫后来和多尔吉结合，生一子两女，多尔吉从外面带回来一安多女子同住，普嫫不能接受，便和多尔吉分开，长女和次子随多尔吉，幼女（现在14岁）随母。多尔吉和安多女子生有一女已12岁。普嫫现在和阳布竹巴噶举的其米堪布住在一起。

仓巴盎嘎今年57岁，他的父亲没能嗣位为喇嘛，因为他的爷爷曲米喇嘛强巴饶革年寿甚高。强巴饶革死后，曲米喇嘛的宝座直接由仓巴盎嘎继位。仓巴盎嘎早年曾经商，做喇嘛后，非常喜欢。

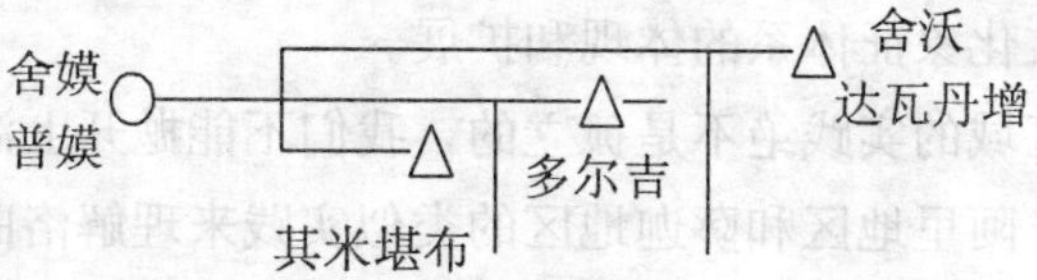

他曾与域中女子舍嫫卓嘎（现51岁）结合，生一子龙珠尔，29岁，在日本毕业，不会藏文。仓巴盎嘎后来与卓嘎分开①，另娶一女子其米卓嘎（39岁左右），乃洛部国王宾家之女。其米卓嘎生一女一子。子桑杰巴沃，16岁，现在印度宁玛派寺院中学习，域人赞其颇

① 按乍域人的说法，卓嘎与盎嘎两人的父母是宾家，卓嘎是阿尼（姑姑）之女，盎嘎是阿相之子。两家父母在他们小的时候说，我们是涅怎，让孩子们以后结婚怎样，这样便定下来。当两人年长，生了孩子后，不合，便分开。卓嘎则削发为尼。

有学识。作为喇嘛世家，如果他父亲去世，则他将继承曲米寺的宝座；如果他不做曲米寺的喇嘛，则要从其脉系中其他家户中寻找子嗣担任。

从上面的描述中我们得知，洛曲米地区的两个最重要的贵族世系主导着两个重要的寺院的喇嘛之位，一是男寺，即萨迦派的乍曲德寺，一是女寺，即宁玛派的曲米寺。这两个寺院都没有出现转世朱古。邻近的其他原生寺院，包括男寺宗曲德寺、阿巴寺琼果尔寺、女寺嘎绕寺等都没有出现贵族世系主导的情况，尽管他们曾经有过或仍然有脉系喇嘛/阿巴。出现贵族主导寺院的情况，原因是多方面的，最主要的应该是洛曲米区域的贵族在这一带云集，从他们先祖几乎都带有“顾秀”的名号就可以看出来，他们曾经一度掌握着这一带的政治权力，不管他们和绒巴地区（比如洪拉政权）和沛域政府（尼泊尔政府）的关系如何。因此，这一带的政教合一实践，乃是通过脉系将政治和宗教两种体制合而为一。换句话说，脉系是政教合一的基础，也是政教合一的组织者和实施者。反过来说，政和教依附于脉系，它们是本区域文化象征体系的体现和扩展。

洛曲米区域的实践绝不是孤立的，我们不能抛开上洛域，甚至多波、拉达克、阿里地区和萨迦地区的类似实践来理解洛曲米。

二 乍域的苯波喇嘛

乍域仍然有两家户是苯波喇嘛，一是医生世家，一是喇嘛世家。喇嘛仓巴达拉远近颇为知名。我们开始聊天的时候，他说：

> 我的脉系是从康区嘉绒来的。很多代人，许多许多年前来的。就我所听到的，我能记起的，有七八代的样子。首先是喇嘛

雍仲盎加（gYung-drung-dbang-rgyal），他的孩子是喇嘛南卡伦珠（Nam-mkhav-lhun-grub），他的孩子是喇嘛洛琼仁增盎加（sLob-chung-rin-vdzin-dbang-rgyal），他的孩子是喇嘛康松（Khams-gsung），喇嘛康松的孩子是喇嘛雍仲妥没（g. Yung-drung-thog-med），妥没，说的是“云登”（知识、德行）至高无上。他的孩子是喇嘛仓巴达拉；我的孩子是丹增曲登，现在印度沃冉纳萨的苯波学校中当老师。

上面是喇嘛本人的口述。我在此基础上追问，他补充说，从喇嘛雍仲盎加到喇嘛康松，他们都是脉系中唯一的孩子。

他的爷爷康松的格妹名叫仁青，是本域的舍嫫，出自舍沃保乌的脉系。“我没有见过么么。我是八月出生，同年九月么么就去世。我见过奶奶，记得她高高的鼻子”。他有两个父亲，长曰雍仲妥没，幼曰索朗坚赞，他们的格妹是达嘎宗长官的女儿，舍嫫拉宗。她大约21年前去世。喇嘛仓巴达拉有一个姐姐，属兔，现在82岁（比仓巴大13岁），很早就在曲米寺出家为觉嫫；妹妹则嫁到普扎。

仓巴达拉的格妹名曲妮盎嫫，来自察让。她的父亲名舍沃曲桑颇瓦，是七兄弟之一。他有两个妻子，长妻生舍嫫曲妮盎嫫，长仓巴达拉三岁。“她是偷来的”，仓巴说。按曲妮盎嫫的说法，她有索嫫在达嘎宗，而仓巴的母亲出自达嘎宗，她前去索嫫家时，他在，两人便认识。仓巴说她是偷来的，事先她也同意，因此偷的时候没有要几个帮手。是他先相中（森巴吞，Sems-pa-vthen，音）她的。每当说到这里，他呵呵大笑，如是凡三。

仓巴达拉有两子四女。女儿们都已出嫁；长子属虎，“幼子属马，名仁增盎加，这是把么么拉穷的名字给他定的名字，他不懂文字（Chos）。他的格妹是么么谢饶的女儿次几普瓦。他去外国（他们说外国一般都是指美国）做工已经七年。他有两子两女，最长的是女子，然后是雍仲盎加，这名字也是用么么雍仲盎加的名字给他取的名字；他的弟弟名字叫康松，是按么么康松的名字来取的。最小的是女子。”

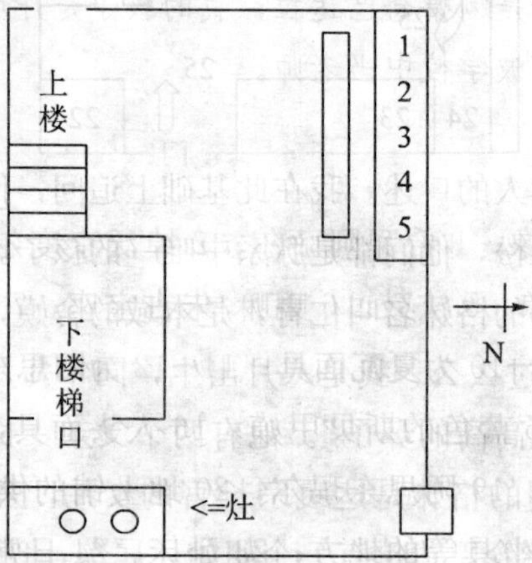

仓巴达拉说，他家的祖上就住在乍域东南树林后的寺庙中，寺的名字叫雍仲江拉厦（g. Yung-drung-cang-la-shar）。他在这里住过25年，那时与尼玛医生的祖上同住，一共两户人。后来因为寺庙被雨水毁坏，把家搬到楚臣贡巴，住了约40年。后来又因为雨水毁坏房屋，无法居住，不得已搬到现在的地方，已经有5年时间。贡巴（寺庙）也随着搬来。

现在的贡巴其实只有一个屋子，小小的四柱，布局如下：

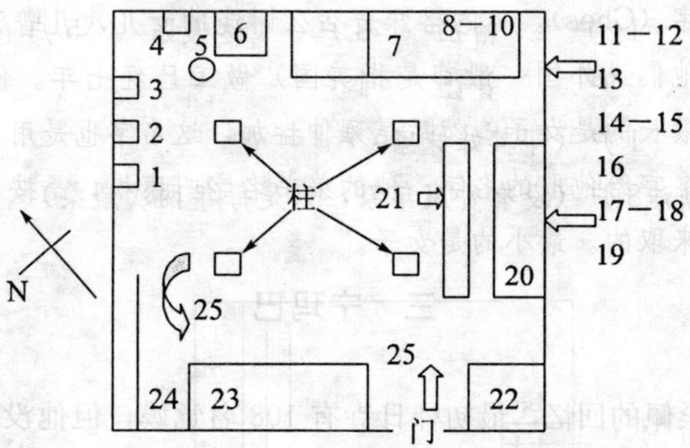

1—3 为主供像；1 希瓦阿萨尔；2 绰沃京度尔；3 斯贝甲嫫。4 拉琼仁增盎加塑像。5 法鼓。6 喇嘛/朱古宝座。7 卧床。8—19 为挂在墙上的面具；8—10 为夏瓦面具；11—12 为阿思东玛尔；13 白色的甲嫫谢饶；14—15 蓝色的斯贝甲嫫；16 人头面具，晋达（施主）哈绛；17—18 绰沃；19 阿思东玛尔；20 地上铺的供人坐和睡的氆氇；21 桌子；22 堆放坐具等的地方；23 卧床；24 日常用具架；25 朝觐方向。

按照仓巴的说法，楚臣贡巴实际上是觉嫫寺，后来搬到曲米寺去。雍仲江拉厦寺和两寺（楚臣贡巴和曲米寺）的关系都很好，如果觉嫫在，他们会不时来寺中点曲没（Chos-me，法灯），比如这里举行"霞登"（仪式）时。

据他说，以前乍域的长官（崩波）是信苯波的，长官家即舍沃巴尔更（已经去世）家的却康和赞康是他在负责年祭，时间是每年藏历九月。

作为苯波世系喇嘛，他并不只是负责这一家的年祭（域人称年祭的喇嘛为"朗金"）。他负责附近若干域不少人户的年祭。各地户数如下：

嘎域	14户	帕拉	3户	达嘎宗	5户
乍域	9户	普让	1户		
普扎	1户（即其妹妹家）				
冉尼颇洼	8户（没有赞康年祭，只是每年两次煨桑）				

三　宁玛巴

根据桑佩的回忆，最初梯日寺有108名觉嫫，但他没有见到过。他在十岁到十五岁时，曾见过寺中有三四名觉嫫，也有喇嘛。寺中以前有喇嘛阿旺桑布，他是三兄弟中的长者。帕玛是阿旺拓没，最小的是阿旺加怎，他们都是嘎寺的喇嘛（和喇嘛保布所说不同），所以梯日的人们说："顶礼喇嘛阿旺桑布足下。"

梯日寺在保布喇嘛年轻的时候，有五六名修行有道的年长尼姑（嘎话扎沃），后来逐渐去世。他说，这里盛时有尼姑一百多人。现在只梯日有两三名尼姑，塔卡宗有一名，其他的大多在印度学习。

据域人说，以前梯日寺有三名喇嘛，一是喇嘛阿旺塘没，现在白玛卓嘎家有他的塑像，是嘎域人；二是喇嘛阿旺桑布；三是喇嘛阿旺坚赞（嘎话坚怎），都是梯日人。他们早就去世。域人没有见过他们。据扎西旦增的记载，以前从多波前来的两兄弟，长曰喇嘛阿旺塘没，建立梯日寺，四柱，一层，喇嘛住处，香厨、厨房和储藏室等。其弟阿旺桑布为其助手，为第二任喇嘛；第三任为多吉坚赞，第四任为班丹坚赞。（KSTD，2004b：182）

现在每年藏历的二月初八，域中要为喇嘛举行仪式，名叫喇嘛兑钦的（Lama Dus-Chen），做很大的措，大约半人高。白玛卓嘎说，每年做仪式的时候，都有两只雕（Bya-rgod）飞来，那便是喇嘛前来享用"措"。如果不做这个仪式，那就是巴切（Bar-chad），断了。

（一）梯日寺

当我前去拜访的时候，仓巴尼玛朱塔（Tsampa Nyima Dukta）喇嘛热情地把我让进屋。他问前一日是不是我来找他，稍微解释了他为什么不在。原来是塔卡宗的一位女病人，得病以后，吃了他的药，病好了。他去给药的。他顺便提及曾经有外国人在嘎域给人药，结果人吃了以后死了。

我们谈了即将到来的选举，人们已经给了他一张选票，要在四个政党中选一个。他并无党派。

他是在七岁时开始发蒙学习，从 7 岁到 12 岁，学习宁玛派的经典，包括敏珠林寺（多波归属其下）以及重要喇嘛德达林巴的著述；从 12 岁到 15 岁，从根本喇嘛学习五部前行大论，包括皈依（Sky-abs-vgro-vbum），发心（Sems-bskyed- vbum），意处（Yid-rgya-vbum），道（bShul-vbum）和喇嘛瑜伽（bLa-mavi-rnal-vbyor-vbum）。从 15 岁到 18 岁，做喇嘛的弟子（bLa-grub）。18 到 21 岁，参证，割断（gCod）尘世的牵挂；从 21 到 25 岁，学习历算和绘画；25 岁后结婚，生有三子一女。到 37 岁时，孩子们的母亲去世。39 岁后来这个域，开始学习藏医。他曾经在这里扫雪三年，域人便请求他留在这里。今年他已经 53 岁。现在他主要做的事，一是藏医，一是做辛波（gShin-po），专为死者超度。

他有一名助手，其姐姐的儿子，14 岁，曾在家乡多波为僧两年，来梯日寺两年，此前曾在阳布的宁玛派寺中（距离布德尔 Bouder 约一两个小时路程）为僧八九天，因与寺僧多合不来（不认识），便回乡。其家乡没有帕玛入寺为僧尼的规矩，但长子应入寺为僧。

我希望朝礼寺庙，但是仓巴喇嘛先带我看他的藏药和制药处；他有三个行医的证书，一个是尼泊尔政府的，一个是喜马拉雅医生联合会（Himalaya Doctor Association）的，一个是洛满堂门孜康（医算所）的。他曾经在四周的山上采药，回来研磨炮制。

他来这里以前，神殿漏雨，现在已修好。神殿主供古如仁布切，两边是他的两名随从。左右两侧分别是本寺的创寺僧和传寺僧有突出成就的。观者右边的神龛中，左起第一是建寺僧。我希望拍照，但是被婉拒，只得准许拍主供佛。他曾经根据经书中的记载，将本寺的历史用藏、尼文写下来，嘎寺的堪布丹增桑布译成英文，他把英文印成一份小册子。另外，凡是朝礼寺庙布施的，则给一张布施的小票。上面略谓本寺为尼姑寺，后来遭到火灾，夷为平地，尼姑们不得不归家，至今幸赖地方百姓的供奉，得以局部恢复。

根据喇嘛撰写的寺庙史，大约560年前的一天，喇嘛龙溪乌坚白桑（Lungzin Yrgyen Palsang）做了一个非常特别而具有启示性的梦，梦中佛要他在下部洛域的塔（Thak）地方建一座寺庙。建寺的地方是一块似人心的石头。随后喇嘛首途从多波前往塔，以寻找这个地方。在旅途快要结束的时候，他突然看到一个人心形的树林，这个地方叫达嘎宗（Dhagarjong），他想这肯定是建寺的地方。于是在附近的塔且（Tarche）住下来，早上举行求地的仪式（Puja），就在仪式举行当中，一只秃鹫飞来叼走了他的铜壶，壶中装满了用来供奉的水，秃鹫向北飞。喇嘛心想既然秃鹫叼走了铜壶，这个地方肯定不是建寺的地方。于是以超人之力跟着飞起来，随着秃鹫向北。喇嘛开始寻找他的铜壶，最后在一块石头上找到，喇嘛想：这就应该是建寺的地方了。他很兴奋，整天在石头上打坐。石头上出现莲花，作他的宝座，今天这个莲花宝座还看得到。就在他打坐的时候，石头开始动起来，铜壶以及壶中的水都被石头吸进去了。人们如果仔细查看，还能看到石头上有三种不同的颜色。整日打坐以后，到了晚上，喇嘛想，“佛给了我一个建寺的地方，但我晚上住哪呢？”这时候一个声音从天空传来：“从这里往南，773步的地方，你可以找到一个洞穴住下来。”喇嘛乌坚举步前往寻找洞穴。今天还可以在石头上看到第一步的脚印。往南的地方，还可以看到这个洞穴，喇嘛一直住在这里。寺庙建好以后他就前往寺中。喇嘛乌坚住在洞穴中的时候，石头从地上消失了。寺庙建好以后，他就在石头消失的地方建了一个自己居住的地方。石头作为觉悟者的居处，其重要性和威力是相当大的。乌坚喇嘛在世的时候，石头依旧隐没在地中。他圆寂以后，寺庙第一次失火，人们没有诚心信奉佛法，有罪者多了。为了鼓励人们信奉佛法，它重又从地上出现。域人，僧侣们和其他人们，因为不了解这有一个洞的石头的重要性，便把它用作石磨。（TNDL，n. d.）

岁月流逝。人们对佛法越来越没有兴趣。寺庙第二次失火，大火将寺庙所有的财宝都化为灰烬。僧侣尼姑们只得离开这里前往附近域寻求衣食蔽所。人们又开始第三次重建寺庙。不过再没有和尚和尼姑举行日常的仪式，没有人知道这块神圣的石头，它被完全遗忘了。

1997 年，或许是因为时间到了，或许是为了保护佛法，无论如何，仓巴尼玛朱塔前来住在寺里。住下后，他做了很多石头梦。他开始承担起恢复寺庙的工作，因为他是喇嘛龙溪的亲戚，或者弟子的弟子；他开始寻找旧籍，希望找到更多有关石头的记载，但是所有的旧籍都被大火焚毁。有一天，在入睡之前，他打坐入定很深，祈祷修持的本尊告诉他有关石头的事。仓巴尼玛朱塔前往多波的桑顶寺，以寻找有关石头的信息，因为桑顶寺也是龙溪喇嘛所建。由于他坚持不懈地祈祷，他在寺中找到若干有关的旧籍，把有关神圣石头的记载都收集起来，最后他见到一名非常重要的喇嘛，97 岁的坚赞。坚赞以前是寺中的主要喇嘛。从这位喇嘛那里他找到所有有关这块石头的细节，终于完成他的使命。以上关于石头的记载就来自这两个渠道。（TNDL. n. d.）

下面这段话很有意思：

> 这块石头是若干重要的信奉对象；所有的信奉者，不管是谁，只要朝觐这块神圣的石头，并以强烈而肯定的动机祈祷它，他们所有的善良愿望将得到满足，并将获得心灵的平静和兴盛。他们有生之年且将最终转生在莲花生的土地，因为他们把这块神圣的石头作为祈祷和信奉的对象，便已经创造与佛法的关联。(TNDL. n. d.)

后面的介绍中说，龙溪乌坚白桑喇嘛的一位朋友名叫德尔顿格顿（Terton Gedun）喇嘛，他也是龙溪喇嘛的上师门下，德尔顿格顿修建库曲德尔（Kuchols Ter）寺，并一直在寺中操持每日的仪式。后来他不得不前往西藏，他便要求远近以博学闻名的喇嘛龙溪前来照料他的寺庙。龙溪喇嘛想到如果这样便没有人管理桑珠曲丁寺，就要求他多波家乡的众兄弟之一前来照料寺庙，并担任根本喇嘛。从此以后，龙溪喇嘛的宾家班丹坚赞、乌坚坚赞、楚臣坚赞、藤英坚赞和丹增朗杰喇嘛等都曾管理过本寺，并发展到现有规模。由于丹增朗杰的儿子无子嗣，他便决定邀请尼姑来管理寺庙，从而成为108名尼姑的根本喇嘛。他死后，由于缺乏根本喇嘛，尼姑数减少。由于火灾，尼姑们便星散。后来梯日人和嘎巴人前来重建寺庙。但是并无僧众，所以寺庙成为鸟和老鼠的居所。（TNDL. n. d.）

根据小册子提供的说法，他从1986年开始就前来本寺，并开始举行日常的仪式。在住一段时间以后，常常回到多波。梯日人为其所感动，便请求他住寺，并永久照料之。他接受请求，并要求域人协助他重建寺庙。1991年，寺庙维护和发展委员会成立，并协助建成北面的三间屋以及祭坛。喇嘛珠塔在许多人的帮助下修复了本寺的许多旧神像，使之焕然一新。由于处境维艰，珠塔喇嘛便前往域人家中举行仪式以求活路。从1996年以后，他永久住寺，并任命了4名住寺僧尼弟子。后来由于缺乏正常的饭食和居所，这几名弟子也离开，赴他寺。在此境况下，喇嘛仍然坚持住寺，他的善行声名远播四面八方。许多人前来朝礼，并施舍。其中嘎巴人果尔琼（Shree Karchung Thakuri）捐十万卢比，嘎巴绛央古荣捐十万卢比，梯日的扎西古荣捐三万卢比，此外还有很多其他的捐助者。有此捐赠，寺的南面得以建起四间屋，还建成一条上山入寺的路。此路当地人们出工出力出粮甚多。（TNDL. n. d.）

这一段是珠塔喇嘛的发愿：

愿那些捐赠重建和发展本寺者获得心灵的平静，身体健康，并望所有人能继续帮助重建寺庙。我从心底感谢他们，并祈求所有人为众生的福祉前来保护和发展佛法，因为有许多宗教使人们仇恨，但使人互爱的宗教却不多。（TNDL. n. d.）

根据他的看法，这尼姑寺（dTer-ri-chos-sde）和嘎寺（bKag-chos-sde）是这一地区六个域的总寺（把桑达村也纳入），他写成宗德（rDzong-sde），表明是本宗和下属六个地方的总寺。其他域的寺庙，譬如当嘎宗（Dang-gar）寺、彭拉（Phan-lag-dgon-pa）寺、巴林（dPag-gling）寺、鲁饶（kLu-brag）寺等，乃是各地方的寺庙。这里的寺庙大多归属到政府寺庙下，在政府那里登记，现在政府给寺庙布施藏经。梯日寺去年已经得到六部甘珠尔布施，今年还有。梯日寺新建了新的神殿，还没有开光启用。

（二）梯日喇嘛次仁白玛

根据他的口述，梯日寺的历史与仓巴喇嘛所说又有不同：

东方的鲁旺格布前来朝礼日松贡布即绛白央、坚热色和恰纳多吉；西方多波地方的基色仁布且前来曲米住。那时鲁旺格布因基色仁布且前来，在曲米建房，为的是让他住。现在还有。

此后，索杰的国王名叫巴朗宗的。巴朗宗意思是巴曲（牛）拉屎的地方，是一个房子。此地长出两根树。夏天的时候，在巴朗宗有猴子，为了给国王献礼，就把树砍下，据说是猴子砍下的；砍下后，出现许多“鲁”（kLu，龙）。有的跑到路上，有的跑到空中，到处都是。这时便说要献给曲米的三神。此时曲米寺中有鲁旺格布、措杂朗钦等四神。他们都在曲米甲匝会见而住在那里。这时基色仁布且说，我们的神在洛部曲米甲匝地方，这曲米甲匝在什么地方呢？知道神所在后，就派了很多人去请：“请到我们家乡去”。有一人去抱神，但抱不动，因为神说：“不去，我要住在曲米，不到你多波的家乡去”。有人便说，神不去我们家乡，可能不喜欢；派人住在这里，再派人回乡去找人来请。

这以后从多波来了两宾家喇嘛，一个是哥哥，一个是弟弟，来到曲米，因为在家乡听说曲米甲匝的圣名。他们朝礼曲米甲匝以后，留下许多神圣的脚印。这以后，有一天傍晚，他俩梦中听说是需要找古如仁布且的脚印，因此来到山上，说你们俩要建一个寺，需要找到圣迹。他俩到上洛部，下洛部寻找，找遍了。他俩是宁玛派，这时其他施主知道了。有一天兄弟俩就做了朵玛在上面住下。做了朵玛以后，来了很大的两只鸟，大小两个，叼了巴吉铃就走。喇嘛俩就跟，就到现在梯日寺上面的石上。现在寺上有一块平地，地上有一块平石（朵延巴），石上面有一个脚印。喇嘛俩见了就想：我们需要找古如仁布且的圣迹以建一座寺庙，这个地方正是法源，我们建寺的地方就正好是这里。于是二人开始在这里建寺，这就是寺庙建成的故事。

寺庙建成以后，又种许多树、花、草和庄稼。这寺的脉系乃是来自多波。种很多庄稼的，是喇嘛阿旺拓没。他的家乡是多波。这时有很多施主，有很多弟子。但这不是喇嘛的根本寺，多波有很多寺院，喇嘛阿旺拓没的脉系乃是其中的其铭寺。如果多波其铭寺那边一名喇嘛去世，就从这里派一名喇嘛去；如果这里一名喇嘛圆寂，那面就派一名过来。就是互相派喇嘛。这样梯日寺就有从多波来的五名喇嘛，喇嘛阿旺拓没，仁觉巴丹，乌金巴桑，多吉加怎，丹北加怎。以前梯日寺乃是100名觉嫫的寺院，都是宁玛巴的脉系。财足，地方很宽，寺之管辖很广。

过了很多很多年，有一时没有了喇嘛，没有根本喇嘛的话，阿尼就不会住寺，收入、寺僧也没有。以前梯日寺声名颇盛，这以后寺中出现很大困难，延续很多年。

这时我在这里负责果涅尔（洛话，与拉涅尔同义，庙祝）21年。我（现在54岁）是23岁那年开始的。因为寺院很老很旧，寺中我一个人任果涅尔管不了，我需要帮助，需要帮手。这样域人商量后，给了我四个帮手（若巴），这才着手，全部佛像也清理好；这以后五年当中，我们考察寺地，地势如何，建成佛殿。这以后，沛域的办公室（他说的是office）给我们很多的帮助。给了钱，修了路。这才慢慢好起来。

这以后多波喇嘛来了，就是现在住在寺中的多波喇嘛。这多波喇嘛的脉系是从天而降的喇嘛脉系。我们地方（隆巴）水少，需要手向天敬佛（求雨水）。他就是这脉系。我们域认为他是以前的喇嘛，他举行仪式。我们隆巴水很少，山上有一个小湖，从湖中流出来小小的水，域中的水就是从那里来的。如果没有这湖，我们域就形成不了。

这以后本乡域的人们对他说：我们域水少，不时劳动困难，请喇嘛你住下，（我们）为你建房。本域的人为他送上土地。不是建了新房吗？这就是域人为他奉送上的。如果不送他，他（一个人）没办法。

这样我就对他说："寺庙你能怎么办就怎么办。"我就把寺庙给他，我和寺院（管理）没有关系。

山下的新房是他的，山上的是雄的（Gzhung，大家的，或公共的）房屋。如果有僧尼的话，山上的房屋好比是扎厦（僧舍）。梯日寺是宁玛巴，其他教派进去不了，在寺中做不成仪式。

（三）果芒喇嘛

我第一次见到他，当他走近时，就闻到一股酒味。人们称呼他为果芒（sGo-mang）喇嘛，本名是索朗塔杰，所以也叫索朗塔杰喇嘛。他的家乡在多波，其寺庙属乌坚敏珠林寺管辖。他的脉系是无谬者救主计扎益西多杰（Ma-nor-pa-bdkyabs-rjed-vjigs-gral-ye-shes-rdo-rje）之脉系。他有三个同母的亲戚，他是长子，帕尔玛名叫丹增嘉怎（rGyal-mtshan）喇嘛，弟曰多尔吉，三人都各自娶妻，但只有他有出。此外他还有不同母的哥哥协日曲珠、尼玛喇嘛等。按道理，他是长子，不是帕尔玛，不该他做喇嘛，所以在家乡的寺院中没有结他的名，至今如此。但是他在大约六岁的时候，就发愿一定要修法。9岁上母亲去世，15岁父亲去世。此后大约有四年的时间，他从事各种俗事，诸如打巴拉雪、其他游戏、经商等，未曾修法。从19岁开始潜心修法，20岁上，会各种法；22岁结婚，31岁时妻死，次年娶现在的妻子次仁。从32岁到35岁，静修三年，他称为"拉珠洛松"（bLa-grub-lo-gsum）。于今已49岁。和现妻生有一女13岁，一子约6岁。

他来此寺已经六七年的时间。在他以前，这里至少有四名喇嘛住持，第一人（他用英语说 one）名土登，第二人（他用英语说 two）

名喇嘛加瓦（rGyal-ba），第三人（他用英语说 three）名喇嘛群培，康巴人；第四人（他用英语说 four）名喇嘛门拉，多波人。

他来之后，就开始修建一座静修房，两间，外间是厨房，内间是静修室，我来时里面堆满了各种各样的佛经。他的妻子正在布置经书架，准备装藏。

去年新修佛殿（拉康）。殿内主供古如仁布切，其他佛像还包括坚热色，桑杰吐巴，古如仁布切，一龛小次巴没（无量寿佛）佛像，其前有更小的两尊，左为卓玛，右为宗喀巴。佛龛前供奉朵玛，最上一排从左至右，分别供奉给多吉勋努、愤怒相古如、寂静相古如，以及堪卓森东玛。其前有一排小的朵玛，他认为不重要。其前是两排蕴却，上一排七个银碗，其中三个内置青稞，左起第三碗中供奉干花和鲜桃花；第四碗中是香束，第六碗中是朵玛。下一排的七个供碗小许多，都是净水，左起第四、五碗之间放置高大的佛灯。

他现在每年夏天都要在达嘎宗后山的山洞中静修一月，或者一周，冬天则在寺边的静修处静修三月。平时则为域民举行各种仪式。他目前有六名弟子，其中有两名是尼姑，随身跟着一名小弟子，大约十岁左右的样子，达嘎宗人。他通“破瓦法”，曾亲授给七名喇嘛，包括梯日寺的仓巴喇嘛和达嘎宗的喇嘛。他说他们都有成，他则无所作为，因为好酒，懒散。

他戴着一副眼镜。

四　一个中间性寺院

琼果尔显密林寺（Chos-bskor-gsang-sngags-gling-dgon）从其设置来说是一个介于苯波寺和内教寺之间的寺院。

根据喇嘛次仁实达的回忆，琼果尔寺的建寺喇嘛名叫多尔吉森格，是从西藏来的，至今已有六七十代人的样子。他来自萨迦吴巴林曲果尔寺。喇嘛有四个儿子，在本域繁衍，后来就成琼果尔地方。按扎旦的记载，这里最先是与喇嘛卓格（bLa-ma gtso-brgyad）有关。喇嘛卓格是洛兑国王阿衮次旺桑珠时代的人，在去西藏时遇到前往藏西朝圣的一名显密吴巴林（Vug-pa-gling）的喇嘛，从他那里得到加持，又从萨迦派学习到道果法；后又修行多年，并颇得上洛域国王青睐。有四子，每子立一户（Grong）。其中三子各育三子，每子立一户，加上父辈三户，共十二户。另一子出两子建两户，共十四户。他们建琼果尔寺，六柱，一层，主供莲花生，奉萨迦派和宁玛派为教义。据说寺中阿巴一曾达到 19 人。（KSTD，2004b：189-190）

这域本来有三十多户人家。现在域人迁到宗松巴、颇克拉、阳布，把房和地都扔下，现在还有大约十五户人家。

域中规定，每家户的长子必须入琼果尔寺为阿巴，但没有规定不入要罚款，所以当域中人户减少，加上外出者甚多，现在寺中只有四名阿巴。按域中的规矩，寺院中一定要有五名阿巴才行，由于时事变迁，如今连四名阿巴也可以举行仪式。四名阿巴中，最年轻的是白玛次仁，51 岁。域人认为，他们四人为域人年祭，可互相替代。比如，如果有三个人不在域中，第四人可以替他们为域人年祭。

许多人都不知道琼果尔寺是什么教派，有的说应该是苯波，有的说应该是宁玛派，有的称琼果尔寺为“琼果尔蕴巴”（即琼果尔是苯波阿巴）。寺中阿巴次仁实达说这个寺是萨迦派，然而它的主供佛是莲花生，也不见供奉有萨迦派的喇嘛。这一点在嘎寺、乍曲德寺、宗曲德寺等就非常明显。

琼果尔寺一共两层，上层住人，楼下是曲康（佛殿）兼涅仓（域人聚会处）。域中塔羌、喜庆等都在这里举行。所以它集信仰功能、域中聚会事务等于一体，加上其规定长子入寺为阿巴，琼果尔寺颇类似于鲁绕的雍仲平措林寺。

每当举行仪式，四名阿巴的座位，喇嘛次仁实达居莲花生左手边第一排首席；白玛次仁则居右手边第一排第二席。

喇嘛次仁实达今年 84 岁。他的格妹名尼玛，宗人，生格米（以贱名为名）、藏岭和玉珍。格米今年 53 岁，25 岁时与宗巴谢饶结婚，生三子。藏岭 48 岁，在美国做工，格妹名达瓦，普扎人。幼女玉珍，未婚在家。

格米结婚后，即与家中分开，房、却康、赞康都归他；藏岭结婚后另外建房、买地。如今次仁实达与女儿玉珍生活在一起。当说到格米分家与继承财产之后，他说："房、却康、赞康全是他的，我就住到这里来。"说话间有一点不好意思的神情。他现在住的房子为平房，总共三间。

他的父亲名桑珠，38 年前（74 岁）去世；他的妈妈名叫次仁普赤，宗巴，61 岁时去世。次仁实达是在父亲 28 岁那年出生的。他的父亲不懂"法"（chos，即藏文）。父亲辈的宾家一共七子三女，他记得的，另有父亲下面的弟弟扎西曲勒。

他有三个爷爷，最长的名乌尔金，在他 4—5 岁时，67 岁上去世；次曰扎巴索马仓绛措，在大爷爷去世后两年去世；三爷爷名喇嘛咋布格，在二爷爷去世两年后去世。大爷爷与三爷爷共妻普扎女子巴尔嫫。三爷爷是琼果尔寺的喇嘛，曾为各域人户年祭赞康，（lha-mchod）咋布格去世后，由寺中其他阿巴/喇嘛接替。

次仁实达在 32 岁时入寺为阿巴，同时开始受施主之请为域人年祭赞康。如此，请的施主数慢慢增多。现在他负责年祭的各域户数如下：

琼果尔　　5 户（十月）　　宗域　　3 户

普让	3户	乍域	1户
帕拉	1户	达嘎宗	7户
冉尼颇洼	3户		

此外，以前宗松巴有一户人家，由于该户的原因断绝。以前达嘎宗是8户，后来一户去帕拉。冉尼颇洼的3户原来在普让，大约六七年前迁冉尼颇洼后仍旧请他去。为乍域的那一户年祭有七八年的样子。

五　来世做你的朱古

然而就在这样的区域，转世的朱古还是出现。父系长子继嗣制度不可能产生活佛转世制度。它可能产生萨迦派那种植根于家系的活佛转世制度，或者王系向活佛/僧侣的亲近，但是无需活佛制度，就可以完成合法性和神圣性的传递与再生。

活佛制度的前提条件之一，是男人的交换成为可能。这种可能只能来自于中心藏区及其以东的双系继嗣和双系婚姻禁忌。这种禁忌，使得外来的、非骨系的女婿上门和媳妇来归成为继嗣的两个途径。

嘎域的体系基本上排除交换男人的可能，所以它的宗教制度最高的可能就是萨迦活佛系。

洛曲米地区现在有一个外来的活佛转世寺院，即噶举派香巴仁布且的洞董觉嫫寺。香巴仁布且在洛曲米区域影响颇著。十多年前，现世香巴仁布且受域人所献土地，在曲米地区建洞董觉嫫寺。他作为转世朱古，算是域人“引进”的，而不是本土产生，我们暂且略过不表。

洛曲米地区内部有两个转世的朱古，一是鲁绕的苯波朱古，一是曲米地区的女寺嘎绕寺（Gar-dgon-pa）。

据扎西旦增的记载，该寺由喇嘛丹增热瓦（bsTan-vdzin re-ba）建，八柱，一层，另有拉章（喇嘛居所）等，属竹巴噶举（vBrug-pa ka-brgyud）。主供甲瓦多杰羌。丹增热瓦生于多麦琼波（Khyung-po）地方，其转世（曲珠，mchog-sprul）生于定日，父母带着他前来沛域朝圣，见本域人尊巴次仁和次仁欧珠，即拉着二人的手说："见到我的两位施主了。"遂认定他为朱古喇嘛，并迎来此。（KSTD，2004b：191）

根据梯日喇嘛次仁白玛的看法，女寺嘎绕寺原本是宁玛派，后来很长时间没有赤尊喇嘛。女寺一定要有喇嘛，如果没有喇嘛，觉嫫就不会住在这里。女寺中除开学经师（洛本）和赤尊喇嘛外，其他的扎巴不能住在那里。赤尊的意思，即主要的喇嘛，即加持（dbang-gnang）喇嘛。洛本则一般是年长的喇嘛担任。嘎绕寺一度没有喇嘛，出现很大的困难。在这种情况下，尼众就把寺庙献给阳布的竹巴噶举派措尼仁布且。

现年 65 岁的宗巴仓巴穆迪听说过嘎绕寺是宁玛派，她说寺的历史可以根据喇嘛塑像的数量来推算，因为每一代喇嘛圆寂后，寺中都要为他塑一个像。据扎旦的记载，目前的朱古是第七世。（KSTD，2004b：191）

现今 66 岁的嘎绕寺阿尼仓巴康卓则说，嘎绕寺以前就是噶举派，现在寺中有 55 名阿尼，有的年老在家，现在每年冬天去阳布、夏天回寺的阿尼有 35 名。他们住在斯旺布的措尼寺中，寺中住有扎巴。

冬天觉嫫们去阳布后，寺中留三名觉嫫看管，从去年到今年的冬天，寺中三名觉嫫包括 45 岁的达瓦桑嫫和 18 岁的欧珠等。达瓦桑嫫在 21 岁、欧珠在 7 岁入寺为觉嫫。今年藏历闰三月二十二日，是寺中规定觉嫫返回嘎绕寺的日子。觉嫫们提前一天就三三两两从不同方向回到寺中，开始打扫和整理尼舍。三人留冬的日子便结束。留冬的三人每年一换。

欧珠现在担任嘎绕寺的管理员（果涅尔），任期一年，此后还会担任曲若（Chos-rogs，即仪式中帮忙扔朵玛、煨桑等工作的人）、翁则和洛本，但是要担任堪布很困难。洞董寺和嘎绕寺的堪布都是扎巴担任。但嘎绕寺还有一名觉嫫担任堪布，位于扎巴堪布之下。堪布皆住阳布。

嘎绕寺大殿主供释迦吐巴，其右为一尊本寺喇嘛去世后寺中为之所塑的像。大殿八柱。宝座 2 上放置措尼仁布且的喇嘛康珠仁布且（已圆寂，有转世）的照片。

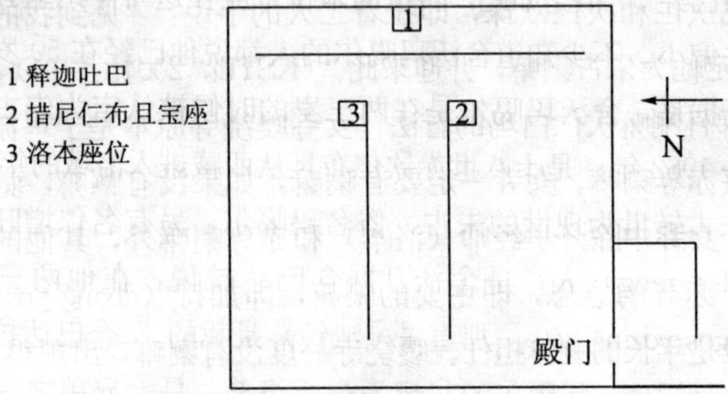

楼上西南角为喇嘛的寝室，但没有床具，因朱古/仁布且不常来[1]。寝室中供奉历辈喇嘛的塑像。据说以前觉嬷做饭就在其寝室外北边，做“措”也在寝门外（北）；东边廊下据说是觉嬷睡处。寝殿以东，隔着一个入口道的廊下，据说是冬天的厨房。

喇嘛次仁实达回忆说，嘎绕寺前世朱古人称喇嘛朱古，其父亲是博巴，他曾经见过朱古。朱古大约是在六十五六岁的样子去世，他那时 38 岁，如今已过去 46 年。朱古有一格妹，名舍嫫诺尔桑，当为普让人。生一女名舍嫫白玛，与宗的噶玛结婚，如今两人皆已去世。他们生次仁顿珠、达瓦平措、旺加（在阳布）、噶尔加布（在美国做工）和曲妮。

苯波喇嘛仓巴达拉记得嘎绕寺的前世朱古“来自西藏康区的琼波，人称琼珠仁布且；我见过他，白白的头发”。

仓巴穆迪说：“以前的琼波仁布且是在寺中圆寂的。他小的时候就从西藏来到寺中住。在我大约十五六岁的时候，他圆寂的。仁布且来过我

① 措尼仁布且曾来过寺中两次，一次是十五年前，一次大约是七年前，每次住 10－15 天，不举行仪式，但为寺中觉嫫传授佛法。

的房子，住在楼顶。住了一晚后回到寺中去。不知道他是多少世仁布且。现在寺中一月三次祭祀喇嘛（喇嘛曲巴），初三、初六和初十”。

关于前世朱古圆寂的时间，仓巴穆迪的说法应该是最接近的，那就是朱古圆寂已经 50 年。如此，转世的朱古也应在这一年纪上。喇嘛次仁实达的说法偏小。不少知道舍沃玛噶尔的人都说他已经在 50 岁上。另一个辅助的证据是，舍沃玛噶尔是在两三岁的时候被认定为朱古的，这个时候刚好是 1962 年，是十八世赤钦仁布且从西藏进入洛域的年代。

前世朱古转世为现世的朱古，俗名玛噶尔，另有名仁增旺堆。上洛域察让（rTse-rang）人，是舍沃。据仓巴达拉说，在他两三岁时，曾“俄怎”（Ngos-vdzin）说：“那直录（法铃）是我的。”仓巴达拉的夫人和朱古玛噶尔是涅怎。玛噶尔的父亲为舍沃洛桑，是七兄弟之一。其兄弟长兄为舍沃桑波，次为洛满堂的古如，措夏寺朱古；下为达巴俑，前去西藏学法，后来在那里做玛巴，情况不清楚。其下为舍沃曲桑颇瓦，格妹有二，一格妹生舍嫫曲妮盎嫫，即仓巴达拉的格妹，另一曰舍嫫崩琼，生一子三女。再下为白玛拉珠，再下便为舍沃洛桑，最小的是舍沃绛央。舍沃洛桑的长子即玛噶尔，为前妻所生；后续娶一格妹，生两子两女，长女之下为一子，入寺为扎巴，人称察让霞仲（Zhabs-drung）；其下为舍嫫拉央，但她上学另有绒巴名字玛央，据说她喜欢这名字；最小的男孩名次旺迥登，不懂佛法，但精通医术，在阳布医院供职，其格妹是博巴。

关于认定的过程，嘎绕寺阿尼仓巴康卓说：

> 寺中曾给十八世赤钦仁布且认定，察让的舍沃玛噶尔说（前世朱古的）直录（法铃）、碗和衣服等是他的，仁布且便认定他。仁布且又和十六世噶玛巴说过，然后告诉寺中觉嫫玛噶尔是转世朱古。嘎绕寺便派人去请，每次两三个人，有时一人。（仓巴康卓的）父亲、寺中年长的阿尼都去求过，很多很多次，但朱古的父亲不给。

我在25岁时曾搭经商的若巴前去察让求朱古父亲，那时朱古不在察让，而在宗松巴的学校（school）中学习，我没有见着朱古。朱古的父亲舍沃洛桑不给，说："我们不给。他是家中的长子，求求你。"

仓巴穆迪说：

我们的喇嘛是察让的朱古玛噶尔，舍沃玛噶尔。（我们去说他）"是我们的喇嘛，请让他来，求求你。"察让去了多少次，满堂去了多少次，数都数不清。（他父亲）不给。那时我的姐姐去察让多少次！"请到曲米甲匝去，这是我的朱古，是我的喇嘛，请去建事业。""没有！"他父亲和阿尼吵架，"我的皮查不是你的朱古，不要说我的皮查是你的"。孩子的母亲已经去世，这是他的父亲说的。他说："我的孩子带到满堂去了。不要说我的孩子是你的朱古；不要再来找我。"这便得到文字（说明），寺中觉嫫才安静呆着。没有喇嘛，这才把寺给别人，就是措尼仁布且。他成为寺的根本喇嘛，把他安置在寺中。现在建新寺。现在很愉快。

仓巴康卓说：

朱古的父亲不给，让他去学习绒曲（rung-chos，即接受绒巴人的教育），而没有学习博曲（Bod-chos，即藏文教育）。据说朱古的绒曲很好，后来到颇克拉或阳布上学。朱古小时候住在洛满堂阿相（即其舅舅洛部国王）家。

朱古来过嘎绕寺4次，每次来住一两天，或三四天。他来，吃、住都是寺中给；寺中还要供奉其他财物；不来则已。最近一次是两年前，朱古带外国人来Muktinath（即曲米），外国人住冉尼颇注客店中，朱古一人来寺中，住在扎厦（僧舍）一晚，第二天就去宗松巴。估计他是为外国人做翻译。

如果小时候就让朱古学习博曲的话，那就可以，现在作朱古就没有困难；现在听说会博曲。以前察让本有觉嫫寺，朱古后来重建，又在寺中建学校。

因为舍沃朱古不来，寺中觉嫫便前去斯旺布求措尼仁布且，说现在的朱古不来，请措尼仁布且为寺之主。后者同意了。现在吃的、穿的，都是措尼仁布且给的，现在愉快。

寺中没有喇嘛，其艰难可想而知。从前一世朱古到现在的措尼仁布且，中间如此多的周折，让觉嫫们艰难之极。这中间有一段是由上洛域的一名喇嘛前来帮助维修和管理，关于这一段，仓巴穆迪说：

我21岁之前住在家中；从21岁时开始静修三年三月，到24岁止；到25岁就住在寺院中，建寺院，建了六七年。那个时候鲁日喇嘛（kLu-ri bla-ma）来给予帮助①，给钱，给吃的，水啊，草啊等等，全部是他给的帮助，这才建的寺。过了七年。他管理寺院可能有十五六年。鲁日喇嘛名欧多吉，鲁日寺不是他创建的。创建者是根本喇嘛仓结仁布且。以前我们寺院的喇嘛是琼波仁布且。这是我姐姐阿尼普赤的赤尊喇嘛，他是从西藏来的。（仁布且圆寂）后来寺庙被扔下，鲁日喇嘛这才来管理。

鲁日是很重要的地方，在亚饶。鲁日喇嘛在曲米住的时间不长，他在家乡有自己的寺庙。他来这里是管理维修寺庙的，来帮助的。他是鲁日贡巴的脉系喇嘛。他去世后，现在鲁日贡巴是朱古玛噶尔

① 据扎旦的记载，这一年是1975年。见KSTD，2004b：191.

管理，舍沃玛噶尔。本来鲁日和察让各是各，鲁日贡巴有觉嫫，舍沃玛噶尔怜惜，就加以管理。鲁日喇嘛的脉系是有的。

域人说，多波的鲁日喇嘛以发辫缠头，故寺中尼姑尽皆如此，即结发髻于后脑勺，然后编许多小辫子，从头前盘向发髻，域人或谓之饶朵。仓巴穆迪曾亲与建寺。提起建寺的那段艰难日子，仓巴穆迪说：

> 现在是措尼仁布且，我们心中很愉快。阿尼自己念玛尼，（仁布且给）我们大家衣服、吃的，点佛灯。以前的衣服差。以前维修，出工，和泥，下石头，抬木头，都是阿尼做。我们那时背石头，阿尼每人至少有500块的样子。呵，苦极了。现在都是让绒巴人去做（笑）。

关于朱古不来寺中，域人有自己的看法。一名乍域女子现在50岁，曾经在十七八岁上见过朱古来寺中，没住几天就走了。她说：那时嘎绕寺只有一间佛殿（她指着自己所在的厨房说），就这样的一间，外面没有建现在的那些房子，条件不好，他不住。

这种意见可以算是域中相当朴素的看法，但未必是事件的要害。在我看来，有几个关键的因素导致舍沃玛噶尔无法来寺中坐床接续朱古之位。首先便是他被认定的时候，是家中唯一的男孩子。他的母亲前曾有生育，但是男孩子都死掉，到他这儿时家中为他取一个贱名以保其长寿，就在情理之中。在这种情况下，舍沃洛桑怎么舍得将孩子给嘎绕寺做朱古？

第二个原因是舍沃玛噶尔被父亲送入尼政府学校读书，那个年代正是尼政府在印度教国王的领导下，推进尼化教育，断绝国内少数族群与他们的文明传统的时候。今天虽然有所变化，然而根本的教育政策并没有改变，在藏语族群地区的学校中不给经费设藏文教师席位。今天藏语族群区的人们仍然要为藏文教育从外部（尤其是国外）寻找资源，部分有识之士则试图从政治的角度与绒巴人主导的政府辩论，希望能有所改进。舍沃玛噶尔在政府学校中学习到尼语、英语和数学等基本教育，但是他不会藏文。这个情况和曲米喇嘛仓巴盎嘎的长子龙珠尔是一样的，尽管后者还会日语，但是他们都已经与本文明隔绝，无法在这个文明中扮演角色。龙珠尔不能继承父亲的曲米喇嘛宝座，玛噶尔也无法担任嘎绕寺的朱古。

这不是文化的问题，而是文明的问题。他们都有去藏文明化痕迹。从舍沃玛噶尔以后从事的工作来看，他应该是后来学习藏文的。

2008 年 7 月，笔者与洛域王子晋美席间曾谈及舍沃玛噶尔，王子言舍沃玛噶尔的经济状况不是很好，目前在寺中教授的觉嫫有 31 名；就其父拒绝他嗣位朱古一事，舍沃幼时并没有权力说什么。

即便如此，寺中觉嫫们仍然尊称他为“朱古”。三年前的冬天，朱古因病在阳布住院，嘎饶寺十多名觉嫫前往探视。据探病的觉嫫之一欧珠说，当时朱古右手臂肿胀，口不能言，其格妹也在医院。

笔者无法见到舍沃玛噶尔，他自己对这件事怎么看不得而知。但是寺中觉嫫达瓦桑嫫曾对我说：

> 朱古玛噶尔自己并没有说不做朱古，因为那个时候他年纪小，自己没有权力。这都是他父亲决定的。他曾说，现在寺院已经献给别的朱古，他将祈祷，希望死后来世成为喇嘛，来做这里的朱古。

六 没有“长成”的朱古

乍域舍沃绛央来自喇嘛多玛日脉系，其父亲辈共有七名宾家。姐姐嫁往促桑。其下桑布，娶妻后无生育。其下丹增，娶普让女子益饶，生长子拉加、次子赤列盎加、三女衮桑和四女楚臣，拉加娶洛满堂舍嫫卓嘎，生长子局米、次子绛央、三子丹增和四子饶居（绒巴名，藏名扎西，在印度）等四子以及三女；赤列盎加娶舍嫫仁增旺嫫，生四子一女；楚臣与本域舍沃索朗多吉结婚，现居沛域，无子女。丹增之下为弟弟藏岭。藏岭的妹妹为噶玛，与顾秀扎迥生巴尔更，巴尔更的妻子即丹增女衮桑。噶玛的弟弟达拉，娶有子之妇、本域舍嫫绛巴，但并无生育。达拉的妹妹名哈姬，与本域噶玛绰甲尔结婚，生二子一女。

舍沃藏岭的父亲舍沃绛央，是宾家中的幼子。上有宾家两人，中子为扎巴，早年去世；长兄为舍沃盎加，其子即曲米喇嘛强巴饶革。绛央的父亲为顾秀桑多。

顾秀喇嘛强巴饶革的女儿穆迪招玛巴舍沃藏岭上门，顾秀喇嘛 73 岁去世，两三年后夫妇二人生一子即绛央。穆迪在 5 年前 73 岁上去世，其夫藏岭则在绛央两三岁的时候去世。穆迪在丈夫死后未再纳。绛央在 14 岁上娶妻舍嫫德钦，妻子长他 10 岁。德钦曾生育过多个孩子，但都在出生后不久，有的十多天，有的半年不等就死去，直到 47 岁生一女（今年 17 岁），也就是在这一年，绛央娶小妻普让女子、35 岁的曲妮（今年 52 岁），但没有举行婚礼，也没有与德钦离婚。曲妮生一女一子。德钦在 7 年前 58 岁上去世。

舍沃绛央说，顾秀喇嘛强巴饶革和曲米喇嘛强巴饶革两人常一起在布贡日山的山洞中静修。顾秀喇嘛死后，绛央幼时便常与曲米喇嘛一道出入，有一次两人到宗松巴对面的古如松波地方朝圣，当时绛央六岁，他指着果蚌寺说："这是我的寺庙。"曲米喇嘛说："好，这是你的寺庙。"后来到果蚌寺中，寺中堪布取来顾秀喇嘛做仪式曾用过的"曲直"（即多吉直录，金刚法器），和另外一个顾秀喇嘛没有用过的"曲直"混在一起，说："如果你是这寺的喇嘛，你就把你用过的'曲直'找出来。"绛央果然把他爷爷用过的“曲直”找了出来。

他随曲米喇嘛学习，但在他12岁上，曲米喇嘛去世，因此他的“曲”（Chos，藏文教育）一直没学得很好。到18岁上，他拜域中宁玛派仓巴丹增为老师，于家中静修两年，由于老师不是很好，所以静修成就有限，在佛法上修为有限，后来便没有去果蚌寺嗣位喇嘛。他是没有“长成”的朱古。如今果蚌寺一直没有喇嘛，也没有堪布。

舍沃绛央在20岁后，前去印度阿萨姆经商，买卖衣服；冬天去三个月左右，格妹们留在家中。后来他将这生意放下，前往香港经营黄金。此后又前往美国工作三年，攒下1100万卢比，于两三年前回乡。如今在域中经营一家客店，今年（2008年）与域人噶玛合伙购买吉普车雇绒巴人为司机跑运输。

七　鲁绕喇嘛与朱古

（一）“贡巴”

鲁绕一域信仰苯波，虽然小，但是其重要性超乎我们的想象，所以我们将作比较详细的考察①。让我感到坐卧难安的，是一些作者使用白苯和黑苯这样的词语来描述苯波内部的差异，以及苯波与“喇嘛教”的关系。（Rai，1994：21—22）而一本介绍洛域地区旅游资源的小册子，关于鲁绕部分写道：“迥松（此为绒巴语，域语即宗松巴）以北一小时是鲁绕，这里是唯一的苯波教之所，有两座寺庙，一座是新建的，高居山丘上；另一座壮观的寺庙是在域中，建于公元1200年。”（Chetri，2004：36）每当读到这些与旅游有关的资讯，我就忍俊不禁。英文的“monas-

① 关于此地早期建村历史的大小传统传承，以及从口承到文字书写的过程，参见Ramble，1983：267—290. 作为英国人类学家，查尔斯引用美国人类学家雷德菲尔德的理论来开展进一步的讨论，算是美国对英国人类学的一种回报吧。

tery”或者“temple”不完全适合描述藏文明中的宗教体制①。正如一位美国学者所反省的，连英语音译藏文的那个词“gompa”，也是被西方人误解的（Shneiderman，2006：91）。

实际上鲁绕的贡巴包括朱古所居住的贡普（sGom－phug）、楚臣贡巴和楚臣贡巴东邻的贡巴（域人已忘记其名），以及雍仲平措林。

喇嘛雍仲平措（53岁）在八九岁的时候，曾见楚臣贡巴中有四名觉嫫②，包括伊妣堪卓、达瓦堪卓（雍平格妹的阿尼）、伊妣楚臣（现在么么次旺父亲衮甲的姐姐）和阿尼肯宗（雍平父亲嘎绕多吉的姐姐）等。此外，雍平的母亲时代，寺中觉嫫又有其母次仁拉嫫、伊妣桑登、扎西卓玛（后退出）、格桑（退出，嫁往琼果尔，现居阳布）、涅尔达（居美的阿尼，退出，未婚，82岁时去世）、伦增盎嫫（退出，雍平姐）、益饶（喇嘛楚臣的帕玛，退出，嫁往宗，现居阳布）、莫朗（退出）、拉宗（退出）。这十三人为楚臣贡巴觉嫫大约是60年前的情况。那个时候几乎每家户一名觉嫫。（有的曾经一户三名阿巴，如喇嘛楚臣家中，曾有其爷爷、父亲和他祖孙三人在寺中为阿巴。）

女寺必有喇嘛。在丹增尼玛之后，曾担任楚臣贡巴喇嘛的有（喇嘛楚臣的么么）旺杰喇嘛、丹增楚臣、朗杰喇嘛（即雍平的阿库，叔叔）、嘎绕多吉（雍平父）、坚赞、喇嘛楚臣和雍仲平措等人。现在寺中仅有人看护、点法灯，没有觉嫫。因为楚臣贡巴已经是曲宗门拉居巴脉系的贡巴，所以这脉系中拉古的格妹伊妣桑丹仍然坚持每日点法灯。藏历四月初三的下午，我随她前往楚臣贡巴点法灯。

贡巴为两果扎（间），内间为拉康，两柱。殿内没有电灯，采光也不好，昏暗不清。主供壁（北壁）左侧有三尊像（sku），右侧为经书架，

① Snellgrove，1957：201．有关西方人的误解，参Ramble，1984：184－5．

② 扎西旦增在1981年记录的觉嫫数是5人，见KSTD，2004b：201．有关鲁饶寺庙的机构设置，参见Ramble，1984：267－275．

架上似有十函经卷，另外有一卷为大函。东壁（右壁）有两座位，尊座有木板围着，卑座为坐垫，殿内有法鼓。伊妣点法灯，然后向空中洒净水，击鼓。

据喇嘛其米说，建楚臣贡巴的是丹增尼玛，其师即嘎如竹旺仁布且。嘎如竹旺仁布且是后藏苯波门日寺第二十三代堪布尼玛丹增的老师，但是尼玛丹增的地位高于他。仁布且来鲁绕以后，将其在后藏的弟子的名字颠倒以后，给建楚臣贡巴者取名。仁布且建雍仲平措林，后前往后藏，寺便成为域寺。

按朱古雍仲坚赞的说法，贡普的朱古传承已经两世，第一世为嘎如竹旺仁布且（dKar-ru-grubs-dbang-rin-po-che[①]；1801－1881），他是从那曲"专区"（汉语音）聂荣宗索德寺来的，来鲁绕后又回去。第二世为丹北坚赞（bsTan-pa- rgyal-mtshan；1882－1943）[②]，是从巴青县鲁普寺来。

丹北坚赞为西藏有名之十八"榭"之一。他在洛域甚有名望，人称鲁绕仁布且。其有名望的原因如下：洛部盛行各种鬼怪（vdre），如辛折（shing-vdre），男怪（pho-vdre）、女怪（mo-vdre）等。有一男子，来自上洛部的直域（Bri-yul）一个大脉系（rgyud-chen-po）、实力雄厚（shugs-chen-po）的人家。他看上洛部国王的女儿（即现在年迈国王的妹妹），但国王却将其许与他人为"纳玛"。该男子因此成病而逝，变成厉鬼（vdre），于上洛部危害域人甚多。洛部国王延聘宁玛喇嘛、萨迦喇嘛举行仪式欲将其收服，都没有成功。后来听说鲁绕有仁布且，乃延请他前往降服之。第一次，仁布且举行仪式，将之抓住，然而他乘仁布且喝青稞酒之际逃脱，并进入他人之体，借其口言："宁玛、萨迦喇嘛都没有抓住我，鲁绕仁布且抓住我，但我乘其喝酒之际逃脱。"仁布且乃第二次举行

---

① 此据朱古。印度朵兰吉出版的传记写作：dgar-ru grub-dbang bstan-'dzin rin-chen.
② 朱古言他 66 年前去世，当时 61 岁。

仪式，将其抓住，这次未饮酒，一鼓作气将之封入牛角中，以咒语将其封住。仁布且之意并不欲杀之，然而厉鬼在牛角中与域中青年口角，域人乃以牛角为标的，举火枪将之射杀。厉鬼死，域遂平静。洛部国王请仁布且入洛王宫上坐，声名于是显扬。后来宗松巴域人献地给丹北坚赞，他遂于宗松巴建寺。

前世朱古（sku-thog-gong-ma）曾经娶鲁绕女子为妻，生有两子三女，两子皆未婚而逝。长女与幼女共夫，长女未曾生育，幼女生下十一子女，其中有五男；两女去世，今有四女，共九个子女存世。帕玛（中女）嫁人后有生育。但他们所生，皆非朱古之脉系，故其脉系亦断于此。

第三世即雍仲坚赞，今年 52 岁，其父为比如县人，前往印度朝圣（莲花湖等地），不久西藏即叛乱（zing-vkhrug），便留在印度，娶妻生子。长子如今在印度果阿营商，膝下育有一子。

雍仲坚赞在两三岁时，雍仲堪钦谢饶丹北坚赞（She-rab-rtan-pavi-rgyal- mtshan）从后藏热拉雍仲林前往印度，堪钦认定（ngos-vdzin）他为鲁绕寺转世朱古，住宗松巴寺中。17 岁前往朵兰吉学习，31 岁获得格西学位，即前往西藏及汉地朝圣诸处苯、佛胜地，曾至康区（包括大小金川）、安多各地苯寺和西宁。在西宁，因语言不通，住"招待（所）"有困难。曾往成都，"乐山大佛"及峨眉山朝礼。在山上住了两三天，走路上下山。曾见有无法登山者坐滑杆上下山的。在成都，统战部请客吃饭，为他们付路费。

回鲁绕后，与本域中一女子（今 37 岁）结婚，生有两子，皆在朵兰吉学习，长子约 10 岁。域人说起他的两个孩子，则说是"两个朱古"（"孩子"在藏语中与朱古谐音）。

按朱古的说法，他是西藏有名的象雄六仓之一。这六仓就是六个脉系，包括谢仓（gShen-tshang）、巴仓（sPa-tshang）、竹仓（Bru-tshang）、许仓（Zhu-tshang）和麦仓（sMad-tshang）等。其中谢仓乃东巴谢饶的脉系，今在那曲，有后人为诺布旺加者（现在西藏）；巴仓在萨嘎县巴拉埔（sPa-bla-bu），今在巴青县巴桑寺为仁布且者，即其后人；许仓曾居白朗县旺登乡，后人在比如县住持一苯寺，这就是朱古的脉系；麦仓在今桑日县。雍仲平措说朱古乃是西藏“大脉系”（Rus-rgyud-chen-po），大户人家（Mi-tshang-chen-po）。

朱古父亲名丹巴，为同辈中的长兄，下有三兄弟，其中长者雍仲朗达娶妻，妻因病去世，朗达乃依止一日路程之佐巴仁布且为格隆，后遂逝于此。另两弟弟皆娶妻，生的都是女子，脉系遂于家乡断绝。我不解地说：“他们可以招玛巴上门啊。”朱古说：“招玛巴是可以，但是脉系断绝。他们续的是人家的脉系（Rus-rgyud，骨系）。他们是霞匝。”

近来家乡来信，希望他将公子派回。现长子尚未成年，次子八岁，学藏文、英文与印度语等。许仓人在白朗县旺登乡仍有脉系，在那曲的尼玛县强达饶（Byang-dar-ra）也有。此处乃是与松赞干布打仗的象雄王的家乡。此外，霍尔有许仓的脉系甚多，但比如县的百姓未曾请他们去，他们怎好自己去？他哥哥的儿子从小在印度学校中学习英印文字，不懂藏文，也不能派去。

朱古为我言，以后他或将两子派回西藏比如县住持该寺。

该寺在比如县名萨达苯寺（Sa-mdav-bon-dgon），即山之下，两水汇合处。“旧社会”（sPyi-tshogs-snying-pa）时有一百多阿巴，他二十多年前去时，有 42 名。

朱古在鲁绕住贡普。贡普寺原已毁坏，三年前在丹麦政府资助下重修，重修后朱古自宗松巴来此常居，大殿四柱，东壁有以前仁布且静修时的山洞，并有其脚印的黑石一块。朱古常坐北壁首座。域中寺庙里每有仪式，则下到域中操持。有时本域人或他域人邀请，朱古也前去举行仪式。朱古的饮食与域中基本上没有关系，但格妹出自域中，则情形就不同。朱古不时有施主供奉。此外，其格妹冬天则前往绒巴地区经商。

雍仲平措林寺八柱，左右各四柱，另外主供处又在左右两排之间增加两柱。这里是域人每月举行祭祀和塔羌等仪式之处①。

按喇嘛雍仲平措的说法，雍仲平措林一年当中的祭祀按月（藏历）进行如下：

一月五日，娘枚节，一天；十五日，一天半，丹北节（rTan-pavi-dus-chen），阿巴行娘勒（斋戒）。

二月二十二日，喇嘛却巴（bLa-ma mchod-pa），半天。（即祭祀第一世朱古）

三月十至十五日，射箭日；十五日，格萨尔却巴，一天，做察察和措。

四月十四、十五日，玛尔赤；二十五日，却巴，祭祀山上三个修行洞（一、怎巴竹普，vDzin-pa-grub-phug；二、次旺竹谱，Tshe-dbang-grub-phug；三、冻松竹普，dTong-dsum-grub-phug）一天，半天上山祭祀赞康。

五月十日，却巴，同四月二十五日。

六月十五日，基瓦波拉（sPyi-pa-po-la），由管理员每年两户人任施主，做措和朵玛。

七月十日，喇嘛节（bLa-ma-dus-chen），一天，做“措”。

八月三十日，同四月二十五日。

九月十五日，巴雪（Pa-shog）却巴，一天。

---

① 关于大殿内的佛像造像艺术和壁画风格、画师等情况，参见 Ratan Kumar Rai. ibid. 第22—23 页。

十月十五日，同一月十五日①。

十一月十五日，兑觉（dus-jod）却巴，一天，纪念喇嘛丹增尼玛逝世。

十二月十五日，朵儿加七天，寺中做措，酥油花（Lo-rtor），喇嘛丹增尼玛节。

寺中阿巴塔钦去美国做工后，他的土地除一块请涅怎代耕外，其余尽皆抛荒。代耕乃是为供养寺院。按乡域之俗，每举行一次却巴（mChod-pa），每扎巴/阿巴需要供养寺院六麻纳（罐头盒大小）的粮食（青稞或黑麦），或者折钱，按时价，则每巴迪（袋）125卢比。每月的却巴，每次由两名扎巴/阿巴负责，如是在15名阿巴/扎巴中轮流。如举行大的“措”，则每次所需的饮食、法灯、食子等，以5户人为施主。

寺中果涅尔（管理员）一职，每年一户人担任，在十四户人中轮流。翁则一职，则是一户人担任三年。曲怎巴（Chos-vkhrims-pa），按朱古的说法，类似于内教之格贵，即维持纪律的执事；按雍仲平措的说法，类似于仲译，即秘书。这一职务，每次两名扎巴/阿巴担任，任期三年。

由于鲁绕实行家户男主人入寺为阿巴的规定，而女子则仍然以帕玛入寺为觉嫫，就使得寺院的阿巴数得以维持，也使苯波的传承和延续体系与域人的脉系传承体制高度统一起来；在理想的情况下，雍仲平措林寺就是各家户父系长子继承制的集合；脉系传承制存在的所有特点、问题、困难，比如脉系断绝，招玛巴上门等，也都反映到寺院扎巴/阿巴身上。而女寺则逐渐衰落。

① 三月的仪式名当地人曾写作 dge-sa，域人雍平为我讲述的时候，后面很明显有一个“r”（尔）的音在。查尔斯认为是 dge-rtsa 的错误拼写，意即德行之根（root of virtue）。他整理的十九世纪中叶的布施记录，记七月十五日有仪式，竹旺丹增仁钦布施15卢比；八月十八又有一次仪式；三十日的仪式为“亚顿却巴”（bByar-ston mchod-pa）。十月的仪式名，域人早先的记录是龙介（klong-rgyas）。见 Ramble，1984：299、304、306、309.

进一步说，雍仲平措林寺统一各家户的脉系传承的首脑，并确定每月都进行却巴，便可以解释为什么本域没有赞康。他域各有赞康户需要年祭之赞，在鲁绕则是由寺院替各家户祭祀，各家户的祭祀总合为寺院祭祀，各家户无需自己的赞康。

在理想的情况下，过去一百多年中的实践体现这一点，那就是转世朱古所在的贡普（山上），统一着山下的男寺雍仲平措林寺，和觉嫫寺楚臣贡巴，以及另一贡巴。这个统一，是通过朱古居于众喇嘛之首，而众喇嘛又去统束女寺完成的。苯波体系内部男女寺之间的关系，和佛教体系内男女寺之间的关系，都是家户内男女关系的转喻。不过在鲁绕小域，这种关系更为明显而已。换句话说，如果内教在更大范围内建立起一个男女寺关系模式，苯教在鲁绕的模式就是它的缩影。内教和苯波在信仰体制上，各自拓展域之文化象征体系。

（二）脉系转让

根据前文对玛巴及脉系变动的分析，我们知道鲁绕的阿巴/喇嘛是在域内部若干脉系中流动，同时又不断从外部引入新的脉系，通过玛巴、未婚生育以及脉系转让等方式实现。前文仅简略地提及脉系转让，实际上转让过程相当有意思。

鲁绕脉系喇嘛楚臣（63 岁）为我言：

> 杨顿千波（Yang-thon-chen-po）的儿子是扎西坚赞[①]，其脉系在多波仍然有。在鲁绕，脉系传至杨顿益加，他前去西藏后，逝于该地。他的宾家是觉嫫曲松尼夏尔（Jo-mo chos-gsum-nyi-shar）。她是在 98 岁上去世的。因为脉系断绝，便请域人白玛桑珠作拉章和土地的主人。白玛桑珠的格妹是仁增拉嫫。

---

① 杨顿，当为藏文 Ya-ngal-gyi-ston-pa 的缩写 ya-ston。见 Rai，1994：21.

这时宗布尔东前来要地，（似乎无意要拉章）说他是杨顿的脉系。双方便由此争起来，后来无法解决，前往萨嘎拉（珠玑往下）的"惩"（khrims，法庭），曲松与白玛桑珠夫妇同去，宗布尔东也在，由长官阿扎尔判决。在法庭上，仁增拉嫫坚持要继承。后来法官判定此地归白玛桑珠夫妇。

查尔斯（Charles Ramble）曾在二十多年前调查鲁绕的历史，在博士论文中，他写道：

杨顿普尔巴甲的后嗣在多波继续繁衍，今日亦如此，但（在鲁绕）坚赞崩的系列接近尾声。最后的继承者是尼姑，名群宗普赤（Chondzom Butri，Mchod-'dzom bu-khrid），她受到来自木梯纳塔附近的宗的母亲的亲属的压力，要求她把地产（estate）给他们。在没有任何明确的后嗣的情况下，户主可以将他的房屋和地产（grong-pa，即崇巴）给任何他愿意给的人，此人在他年迈之时给予他忠实的服务（filial service，zhabs-tog）。继承人优先的顺序，是按照亲属关系的远近来确定的，如果兄弟不是共妻，则从兄弟（或者如果幸存者是寡妇，则是丈夫的兄弟）的儿子开始。此后，逐步移向越来越远的亲属，最后到母系亲属。事实如此，尼姑群宗普赤憎恨她在宗的亲戚，报复和冷落他们，把在恰绕岗氏族（clan）出生的一个非法的男孩子白玛桑珠（Pema Samdrup，Padma bsam-grub）提名为其继承人："即便我在宗的亲戚给我玉石、金银做成的面包作为忠实的服务，我也不要。即便这个男孩白玛桑珠给我从地上青稞壳做成的面包，他也是我的继承人。"群宗普赤在108岁上去世，亚额（Ya-ngal，或 yang-ngal）的继承相应地转到白玛桑珠的手上。（Ramble，1984：96—97）

我们注意到两种表述之间的差异。经过英国人的英语思维以后，鲁绕的脉系转让带上西方法权的色彩。而域人对外部"惩"（法庭）的关注也是相当有意思的。实际上，两种观念可能都既在历史上也在现实中发挥着作用。脉系转让并不是简单的事。无论如何，鲁绕的杨顿脉系转让到另一个脉系手上。喇嘛楚臣说他的脉系是"居巴（脉系）喇嘛"，其脉系是绛巴拓甲尔东居（vjang-pa-thog-rgyal-dung-rgyud）①，应该是从西藏来的脉系。

根据他的陈述，白玛桑珠的儿子是喇嘛楚臣，喇嘛楚臣的儿子是喇嘛旺杰，喇嘛旺杰的长子是喇嘛白玛旺堆，喇嘛白玛旺堆的长子是喇嘛楚臣，就是他自己，喇嘛楚臣的长子是仁增盎加。仁增盎加今年 31 岁，去美国做工已经七八年。喇嘛楚臣不清楚喇嘛白玛桑珠以前的脉系，但肯定他是本域人。

我在域中的时候，有域人告诉我，白玛桑珠是从乍域来的。与他同时代的，有丹增尼玛（建鲁绕觉嫫寺楚臣贡巴者）、果尔琼（喇嘛雍仲平措的曾祖父）以及鲁绕的第一世朱古嘎如竹旺仁布且等。楚臣贡巴那栋房子，西边部分是楚臣贡巴，东边是另一贡巴。白玛桑珠先是住在东边的贡巴中，后来取代拉章，这个贡巴由（域人）么么实达借住，此后便由其后人（普尔巴）管理，与恰饶岗的雍平同脉系。丹增尼玛所建的觉嫫贡巴，后来由么么次旺代管，遂成其脉系贡巴。丹增尼玛本人为格隆，无妻子，其学生之一为域人盎加。

喇嘛旺杰的宾家，有皮察两人，女子四五人；其次子名绰甲，前去西藏为扎巴，在那里去世；幼弟坚赞，当与长兄共妻，在本域去世。喇嘛旺杰约 40 多年前 97/98 岁上（喇嘛楚臣先说是 87/88 岁，后改口）去

① 此发音和乍域的贵族脉系强巴尔拓举极近。我怀疑白玛桑珠乃是此贵族脉系在鲁饶的酿录。

世，其时喇嘛楚臣才二十一二岁。他是在却康中打坐四天而去世的。域南山上谷中三曲登（塔），中间那个就是喇嘛楚臣为他建的。

喇嘛旺杰仅有一子，即喇嘛白玛旺堆。白玛旺堆在 73 岁上大约 33 年前去世。喇嘛楚臣为父亲建有一小曲登，即上述三塔中最下面也是最小的那一座。他有三子三女。长子喇嘛楚臣，帕玛前去乍域为玛巴，生有三子三女，幼子即扎西，在本域娶妻，生三子一女。喇嘛楚臣的一姐一妹嫁往普让，一姐嫁往琼果尔。

喇嘛楚臣生有两子三女，长子懂"曲"（藏文），两子现都在美国做工。我问喇嘛楚臣，假如两个儿子不回来或者回来以后不做喇嘛，怎么办。他先是肯定他们会做，后来在我追问下，他说如果他们不做，则从弟弟的脉系中找人来做，"这是可以的，因为脉系是一个"。

喇嘛楚臣现在负责为各域年祭赞康，其家户数如下：

达嘎宗	5 户+1 户①	帕拉	4 户（以前 5 户）
嘎域	8 户	梯日	8 户
肯嘎	3 户②	吉隆③	5 户

（三）小结

鲁绕提供的有意思的案例，包括：①脉系喇嘛可以转让；②朱古体系的出现；③内教的玛巴人为苯波。这些案例说明，在父系传承的后面，隐藏着母系在转换中的关键作用；父系长子继嗣这一不可让渡的关键模式之后，潜藏着另一个模式，那就是脉系可让渡的传承模式。是这个可

① 此户并无赞康，只是举行饶尼仪，祭祀日松贡布（三塔）。

② 他是此域的喇嘛，（yul-gyi-bla-ma）另外有五户是自己要求祭祀，并非为域祭所要求祭祀的。

③ 此域在洛兑（上洛部）。

让渡的思想，支持了案例③，然后是①，最后是②。活佛制（朱古）就这样在父系长子继嗣区域出现。

然而这并不意味着父系长子继嗣的消亡。从朱古和域人的脉系思想来说，朱古制有走向脉系喇嘛的可能。

第十一章　灵魂往生

一　洛域普通人的理论

在玉丽时，域人告诉我，这里人死之时，要请喇嘛算，包括火葬的地点；然后举行丧仪，此后到四九日，每七日都要举行仪式。此后一年、两年之际各举行一次，各有说法。到两年的时候，死者家属要挂上哈达，表示死者已去，不必再悲伤。以前这里行天葬（他们的说法是，Bya-di-ster-gyis-red，喂鸟），后来鸟不怎么来，就水葬，现在多是火葬，嘎域有柴火；洛满堂因为没有柴火，所以还是天葬。玉丽和柏林火葬的地方就在铁索桥附近。无论形式怎样，它们都受一个转生观念的组织。在内教中，它和森巴理论关联。据内教喇嘛说，人身体上没有神灵，只有森巴。下一辈子能否转成人，主要看个人的森巴（sems-pa），如果森巴不好的话，就不能。森巴好就可以。

我说："假如我的森巴不好，但是我到寺院里去捐钱，是不是可以？"他们意见不一。有的说要在寺院里修行三年三月零七天，还要做察察（小泥像）等。有的坚持认为主要靠森巴的好坏。看来人心与修行，是转世为人的两个途径，可并行不悖。他们把人死转生称为"羊卓"（yang-vgro）。这是根据桑杰的佛法来考虑的。

就在他们谈论坏森巴的时候，我突然想起有域人曾说某一任洛域国王的遗孀是坏森巴。这种一致性不是偶然的。但是，佛法的解释毕竟是为原生的地方观念提供了一个升华的渠道，更重要的是他们用来评议乡土的那种道德。一域之中，说谁是坏森巴，都不是一个客观的评价，而是一种乡议；如果他们说出某一个人，那无疑不是说对方，而是表明说者和被说者之间的麻烦关系。

一天晚上在请教嘎域白玛人死以后的问题时，我说，人死了以后转生为人，如果这辈子做了不好的事，对来生不好。他说："这是喇嘛们说的。谁知道将来成什么。"我又说如果吃肉，对来生不好。他夹杂着用英语说，以前这里没有（Vegetable）蔬菜，只能吃肉；现在有了蔬菜，喇嘛们便吃蔬菜，不吃肉。

实际上，即便有蔬菜，僧尼还是可以吃肉。

我请教桑布怎么知道人死以后会变成什么。他说：现在不知道，人们只有死了以后才知道是变成桑杰还是变成饿鬼。如果这辈子不做好事，喝酒，赌博，死了以后会经受折磨，放到水里提起来，再放到水里提起来。我问："怎么才能死后变成桑杰，有没有什么办法知道？喇嘛们知不知道？"他和在场的另一名小伙子都说不知道，但是小伙子补充说：对，喇嘛知道，在寺庙里都写着。我马上说是壁画轮回图，他们点头。我说那就是这辈子要做好事。桑布接着说：如果人们对没有后嗣的，和后嗣境况不好的，给以帮助；点佛灯（Chos-me）；森巴好，就会积德，对下一辈子有好处。

在这里，桑杰是和地狱（dmyal-tsa）相对的。前者是人们向往的，后者是人们避免的。他们认为往生和"洛巴"（glo-ba）和"宁"（snying）有关，这两者都有人心的意思。

来自桑玛的次仁说，如果家境好，后代旺盛，在未死之前，举行仪式，点佛灯，在路上见到乞丐，给点施舍，修桥补路等，对来世有好处，可以帮助转为人。

另外一名僧人对我所说，同样如此："如果人死，没有子嗣（mi-rgyud）的话，就不做仪式，或者仪式小；如果有子嗣的话，请僧人为之做仪式，念经，默朗（祈祷），做大仪式。做仪式是为了让死者走得更好。"

这样的韦伯式解说，将亲属制度的传承和经济联接起来。然而在我们谈到曲米地区的岭果尔仪，次拉对我说："如果是大脉系的人户，大户人家和富裕人家（nor-chen-po），就有能力举行这种转全域的仪式。有什么好处呢？因为背了《甘珠尔》经书等去转，对施主来生有益。"但是她接着说："如果人的森巴干净的话，不举行也可以；如果人心黑（nag-po），不干净的话，举行也是白搭。"我们看到域再生仪和个人转生的密切关系。域再生仪就这样将乡域与个人紧紧联结起来，其中介就是家户。

梯日桑佩开玩笑地说听到自己的先人打电话给他。如果扔到水里的话，就能到先人那里。他似乎对死很坦然，尽管他的脉系后继乏人。域人对死，有一个委婉的说法，那就是"回去了"（落素，log-su）。人们说"居巴"断了不好。传统上的说法，是儿子比女儿好。比如两弟兄，其中一个生有儿子，另一个只生有女儿，那后者的"居巴"就断了，而前者还延续着。

下面这个观点尽管是喇嘛的见解，但它透露着普通人的基本观念："什么是好的家庭？有的人家借给穷人四份粮食，到时收回来五份；如果收回来四份，就没有收入，不行的；这样逐渐富裕起来，但是吝啬，不助穷人，不敬佛，不点佛灯，不做仪式，不做察察，这样的富裕一点也不好，对来世一点晋巴（益处）也没有。这样的人家有三毒。"所谓三毒，据保布喇嘛的解释，我觉得大致相同，说的是有户人家富裕，乞丐向他乞讨吃的，富人一点也不给，说没有；结果乞丐就前去他家偷，富人发现后还是不给；乞丐就把富人杀了，东西全部都拿走，房屋也烧了。

二 人脉与法嗣合一

苯波喇嘛的传说，有涉及到灵魂转移的。下面这则传说是鲁饶么么次仁提供，查尔斯整理：

> 谢饶坚赞请教洛域人以后，来到喇嘛居住的洞中（Cavern）。喇嘛已经有大量的弟子随侍。就在谢饶坚赞来之前，荣妥么锡伯（Rong Togme Shigpo，即喇嘛名）也梦见一个阿巴前来拜他。访者的腰上插有一把蹶（Phur-pa）。荣妥么喇嘛给予谢饶坚赞某些例外的教授，让他往南边去，洛域南边，利益众生。年迈的荣妥么喇嘛随后举行一个仪式“颇瓦仲居”（“pho-ba grong-jug”），也就是在死亡（vacated）之际通过魔力或者咒语（gdam-ngag）的效力，把灵魂转移到另一人身上。当尊师的灵魂转移到谢饶坚赞身上时，后者也暂时龟息。洞中的其他弟子对此神秘的转移毫无所知，只知道他们的尊师和新来的弟子已死。所以当谢饶坚赞的身体复活时，他们充满恐惧，认为是僵尸复活，便用石头把他从洞中赶走。从此，谢饶坚赞的身体结合荣妥么喇嘛的灵魂，这个新人便名扎西坚赞，一般所称杨顿喇嘛者。（Ramble，1984：74—75）

宁玛巴的仓巴喇嘛是丧仪专家。他认为，为死者超度，就是为使死者下辈子转生为人。超度是因为人一生有善（dge-ba）和恶（sdig-pa）。前者是为他人行善的所有事，后者是危害他人的一切事。为死者超度，就是在七七四十九天之内为死者指路，前三天半是“基卡巴尔”（vchid-khavi-bar），随后 13 天是“曲尼巴尔”（chos-nyid-bar），此后到第四十九日是“斯巴巴尔”（srid-pa-bar）。

从前世到今生，再到来生，有两个起着作用：森巴和业（las）。森巴是从前世到今生到来世不变的，业是变化的。两者并不都一致。业的善恶，主要是看各人的身（lus）和行为（sgrib-ma）。这是可以控制的，如果生前抽烟、喝酒、偷盗、危害他人，做坏事的话，那就是第巴（sdig-pa），下辈子就会转生为牲畜；如果生前行善积德，比如富裕者、子嗣（mi-rgyud）好的、森巴好的，多施舍、点佛灯、救助贫者、举行仪式等，下辈子就可以转生为人或者更好，而不会变成牲畜。

我问：如果结婚生孩子，子嗣好的话，是不是对来生有好处？

这个问题触及到他的处境，这是我未曾想到的。他说，结婚实际上是对转生有违的，但是他的家系实际上是古格王系传承，至今已经 14 代。我说：“这么说来，你是松赞干布王系传承。”他说：“是的。人们总是把这说得很大。实际上是的。”按照他的家乡传统（yul-srol），祖辈都那么做的，就是每一代的男子都要结婚生子，生了男孩，就要把他培育成喇嘛，以传承佛法，这么做是为了把人脉（mi-rgyud）和法嗣（chos-rgyud）结合起来。他的三个男孩子和一个女子，都是很好的。女子现在印度的救主白玛诺布寺（Skyabs-rje-pad-ma-nor-buvi-dgon）托竹活佛座下，现在是第三年级，还有四年就可以做到堪布。一个儿子在印度大吉岭的门孜康藏医学院学习藏医，六年以后将会得到很好的教育。另一个儿子现在在这里静修，第三个儿子在家乡做扎巴。

我觉得他的解释较之域民，多了一种系统性和一些佛法的内容。

三 转生为男：与萨迦喇嘛的谈话

我问（下同）：人死以后，来世是变成畜生、人还是桑杰（佛）？

喇嘛答（下同）：很难说。人们现在不知道。死倒是要死的。今世（我们）是得以成为人的，以后五百年之内都是往生成为人。死后能看到什么？这个说起来很困难。森巴要好，人家的财富不要偷盗，不说谎，逐步积聚善，这样慢慢地就可以；如果杀害很多牲畜，那后世就糟糕。

问：如果人死了，没有后嗣，没有亲戚，后世怎么办？

答：如果家里有钱的话，就需要积德（晋巴）。怎么积德呢？不是有大喇嘛吗？让喇嘛为其结名。在仪式中把名字放上。这个到后世再生时候就有好处。

问：这样说的话，若生有很多孩子，脉系（mi-rgyud）很好。如果死了，亲人给举办仪式，这样有好处吗？

答：他们办不办是他们的事，对吧？比如说爸爸，阿妈死了的话，为他们办仪式，他们会走得很好。

问：如果办很多仪式的话，有好处吗？

答：有好处。朋友去世了，如果他有阿基就去照顾的话，这就是积德。如果没有变成人，那也会变成其他生灵，也可以。生灵只要是好的都可以。只不过是名字不同，实际上也是人的。生灵（sems-can）的名字都是一样的。如果森巴好的话，在五百年之内都是一样的，就变成人；在五百年之内，如果都积德的话，森巴好的话，都是这样的。

问：如果今生是男的，死后变成女孩，可以吧？

答：可以。但死后是转生为皮查（男子）还是女孩，人们不知道。

问：男的和女的都一样？

答：都一样。有的死后变成女孩的。

问：梯日不是有一个女孩去世了吗？31岁去世的。现在好好做仪式，好好积德（晋巴），她下一辈子会变成男孩吗？

答：如果仪式好好地做，森巴也好，也祈祷了，会变成男孩的。如果是女孩，去世后，喇嘛在仪式中把男孩的名字给她结上，如果她的森巴也好，如果好好地做“措”的话，那她后世就可以转生为男孩。现在那女孩森巴好，好好地积德，她后世就可以转生为男孩。

问：男孩死了以后，有希望成为女孩的吗？

答：一般都是结男孩的名，没有结女孩的名的。在墨朗的时候都是希望男孩的。

问：那么，就是男孩要好一点。

答：要好一点。如果是女孩的话，生很多孩子，积了很多“第巴”（罪）。她要怀孩子，得病。皮查有什么呢？生孩子皮查什么事都没有。女孩子生孩子的话，就积聚“第巴”。生很多女孩子的话，“第巴”就大。

问：比如说，一户人有五个女孩，全部都送到尼姑寺里，他们不结婚。这个好吗？是积德吗？

答：这个好。阿尼他们其他也不怎么做。如果懂得佛法，是男孩的话，就去做扎巴，是女孩的话就去做尼姑。这样好。……所以说有一个皮查，三个女孩的话，就把女孩送去做尼姑。能种地的话，就让她种地。佛法和种地很相似，但是要教她如何做法事，如何种地。有女孩的话让她做尼姑。有男孩的话，男孩是根本，但让他做扎巴，就是你森巴好，如果他不喜欢的话，就让他种地。

问：如果不做扎巴的话，那就是爸啦的第巴？

答：是爸啦的。有恶。和女孩一样，男孩聪明一点。她有知识，但不是所有的都知道……

问：假如只有一个皮查的话，也让当僧人去？比如让所有五个女孩都去做尼姑，唯一的皮查去当扎巴，那脉系不是断了吗？

答：你积德了。你现在积德的话，对后世有好处。

四 小结

嘎域有地方神的塔是红色，在去曲米的路口。地方神，玉拉（yul-lha），也叫颇拉（pho-lha）。附近五个域，塔卡宗、帕拉，白立、卡、梯日的地方神是同一个：斑丹拉姆。另外鲁饶和曲米甲匝的地方神是阿瑟东玛，即红脸阿瑟（A-bse gdong-dmar）[①]。乍域则是内教和苯教都信，内教是斑丹拉姆，苯教的是阿瑟东玛。根据喇嘛保布的说法，地方神阿瑟东玛对来世没有帮助，但斑丹拉姆对人的来世却有帮助。苯教对人之生死，则有完全不同的解说；人死后是要前往祖先世居之地，也可以适时转世的。

关于洛域人的灵魂理论，有几点是引人注意的：

一、老百姓在谈论来生的过程中，对子嗣比较侧重，但是也保留了理解佛法的余地。僧人对佛法最看重，但也对人嗣留了空间。宁玛派喇嘛仓巴尼玛朱塔继嗣代表着父系传承、交表婚社会的一般情况，那就是将人脉和法嗣结合起来，佛法中转生的概念通过地方亲属观念来完成。或者说地方的亲属观念通过和佛法合作而扩展。

二、经济人类学和社会理论中所讲的不可交换论，涂尔干和哥德利埃是其代表，可以看作是一种父系传承的思想。洛域实践的继嗣和

① 查尔斯作 A-bse mdung-dmar. 即阿瑟红矛。见查尔斯，160 页.

他们的理论有异曲同工之处，但又有不同。这种不同为域论奠定基础，不可交换论和中心藏区的双系继嗣和禁忌，正相反。但洛域论则处在二者中间，它一方面提出主导性的理论，即父系是不可交换和不当断绝的，另一方面又提出女性或母系可以对男性或父系进行转换，女性或母系也可以传续子嗣（但传的不是父系脉系）。

三、洛域人关于脉系的理论是他们更深厚的域论的组成部分，它强调男女在脉系中的不同作用，提供附从的玛巴和主导性的纳玛两种实践。佛教中转生的思想，突破了男系传承，因此和域论契合。一个男子可以转生到另一家，女子可以转生为男子，反之亦然。这就为活佛转世理论和双系继嗣和禁忌的亲属观念结合创造了条件。

四、域人关于个人转生与后嗣兴盛关联的看法，为他们实践其脉系理论提供了强有力的理论基础。关联的中介是家户。洛域人实践的一妻多夫、一夫多妻、一夫一妻、多夫多妻等“婚姻”形式，僧尼出家制度和还俗制度等，都应当在这个背景下去理解。个人灵魂不灭和子嗣接续的观念就这样为宗教制度和亲属制度打下基础，两头挂钩。

第十二章　拜山与崇水：双向的运动

本章提供一些视角，以便从多维的角度考察洛域在尼泊尔王国和尼泊尔共和国中的地位与命运，婚姻伦理仅仅是其中之一。

一　南进①

今天，从尼泊尔第二大城市颇克拉乘十八座的飞机，穿越嘎立甘达克河谷，从尼尔吉日峰的西边飞过，大约 18 分钟就到迴松。然而飞机能飞的时段有限，一般上午十点以后风起，飞行的时间就得结束。不过坚强的绒巴直升机还是全天候的，除非雨季能见度差得无法飞行。如果从陆地上去，换乘各种交通工具，则需要大半天的时间。雨季如果遇上滑坡，则需要步行穿越不通车的地段，幸运的话，一天可以到达。一般说来从颇克拉到大镇奔尼，道路是水泥铺成，平坦好走，有巴士通达。奔尼以上至甘洒（Ghasa），就比较麻烦，雨季道路艰难、垮塌最多也是这部分。

我可以想象，三四十年前，域人前往绒巴地区经商、朝圣和办事

① 洛域在尼泊尔政府的行政规划中，属于达拉吉日区域洛域地区（Dhaulagiri Zone, Mustang District）。

所经历的艰辛。人们告诉我那个时候从洛曲米前往颇克拉，要七天的时间才能到达。

离开迥松向南前往卡萨的途中，沿途逐渐绿起来的河谷高山，让人愉快得无法闭上眼睛。它们和洛曲米以上区域形成强烈的反差。随着绿色的增加，绒巴人也增多了，而同时洛域人逐渐减少。马尔巴和珠玑都有大量的域人，甘洒竟然一户都没有。经过漫漫长路，到塔都板栗，有两户；到蒂普兰，有三户；到奔尼，有十户。

嘎立甘达克河谷是一个走廊，从这里走过金钱、货物、语言、书籍、知识、信仰、性和各色的人。

到颇克拉以后，洛域人又迅猛增多。他们在这里购地建房，或租屋营商，或工作，或养老。有的从这里直接前往印度，或者经过四五个小时的车程，聚集到加德满都。

从颇克拉往南方，大约六七个小时，到巴特瓦（Butwal），沿途都是崎岖的山路。就在接近巴特瓦几公里的地方，山脉突然消失，人们面前是一望无际的低地大平原。再经过一个多小时到斯娄利，就是印尼边界。这里开放的边界为洛域人前往印度各地从事各种事务提供便利：朝圣、学习、住寺、经商或者久居[①]。

在加德满都，内教和苯波的圣地主导了河谷与山头，是吸引他们的原因之一。斯旺布地区的佛教寺庙群[②]、布德尔区（洛域人称为大

① 有关洛兑人在印度等地经商的情况，参 Tulachan，2001：43－72.

② 有关斯旺布的创始传说，从大秦（Maha Chin，中国）前去的文殊菩萨泄湖而成沛域地区及其与斯旺布的关系，五方佛的显现、佛教圣迹的开端等，参见 Ho，1985. 以及 Nepal，1983：78－79. 近世有关康区喇嘛江泽（Kyangtse）前往斯旺布受涅瓦尔人信仰及其在印度教的拉纳（Rana）王朝的不幸遭遇的历史，见 Singh，1990：60－61.

佛塔，曲登钦波)①、佛教圣迹集中的帕坦以及几乎是复制斯旺布的卡提森布②等。不仅如此，最近三四十年中，人们尤其是在各地的山头不断新建藏传佛教寺院，扩展到整个盆地，从涅瓦尔人聚居的客替普尔到斯旺布以西地区，到沛域东北盆地边缘③。

十九年前，最早不超过二十五年前，沛域各地有洛域的乡域组织“吉毒”(skyid-sdug)，比如木梯纳塔人有他们的“吉毒”，格米人有自己的“吉毒”，洛满堂人有其“吉毒”，但互相没有往来，更无统一。此时促桑人饶居（学名拉尔巴哈杜尔古荣，Lal Bahadur Gurung）设想把大家都组织起来，人多便好。十九年前，域人便组成一个“吉毒”，有十五名领导者，饶居被域人推为当然的领导。当时没有钱，也没有地方，“吉毒”有活动就在个人家中举行，到新年的时候借人家的地方举办活动。于是“吉毒”的领导者便到各家去请求布施，每家三千、四千的样子，大家把钱攒起来，在十八年前于斯旺布西北角购得一块地，权作活动之所。大规模的建筑则是在八九年前，建成现在的规模，包括大楼、厨房、杂物间、茶馆、和体育运动（包括射箭）场等。

如今饶居已经担任十九年的“吉毒”主席（他们说是 president)。会计甘加（Kancha）说：“这是人民任命的（mi-dmang-gdangs-pa-red)，因为人们信任他，所以十九年里一直选他做领导。”

---

① 有关大佛塔的情况，包括莲花生在大佛塔的历史，来自中国四川的第一世秦尼喇嘛（19世纪中叶)，佛塔的象征，佛塔周围的寺庙等，并藏文传说的英译，参见 Dowman，1993：17－18、31、34－39；及 Padma，2006. 藏英双语。1－143页。另外一则有关布得尔寺来历的民间传说也颇有意思，讲的是遵父命而弑父的王子为忏悔而动工新建此寺；建寺期间经历旱灾，有地方神来破坏，后被镇伏等。见 Lall，1961：15－160.

② Kathesimbu，意即在加德满都的斯旺布；藏语中则称为小斯旺布；藏人认为它是与斯旺布的塔同时建成。见 Majupuria etc.，1987：105.

③ 有关加德满都河谷佛教的历史、圣迹及节日等，参见 Vaidya，1986. 有关藏传佛教在加德满都地区的一般情形，参见 Bloomfield，1985：108－160；有关布德尔大佛塔附近藏传佛教寺院、节日以及科潘寺（Kopan）的情况，见 Raj. 1999：9－25.

饶居得意的事之一，是他总共为组织集资达三千万卢比。2007 年选举时，只保留十三名领导，名额的分配根据各域的情况而定，每个地方一名，人多的域则增加到两名以上，比如洛满堂三人，促桑两人，嘎奔尼两人，其余各域都是一人。他们负责讨论、决定有关组织的事情，这些人三年一换届。这十三人情况如下：

主席饶居古荣，促桑人；会计甘加古荣，普让人；委员（他们说是特别成员，Special member）桑珠古荣，洛满堂人；旺杰古荣，洛满堂人；却桑古荣，洛满堂人；诺布旺曲，察让人；格布，格米人；晋美，促桑人；达瓦平措，（曲米甲匝）宗人；欧珠，琼果尔（Chos-vkhor）人；绕金达尔（Ra-vdzin-vdav-ra），乍科人；桑布，嘎奔尼人；吉定达饶（Vji-tin-vdav-ra），嘎奔尼人。

根据久居沛域的桑佩啦的看法，现在玛朗"吉毒"的势力要比洛域大，因为他们组织"吉毒"要早，大约三十年前就有。

现在洛域人在沛域的聚居地主要是斯旺布附近的夏洛巴让（Sha-no Bharang）和托洛巴让（Tholo Bharang）两个小区，沛域东边的布德尔（Bouder）区（这里洛兑人聚居较多）和城市南边帕坦区切特里帕提的达尔科（Dhalko）。

在这里，许多洛域人为的是寻找一个出国挣钱的机会。对洛域人而言，它只不过是走廊的一部分而已，他们通过这里走向更广阔的"世界"，有的就消失在"世界"的那头；有的历经艰辛，带着鼓鼓的装有美元、欧元、日元、韩币、港币或台币等各种货币的钱包回乡。极少数沿着上述道路返回到家乡，他们大多在阳布或沛域（加德满都）购地置房，颐养"天"年。

2008 年初的时候，我在斯旺布洛域社区见到从西班牙回来的次仁多吉。他来自洛曲米地区，目前在家乡已经没有宾家，他曾在德国呆过许多年，去西班牙营商已经两三年，从事金银首饰、佛像等买卖，家人也在西班牙。他会讲尼泊尔语、洛域话、拉萨话（不甚流利）、印度语、英语、德语和西班牙语等。去过台湾、香港和澳门。他和我谈到为什么他们是一个“社区（community）”，“因为大家的宗教（chos-lugs）是一样的，又都是亲戚（他用的是英语 relatives）”。

洛域人南进，不过是历史的一个缩影。据信在尼东部的崃人（Rai）、林布人（Limbu）和穆迷人（Murmi）在一定程度上都是新到尼泊尔的藏人的后代，他们逐渐浸染婆罗门的影响。而古荣人（Gurung）和玛噶尔人（Magar）则几乎印度教化，被看作是刹帝利（Kshatriyas）等级。据说：“如果今天这些种族的成员不被称呼为印度人（Hindus），会觉得受到侮辱。在尼泊尔，做印度人和刹帝利是荣耀的事，尽管他们（身体中）流的大量是藏人的血，其语汇中有大量来自藏语的词汇。但是他们称自己为印度人，也希望别人叫他们印度人。因此，他们现在都是印度人”。（Bajracharya，1993：285）

我不知道洛域人在绒巴地区的将来，但西藏依旧是他们心中的圣地，尽管今天印度和沛域的圣地在逐渐取代西藏的位置。在洛域，许多人家中都在墙体上挂一幅巨大的拉萨城市照片，或多年前的果洛格萨尔节宣传画，或巨大的西藏圣迹图，或康仁布且的图片，朝圣康仁布且仍然是许多人的梦想。传统上，他们可以从这里经洛满堂前往西藏仲巴县，再从这里前往西藏各地朝圣，学经，营商或者探亲。萨迦寺及其分堂则一曾是许多人心目中的留学圣地。

从洛曲米往东是尼相，往西是多波。历史上，他们和这些地区有着宗教上的、血缘上的乃至政治上的各种关系，今天这些关系仍然相当程度地保持着，尽管政治统束关系已经不存在[①]。当洛域人将自己的家园扔下，前往阳布和“外国”，补充他们留下的空缺的，就主要

① 有关尼相受西藏和洛域影响和/或统属关系的情况，见 Spengen.，1987：137－143 页.

是多波人，还有绒巴佣工。

从东南西北四个方向来说，东西向的重要性似乎从来也没有超过南北向。当萨迦派的喇嘛数十年前离开西藏萨迦，前往沛域和印度，经过数十年，南方已经成为域人目前的主导方向。尤其是中国最近加强对其仲巴县连接上洛域的边境管理以后，北方的重要性更是大减，尽管那里通向中国的公路和不时前来的汉商将大量低廉的货物运到洛满堂，仍然吸引他们的经商者。

2007年末，我来到沛域的洛域人中，走进他们的社区。在随后的时间里不断和他们接触，从上到洛域国王、王子一家，下到普通的洛域人以及他们的后代。七个月后，当我经历洛曲米域的生活，回头翻阅当初留下的文字时，我发现它们又活跃在我面前，不过已经是另一个形象。

二　北拓

（一）基层治理

尼泊尔的基层治理单位是村落发展委员会（VDC），暂且以曲米[①]为例说明其组织情况。曲米村落发展委员会包括四域，鲁绕、肯嘎、乍域和普让，分为9个小区（ward），其中1、2和3区在普让，4、5、6区在乍域，7、8区在肯嘎，鲁绕为9区。村落发展委员会成员包括每区的代表一人，加上主席（chairman）和副主席（vice-chairman），共十一人，另加秘书一人。毛派胜选后，将会在每个村落发展委员会成员中增加两名女性，一共13名。通常情况下，秘书都是政府任命外来的绒巴人专职担任，有固定薪资，不计算在委员名

① 木梯纳塔和普让为同一域；当地域语中没有木梯纳塔，而曲米甲匝在普让地域内；但在绒巴人和游客眼中，则“木梯纳塔”甲于“普让”之上，而“曲米甲匝”则消失。

额之内。每个小区又设主席一名，委员 4 名，所以每村落发展委员会委员除上述 11 人为常任委员外，又有 36 名小区委员，总共 47 人。整个村落发展委员会人口 1300 到 1400 人①。

另外又有保护区管理委员会（CAMC），与此略有差别，有成员 15 名，村落发展委员会主席为其当然成员，其余成员则不同于村落发展委员会成员，另外还加上下等级（smad-rigs）代表成员一名，妇女成员一名，"域惩"（乡域法庭）成员 3 名。主席薪资 1500 卢比。目前因为没有选举，所以缺主席。秘书由域人担任，薪资 2000 卢比，实领 1000 卢比。

洛域地区一共 16 个村落发展委员会；这 16 个村落发展委员会总共有委员（16×47）752 人，组成一个地区发展委员会（英文为 District Development Committee，缩写即 DDC），从中选出地区发展委员会主席、副主席各 1 人，加上 9 名委员共组成 11 名常委委员，9 名委员的名额分配基本上是两个村落发展委员会一人，如下：

珠玑和果蚌 1 名；嘎奔尼和促桑 1 名；勒底和衮左 1 名；玛尔巴 1 名；匝饶和嘎米 1 名；宗松巴 1 名；萨康和洛满堂 1 名；措夏尔和措努 1 名；宗和木梯纳塔 1 名。

整个尼泊尔一共 4000 个村落发展委员会，组织在 75 个地区发展委员会下。

嘎域的村落发展委员会是从尼历 2046 年（1990 年）开始的，那时开始了尼泊尔历史上的多党派"民主"体系（Multi-party Democratic System），此前是 30 年时间的村落班查亚系统［Partyless Democratic Panchayat System，从 2017 年即公历 1962 年 12 月开始；

① 1968 年时简单人口统计显示，当时人口为 1250 人，与此相差不大。见 Donner，1968：13.

(Vinding，1988：203）2015年进行了选举]。据域人说，两个机构没有什么差别，只不过换了一个名字。班查亚系统是从拉纳王朝结束、大会党获得政权以后开始的，从全国性一级的105名成员，一直下到地区的和村落的系统。在此以前的机构，域人就不太说得清楚，说应该是由更巴（rgan-pa）统治的。

上述村落发展委员会是政府规定的，也算是一种理想的考虑，不过就每个村落发展委员会来说，情况则各不相同。其中我所居住的域中从来没有选举过，但按尼国规定必须要有代表，则域人聚会，“指定”某几人为代表。当域人为我叙述“指定”的情况时，用的是“骨几骨几”（求求你）一词。可见域人并不重视。譬如乍域谢饶（81岁），曾经担任10年的村落发展委员会委员，25年村落发展委员会主席，5年地区发展委员会委员，曾两次荣获“达玛”（勋章），一次是国王时代，一次是“民主”（democracy）时代。

乍域人口约395－397之间，女多于男。上次大选后，经统计，有投票资格的只有38%的人投票，62%的人在外没有回来投票，他们大多在颇克拉和阳布，去欧美日韩等国（做工）的，则占约5%，即二十人左右。

（二）域自治

嘎域中有更布，现在是每一年三人，来自不同的家户，原来的家户总共64家，轮流担任，这种更替制度是四十多年前开始的。在此以前，域中只有一名更布，由舍沃盎嘎的祖父担任，从来不轮流。实行班查亚制度后，开始“民主”换届，每年两个人。换届一般是在秋收以后，亚顿节以前。2007－2008年度的更布有平措盎嘎、盎吉和衮布扎西。三人中，一般年长者权力更大一些，那就是盎吉，但是他常外出，所以大家权力差不多。更布手下“若录”，各域名额不一，乍域是四名。

他们负责掌握域中的事务，有事则互相商量，他们负责公共资金的管理。负责的事务包括诸如每户集资多少、用多少、修路、修桥、何时维修佛塔、请喇嘛、古如匝松处点佛灯（嘎域）、寺庙中的供奉、乡人集会的开销；何时哪家放水、断水；听地界纠纷、用水纠纷等；对不参与域中劳动的加以处罚；若录则对马、牛等入田吃禾苗，罚50卢比，犏牛则罚25卢比等。

衮布扎西说域中的公共资金有好几个“拉”（lag，十万），平时借贷用以生息。今年修路用的比较多，如果不修路花费并不多。

嘎域舍沃盎嘎说：

> 现在域中有更布，每年三人，每年在秋收之后，大家聚会，他们三个人给域人汇报过去一年的收入和花费，“嘎达”（决算），然后交给下面三人。他们实际上是人们的“哟波”（仆人），哪里需要点佛灯，哪里需要做“措”，他们就去。哪里需要修桥，他们就拿钱出来。他们下面有一个若洛，这个人是跑腿办事的“哟波”。比如今天喊到他去哪里哪里，那就去。他是有报酬的。“如果本域有60户人，二十年就轮流一遍；如果那时我还在，我就继续担任。如果我不在，就由儿子去。如果有两个儿子，由长子去。除非长子是傻子，办不了事，那才由小儿子去。如果家里没有男的，那就去求‘宾家’、‘涅怎’，请人家代”。

乍域以前25家户，从中产生更更（即更布）两人，域人的记忆中不限于贵族家中。更更向由男子担任，近来出现因家户中男子不在，由其格妹、姐姐等替代的情况，总共有五六妇人替代过。近来的乡域自治，则是凡是18岁以上，60岁以下的男子，记名于纸上，每年抓阄确定两名更更。他们必须是来自不同的家户。凡是曾经担任过更更的，以及每年年过 60 岁的，即不在抓阄之列。同时每年中达到 18 岁的，即列入抓阄范围。乍域总共 61 户人家，除去未满 18 岁的小孩 100 名左右，妇女 180 名左右，剩下约 100 人为更更的候选人。“若录”，更更的助手，也是如此产生。担任过更更的，还要列在“若录”候选人之列，反之亦如此。

乍域的公共资金从去年到今年则有 1600 万卢比，域人用这笔资金建成一个巨大的涅仓（聚会厅），钢筋混凝土架构，全部用石头砌成，以铁皮为屋顶。

这种域自治机构在洛兑（上洛域）同样存在，1990 或 1991 年的时候，洛满堂的村落更更是扎西达娃，为期一年，负责的事务与洛曲米地区大致相同，譬如寺庙维修。（Thapa，1992：73）

自从洛王国和廓尔喀王朝订立归顺盟约，在相当长的时间内，它享有完全的自治。在前任国王比南德拉（Birendra）时代，洛域国王在尼泊尔王国享有相当高的地位。根据记载，比南德拉加冕那年：

> 在纳萨曲，受邀请的政要穿着特别豪奢的服饰和制服，等着国王的到来。菲律宾第一女士伊梅尔达马科斯夫人……查尔斯王子……洛域国王，穿着橙色的织锦，戴着插羽的帽子……

我们注意到洛域国王是和包括上述以及中国副总理及夫人、缅甸首相及夫人、伊朗的公主、锡金的法王、俄国的副总理、不丹的王子德钦旺曲等这些外宾同列的。（Shaha，1998：90）

1973 年时，王后活跃在当时洛满堂的班查亚机构中，而国王则在尼军中有一个荣誉性的上校职衔，夏天住洛域，冬天则前往沛域和蓝毗尼。他们在蓝毗尼的萨迦寺院扎西饶丹林是 1968 年马亨德拉国王赠地，1969 年开始兴建①。国王还在王宫中保持着 30 人的仆人，在洛满堂、察让、格米和纳玛松（Namasung）等地保有土地。有大约 40 匹马，100 头牦牛，200 只山羊和绵羊。（Gurung，1980：221）王宫有时也将土地卖给域人，其辖下生产的粮食，用不完的部分，就借给缺粮家户，收取一定的利息。对当地人来说，传统上国王是“最高的人物，有着绝对的权力”，所有洛域人都要求遵从王宫的规定。从传统上说，如果有人不遵从，国王可以对这些人加以罚款。（Banskota，1998：22—23）

但是到 20 世纪 90 年代最初两年，曼珠姝访问洛满堂时，她发现：

> （洛域）国王不正式的权威扩展到洛满堂之外的几个域，但即便是这点权威也在压缩。随着越来越多的人接触到尼泊尔政府的管理，和从不同政党那里接触到左派和平民派（populist）的修辞，传统的实践比如先集体收割国王的庄稼已经过时。（Thapa，1992：72）

随着政府管理能力的加强，洛域国王在当地非正式的权力消亡。越来越少的洛巴人去他那里解决纠纷，更多的人开始讨厌自愿的社区劳动，以前国王让他们这样做以作为一种纳税方式。他们接触到南方的模式，以及北方西藏的共产主义体系，他们壮胆

① 蓝毗尼释迦牟尼诞生地，诞生地旧址建有博物馆，周围是核心区，以水域环绕；核心区以北经过规划，允许各国在此建寺，以中轴水道左右两厢分设大乘（Mahayana）和上座部（Theravada）寺院群落，大乘 29 座居西，上座部 12 座居东，总共 41 座。藏传佛教寺庙有玛朗人所建寺玛朗萨玛贾塔（Manang Samaj Stupa），在韩国大慈释家寺东侧。蓝毗尼只有两座寺院不在上述区域内，都紧靠释迦牟尼诞生之地。其一即洛域国王晋美白巴和喇嘛觉革赤钦仁布且所建的萨迦寺扎西饶丹林（bKra-shis-rab-brtan-gling；尼文名 Dharma Swami Maharaja Buddha Vihar）。有关觉革赤钦仁布且生平事迹，与洛域国王的关系，蓝毗尼建寺等情况，见 KCAB，2007：18—23.

变化。（Thapa，1992：124）

除国王，洛兑还有传统组织，即前文谈及的域自治机构。但是洛满堂的机构略有不同。其成员来自15家贵族和125家普通家户。其头人和四名成员从贵族家户中选出。此外，两名发言人（spokespersons），一名会计和四名助理人员（lieutenant）组成委员会，任期一年。这个机构不需要国王的批准或支持就可以行使职权。但国王的支持则使行使职权更容易。其职责与上述洛曲米区域的类似，也处理纠纷和罚款。曾经充当王宫和老百姓之间的协调者，据说还曾经反对国王的决定。各域又有其头人，每年选一人担任。在洛兑，寺院的力量加强，拥有大量土地。凡有纠纷无法排解的，需要征求传统组织、国王和喇嘛等的意见①。

（三）斗争

洛域人仍然在为公路而奋斗。五月三十一日，尼共（毛派）的领袖之一，农村发展部的部长路过域中，域人在更更及若录的组织和带领下，有十一人在路边迎接，他们抬了桌椅放在路边，备好青稞酒，哈达，坐在路边等候。领袖一行共有两台吉普，白色，随行的有迥松地区发展委员会的领导等，另有若干名警察随行，妇人敬了酒，更更献过哈达，领袖便问域人的收入如何，有什么困难需要解决。今年的若录乃是能言善辩之人，他向领袖提出两条，第一便是将公路修好，因为雨季路坏，不好走；第二是希望将田园都建起篱笆以防牲畜入内。领袖给域人三千卢比。这时观看的域人达三四十人。接谈完毕，域人在更更的的带领下，在车前敲鼓击钹，歌唱，引导车前行，若两

① Kamal Banskota，1998：23-4. 绒巴作者，同时也是“旅游研究者”，对当地语汇的无视，使我们无法得知洛兑人怎么称呼这些机构。有关宗松巴以下南部洛域的传统政治体系和现代政治的关系和历史，参见 Vinding 1994：169-190.

百米而止。吉普车颠簸而去。

有一天在路边与舍沃保乌小聊。他说昨天刚去迥松“吵架”去了。原来是地区发展委员会开会，域中有八九人前去。他们在会上提出要修一条路，从迥松通向洛满堂，希望请中国政府援助。他说要修的是一条公路（high way），而不是土路，他们提了很多年，问为什么政府不给修这条路。得到的答复是将向政府汇报。他们提的另一点，就是阿纳普那保护区项目（ACAP）每年给域中的一千一百万卢比的钱，都是用在公共工程比如电线电杆铺设电路等上，而不是直接给域人，他们希望直接给到域人手上。

从迥松到曲米的公路经过乍域，有一条路分到域人所居之处；但乍域是长条形，这条分路只通到域之一头，另一头则不通。于是域人决定另分一条路通到那头。域人商量后，达成协议，签了字。就在这条路修建过程中，有签字的域人因路经过其田地，要求给予补偿，这下域人又不得不聚商如何处理。这让舍沃保布等人很恼火。

乍域噶玛与舍沃绛央合伙买来一辆吉普车。此前下洛域地区有吉普 24 辆，它们的主人组成一个“措巴”（行会），完全垄断从迥松到曲米的运营。今年新买的吉普车有 17 辆，老措巴的利益受到这 17 台吉普的威胁，便不许他们运营。由于噶玛等人和老措巴关系好，都是宾家、涅怎，比如白玛，老措巴便允许噶玛他们这辆、嘎域的一辆以及迥松下塔卡立人的两辆一共四辆吉普加入，但剩下的 13 辆就不让。

噶玛等四辆吉普并未加入，而是与另外十三台车车主联合起来，成为一个新措巴，一起与老措巴交涉，要求运营权。5 月 29 日他从迥松开会回来，与我分析。他说：“老措巴不让人，只能他们吃，不让我们吃。现在都 21 世纪了，国王都‘毙’了，还实行这种。”我便说老措巴是“谋挪破例”（monopoly，垄断），他请教我什么是“谋挪破例”，我便说即是不让其他人经营，只许我经营。他说以前买车的老措巴大多是大会党的，现在新买车的大多是“以马列”（联合马列）和毛巴迪［即尼共（毛派）］。

双方商谈、争吵，最后要请地区发展委员会的主任参加。噶玛说：“晚上给他塞点钱，第二天他就是我们的人了。”5 月 30 日开会回来，他说两天后他们会做决定，让新车加入。我敏感到这里要出问题。当天的会上，据说地区发展委员会的指导员说的话比较好，但警察的长官来说的话不好。噶玛说：“开会时所有人都说好话的话不好。”后来我在嘎见到以前的秘书，他说只让 8 辆车入，另外七辆车等两三个月后再说。我问噶玛是不是在八辆车之内，他有点不满意地说没有他。噶玛号召大家组一个新的“措巴”，但响应者不多。他对域中的贵族有看法，说以前他们占有好的地，派域人各种活。这让我想起尼共（毛派）的主张。

三月的一天，下午六点半过，阿佳桑娣到楼顶来告诉我晚上涅仓有跳舞，问我去不去。当然去。于是楼下提前准备晚饭，到七点一刻，我们正在厨房用饭，就听得屋外传来一阵喊声，是用手持喇叭喊出的，从域北向域南走过去，央宗啦听了以后便对我说：“是毛坝迪”。过了五分钟，喊话的人从域南回来，一路喊着回到域中去了。大约七点半我们吃完饭，稍事准备，在雨中前去涅仓。

我们到的时候只有一二十人，稀稀拉拉的。不久人们陆续来到。只见主席台上拉着红色的和白色的旗帜，一看便知是毛派的，其中一幅上画着镰刀斧头，紧挨着的是佛教的万字符号。毛派的领导人坐在旗下，有一种说不出的感觉。原来说是八点钟开始，实际上到八点一刻，人逐渐多了一些，终于开始。先是一人出来开场白，随后介绍毛派的领导人和本地区的候选人，随后是一名政党领导人的长篇演讲，带着与人辩论和训话的口气，涉及到当前各政党，尤其是大会党的政策比较，以及毛派的主张。

到八点三十五分，一名文娱节目主持人开始用一种完全不同的说话风格引入节目，下面的近百人观众开始鼓掌，紧接着便开始第一个舞蹈节目，男女二人舞蹈，二人跳了好几分钟，节目止。随后是两名政党领导人的长篇演讲，大约半个小时，然后是节目主持人出来说一些挑起观众热情的话，紧接着是第二个节目，男女各半四人舞蹈。四人跳了好几分钟，节目止，随后是另一位政党领导人的长篇演讲。在这个过程中，不少域人开始离去，抱怨说“他们谈他们的政党太多了”。到九点五十分，节目主持人出来，又说了一些话，终于开始第三个节目，这是四人舞蹈。节目大约五分钟结束，此后又是政党领导人的长篇演讲，可是许多观众已经不耐烦，于是又走了好多。我也跟着走。到楼下，毛派的工作人员劝说：“后面的节目更精彩。”我做了一个睡觉的姿势，跟着众人走了出去。

嘎寺的扎巴们也前来。其中阿旺平措和我用英语聊了好一会儿，自从上次他要我给他教英语后，每次见面他便只说英语，不到不得已，不说藏语。我问他懂不懂旗帜上的尼文，他说不认得，但是会说尼语。他没有上过这里的学校便前往印度，他只懂藏文。他对我说，毛派的人都是穷人。

第一个节目结束后，我走到楼梯口，这时边上的毛派工作人员开始用尼语问我是哪个国家的，我用尼语答：邻居国家。但是他的尼语我不大听得懂，更不可能交流，于是另外一名懂得英语的工作人员前来和我聊天。原来他们这个组一共 25 人，来自噶里甘达克河下游的奔尼，这是为期一个星期的宣传活动，目前已经完成洛满堂的活动，今晚在卡奔尼，明天前往木梯纳塔，然后前往迥松，到玛儿巴后，此行便结束。他给我介绍台上的人物，随即问我对尼国大选的看法，我抱歉地说对尼国的政治不太懂。他说他们要通过选举改变宪法。他又问我对毛派的看法，我稍微有点紧张，担心成为当地的话柄，毕竟我不是当地人，更不是中国政府发言人，便说：我听说你们是为穷人工作的，很好。他便说，目前尼泊尔富人只有百分之五，另外百分之九十五是穷人。他们的目标是让这部分人也富起来。我说，你们有长长的路要走。他说，我们的主张是从中国那里学来的，我们都知道伟大的毛泽东（用的是音译）。我们要反对帝国主义。他问我叫什么名字，我说：毕诺德刹帝利（Binod Chettri）。他说：这有点像尼泊尔名字。我们的谈话不久便结束了。

我对他们的热情表示好感，实际上他们大多是年轻人，工作人员都穿得比较单薄，在这寒冷的天。他们有的穿的不是拖鞋，但是泥水打湿了他们的鞋，可以发现他们发冷。我毫不怀疑他们的政治热情和为穷人献身的决心。当晚的活动，从毛派的角度来说，文艺节目服务于政治宣传，这是毫无疑问的。对域人来说，他们前来却不是为听毛派的宣传，而是来欣赏外来的舞蹈节目。这对于一个很少这类外来活动的嘎域来说，无疑是很吸引人的。毛派利用的正是这一点。实际上，从我的接触来看，大多数域人对政党的竞争和所谓的大选不感兴趣。在毛派领袖的长篇演讲中，台下的女孩子/妇女们对上面的宣传也不感兴趣，他们相互之间嬉笑打闹开来；他们边上就站着四个尼政府的警察，但是他们不关心这些事情。谁来维持秩序呢？毛派的工作人员。其中一个手中拿着长及大半身的细木杆，走到他们跟前，让他们安静，但是这种告诫只能维持短暂的几分钟。他们关心的不是谁在台上执政，而是自己的生活。

当第二个节目结束，演说进行当中，一名扎巴前来和我说话，他说毛派的人都是偷偷摸摸的人，很坏。他要选的是“太阳”（即联合马列）。另一名僧人阿平，在我问他的选择时，显得比较犹豫，只说他的父母是大会党。桑娣以及她的阿妈啦也是这种不在乎某个政党的态度。

不久后的一天，我在柏林观看域人射箭比赛的时候，来了一名绒巴人，不断向其他人用尼语打听我。我们便说了一会，无非是确认我是谁，来自哪里等等。原来他是这里小学的老师。另外有一位是本地人，叫欧珠，绒巴人不会藏语或当地话，我不太懂尼泊尔语，舍沃欧珠则不怎么会英语，这样当我们三个人互相说话的时候，局面就非常可爱。我也不耐烦，后来我和舍沃欧珠说话时，绒巴人便离去了。我问欧珠他住哪里，他有点看不起地说："就住在那个小房子里。"

不久，舍沃盎嘎和一些绒巴人前来，其中一人对射箭者发表讲话（当地人用英语 lecture），后来知道是大会党的，前来宣传他们党派的主张。讲话大约五分钟即结束，大会党人一行离去。他们和毛巴迪的活动反差很大。其中一名绒巴女子，项颈挂着黄色的哈达，神态傲然。

我转到小学老师宿舍，他正在床上听收音机。他关了收音机，我们便聊起来。他是一名毛派！他说在年轻的时候就是一名毛派，他讨厌大会党，大会党亲美亲印；印度人侵占尼泊尔的领土，而中国不，反而给尼泊尔很多帮助。他说这里人很多是大会党，毛主义（他总是说 Maoist，而不是尼语毛坝迪）的很少。

"我很喜欢毛泽东，以前在读书的时候就读过毛泽东的故事，我非常崇拜毛泽东。"他说。我便告诉他中国很多人热爱毛主席。我们接着谈一会儿党费、党员数等。当我们谈党费的时候，他便起身找人民币，我们进入隔壁一间屋，那是另外两个教师的住处，他们都趁假期回家了。在这个屋子里，他找出许多毛派的读物，包括毛派自己的材料、有关列宁的书籍等。难怪嘎巴们说柏林一域"是毛巴迪"。

他说柏林的毛派大约是 35%，但是嘎域则只有百分之十。我问他为什么不回颇克拉和夫人团聚，他说自己留在这里是为了监视大会党，"因为他们用钱买选票，最少一千卢比，最多五六千"。大选之后可能回去，但是不确定。大选之后马上就要开学。我和他提起大会党来做宣传的事，他便问他们是不是走了。他说，“如果他们在，我一定会和他们吵架的”。我说我要留在这里看大选，他追问：你是代表政府来看的？我马上解释不是。

他问我中国人对他们毛派怎么看，我便解释中国的新闻报道情况，除非尼泊尔有大事发生，否则不会有新闻。

我很欣赏他简朴的生活。他已经 50 岁，在这里教书 12 年，所住的房间就是他做饭的地方，其洁净比起隔壁的屋子来差好远。他一定有坚定的信仰。他的眼睛纯净得一尘不染。告别的时候，我们握手，他说：我们是相同的。

他谈话的风格和我在教堂山（Chapel Hill）所遇到的第四国际者谈话的风格没有大的差别，他们总是先问你对某事、某国或某人的看法，等你谈了以后，他们马上加以评论，然后宣传他们的主张。他虽然不及他们带着女权主义那般咄咄逼人，但是后面隐藏的逻辑是一致的。我觉得，这种思维的逻辑和对话的模式，脱离不开西方现代性和后现代性的那些特点，最终离不开传教的特点。尽管不太熟悉大会党，但是我模糊地觉得后者可能更容易认同当地文化和域的传统。

在过去的两三百年间，洛域地区一贯支持加德满都的统治者；1980 年选举时，85%的人支持国王希望的班查亚系统，支持多党派系统的只有 10%[①]；1991 年下院选举，联合马列在洛域的选票超过内部矛盾重重的大会党，次年地方选举，大会党内部矛盾消除，赢得本区的主席和副主席，以及地区议院 9 席中的 6 席[②]。更重要的是，

① 这个比例在全国 75 区中排名第二，之所以如此高，根据作者的解释，原因包括国王多次来此地区，对当地情有独钟；当地在班查亚系统下获得“发展”；选举中使用黄色代表班查亚，绿色代表多党体系，对当地人来说，黄色是佛教中的圣色，所以选择黄色就是选择佛教和国王。见 Vinding，1994：185.

② 另三席是前班查亚系统的支持者。Vinding1994：186.

洛域地区有 700 多人（Craig，2002：355－403）生活在“帝国主义”大都市纽约，手里拿着比值是尼泊尔卢比六七十倍的美元，当地许多人都期望着前往这个“外国”谋一个职（尽管大多数是苦工），毛派的主张多少和这里的期望有差距。这一点为四月的大选结果所证实，洛域选区最后胜出的是联合马列。可是，另外那些人呢？

（四）旅游

曲米地区最早开放旅游，是 20 世纪 70 年代中期美国政府停止支持康巴兵反华、尼政府解决康巴兵驻留洛域以后的事①。距今十二年前左右，嘎域只有木梯纳塔风景（Muktinath View，那时已经开始没有游客前往）、红屋（Red House）、阿纳普那（Annapurna）和尼尔吉日（Nilgiri）等四家旅店。其中木梯纳塔风景是最早的一家。白玛的尼尔吉日旅馆今年是第 23 个年头。最近六七年，新旅馆猛增，目前有 16 家。他说：“现在旅馆太多，图尔瑞是特（tourist，游客）少。”最新的旅馆，是亚细亚（Asia），大约五六年的时间。

嘎域红屋的白玛卓嘎认识西妮是 31 年前，她当时在域中开一个丹置（小店）卖酒，西妮前来聊天，后来住到她家。西妮走后，她便开始为前来的外国人做饭，提供住处，随即开办红屋旅馆。这便是域中的第二家旅馆。她说那个时候一天才两块钱（果莫尼）。我便说：现在的价钱很高。她马上说：现在收入多，花费也多。我想她的这个敏感和辩白是有嘎域的理由的，那就是他们的财富观念。这辩白正是响应保布喇嘛的批评。

与旅游密切相关的是公路。这里通公路已经五年，前四年因为道路险，政府只允许摩托车从迥松到木梯纳塔。一年前才允许吉普运

① 有的学者甚至指出具体的时间当是 1974 年，域中在宗曲河南边建立起第一处房屋，用作客店。参 Gutschow，1998：77.

营。现在有八辆吉普来往于迥松和曲米之间。安晶家所购吉普为印度塔塔（Tata）牌车，有空调，价值230万卢比。因为迥松下一度有一段路不通，他们将车拆卸后用直升机分两次运来，每次花去30万卢比。运来后不久，路通了，其他吉普是开进来的，所以他们损失大。以前因为车好，他们的票卖得贵，现在各家都齐平，所以他们又损失。290万是他们两家合出一半，另一半由银行带保险支付，以免车出意外家户破产。

从迥松到木梯纳塔的车费，尼人为300卢比，印人为350卢比，其他外国人500卢比。

通吉普后对沿途的旅游业打击甚大。以前凡去木梯纳塔朝圣、旅游者，从迥松来，一般在嘎域住一晚，第二日前往木梯纳塔。通吉普以后，每吉普平均载14人，每天为112人左右，直接从迥松前往木梯纳塔，朝圣完以后又直接回迥松。这使沿途的旅游业下滑。现在新旧迥松两镇之间的桥没有修好，乘客只能从机场步行过河，再坐吉普到木梯纳塔。如果桥修好，则从颇克拉到木梯纳塔，一天即到，沿途的旅游业尤其迥松以下地方将受到更严重的冲击。

这里每年冬季十二月一月几乎无人前来，以及雨季六七八三月人少以外，平时游客甚多，在尼历新年前人少。今年因大选影响，来的人也不多。往常旺季时一天达500人左右。

公历四月初一的早上，我起来时见窗外远山上满是雪。此前两夜奇冷无比。年轻的毛主义工作人员们和曾经与我聊天的“图尔瑞是特”（tourist）都各自在旅途中，而域仍然在这里。这些外来者对域人来说颇有意思。他们代表着两种不同的外来力量。“图尔瑞是特”

没有统一的组织，但是他们的统一性比政党的统一性还来得强烈[①]。不过域人能迅速掌控这种外来的力量，并充实和增强自己，他们开办旅馆、购买吉普车跑运输、提供马匹以及其他后勤服务。

但是对来自尼国政府和政治机构以及绒巴人等外来者，域人显然难以掌控得多，同时这个外来力量对他们的改变来得更为强制。根据前马亨德拉国王自然保护托拉斯（King Mahendra Trust for Nature Conservation，后改名全国自然保护托拉斯，即 National Trust for Nature Conservation）的统计，从 1992 年到 2003 年，前往上洛域的游客达 9504 人，前往下洛域的游客达 151630 人（数据包括一部分去上部洛域的游客）（Chetri，2004：68）。这是什么概念呢？全国自然保护托拉斯对前往保护区的每名游客每次收取的进入费是 2000 卢比（总共 303260000 卢比），对进入上部洛域的游客每人每日收取 70 美金的进入许可费（总共 665280 美元）。

推动上洛域开放旅游着力较大的曼珠姝，详细地记载在她推动的过程中，各方的商谈与协调，包括洛域人、政府官员、政客、环境专家和旅行社等。最后政府采纳的是旅游行业的建议，那就是高价低幅度（high-cost，low-scale）的旅游。允许从 1992 年 4 月开始，200 名游客进入，每人每周收费 500 美元。（Thapa，1992：125—129）然而诡异的是，尼政府在上洛域开放之前对当地人许诺要将收入的

① 曼珠姝在其书中描述：有一天两名高大的外国人进入一家旅馆，绒巴侍者给他们看了两间房，但是不幸旅店的接待员已经将房给前来帮助建电站的三名技术员。接待员不得不告诉游客房间已经预定，没有了。争吵由此开始。“预定了？我没有看到任何行李。”女游客声音尖利地说。接待员仍然坚持。这时男游客讲话，他的话太具有西方游客的特色，因为是用英文表述的，所以引原文如下：

“Now Listen，” the man stood up. “We just walked from Jomsom, and we can tell you, there is no one else coming. We were the only people on the way here. Do you understand English? No. One. Else. Is. Coming. Comprehend?” He made his hand into a receiver and snickered. Thapa，1992：107.

60%返还当地人，用于改进道路、新建医院、学校等。实际上在2007年之前，尼泊尔政府都没有把这落到实处①。1994年前，游客为进入上洛域缴纳政府47565000卢比（按每人一周500美元，一美元折90卢比计算），但政府只给上洛域保护和发展项目（英文即Upper Mustang Conservation and Development Project）27%的经费，给予7个村落发展委员会的总数是3500000卢比（Banskota，1998：59），仅为总数的7.4%。

对绒巴人组织起来的旅游团队，当地人收入殊少。以2名徒步旅行者需要9名绒巴服务人员来计算，一路徒步前往洛满堂，每天可谓“挥金如土”［每天140美金/2人的进入许可费，每名服务人员每天500－800卢比（约8－10美元），平均每天付出230美元即14450卢比左右］。这些钱绝大部分都流到绒巴地区旅游团组织者及服务者腰包中。与此同时，政府顾问们的设计仍然是“开发一个目的地计划”（Banskota，1998：60－61）。目的地，谁的目的地呢？

三　山带水连

曲米甲匝是一个爱水民族与喜山民族交汇之处。信奉印度教（外教）的绒巴人来到这里，主要是朝礼这里的108眼泉水和印度教神庙②，他们在这里洗浴自己肮脏的身体，洁净自己的灵魂，带走圣水。从嘎域开始，他们就在这高原的河边祭祀自己的亲人，而内教则占据所有的险要、高瞻之处，那些山峰和隘口。在曲米甲匝也不例

① Aryal，1999. 此处转引自Craig，2004：14. 以及她更早一些时候所写的Craig，2002：379. 注解27.

② 有关此地圣迹和印度教神庙的情况，参Jest，1981：54－67. 今昔比照，三十年前的那些圣迹，今天已经变化大了。比如新贡巴，以前的图片显示这里是两层建筑，底楼大殿有复式转经回廊，今天的新贡巴都消失。

外。内教最多祭祀水中的鲁神，但只有印度教徒将这里视为神圣的泉水。内教所重的土中取火、水中取火和石中取火，他们至多视为神奇，或者科学（天然气，Gas）。内教占据的它处，以佛塔、隆达旗帜为标记，远离这水。双方在这里互相包容，各不相碍[①]。

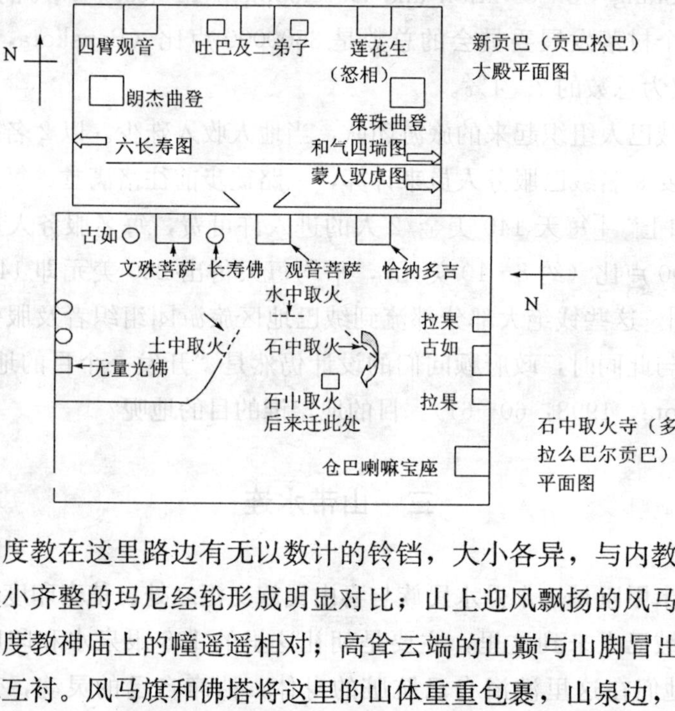

印度教在这里路边有无以数计的铃铛，大小各异，与内教的玛尼墙上大小齐整的玛尼经轮形成明显对比；山上迎风飘扬的风马旗，与山麓印度教神庙上的幢遥遥相对；高耸云端的山巅与山脚冒出的108眼泉水互衬。风马旗和佛塔将这里的山体重重包裹，山泉边，印度教徒脱去尘衣，只留下蔽体的围布，在凉水中粘水洗浴。风雨侵袭、腐

① 洛域人对水的管理井然有序，譬如洛曲米地区达嘎宗与帕拉两域用的是同一山卢的水，用水分配是达嘎宗两天，帕拉三天（因为帕拉地方多）。嘎次说，柏林用不完的水，剩下的都流到玉丽，这域便形成，他们的域小小的。普让和乍域学校后面两处于有泉眼处建曲登，这是以前喇嘛定下的，以保障域中有充足的水源。乍域往普让去的那些地的供水，域中每年都要抓阄，以确定各户放水灌溉的先后，并写成文字，每次每户灌完水后通知下一户，何时灌完何时通知，晚上灌完晚上通知。如果忘记，域中罚款高达四五百卢比。

蚀北方文明的石塔与旗帜，泉水带走南来信徒身上的污垢，回到他们的家乡，不在这里留下一丝痕迹。

托国家的福，几乎与印度文无异的尼泊尔文作为政府强制推行的国语，与作为旅游需要的英语，取代了地方悠久传统的藏文。洛域方音全部用尼文拼写，给尼文带来一丝怪异的同时，也保留了一个地方的声音。

> 曼珠姝在其书中提到：君主统治的班查亚政府当时有着全部权力，有一个强烈的尼泊尔民族主义意识形态基础。为了复活沙氏普利提夫纳饶颜那个统一的尼泊尔的遗产，班查亚政府提出一个特别的泛尼泊尔身份，以君主作为印度教王国的首脑，把尼泊尔语作为伟大的统一者。他们以文化整合的名义把佛教包容到无所不包的国家的印度教中，尼泊尔被看作是四个种姓三十六个族群的花园——尽管事实上四个印度种姓对许多北方部落来说是外来的。
>
> 通过强调印度（Hindu）模式的学校课程，通过印度职员（karmacharis）的扩展和边境士兵，政府开始“整合”和“尼泊尔化”博提洛域，正如他对国家的其他部分一样，并把它推入到民族的现代化的印度“主流”中。（Thapa，1992：123－124）。

我进入曲米寺之前，一位刚刚朝礼完毕的爱尔兰女士从曲米出来，满怀着喜悦和利他的心情告诉正要前去朝礼的我，说她是前来朝圣的。她在这里朝礼了毗湿奴等印度教神灵。在她眼中，内教全部消失为印度教，至少在她的表述中是如此。

带着文明的傲慢与无知的绒巴导游，将藏文的神佛名字胡乱地译给渴求知识的西方游客，后者满怀疑惑地问：“佛怎么会是四只手臂？”原来那是主供像四手观音菩萨。

三月的一天，下午三点过的样子，我在嘎域碰到一位华人面相的女孩，穿着齐膝的短裤，头戴布帽，身背包，前面斜挎着相机，我便和她聊起来，原来是新加坡人。我说：“你是我到这里两周以来第一个和我说中国话的人。”她说：“是啊，你是我到尼泊尔20天来第一个和我说华语的人。”此前她在马朗下面一点的一家餐馆见到一个曾经在台湾工作过一年的尼人，那人知道她讲华语后，便开始和她连比带划地说一些华语。她和一位法国女孩共组一个团，一名尼人导游。可是到嘎奔尼以后，这名导游直接带他们前往村中奔尼（二水交汇）处印度教徒祭祀的地方，给他们讲解，不给他们介绍萨迦派的寺院以及王宫。完了便带他们前往厄克罗巴提吃饭，然后到迥松。我有点后悔给她讲这些地方，一方面她不可能再去看，另一方面可能会因导游的文化偏见而使她感到旅途不愉快。

我很快想象到，如果她将来发表什么，因为不知而一点也不提这里传承久远的文化传统，那便积淀出一个呈像：印度教的世界。于是，我们几乎可以说，凡是类似的尼泊尔导游到处，便扩展出一个印度教体系的世界。在这样的呈像中，当地人的文化便消失了。这真是一种可怕的后果。想一想尼泊尔（绒巴）导游完全主导这些市场，一种依靠人数众多的“暴力”便跃然而出。

这仅仅是一种推想而已，但是完全可能是事实。后来我读到一个有意思的案例。1981年尼泊尔人口普查，佛教徒占总人口的5.3%，但是尼泊尔佛教协会认为这完全错了。其领袖之一释迦阿夏冉说：“实际上尼泊尔的佛教徒占多数。超过总人口的70%。”绝大多数族群根本不是印度教徒，比如达芒人、古荣人、玛噶尔人、莱人、林布人和东部的切邦人（Chepang）。问题出在哪里呢？问题在于尼泊尔绝大多数佛教徒没有受过教育。当人口普查员来的时候，他们不会问他们的宗教，而是问："你信仰甘尼西（Ganesh）吗?"他们会回答："信"。因为甘尼西是印度教的神灵，他们就被记录为印度教徒。由于佛教和印度教的交错影响印度教徒信仰佛，佛教徒信仰甘尼西。但是官方调查员却误导人们（Dastider，1995：70—71）。

藏文呢？它们静悄悄地躲在国家看不到的角落，在神殿内，神佛座下不引人注意的地方，在寺庙看护者的嘴里和意识中，或者在国家为了点缀的地方（旅游牌上用英文写出域中地名，然后装饰出六字真言，字体歪斜，小而占据边缘），或者在藏语文朝圣者留在路边椅上的文字中。

如果曼珠姝（Manjushri Thapa）是对的话，洛域博提亚（Mustang Botia，绒巴人称洛域人为博提亚，而洛域人称则呼他们为绒巴人）确实是"支离破碎（in fragments）"[①] 的话，这要拜尼泊尔现代国家半个多世纪教育政策之赐。尼国政府的教育政策不把（少数族之语言文字）藏文教育作为政府学校教育的一部分，而是采取去其文化之根的措施，尽管尼政府还支持一些"弱势族群"的语言文字拯救项目，给他们的孩子奖学金，但名额极少，不过杯水车薪罢了。

尼泊尔宪法第十八条第一款的规定，"尼泊尔王国内每个社区（community）有权力保存和提升其语言、文字和文化"；第二款"每个社区都有权利以自己的母语开办小学以下的学校，为其孩子提供教育"，但是对小学以后的教育就没有规定（Dhungel，1998：178）。这些规定并没有说国家会为他们的母语文教育提供经费：这个任务留给他们自己。个人，又有多大的能力对抗国家的力量呢?

从宗教和文化身份来说，洛曲米区域宗松巴以下的塔卡立人，随

① Manjushree Thapa，1992 有关洛域人学习尼文、被学校给取绒巴名字的情况，见47、80页。

着迁入受高种姓印度人主宰的城镇营商，梵化的动力加强，开始攻击自身的佛教信仰，并试图证明塔卡立人最初是塔库立人，一个高等级的种姓。玛噶尔人、古荣人和达芒人也不得不接受涵化和梵化过程，接受国家指定的种姓；相比之下，多波人、洪拉人和洛域人的身份还能幸存（Dastider，1995：62—63）。

印度教在尼国家的佑助下[①]，近些年更是在这里频频展现自己。在嘎域，印度教神庙已有两个，一个是老的，有三四年了，另一个是去年才建的。两个神庙紧挨着。旁边新建一栋供人居住的房子，两层。他们早上在这里洗，然后到曲米去朝圣。这里正是两河汇合处，从域来说，曲米的河流经过域德，到这里已经是下游。域人淘洗衣服、喂牲畜的水，最后都流到这里。在曲米甲匝，印度教最近修建的毗湿奴塔和亚嘎夏拉庙等，只有四五年的光景，而最主要的尼泊尔风格的毗湿奴神庙，根据1956年访问这里的斯奈尔格洛夫的说法，则是他来之前不久才建的，其他的一切都是佛教和藏式的（Snellgrove，1961：199—200）。

但是从扎次、次拉等的口述中，我知道当地对这一切还有另外一个呈现体系，这使我看到“小传统”的坚韧。但是我对她在文化呈现中悄然无声感到悲哀，对国家体系的强悍和霸道感到可耻。这个地方体系，无力附上国家体系，因为后者为印度教体系所占有，这便使印度教体系在乡域的强悍带着意识的和无意识的双重面目，有着乡域追求和外来强制的两面合作。

① 据尼泊尔学者研究，北部山区的人们很早就在接受喇嘛教的同时，通过密教而接受了印度教，因此开始印度教化（Hinduisation）的过程。参见Singh，1999：94—96. 莫里卡提出，1768年，印度教占据尼泊尔的政治宰制地位以后，真正的梵化过程才开始，为的是把尼泊尔从一个多元的社会塑造成一个单一的民族，这是一个梵化活动。见Dastider，1995：40—41.

曲米朝圣地名藏尼对照

尼官方名	洛曲米域名（汉译）	藏文名转写	说明
Patal Gangu	康卓玛水磨	mkhav-vsgrol-mavi-chu-ra	
Muktinath Temple	鲁旺格布神殿	Klu-dbang-rgyal-po-lha-khang	供奉毗湿奴、拉齐米等印度教神灵；但域人认为神殿中供奉的是康卓益希措甲和亨绛米拉日巴等
Nashingh Gompa	马尔么神殿	Mar-me-lha-khang	
Shiya Temple	西雅寺	无	建成 18—20 年左右
Yagyashala	亚嘎夏拉庙	无	新建成 4/5 年
Bishnu Paduka	毗湿奴塔	无	新建成 4/5 年
Somba Gompa	贡巴松巴（新贡巴）	Dgon-pa-dsar-pa	曲米寺拉章；原两层，后失修，重建后仅一层
Dolamebar Gompa	石中取火贡巴	Rdo-la-me-dbar dgon-pa	土中取火处的火在 1954 年时熄灭。（Snellgrove，1961：201）
玛尼墙、两水池			旧有

域人普遍雇佣绒巴人，尽管他们大多是绒巴地区等级地位低下的无地者，他们或者住在主人家低矮黑暗肮脏的楼梯下，或者睡在霉臭熏天的晾干红萝卜和土豆（但是已经发霉）等的临时仓房里。有一次我在某域人家，和他们一道吃着煮得香喷喷的“凿凿”（方便面），绒巴做工者得到的却是冷米饭加入一点剩菜，他吃了几口，突然用不熟练的英语对我说：“This is my dog's food”（这是我的狗食），然后用尼语重复相同的内容，把饭盘放到洗碗处。

他们在自己的文化中处在底层，到洛域做工使他们能从那个底层的生活中暂时脱离出来。然而洛域还是把他们视作最底层的，实际上他们在这里的处境可能比在家乡还要糟糕。

但别小看他们。他们是印度教体系和尼泊尔国家体系的一部分，或者在乡域只能呈现这一体系，尽管他们有着别族的属性，甚至可能是根本的别族属性。域人普遍置有能收看多个频道的电视机，他们观赏尼泊尔的国家节目和印度的主要是娱乐类节目。他们对尼语和印度语（二者相当接近）的掌握，就主要来自这两个渠道：他们看电视，转身便和受雇的绒巴人用刚学到的外来语言说话，或者他们和绒巴人说话，不断增进对外来语言的掌握，提高他们对电视节目的理解。这两个渠道互相推进，合作，推展梵化的进程。

域中学校、尼警察、尼官员，在嘎域还有印度教士和神庙，绒巴导游，都带着国家的强制力，和每年除冬季以外蜂拥而至的绒巴朝圣者，不时前来的商人、游方术士，后者的软性力和前者的强制力使外来的异域人呈现不同的面貌，但却是一致的乡域效果。

乡域的多语体系（域语、藏语拉萨话、尼语、印度语和英语，偶尔还有别的语言，包括日语、韩语、德语、法语和华语等）是一个走廊，从中穿过不同的民族和他们携带的世界呈现体系，这体系也是域人掌握外来者的有力工具。但是核心的还是域语，这一藏语体系的地方话，印刻和传承着他们的情感、价值和世界观。

真正的威胁，来自于域人幼年外出他乡，或者域人移居他乡。他们会带着不同的外来体系的力量，从内部改变乡域，而这简单的连接途径，竟然是“宾家”和“涅怎”。

乍域舍沃巴布和我谈起祖上五代人之时是玛朗和多波的长官，但后来沛域的国王要统一全境，便说不要地方的“格沃”（王）。他说：“现在连他自己也没了。”我们大笑。我说：“现在毛巴迪说要把国王取消。”那一天是5月3日，当月底阳布各党派开会，以高票通过取消尼泊尔的“封建”国王，令其十五日之内离开王宫。

（一）经受不同的婚俗

有一天我在访问上洛域一名王系贵族的时候，请教他那里是不是还有一妻多夫的情况。他小心翼翼地说还有三四家人，但都是从乡下来的，洛满堂早已没有。说完后，他补充道：“据说其他地方也有一妻多夫。”我得此机会，趁机陈述我对此的立场，告诉他世界各地都有，或曾经有，包括斯里兰卡、印度、阿拉斯加和亚马逊河流域等。在我说完以后，我明显感到他释然的样子。

根据海门多夫的记录，20世纪50—60年代夏尔巴人中仍然有不少家庭是一妻多夫。但从那以后，来自外部的人们，包括尼泊尔其他地区和西方国家的人，接触到当地人，这些外来者对当地人讲一妻多夫不好，落后，不文明，应当废除。由于这些原因，当地人被导向一条与自身传统相当不同的路上去。有一天我在加德满都斯旺布寺前长长的石级前，见到一名三十岁左右的夏尔巴人。他已婚，和妻子在那里开一家饭馆。我细心地问他今天夏尔巴人中是不是还有一妻多夫。由于他的藏语夏尔巴话已经很不好（能听得懂，说不出），在我解释以后，他非常迅速地加以否认：“没有。没有。不是我们。那是尼西的多波人。”他的尼泊尔语、印度语和英语相当好。

我觉得他对我问及一妻多夫的态度很礼貌。根据特里布文大学人类学系一名讲师（男性）的看法，如果人们到索卢贡布地区去问当地人是不是还有一妻多夫，当地人会非常生气。他们会认为这是侮辱和矮化。有时他们还会为此动手打人。从海门多夫的书中我们能追索出这些变化的蛛丝马迹。昆瓦·饶密西（Ramesh Raj Kunwar）在其书中这样写道：

研究中的域从来没有实践海门多夫［Haimendorf（1964）］

> 和欧皮茨［Oppitz（1968）］所提到的一妻多夫风俗，并且值得关注。如果自然地遵从他们的陈述，那么可以说当地人有另一种扩展的一妻多夫［两个或以上的兄弟共享一个妻子，海门多夫（1964：1984）并没有提到这一点］。不过，许多贡布地区的夏尔巴人说贡布地区从1972年以后就完全丢弃一妻多夫。所以说，夏尔巴社会基本上可以说是父系中心，居住则正常地是从父居，继嗣也是正常的父系继嗣。（Kunwar，1999：170）

正是“正常”二字带给当地人压力，昆瓦也不例外带着这种痕迹。移居沛域或者前来过冬的洛域人对此的态度更为多样化。对那些五十、六十或七十岁及以上的人们，他们不能讲太多或者流利的尼泊尔语，以及那些和尼泊尔“现代社会”接触不多的年轻人，他们和晋美王子的警惕则有不同。他们谈起一妻多夫的时候，并不认为一妻多夫不好。其中一些人会强调说那只是以前的事，但是今天许多人放弃了。“或许总共只有百分之二十五的人是（一妻多夫）”，一位三十多岁的年轻人这样对我说。他来到加德满都住在“涅怎”家，每月付房租，自己做饭。他这么说的时候，许多来自洛域、住在斯旺布地区的域人在场。

那些相当了解尼泊尔社会及其对一妻多夫的压制的洛域人，对自己域中的一妻多夫就持相当不同的态度。他们的观点和前述那位夏尔巴青年的看法非常相似：他们否认今天还有一妻多夫。我在参与斯旺布附近的洛域社区生活时，就经历过这一场面。那一天我在能讲华语的次仁的家中，他恰好不在。当时在场的有八女及一名（男的）老人，正在喝酒、吃东西、聊天。他们关心我有没有结婚。我说还没有，准备将来在中国的时候找一个汉人女子做老婆，在沛域的时候，找一个沛域女子结婚，在洛域的时候还要找一个域女结婚。许多女子欢呼。一个二十多岁的女孩告诉我同时娶三个老婆很困难，因为需要很多钱。她为我计算说，如果一个妻子生两个孩子，那么三个老婆就生六个孩子，要养活他们非常困难。我假装告诉她说没有问题。“实际上我的理想是建一栋三层的楼房，汉人妻子住在一楼，二楼是沛域妻子……”我话还没有说完，所有人非常高兴地接口说：“洛域阿佳住三楼。”这些玩笑话使我们感到愉快。我趁此机会把话题转到一妻多夫上：“在你们那里，女孩子们有两个以上的丈夫。”替我计算的女孩惊呼一声，然后论证说，如果有两个丈夫，一个要去印度经商，另一个留在家中做妻子的帮手。我点头表示同意，又问：“现在还有吗?”有一名五十多岁的女子噶玛啦非常快地说还有，但是那女孩和另外一个三十多岁、已经生育的女子毫不犹豫地、异口同声地否认。这时噶玛啦给他们讲现在还有一妻多夫家庭，但两名年轻女子根本不理，又一次异口同声地否认。噶玛啦疑惑地看着他们，然后换了口气，转头对我说，过去有一夫多妻和一妻多夫风俗，不过今天都已经消失：“是有一妻多夫家庭，但最近些年他们都分开，各走各的了。”对女性意识的压抑，经平权主义的推动，正在深入他们的脊髓。

这些否认并非没有社会原因。首先是主导性的尼泊尔社会圜局，这个圜局中人们从一夫多妻制度转向一妻一夫制。在这个主导性的社会考究中，男子应当和比他小的女子结合①，并且这女子应当是处女。绝大多数情况下，婚姻是父母安排。人们认为在父母所在地的公众场合与一名女子约会不好。如果这么做，并且被其父母知道，他或她会被看作是品行不好。此外，人们对处女要求甚高。似乎没有人愿意娶非处女。如果乡人知道真相，非处女会给她以及她的丈夫带来麻

① 最近尼泊尔婚姻法规定男女之间年龄的差异不得超过 20 岁，见有关婚姻年龄部分第二款。参见 Sangroula，2002：107.

烦。他们的财产继承主要是通过男系，绝大多数情况下是通过长子继嗣。长子将从父亲那里得到财产，并照顾兄弟们。

刹帝利种姓的大学生斯密瑞娣这样对我说：

> 我们的传统和文化建立在神的基础之上。对我们来说一切都和神有关，都涉及史诗、文化和传统。对妻子来说，丈夫就是神。他是她的一切。当她和他结婚的时候，待他如神圣的神灵。她就这样和他绑缚在一起，追随他的每一个脚印。尼泊尔是一个男性主导的国家，有几个丈夫是完全的禁忌，严格的排除在我们的范式和价值之外。如果村中有人胆敢如此，她将被简单地抛弃或者从社会中剔除掉。这并非没有发生过。有的女人即便已婚，仍然和别的男人私奔。但问题就在于她将被她父母家完全抛弃。他们不会让她进家门。尽管我看到加德满都发生大的变化，但是村落中一切依然如故。

我的许多（非藏系民族）尼泊尔朋友试图用不同的方式让我明白他们考虑的是一妻一夫。从他们的角度来说，他们对与非处女结婚非常犹豫，对多偶婚更是深为厌憎，尽管从20世纪60年代政府禁止一夫多妻以来仍然有不少家户在继续之。据说一夫多妻有两种情况，一是前妻没有生下男孩（这和洛域多么雷同），一是有钱的男人们用以显示自己的地位：多妻是身份的象征[①]。

尼泊尔的许多（非藏系民族）官员和知识分子，都知道一妻多夫制如何运作。不同的人告诉我的，大致相同，诸如一个成功的妻子怎样管理家庭，安排其丈夫们不同的活儿，以使他们的生活和谐。

---

① Beisenkamp. 2007：68. 这是一部德国作者/赞助人所写的著作。

尼泊尔族群众多，风俗各异。即以我曾经居住的特里布文大学国际招待所为例。我在这的最初三个多月里，只有我和一名孟加拉国的学生。在他的国度，一个男子只要有能力，可以最多娶七个妻子。我们的一名尼泊尔婆罗门种姓的门卫楠达有一天突然对我说："坡拉西很危险（因为他可以娶七个老婆）。"尽管可怜的坡拉西多次公开声明绝不会再娶，因为他非常爱他漂亮的妻子。楠达在前任妻子死后又另娶一房。这里人们似乎社会性地和公众地反对多偶制。

在这种集体性社会压力下，似乎有一个主导性的社会意识形态。我们可以说，它是从双向的选择中产生的，一方面从他们的文明传统中，发展出一妻一夫制，尽管一妻一夫只是他们传统的婚姻形式中的一种（Thapa，1985：41－44）；另一方面则是来自尼泊尔以外的压力，以欧洲倡导的一妻一夫为最明显，而这方面和英国人的印度殖民历史有莫大的关系。这就意味着它必须同时和一妻多夫和一夫多妻作战，留下大量的替代性实践空间。

这样我们就看到，在嘎立甘达克河谷上游，洛域人实践一妻多夫至少七百年；河谷以南包括颇克拉在内的广大地域，刹帝利、婆罗门等种姓的村民们依旧有着一夫多妻实践。一妻一夫制作为现代意识形态，通过现代公路、飞机、教育、媒体和法律，进入这条河谷，则不过是最近的事。

且让我们回顾尼泊尔的近代史。

（二）1854 年的《沐录克因》

据说佛教和印度教几乎是同时进入尼泊尔，但尼泊尔的梵化却比较晚[①]。梵化以前偏远地区的风俗习惯未曾受到影响，在今天仍然在

---

① 希区柯克提出在尼泊尔的种姓制度建立过程中，需要考虑从南方北进的婆罗门种姓，从北而南的藏缅语人，以及从西向东推进的玛拉王国这三种因素的交互作用。参 Hitchcock. 1978：111－120.

不同地方以某种方式存在。在过去两三百年中，随着现代尼泊尔王国的形成，尤其是1854年里程碑式的《沐录克因》（Muluki Ain，《民法典》），尼泊尔王国开始经历一个巨大的梵化进程。实际上，此前的廓尔喀王朝已经开始将其道德标准加之于王国内他族之上（Whelpton，1991：220）。新建立的尼泊尔国家对其人民的性关系相当焦虑，这种焦虑的表现形式和后果就是《沐录克因》三分之一的篇幅都是关于性关系的（Hoffer，2004：35）。

我们可以从它关于性关系的约束中推导出它对一妻多夫制的禁止。根据安德雷斯（Andras）的研究，“男子与之发生合法和非污染性之性关系的女人数，并不影响他的种姓地位。然而不管其男性伴侣的种姓及相关的处境比如接受饭食（bhat）等，女人只要与之发生性关系，就会受到每一个男人的污染。一个简单的事实证明这一点：当其地位下降以后，该女子就被从与亲人共食中排除出去。再婚以及婚前性行为或者通奸都可以导致地位下降”（Hoffer，2004：42）。

安德雷斯所绘的图示更形象地说明这个问题（见下图）（Hoffer，2004：41）。

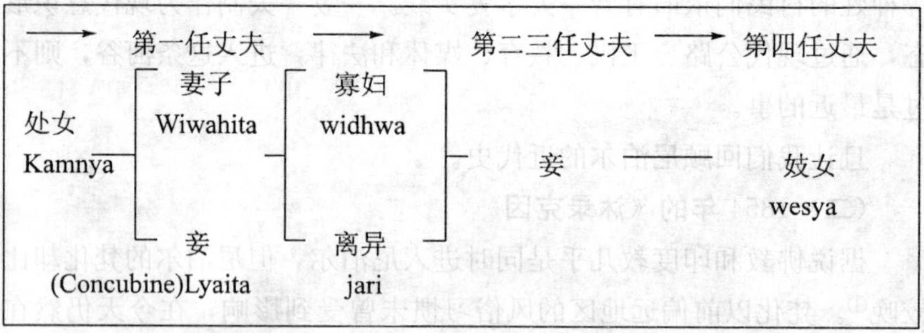

他所绘的是时间上的变化。但女性地位的这个变化，很快让我们联想到一妻多夫制：一种共时的地位变化。这种没有明言的意识形态，正是最有力的意识形态。

毫无疑问，这些规定都是基于种姓制之上的：正如本书要说明的，亲属和婚姻制度，不过是一种更为基本的文化象征本质的展现和扩展[1]。普遍认同的关于种姓制特点的论述，乃是：1. 分层体系；它依赖于有关不平等的情感的内化机制；2. 封闭体系，出生决定一切，没有任何流动性[2]；3. 严酷的体系，基于正统和原教旨的原则；4. 建立在男性优越的观念之上，家庭采取父系继嗣，男性长者是家中当然的家长，他负责决策；普遍认定女子没有自己的族系等（Upadhyay，1999：120－123；Sharma，1977：277－299）。

根据《沐录克因》的规定，整个尼泊尔国家的种姓安排如下：

第一等级种姓群体"穿戴圣圈（cord）者"（tagadhari），包括乌帕迪亚亚婆罗门、刹帝利、印度婆罗门等，一些涅瓦尔人（Newar）种姓也在此列。第二等级种姓群体是"不可变为奴隶的饮酒者"（namasinya matwali），包括玛噶尔、古荣、苏努瓦尔（Sunuwar）以及一部分涅瓦尔人种姓。第三等级是"可以变为奴隶的饮酒者"（masinya matwali），包括博提（Bhote）族群、库马尔（Kumal，制陶者）、嘎梯（Gharti，被解放的奴隶的后嗣）等，博提下面又包括藏人（Tibetanid）以及一部分藏系（Tibetanoid）人。第四等级种姓为不洁净，但是可以接触的种姓，包括姆利奇（Mlecch，欧洲人）、涅瓦尔人中的屠夫、音乐人、洗衣者（washermen）和鞣革者等。第五等级种姓乃是不可接触的种姓，包括铁匠（Kami，嘎米）、鞣革者、制鞋者等（Whelpton，1991：5－6）。

注意尽管博提人（藏人）在这个谱系中处在中间的位置，但实际上是"低级"种姓。这可以解释为什么洛域非贵族的帕尔瓦等级如此认同

---

① 相关的论述，见 Kumari．1999：56－60.

② 根据印度人引以为自豪的印度人类学家斯里尼瓦斯的研究，南印度库尔格人中也有种姓流动的情况。

“古荣”这个称呼：这个名号使他们在印度教的等级谱系中提升一级[①]。

根据《沐录克因》的规定：“一名与乌帕迪亚亚处女发生性关系的婆罗门就应该保有她。不过，她不能成为妻子（wiwahita），而只能是妾（lyaita，concubine）。”（Hoffer，2004：42）这些规定的前提条件明显是以男性为中心的。女子的声音被湮灭在一条又一条的规定中。

就尼泊尔来说，这恰好是其特点：印度教/种姓制度和政治性王朝的合作。在印度教中，尼泊尔国王被当作活着的毗湿奴神（whelpton，1991：9－10）。我们同时需要注意上下层之间的差异。据说，在尼泊尔的低种姓阶层中，尽管男子能带回家许多妻子，但女人也有离婚并另嫁的自由。社会上层的妇女却没有这种自由（Thapa，1985：41－44）。

此文明边缘的其他民族，待遇也稍有不同，尽管我不明确他们就等于尼泊尔主流社会中的下层“女人”。尼泊尔到19世纪还留有兄终弟及和父死后娶继母的习俗。1836年这两个习俗被认定为乱伦禁忌遭到禁止。对前者，如果婆罗门违反，则剃头后驱出国境，如果刹帝利违反，降低身份后驱出国境，但契饶塔人（Kirata）、林布人、雷普查人（Lepcha）和洪拉（Jumla）的住民除外（Vaidya，1993：62－63）。

1855－1856年藏尼战争中，有不少实行一妻多夫的藏人从吉隆（Kerong）和诺孜（Notse）前去尼泊尔定居。一个文献提到，当时的首相拉纳氏（Bam Bahadur Kunwar Rana）曾发布一道命令，潘塞耶河的阿迈历和迪瓦尔不得给来自这两个地方的藏人制造麻烦，并进

① 相关看法的不同表述，参见 Ramble，1984：124.

一步明确应当接受他们的一妻多夫制习俗，允许他们继续其传统[①]。

（三）尼泊尔现代法中一妻多夫的地位

1963年修改后的《沐录克因》相当多地保留1854年版本中的内容[②]，又称“国民法”（The National Code），它为妇女的法律地位、家庭和财产法带来重大变化：走向两性平等。它明确规定多偶制非法（Unicef，1987：165）。到1975年，对多偶制和重婚的惩罚增加了（Subedi，1993：110）。根据1971年的“婚姻登记法案”（Marriage Registration Act），法律和正义部（Ministry of Law and Justice）提出的“婚姻登记条例”（Marriage Registration Rules）于1971年12月16日生效。各地的地区首要官员和尼泊尔外交代表及副代表是法案所规定的婚姻登记者（Bajracharya，1974：100）。不过，某婚姻要适合登记，必须满足某些条件。任何一方都不得有活着的配偶，双方都必须是精神正常，达到基本的结婚年龄（“婚姻登记法案，第二章，第四条”）。此外，必须是双方互相同意，夫妻双方之间不得是近亲（“国民法”，第十四章，第一条）。

不过，并没有规定说婚姻为了合法一定要登记；和禁止重婚的法律相冲突的婚姻，仍然被看作是有效的。

根据尼历2064年（2007—2008）版的《沐录克因》，有关婚姻的规定如下：

> 第十七条 婚姻
>
> 1. 在这些登记条例/法令之下，男子与女子可以根据他们的意愿结婚；但如是在乱伦禁忌范围之内，则不能结婚，他们的关

① 前引 Tulasi Ram Vaidya etc.，102页。

② Sever，1993：86. 更具体的比较研究，参见 Adhikari，1984：318—320.

系应当打破。如果明知故犯，他们将根据乱伦禁忌加以惩罚。

……

8. 如果新娘/新郎是鳏夫或寡妇，或者已经离婚，如果他们在隐瞒的情况下结婚，如果其中一人拒绝，其婚姻取消。媒人将被处以一万卢比罚款，此钱给受骗的新娘或新郎。

9. 如果男子的第一个妻子没有接受其离婚，或者她没有死亡，不允许娶二妻。但如第一妻子有任何传染疾病，或者死亡，则可以。如果第一妻子有任何传染疾病，如果她疯癫，如果她被（在尼泊尔政府登记的医疗机构）证明不能生育，如果她因为残疾而不能行走，如果她双眼失明，如果她分居并保有其继承的财产，该男子则可以娶二妻。除本条所说之外，男子可以在妻子同意的情况下娶妻。

10. 假如在违反第九条规定的情况下结婚，结婚者将被处以一至三年的监禁和五千到二万五千卢比的罚款。对女子来说，视为相同。

第十八条 通奸

1. 明知而与人妻子发生性关系名“通奸”。

2. 如果合法的丈夫提起诉讼，对奸夫和奸妇的惩罚是一或两个月的监禁和一千或两千卢比的罚款。

3. 在下述情况下，合法的丈夫不能使他们受惩罚：如果第一个丈夫是通奸者；他的奸妇与另一男子发生性关系；如果某人与共夫的妻子（co-wife）通奸；如果奸妇已经离婚，或者精神失常、发疯等。

4. 如果合法的丈夫在奸夫和奸妇受惩罚之前死去，对他们的惩罚撤销，如果他们已遭受监禁，则释放之。

5. 如果财产、财富、衣服、珠宝和其他珍贵的物品被奸妇所取，合法的丈夫可以收回。如果合法丈夫在海外（或死亡），则他的后嗣负责收回。

6. 受害者可以在一年之内提起诉讼；否则，法庭将不受理。

有的律师认为："如果妻子与另一男子有性关系，或者逃走，她与其丈夫的关系自动终止。"如果她在法庭中"自承曾与别的男子有性关系，但实际上并没有，则婚姻关系亦将终止"。"在尼泊尔法庭中，非常普遍的是，妇女在强迫之下承认通奸，但实际上没有"。而男子与别的若干女子有性关系，在法律上则依然被认为对妻子是忠诚的。根据第十七条第九款，男子可以娶二妻，但若是丈夫有同样的情况，则妻子不能纳二夫（到最近法律才作出修改），因此法律是歧视妇女的，包括法律权利、财产权、家庭权利和性权利（Upreti，1991：22－23）。

琳氏对一妻多夫实践在尼泊尔法律中的地位有一番详尽的分析，她说：

根据尼泊尔法律规定，北部山区操藏语的族群不时实践的一妻多夫婚并不被看作是有效的。尽管"国民法"确认一名已婚男子娶其他妻子的条件，它却没有确认已婚有一夫的妇女再纳丈夫的条件。因此法律就会把一妻多夫中的妻子仅看做是某一丈夫的妻子。她和其他丈夫的关系会被看作是通奸。不过，问题在于，在一妻多夫婚中，妇女常常是在同一个婚礼中和她的丈夫们结婚。因此她几乎是和他们同时开始配偶关系，法律无法确认哪一个应该是她的丈夫，哪个应该是她的情人。即便这个问题能解决，该妇女和任一丈夫都不能被惩罚，因为只有当丈夫上诉时，通奸才是可惩罚的。一妻多夫制提供的传统婚姻案例表明，尽管尼泊尔法律不承认它，在实践中却是得到准许的。[①]

20世纪70年代末，琳氏在分析尼泊尔妇女的地位以后，看到当时尽管法律有相当大的变化，但仍然有很多“不平等”，其一即“目前的法律允许男子在某种情况下一夫多妻，但相反的，该国北部某些山区的一夫多妻传统风俗实践，在尼泊尔法律中却没有得到承认”(Benett，1979：88)。不过，根据戈文达的看法，尼泊尔的法律没有提到一个妻子同时有多个丈夫的习俗。“我们可以找到法律限制多偶制的记载。但一妻多夫制成为北部边界人们的一种习俗婚姻，它受到我们时代的法律的宽容和允许。一个女人同时有两个以上的丈夫既不是通奸，也不让人感到厌恶。相反，绝大多数人推崇它”（Maskey，1996：97－98）。

尼泊尔现在的《婚姻法》第十一条限制起诉一妻多夫婚姻。实际上在洛域，人们有相当多的解决纠纷的办法，无需把案件带入法庭。但是联合国教科文组织出版的书却对这个限制加以谴责，认为是歧视(Panday，2006：100)。不过，在目前面对主要是来自西方的观念时，尼泊尔国家在男女关系方面的主要精力是用来与一夫多妻作战(Beisenkamp，2007：68－70)，有关多偶制的定义也是针对一夫多妻的，后者在某些情况下依旧得到准许，要实现绝对的废除还很困难(Sangroula，2002；199)。在这种情况下，一妻多夫的压力稍有缓解。

随着尼泊尔法律的不断修订，各地习惯法和国家法的冲突一直存在。二十多年前，特里布文大学法学院院长杜尔巴（Dhurba Bar

---

① Bennett，1979：48. 注意后来著作对她的观点的承袭，见 Majupuria，1996：101－102. 但是作者没有注明。

Singh Thapa）有一番评论："1963年的《沐录克因》实际上并不要完全取代地方性的习惯法。1853年它第一次实施时也是如此。不过，因为它不能包容所有的传统，便逐步让道，以使法律程序能运作。这样，即便习惯法与宪法和《沐录克因》有冲突，人们依旧实践它。"（Bennett，1979：96）

尾声　遥远的目光

把文明中的某一种婚姻形式，或者性别关系模式和它赖以存在的文化象征体系剥离开来，作为一个独立的研究单位，这是学界的误区，巨大的误区。我们面对的选择，要么是普世的婚姻理论，要么是普世的文化概念。二者不可并存。我们在出发之前，未来的结论已经被我们的立场所决定。无论怎样，从这个文明来认识这些关系，这可能是阳光的。

本书从中国传统的他者视角和象征结构的角度，根据在尼泊尔进行九个月的田野调查，探查尼泊尔洛域文明中嵌刻着的亲属制度。

洛域的知识分子们把自身长达近一千年的历史加以总结，暗含一套关于自己居住区域的理论，我把它称为“域论”。域论是洛域人的世界观；它以“域”为中心，和自然紧密地关联，有着深厚的历史渊源；它离不开人们的信仰，并且有一个支撑性的核心线索，即父系长子/幼子传承和交表可婚的亲属制和社会等级制。这些关于域的理论，是在著作中呈现出来的，也是域人们长期思考和历史实践的结果。但我认为写成文字的域论忽略了域人的许多重要实践，带有选择性立场。我的补充，就在于首先把它从本域中抽离出来，作为一种区域模式，放置在藏文明的另一种模式面前，使它们互相映照，互相诠释。

我首先看到，他们的意识中和无意识中的概念是可以倒置的，尤其是关于方位和男女性别的概念。女性在人们的无意识中扮演着举足轻重的作用，但是在意识（域论）中却被系统地湮没。

洛域的核心组织原则是脉系意识。它在洛域成为一种历史意识，积淀在洛域人的日常生活中，成为他们的日常记忆，生产和生活实践的指导原则。这个原则指导人们一心要生育男孩。如果第一任夫人没有生下男孩，丈夫有权力娶二妻，如果两个妻子都不能生育，他的弟弟可以加入家室生活。如果仍然不能生育，家中又没有其他可能生育子女的途径，就考虑过继或收养。如果某户人家中只生下女孩，没有生下男孩以传家，就要考虑招赘上门。招赘的条件是对方要有两个以上的儿子，才可能给出一个。赘婿的角色类似女子上门，没有资格获得财产，但是他的继位子女则是全权享受财产的继承。从这个实践中，我看到域人的可以转让脉系或者让渡的思想。但是这个思想仅仅是次要的，起辅助作用。这个原则导致男尊女卑。基于性别的等级关系在饮食的次序、座位的安排、感情、命运、灵魂转世以及日常生活的其他方面譬如闲谈、脏话，在空间布局、僧俗空间等上都体现出来。比如，在宗教活动场所的念经活动中，座位顺序显示了一种复杂的等级结构。其基本原则是男高于女，僧尼高于俗。僧尼内部，众扎巴尼姑的等级形成一个序列，该序列基于两个原则：级别、职位高低（以质的不同来考虑）。每个原则内部又按年资（以数量方式计算）高低来排序。这样便有年资最浅的扎巴，高于年资最高的尼姑，亦高于年最长的俗家男长者，年资最浅的男子高于年资最高的尼姑等。域中妇人则从总体上来说排在域中位序之末，但高于不可接触等级者比如嘎绕和色扎。或者反之亦然：域中个人的位置以此原则厘定，乡域便形成一个井然有序的面貌。域人们将此逻辑内化，与之合二为一，日常实践之，在不同场合排序归位，或别出心裁，或打破秩序，或修正己身，以及将外来者归入到这个序列之中或之外，不一而足。

洛域的核心组织原则产生人们独特的脉系意识，一种作为历史意识的思想。洛域分为上下两部分。上部是洛域王国的首府所在地。下部的贵族世系是从上部派去的，传出两支，一支算是王系，他们建筑城堡居住。经历过去数个世纪的政治和经济斗争，这两支贵族世系在当地都处在衰落当中。尤其是2008年尼泊尔大选以后，政治体制转化为共和国，以前包容地方王国的尼泊尔王国被取消，洛域王国的国王地位在政府体制中也被取消。本书通过采访一个城堡的末代后裔家户，描述了末代城堡主人的生命史。

贵族最初基本上是外来的，而在近一个世纪的历史性的衰落过程中，他们逐渐迁离洛域。他们的祖先从北方来，他们及其子嗣从南方离开。如深深切割喜马拉雅山脉的嘎立甘达克河，他们在各域留下难以磨灭的印痕。

无论怎样，在人们的记忆当中，父系的脉系传承是清晰的。而人们记得的最长的脉系，就是喇嘛们用文字记载下来的王系的脉系，一直向上追溯到七百多年前第一个国王建立王朝，向下到目前的第23代。普通人的脉系仅可上推三四代而已，极个别的苯波医生世家可至七代，已不得不依靠文字来记忆。书写与口承的界面，于此可见一斑。这是历史的界面，贵族、平民和中间性等级的界面，是瞬息红尘转渡到永恒的界面。

洛域有一种域再生的仪式，即曲果尔仪。它是域中女子的运动，同时连接域的丰产和再生。这个礼仪，通过一种叫做巴拉雪的游戏而得到影射。这个男人的游戏，因通过设立朗德和“阿妈”，以及围着中心运转，而完成曲果尔仪的男人版本。

脉系意识产生喇嘛世系，以贵族的后裔世代充当某个重要寺院的喇嘛。人们称这为脉系喇嘛。这是不外传的，必须在贵族的脉系内部物色人选。与此同时，洛域又存在着活佛转世制度。用洛域核心的组织原则来说，活佛转世的含义就是从另外一个脉系那里得到一名男性的传承人。洛域的这个实践极大地依赖于它的亲属制。简言之，给出男性的世系或者家户必须要有两个以上的儿子，否则没有可行性。本书提供的一个案例，生动地说明当前一世活佛转生到一户到当时为止只有一个儿子的贵族家户中时，寻求灵童的尼姑寺院和该家户之间激烈的争吵。这说明，活佛转世依赖于人们对赘婿的理解，而脉系喇嘛则奠基于人们的脉系意识。这是一个美丽的弹性体系，也是动态变动的体系；她在变动，我们却极少注意到。

这使我们把眼光转向更大的地域空间。从其核心的组织原则来说，洛域与其西边的多波、洪拉、拉达克和克什米尔等地的人们分享着更多的一致性。本书把这个区域视为藏文明的西南区，与之相对的是中心区，包括我国的西藏自治区、云南藏区、四川康区和青海的安多藏区等。中心区的核心组织原则是双系婚姻禁忌－两可继嗣，即婚姻必须在血亲之外进行，而继嗣则男女平等，世系的传承可以通过男或女系进行。中心区的核心组织原则造就活佛制的亲属制土壤。实际上，历史上最早的活佛转世也是从这里开始的。总之，西南区与中心区在核心组织原则上有差异，但西南区通过玛巴和朱古链接到中心模式，而中心区的贵族世系和王系则在西南模式的脉系中得到保留和延续。在藏文明的东南边缘，与汉文明接壤的嘉绒区域，其核心组织原则略有变化，有类似洛域和与汉文明亲属制度相通的地方，即交表可婚；但他实行双系继嗣，故活佛制盛行。

从脏话的情况，我们可以看到藏文明的两个区域之间高度的一致性，以及它处于汉印两个文明之间结构性位置。南亚的亲属制度以父系继嗣－交表可婚为主导原则，这个原则在汉文明同样。传统上，女性的角色在两个文明中的地位高度相似。所以他们的脏话里就以侮辱对方的母亲为特点。但是在藏文明中，这样的脏话完全没有力量和意义。我们不难看到亲属制的差异在脏话中的体现。

有意思的是洛域人在尼泊尔遭遇到绒巴文明，它以种姓制度和印度教为主要内容。这个遭遇在历史上和今天产生一种独特的现象，那就是拜山（洛域人）和崇水（印度教）的结构性关系格局，双方在这里互相包容，各不相碍。随着尼泊尔王国走向共和国，这种关系渗透了更多的区别于历史经验的现代体验。一个是地方体系，一个是外来的印度教体系。地方体系无力附上国家体系，因为后者为印度教体系所占有，这便使印度教体系在乡域的强悍带着意识的和无意识的双重面目，有着乡域追求和外来强制的两面合作。

本书的研究，想说的是我们应该注意和珍视的，其实是洛域文明的那种基本关系的结构，借此指出一种理解人类不同文明间关系的可能。在我看来，我们至今仍然没有离开我们祖先的祖先的祖先“从猿成为人”的那些日子太远，但是有关键的一步不同：人们的性别关系被等级结构地协调，被嵌刻在文明体系当中，再生产出其他的后果。尽管如此，我们依然生活在他们的遗产当中，并且无法摆脱。我们只有借助这些遗产才得以成为文明的人。

就洛域而言，我们看到这个象征网络的表现是“域论”。而组织“域论”的则是它的一套基本的男女二元关系结构，并且是能动的结构，被它内部的两个基本要素推动着。而实际的推动者、能动者就是那些生于斯、长于斯和逝于斯的男男女女们，是他们的情感、欲望、他们的信仰和主观能动性推动的。是它们、他们和他们，推动着整个文明的进程。

藏文明对人类最杰出的贡献之一，就是转世朱古制。朱古转世，这是一种天才的构想。从前内教（佛教）或非内教的各种形式的苯波到内教的各种教派都实践朱古制。这是汇通天下的思想，利他的思想，是具有包容心的思想。这样的民族，也是心胸开阔的民族。他们贡献给中华文明乃至世界文明极其宝贵的精神财富。

我们要学习藏文明的地方还很多。如果以他者的眼光，或许我们就能理解其伟大之处。且看看它的活佛转世制度，那是多么具有文明的想象力！

引用书目

缩写

DCSC：Dzong Chode Shedup Choephel Ling Monastery

KCAB：mKhan-chen A-Pad Rin-po-che

KSTD：mKhan-po bKra-shis-bstan-vdzin

SWPT：The Status of Women Project Team

TNDL：Tsampa Nyima Dukta Lama

普里查德：E. E. 埃文思－普里查德

甘藏办：甘孜藏族自治州人民政府办公室

米德：玛格丽特·米德

藏调办：西藏自治区 1%人口调查办公室

金川志委：四川省阿坝藏族羌族自治州金川县地方志编纂委员会

藏文

Khashor, Jarung. 2006. *History of Great Stupa*. Kathmandu：Samtenling Monastery Press.

mKhan-chen A-Pad Rin-po-che, 2007. *sKyaba-rje-bco-brgyad-khri-chen rin-po-chevi mdzad-rnam-mdor-bsdus*. Kathmandu：Byams-chen lha-khang.

mKhan-po bKra-shis-bstan-vdzin. 2004a. *Glo-ljongs-chos-kyi-zhing-sar-bstan－pa-vphel-rim-gyi-dkar-chag-dwangs-shel-me-long*, Kathmandu. 扎西旦增，《洛域佛法发展清镜史》，加德满都。

mKhan-po bKra-shis-bstan-vdzin. 2004b. *vPhags-bod-mkhas-grub-gong-mas bstan — dgon-khyab-spel-thugs-kyi-vphin-las-vod-stong-vphros-bavi-bkav-drin-rjes — bzag-dgon-sde-khag-gi-dkar-chag-dran-bskul-mun-sgron-zes-bya-ba-bzugs-so*. No date. Kathmandu. 扎西旦增，《洛域寺宇目录》。著作年与出版年不详，当在公元 2004 年 4 月 4 日以后。出版地：加德满都。出版者不详。

Padma，U-rgyan. No date. *Mchod-rten-chen-po bya-rung-kha-shor gyi lo-rgyus-thos-pas grol-ba-bzhugs-so*. No publisher.

Sangpo，Jadhur. 1999. *gSo-rig-bdud-rtsivi-bang-mdzod-vbum-bzi-bshus*, *The Four Collections of Nectar Treasures of Medicine Science*（2 vol.）. New Delhi：Paljor Publications.

江果次平，2000，“考析西藏产生和存在一妻多夫婚姻形式的原因”，《西藏研究》（藏文版）第 3 期。

英文

Abernethy，V. 1981. “Comments on Tibetan Fraternal Polyandry”. *American Anthropologist*. 83：895.

Adhikari，Krishna Kant. 1984. *Nepal Under Jang Bahadur* 1846－1877. Kathmandu：Buku，vol. 1.

Aiyappan，A. 1937. “Polyandry and sexual jealousy”，*Man*. Vol. 37.（Jun.）

Aryal，M.，1999. “Motar Pugyo Mustanma”. *Himal*. 1－15 Mansir 2056.（Nov. 17－Dec. 1）.

Bajracharya，B. R. etc. ed.，*Cultural History of Nepal*，New Delhi：Anmol Publicaitons Pvt. Ltd. 1993.

Bajracharya，Manik Lal. 1974. *Nepal* 1972－73，Kathmandu，Nepal：The Eastern Trading & Investment Co.

Banskota，Kamal etc. 1998. *Mountain Tourism for Local Community Development in Nepal*. Kathmandu：International Centre for Integrated Mountain Development.

Basnyat, Prem Singh. 2007. *Nepalese Army in Tibetan Khampa Disarming Mission*. Kathmandu: Sarwochcha Man Singh Basnyat.

Beall, Cynthia M., Melvyn C. Goldstein, 1981. "Tibetan Fraternal Polyandry: A Test of Sociobiological Theory", *American Anthropologist*, New Series, Vol. 83, No. 1 (Mar.,), pp. 5–12.

Beisenkamp, Gabriele and Thomas Beisenkamp. 2007. *Women of Nepal March Forward*. Kathmandu: Jana Shikshya Griha.

Benedict, Lily. 2004. "*Becoming an Ani: A study of women's motivations for joining the nunneries of Muktinath, Mustang*". Kathmandu, Kirtipur: Cornell-Nepal Study Program.

Bennett, Lynn. 1979. *Tradition and Change in the Legal Status of Nepalese Women*. The Status of Women in Nepal. Vol. 1, part 2. Kathmandu: Centre for Economic Development and Administration, Tribhuvan University.

Berreman, Gerald D. 1962. Pahari Polyandry: A Comparison. In *American Anthropologist*, New Series, Vol. 64, No. 1, Part 1. (Feb., 1962), pp. 60–75.

Berreman, Gerald D. 1975. "Himalayan Polyandry and the domestic Cycle". *American Ethnologist*, Vol. 2, No. 1, Intra-Cultural Variation (Feb. 1975), 127–138.

Bhatt, G. S. 1981. "Polyandry in Western Himalaya: Some Notes and Observations", *Journal of Social Research*. Special Number on Himalayan Studies. Vol. 24, No. 2.

Bloomfield, Andrew. 1985. *Tibetan Buddhist Pilgrimage in the Kathmandu Valley*. Kathmandu: Secretarial Support Services Pvt. Ltd.

Chetri, Madhu etc. ed., 2004. *Mustang, the land of fascination*, King Mahendra Trust Nature Conservation.

Chhetri, Ram B. 1990. "Adaptation of Tibetan Refugees in Pokhara, Nepal: A Study on Persistence and Change", Doctoral Dissertation. University of Hawaii.

Craig, Sienna. 2002. "Place and Identity between Mustang, Nepal and New York City". *Studies in Nepali History and Society*. (7).

Craig, Sienna. 2004. "A Tale of Two Temples: Culture, Capital, and Community in Mustang, Nepal", *European Bulletin Of Himalayan Research*. 27. Autumn.

Craig, Sienna. 2008. *Horses Like Lightning*. Boston: Wisdom Publications.

Crook, John. Stamati Crook. 1994. "Explaing Tibetan Polyandry: Socio-cultural, Demographic and Biological perspectives", in Crook, John. etc. ed., *Himalayan Buddhist Villages. Environment, Resuouces, Society and Religious Life in Zangskar, Ladakh*. Delhi: Motilal Banarsidass Publishers Private Limited.

Dastider, Mollica. 1995. *Religious Minorities in Nepal*. New Delhi: Nirala Publication.

Dhungel, Ramesh K. 2002. *The Kingdom of Lo (Mustang, A Historical Study*. Kathmandu: Jigme S. P. Bista for Tashi Gephel Foundation.

Dhungel, Surya PS etc. 1998. *Commentary on the Nepalese Constitution*, Kathmandu: DeLF.

Doig, Desmond. 1975. "The Crowing of the Living Vishnu", in *Junior Statesman*, vol. VII., No. 15 (12 April).

Donner, Wolf. 1968. *Mustang Observations in the Trans-Himalayan Part of Nepal*. Kathmandu: FAO. December.

Dowman, Keith. 1993. *The Great Stupa of Boudhanath*. Ireland, Ballyvaughan: Footprint Publishing.

Dunham, Mikel. 2004. *Buddhar's Warriors*, New York: Penguin Group.

Dzong Chode Shedup Choephel Ling Monastery, 2004. *The hidden paradise behind the Himalaya, Dzong, Mustang*. Nepal.

Fernandez, R. L. 1981. "Comments on Tibetan Fraternal Polyandry: A Test of Sociobiological Theory". *American Anthropologist*. 83: 896—897.

Furer-Haimendorf, Christoph von. 1964. *The Sherpas of Nepal Buddhist Highland*. Calcutta: Oxford Book Co.

Greertz, clifford. 1968. Islam Observed. Chicago&London: The University of Chicago Press.

Geertz, Clifford. 2000. *Available Light, Anthropological Reflections on Philosophical Topics*. Princiton: Princeton University Press. P. 65.

Gurung, Ganesh Man. 2000. "Polyandry, Adaptability and Environmental Case Study of Tangin, A Himalayan Village in Nepal", in *Nepal Myth & Realities*, ed. By Ram Pratap Thapa & Joachhim Baaden, Delhi: Book Faith India & Cologne: German-Nepal Friendship Association (DNG). pp. 478—487.

Gurung, Harka. 1980. "Destination Mustang", in *Vignettes of Nepal*. Kathmandu: Sajha Prakashan.

Gutschow, Niels. 1998. *The Settlement Process in Lower Mustang (Baragaon), Nepal. Case Studies from Kga, Khyinga and Te*. Bonn: Kommission fur Allgemeine und Vergleichende Archaologie des Deutschen Archaologischen institutes.

Hiatt, L. R. 1980. "Polyandry in Sri Lanka: A test case for parental investment theory". *Man*. (NS) 15: 583—602.

Hitchcock, John T. 1978. "An Additional Perspective on the Nepali Caste System", in Fisher, James F. ed., *Himalayan Anthropology*. The Hague: Mouton Publishers.

Ho, Satya. 1985. *Swoyambu Historical Pictorial*, Kathmandu: Modern Printing Press.

Hoffer, Andras. 2004. *The Caste Hierarchy and the State in Nepal*. Lalitpur, Nepal: Himal Books.

Jackson, David. 1979. *The Mollas: Historical Speeches from Lo Mustang*. Seattle: University of Washingtong. 24 November.

Jackson, David. 2000. "A Genealogy of the Kings of Lo (Mustang)". In *Ti-*

betan Studies. Ed. By Michael Aris and Aung San Suu Kyi. New Delhi: Vikas Publishing House Pvt Ltd. Pp. 133—137.

Jest, Corneille. 1981. *Monuments of Northern Nepal*. Paris: United Nations Educational, Scientific and Cultural Organization.

Jiao, Ben. 2001. *Socio-economic and cultural factors underlying the contemporary revival of fraternal polyandry in Tibet*. Thesis. Department of Anthropology, Case Western Reserve University, May.

Kumari Punam. 1999. *Social and Cultural Life of the Nepalese*. New Delhi: Mohit Publications.

Kunwar, Ramesh Raj. 1999. *Fire of Himal*. Delhi, India: Nirala Publications.

Laird, Thomas. 1995. *East of Lo Monthang: In the Land of Mustang*. New Delhi: Timeless Books.

Lall, Kesar. 1961. *Lore and Legend of Nepal, Kathmandu*, Nepal: Jagat Lall.

Leach, E. R. 1955. "Polyandry, Inheritance and the Definition of Marriage", in *Man*, Vol. 55. (Dec.), pp. 182—186.

Levine, Nancy E. 1988. *The Dynamics of Polyandry. Kinship, Domesticity, and Population on the Tibetan Border*. Chicago: The University of Chicago Press.

Majupuria, Indra. 1996. Nepalese Women. Bangkok: Tecpress Books co., Ltd.

Majupuria, Trilok Chandra etc. 1987. *Holy Places of Buddhism in Nepal & India*. Bangkok: Tecpress Service, L. P.

Maskey, Govinda. 1996. *Social Life in Nepal*. New Delhi: Anmol Publications Pvt. Ltd.,

Menon, K. Govinda. 1932. "Nayar Polyandry". *Man*. Vol. 32. (Oct.).

Nagano, Yasuhiko. 1982. "A preliminary report of the three Tibetan dialects in the northern Gandaki Valley". In Bista, Dor Bahadur etc. , *Anthropological and Linguistic Studies of the Gandaki area in Nepal*. Tokyo: Institute for the Study of Languages and Cultures of Asia and Africa.

Nepal, Parbatiya. 1983. *History of the Country and People*. Translated by Munshi Shew Shunker Singh. etc. , New Delhi: Mrs. Rani Kapoor Cosmo Publications.

Panday, Tulsi Ram etc. 2006. *Forms and Patterns of Social Discrimination in Nepal*. Jawalakhel: Kathmandu Office, UNESCO. Series of Monographs and Working Paper No. 8.

Parmar, Y. S. 1975. *Polyandry in the Himalayas*, Delhi, India: Vikas Publishing House Pvt. Ltd.

Peissel, Michel. 1992. *Mustang, A Lost Tibetan Kingdom*. Delhi: Book Faith India.

Peter, Prince. 1963. *A Study of Polyandry*. The Hague: Mouton & Co.

Raha, Manis Kumar. 1987. *Polyandry in India*. Delhi: Gian Publishing House.

Rai, Ratan Kumar. 1994. *Along the Kali Gandaki. The Ancient Salt Route in Western Nepal*. Book Faith India.

Raj, Prakash A. 1999. *Some Tibetan Buddhist Monasteries of Nepal*. Kathmandu: Nabeen Publications.

Ramble, Charles A. E. and Michael Vinding. 1987. "The Ben-chag Village Record and The Early History of Mustang District", *Kailash*. Vol. XIII.

Ramble, Charles. 1983. "The founding of a Tibetan Village: the Popular Transformation of History", Kailash. Vol. X, No. 3—4. pp. 267—290.

Ramble, Charles. 1984. *The Lamas of Lubra: Tibetan Bonpo Householder Priests in Western Nepal*, Thesis presented for the degree of Doctor of Philosophy at the University of Oxford. Hertford College, Michaelmas.

Ramble, Charles. 2008. *The Navel of the Demoness*. Oxford: Oxford University Press.

Rizvi, Janet. 1996. *Ladakh. Crossroads of High Asia*. New Delhi: Oxford University Press.

Rockhill, William Woodville. 1997. *The Land of the Lamas*. New Delhi: Asian Educational Services.

Sangroula, Yubaraj. 2002. Geeta Pathak. *Gender and Laws. Nepalese Perspective*. Pairavi Prakashan.

Sapkota, Bhesh Nath. 1998. *Cause of polyandry type of marriage and its impact to fertility: a study of upper mustang area*. A study presented to Tribhuvan University faculty of humanities and social sciences dean office, Padma Kanya Multiple campus, Tribhuvan University, 2055 (1998).

Schuler, Sidney Ruth. 1987. *The other side of polyandry Property, Stratification, and Nonmarriage in the Nepal Himalayas*, Boulder: Westview Press.

Schuler, Sidney. 1978. "Notes on Marriage and the Status of Women in Baragaon", *Kailash*. Vol. VI. No. 2.

Sever, Adrian. 1993. *Nepal Under The Ranas*. New Delhi: Oxofrd & IBH Publishing Co. Pvt. Ltd.

Shaha, Rishikesh. 1998. *Heroes And Builders of Nepal*. Delhi: Book Faith India.

Sharma, Prayag Raj etc. 2000. *The Cultural Heritage of Lo (in Nepalese)*. Kirtipur, Kathmandu: Centre For Nepal and Asia Studies. 2000.

Sharma, Prayag Raj. 1977. "Caste, Social Mobility and Sanskritization: A study of Nepal's Old Legal Code". In *Kailash*. Vol. V. Number 4.

Shneiderman, Sara. 2006. "Living Practical Dharma: A Tribute to Chomo Khandru and the Bonpo Women of Lubra Village, Mustang, Nepal", in Hausner, and Ann Grodzins Gold, eds. *Women's Renunciation in South Asia: Nuns, Yoginis, Saints and Singers*. Meena Khandelwal, Sondra L. New York: Palgrave Macmillan. Pp. 69—93.

Singh, Harischandra Lal. 1990. *Buddhism in Nepal*. Lalitpur: Satish Singh.

Singh, Harischandra Lal. 1999. *Buddhism in Nepal*. Kathmandu: Ratna Pustak Bhandar.

Singh, Sarva Daman. 1978. *Polyandry in Ancient India*. New Delhi: Vikas Publishing House Pvt Ltd.

Snellgrove, David. 1957. *Buddhist Himalaya*. London: Bruno Cassirer.

Snellgrove, David. 1961. *Himalayan Pilgrimage*. Oxford: Bruno Cassirer Ltd.

Snellgrove, David. 1981. "Place of the Pilgrimage in Thag (Thakkhola)", *Kailash*, Vol. VII, 1979, Number 2, pp. 75—111.

Spengen, Wim van. 1987. "The Nyishangba of Manang". *Kailash*. Vol. XIII. Number 3—4.

Subedi, Prativa. 1993. *Nepali Women Rising*. Kathmandu: Women Awareness Centre.

Tambiah, S. J. 1978. "Polyandry in Ceylon-with special reference to the laggala region", in Christoph von Furer-Haimendorf ed., *Cast and kin in Nepal, India and Ceylon*, New Delhi, India: Sterling Publishers PVT LTD.

Thapa, Krishna B. 1985. *Women And Social Change in Nepal* (1951—1960). Kathmandu: Mrs. Ambika Thapa.

Thapa, Manjushree. 1992. *Mustang Bhot in Fragments*. Lalitipur: Himal Books.

The Status of Women Project Team. 1979. *Field Manual Guidelines for the Collection and Analysis of Data on the Status of Women in Rural Nepalese Communities*, Kirtipur, Kathmandu: Centre for Economics Development and Administration, Tribhuvan University. Dec.

Trautmann, Thomas R. I987. *Lewis Henry Morgan and the Invention of Kinship*. Berkeley and Los Angeles: University of California Press.

Tsampa Nyima Dukta Lama. No date. *The importance and information of a Holy Rock situatied at Samdup Choedhing Monastery*. Tiri, Mustang, Nepal.

Tulachan, Pushpa. 2001. "Seasonal Migration and Trade: A strategy for survival by the Lobas of Lo Monthang", in Heide, Susanne Von der etc. ed. *Aspectsof Migration and Mobility in Nepal.*, Kathmandu: Ratna Pustak Bhandar. pp. 43—72.

Unicef. 1987. *Children and Women of Nepal, a Situation Analysis*. Kathmandu: United Nations Development Program (UNDP).

Upadhyay, Prakash. 1999. *Nepalese Culture & Society: A sociological/anthropo — logical perspective*. Nepal, Pokhara: Bidhyarthi Pustak Pasal.

Upreti, Bharat. "Under the weight of the Muluki Ain", *Himal*, 1991, Sep/Oct.

Vaidya, Karunakar. 1986. *Buddhist Traditions And Culture ofKathmandu Valley*. Kathmandu: Shajha Prakashan.

Vaidya, Tulasi Ram etc. 1993. *Social History of Nepal*, Delhi: Anmol Publications Pvt. Ltd.

Verma. V. 1997. *Spiti: A Buddhist Land in Western Himalaya*. Delhi: D. K. Publishers Distributors (P) Ltd.

Vinding, Michael. 1988. "A History of the Thak khola Valley, Nepal", *Kailash*. Vol. XIV. No. 3—4. pp. 167—211.

Vinding, Michael. 1994. "Traditional Political Systems in Mustang, Nepal", *Contributions to Nepalese Studies*. Vol. 21, No. 2 (July), pp. 169—190.

Westermarck, Edward A. 1925. *The History of Human Marriage*. London: Macmillan.

Whelpton, John. 1991. *Kings, Soldiers and Priests: Nepalese Politics and the rise of Jang Bahadur Rana*, 1830—1957. New Delhi, India: Manohar Publications.

Yoors, Vanya. 1986. *Tibetan Traditional Songs of Jomsom Area, Mustang*

District of Nepal. University of Wisconsin College Year in Napal.

中文

E. E. 埃文思-普里查德，2006，《阿赞德人的巫术、神谕和魔法》，覃俐俐译，商务印书馆。

埃利亚斯，2005，《论文明、权力与知识》，刘佳林译，南京大学出版社。

陈波，2007，《一个活佛与神山的想象》，《中国农业大学学报》第3期。

费孝通，1947，《生育制度》，商务印书馆。

费孝通，1999，《费孝通文集》（第14卷），群言出版社。

嘎乌，1995，《藏药晶镜本草》，民族出版社。

甘孜藏族自治州人民政府办公室，2005，“甘孜藏族自治州人民政府办公室关于综合治理出生人口性别比升高问题的实施意见”，甘办函〔2005〕136号。

高丙中，2005，《民族志经验研究》，《思想战线》第3期。

高丙中，2006a，《民族志发展的三个时代》，《广西民族学院学报》（哲学社会科学版）第3期。

高丙中，2006b，《人类学国外民族志与中国社会科学的发展》，《思想战线》第1期。

高丙中，2006c，《中国社会科学需要培育扎实的基本功》，《民间文化论坛》第3期。

戈尔斯坦，2003，《巴哈里与西藏的一妻多夫制新探》，何国强译，《西藏研究》第2期。

格勒，1988，《论藏族文化的起源形成与周围民族的关系》，中山大学出版社。

格勒等，1993，《藏北牧民》，中国藏学出版社。

根旺，1995，《关于藏族多偶婚制研究中几个问题的认识》，《藏学研究论丛》(7)，拉萨：西藏人民出版社，296—305页。

坚赞才旦，2000，《论兄弟型限制性一妻多夫家庭组织与生态动因》，《西藏研究》第3期。

坚赞才旦，2001，《真曲河谷一妻多夫家庭组织探微》，《西藏研究》第3

期，第28—34页。

李安宅，1943，《论回教非即回族》，《新西北月刊》第2卷第1期。

李安宅，2005，《〈仪礼〉与〈礼记〉之社会学的研究》，上海人民出版社。

李有义，1951，《今日的西藏》，天津知识书店。

李贞德，2004，《中国妇女史研究中的医疗照顾问题》，成都：四川大学演讲。

林耀华，1948，《川康嘉戎的家族与婚姻》，《燕京社会科学》第1期。

林耀华，1985，《民族学研究》，中国社会科学出版社。

林耀华等，1955，《西藏社会概况》，中央民族学院研究部。

马长寿，1943，《钵教源流》，《民族学研究集刊》第3期。

马戎，2000，《论藏族的“一妻多夫”婚姻》，《民族研究》6期。

马戎，2008a，《世界各国民族关系类型特征浅析》，《社会科学战线》第1期。

马戎，2008b，《民族研究的创新需要坚持实事求是、解放思想》，《西北民族研究》第1期。

玛格丽特·米德，1988年，《代沟》，光明日报出版社。

孟德斯鸠，1981，《法意》，严复译，商务印书馆。

四川省阿坝藏族羌族自治州金川县地方志编纂委员会，1994年，《金川县志》，民族出版社。

汪晖，2008，《现代中国思想的兴起》（下卷第一部），生活、读书、新知三联书店。

王铭铭，2002，《人类学是什么》，北京大学出版社。

王铭铭，2003，《无处非中》，山东画报出版社。

王铭铭，2005a，《民族志的“天下雄心”》，载《西学“中国化”的历史困境》，广西师范大学出版社。

王铭铭，2005b，《中国人类学的海外视野》，《中南民族大学学报》第3期。

王铭铭，2007，《西方作为他者》，世界图书出版公司。

王宪明，2005，《语言、翻译与政治》，北京大学出版社。

吴泽霖等，2004，《贵州苗夷社会研究》，民族出版社。

西藏自治区1%人口调查办公室，2006，“2005年西藏自治区1%人口抽样调查主要数据公报”，3月15日。

徐益棠，1948，《康藏一妻多夫制之又一解释》，《边政公论》第一卷第2期。

荀子，1991，《正论篇》，王先谦：《荀子集解》，收入《诸子集成》，上海书店出版社，第2册。

杨春宇，2007，《重新发现异邦——近年来汉语国外民族志的发展》，《2006－2007中国社会科学前沿报告》，社会科学文献出版社。

杨清媚，2010，《最后的绅士》，世界图书出版公司。

张建世，2002，《20世纪藏族多偶家庭调查研究述论》，《中国藏学》第1期。

张建世，2005，《军拥村藏族农民家庭调查》，《中国藏学》第3期。

中根千枝，2007，《中国与印度：从人类学视角来看文化边陲》，马戎译，《北京大学学报》第2期。

庄孔韶，1981，《基诺族“大房子”诸类型剖析》，《中央民族学院学报》第2期。

庄孔韶，2000，《银翅》，三联书店。

庄孔韶，2001，《家族与人生》，湖北教育出版社。

后记

尼泊尔经历，是到目前为止我所有田野调查中最为艰辛的一次。2007年11月底，飞离中国拉萨，来到加德满都，我一下子被甩入无底的“深渊”。这里是完全不同的文化和文明。英语在知识分子当中比较普及，然而当地人谁在相互聊天之际会为我讲英语呢？我就好比白痴一样，每天被尼文化与文明折磨得死去活来。我一开口，就进入当地人固有的待遇外人轨道，尽管他们对中国有相当好感。每入市，归来时即疲惫不堪。那个时候正是尼域橘子上市，我天天吃大量的橘子，补充很快耗尽的身体能量、心理能量和情感能量。幸好这里橘子市期长，我连续吃了三个月，直到橘子干心不可口为止。这时我已经装束准备前往洛域。偶尔，在汉族和藏族朋友聚居区，我才能稍微缓解文明之苦和思乡之苦。我知道，在知识储备、语言、学校的课程设置和“天下”理论上，要前往异域，我们都没有准备好。

我曾经玄想，如果汉语人类学确然无疑是中国人类学的第一阶段的话，第二阶段就是英语人类学。我们将继承英国殖民主义和帝国主义的遗产，接过“英语角逐”的火炬，用他们的方式去理解和思考，开展田野工作，撰写田野民族志。当我来到洛曲米人中，面对他们的多语体系，我惭愧得无地自容，深感悲哀。这不是个人的命运，这是民族和国家的命运，“天下”的命运。我们遍布“世界”各地的外交官员、商人、华语教师、留学生、各类学者和旅游者等等都以会英语为高标；国内的学习者们则竞相把舌头尖卷起来，发出类似美利坚语的那种声音，以此证明高人一等。作为其中一员、正在步出的人类学者，又怎么能出离其外呢？华语被湮灭了，英语独盛。其他那些丰富的异域语言和文字呢？那些语言背后繁花锦簇的异域文化和文明呢？

我们的天下可大可小，但是五个世纪以来，我们的“天下”逐渐小于西人的“世界”（world）。如今我看见它在变大的过程中。本书若能于此有所贡献，则笔者也就满足了。

有关本研究的最初想法，来自1995年初我在西藏山南扎囊县的一次调查。次年我在中央民族大学就读时，民族学系一位资深教授课间对少数民族非一妻一夫家庭夫妻间的情感加以嘲笑和讽刺，对一夫一妻家庭夫妻（该教授本人应该就是）间的情感加以颂扬，激起我相当的不满，以致当庭与之辩论，质问他怎么知道人家的情感不好，而一夫一妻家庭的情感就一定好。那位教授吃惊当中犬儒似的回答至今让我不感满意。

稍后在燕园的人类学课堂上，我懂得略多一些。在读书会以及后来阅读到克劳德·列维-斯特劳斯、克利福德·格尔茨、莫里斯·布洛赫、马歇尔·萨林斯、茨维坦·托多罗夫、路易·杜蒙等学者的著作以后，尤其是聆听王铭铭教授关于“从子宫到王宫”的有关亲属制度的讲课，我第一次开始学习如何把以前那些想法纳入到人类学的框架中来思考。

2006年初，在美国杜克大学人类学系的课堂上，在讲完藏文明的亲属制度一节后，我意识到，到目前为止西方学界的“一妻多夫制”研究深有问题，然而当时“举目无亲”，不可能展开深入的探讨。

2006年12月，2007年1月、3月初、11月中旬，曾和马戎、王铭铭、梁永佳等师友交流过本课题的设计和思考，尤其关于“民族一国家”、两性关系与他者的看法。到加德满都后，与马克·雷西提（Mark Leichty）的聊天，直接促使我将以前的想法具体化，把藏文明中的亲属制度和活佛制度联系起来。我受他们以及乐刚等师友有声和无声关怀的恩。在相关的思考与讲座过程中，除上述师友外，张建世、赵丙祥、赵旭东、王东杰、张亚辉、张原、刘琪、罗杨、韩笑、赵玙、徐新建、王一燕、段玉明、张怡、杜赞奇（Prasenjit Duara）和埃兰（Allan B. Bernado）等对我的发言给予过评论，我收到的教益可谓不少。

在联系田野调查地点的过程中，给郝瑞（Steve Harrel）教授添加过不少麻烦；在申请过程中，蒙李绍明先生热心推荐；到尼泊尔首都以后，曾得到宾诺德·巴塔拉伊·婆罗门（Binod Bhattarai Baun）及其家人惠赐下榻处，蒙艾伦（Alan Marcfarlane）教授的关照，联合国驻尼泊尔使团翻译处前长官马克·图伦（Mark Turin）与康奈尔大学尼泊尔研究项目教师、博士候选人萨拉（Sara Shneiderman）夫妇及其“家人”热心提供诸多生活上的便利以及许多重要的联络信息，达特茅斯大学赛安娜（Sienna R. Craig）为我介绍了木斯塘地区。此外，特里布文大学国际关系中心主任钱德拉（Chandra Lal Shrestha）、秘书比诺德（Binod Dangol），人类学系冉·刹帝利（Ram B. Chhetri）教授、研究生嘎饶福（Gaurab Khatri Chhetri），尼泊尔与亚洲研究中心前主任涅尔默·土拉达尔（Nirmal Man Tuladhar）教授、德里·达哈尔（Dilli R. Dahal）教授、特克（Tek Bahadur Shrestha）教授、德里·夏尔玛（Dilli Raj Sharma）副教授、达米妮（Damini Vaidya）女士，喜马拉雅中部研究计划英国协调官提墨瑟·霍华德（Timothy Harward），尼教育部纳饶颜（Narayan Shrestha）、冉迪西（Randheshyam K. C）、菲律宾大学朱恩（Florentino A. Iniego）讲师等的直接或间接的、学术上或事务上的帮助，心存感谢。蒙加拿大纽芬兰纪念大学（Memorial University of Newfoundland）社会学系的罗纳德（Ronald Schwartz）教授惠赐他十余年前在下洛域拍摄的照片，使我增进对当地与西方对当地研究的理解。艾伦和萨拉（Sarah J. Harrison）伉俪对本书的关注和在后期修改中赐予的意见让我备受鼓舞。

在申请前往上部木斯塘的过程中，曾得到中国驻尼泊尔大使馆的樊国平、次秀、张晓峰，四川大学的辛旭，尼泊尔王国内政部边境与移民管理局局长沙哈（Sudir K. Shaha）、移民局官员西乌（Shiv Raj Joshi）、马赫西（Mahesh Gautam），尼教育部次长阿瓦斯蒂（Lava Deo Awasthi）博士的佑助；至于事竟不成，遗憾之余，仍要感谢他们使我更深一些认识尼泊尔王国（后来改共和国）。

有一位主动打电话“骚扰”我，后来竟成为朋友的特里布文大学研究生比西努（Bishnu Thagpa Chhetri），是我理解尼泊尔文化和文明的另一个窗口；我们无数次的饭局聊天和学习，他教给我基本的尼文化知识，以及他家乡的情况。同样感谢普拉萨蒂（Prasadi）学院的斯密瑞娣（Smriti Dhital Chhetri）同学给我的那些电子邮件，译述他们文化的“秘密”。

在加德满都期间，曾多次采访晋美白巴（Jig-med dpal-bar）国王及王后齐美塞珍（vChi-med sred-sgrol）、王子晋美（Jig-med Seng-ge dpal-bal）及夫人多吉央给一家，以及洛满堂次钦塔巴林阿旺贡嘎（Ngawang Kunga）喇嘛；嘎域德钦、噶玛、玉丽次仁及其夫人央金卓嘎等；在颇克拉采访乍域谢饶和阿迪提亚等，在迥松采访洛域国王秘书钱德拉（Chandra Bahadur Thakali）以及仓巴阿旺医生，并蒙其女觉嫫噶玛曲珍善赐饭食；我采访的其他人，包括各等级/种姓，人数众多，不及一一枚举。对他们这些非凡者和平凡者给予我机会介入他们生活的瞬间，对他们耐心地给予我的翻译、解释和讲述，我常常心存感谢。

在洛曲米区域进行田野调查期间，曾随剑桥大学艾伦和萨拉（Sarah Harrison）夫妇等前往颇克拉北山的古荣人塔（Thag）村落中考察与交谈一周，获益匪浅；尤其在英国的人类学研究方面，所知稍多。

对我多次扰搅的特里布文大学图书馆的管理员们、资料复印员们，尼泊尔与亚洲研究中心图书馆的管理员们、康奈尔大学尼泊尔研究项目处的主任、图书馆管理员等，特里布文大学国际招待所的管理员和门警如贾纳克（Janak）、南达（Nanda）等，我的尼文老师萨嘎尔·阿迪嘎日·刹帝利（Sagar Adhikari）及其家人、路边小店、商店为我提供饭食和商品的尼泊尔各种姓普通劳动者们，给予我尼语知识的人们，对中国感兴趣和感谢的人们，我要感谢他们。

我不能忘记泰王国诗琳通公主庇护的“亚洲学者”基金会给予我的经费支持和帮助，尤其是其主任萨尔瓦多女士（Dr. Lourdes G. Salvador）、项目助理兼秘书白天玉女士（Ms. Kunaporn Patthawaro）和会计索尕媄（Somkamol Yongkrittaya）。萨尔瓦多女士的要求、理解和关怀，成为我远离城市勤奋开展田野调查的动力之一。

我的家人给予我特别的理解、关注和准许，让我远离家乡。我在得知家乡地震之时，他们平安无恙让我放心。我的“发展”和他们分不开。我只能在这条路上走得尽可能远，以回报他们的恩。

在修改过程中，在藏文化知识方面曾请教过娘吉加、亚达、美朗宗贞、次旦顿珠等藏族朋友。

本书中的若干部分曾经在刊物上发表过。其中《中国人类学评论》曾给予特别的关照，深蒙惠泽与鼓励。许丽梅编辑、“天健”文史社陈希丰社长的细心阅读则让我有机会纠正文中若干谬处。

在这个过程中，四川大学南亚与中国藏区“985”创新基地子项目“喜马拉雅周边区域研究”负责人王庭之教授给予及时的关心和理解，并将成果纳入出版计划之中，对之期待甚高，使笔者备感鼓舞；如果没有他的支持，本书不可能这么快就出版。

我要申明，鉴于能力有限，知识谫陋，理解偏差等，书中有不足，甚至错误之处，和他们无关，全部的责任在我，并请读者宽宥和指教。

本书是一个深度的研究，涉及许多隐私，为了保护帮助过我的人不受外界可能的骚扰，在相关的地方，比如离婚、非婚生子女以及域中纠纷等，我没有使用他们的真实名字。同时，我的人类学记录具有历史的价值，希望将来有学者能检验我提供的事实或进行再研究。在手稿中，我保留了真实名字。如果有学者对书中特定事件感兴趣，并给予充分的理由，我将考虑提供真实记录。

陈　波

2010 年 7 月于西蜀

图书在版编目(CIP)数据

山水之间:尼泊尔洛域民族志/陈波著—成都:巴蜀书社,2011.9
ISBN 978-7-80752-831-9

Ⅰ.①山… Ⅱ.①陈… Ⅲ.①民族志—尼泊尔
Ⅳ.①K355.8

中国版本图书馆 CIP 数据核字(2011)第 139956 号

山水之间:尼泊尔洛域民族志　　陈　波　著

责任编辑　陈　礼
封面设计　张　科
出　　版　四川出版集团巴蜀书社
　　　　　成都槐树街 2 号　邮编 610031
　　　　　总编室电话:(028)86259397
网　　址　www.bsbook.com
发　　行　巴蜀书社
　　　　　发行科电话:(028)86259422　86259423
经　　销　新华书店
印　　刷　成都翔川印务有限责任公司
版　　次　2011 年 9 月第 1 版
印　　次　2011 年 9 月第 1 次印刷
成品尺寸　148mm×210mm
印　　张　12.625
字　　数　320 千
书　　号　ISBN　978-7-80752-831-9
定　　价　28.00 元
